普通高等教育“十四五”规划教材

应用型本科食品科学与工程类专业系列教

食品营养学

宋莲军　邵　颖　主编

雷红涛　主审

中国农业大学出版社

·北京·

内容简介

本教材是在参考教育部食品科学与工程类专业教学指导委员会审定的“食品营养学课程教学基本要求”的基础上，结合营养学研究最新进展与社会发展需要，根据《中国居民膳食指南(2016年)》和《中国居民营养与慢性病状况报告(2020年)》，为食品及相关专业本科学生而编写的。本教材系统阐述了食品营养学的基础理论及应用技能，重点介绍了食物的营养价值及加工储藏对其营养价值的影响、营养与慢性非传染性疾病、营养调查与营养配餐、特殊食品及管理等内容。教材编写体现了以学生为中心的指导思想，力求实现专业链与就业链、课程内容与职业标准、教学过程与工作过程的对接。

图书在版编目(CIP)数据

食品营养学 / 宋莲军，邵颖主编. --北京：中国农业大学出版社，2021.12
ISBN 978-7-5655-2669-5

Ⅰ.①食… Ⅱ.①宋… ②邵… Ⅲ.①食品营养—营养学—高等学校—教材 Ⅳ.①TS201.4

中国版本图书馆 CIP 数据核字(2021)第247021号

书　名 食品营养学
作　者 宋莲军　邵　颖　主编　　雷红涛　主审

策划编辑 张　程　李卫峰　　**责任编辑** 韩元凤
封面设计 郑　川
出版发行 中国农业大学出版社
社　址 北京市海淀区圆明园西路2号　　**邮政编码** 100193
电　话 发行部 010-62733489，1190　　读者服务部 010-62732336
编辑部 010-62732617，2618　　出　版　部 010-62733440
网　址 http://www.caupress.cn　　**E-mail** cbsszs @ cau.edu.cn
经　销 新华书店
印　刷 涿州市星河印刷有限公司
版　次 2022年2月第1版　　2022年2月第1次印刷
规　格 185 mm×260 mm　　16开本　　18.75印张　　430千字
定　价 55.00元

应用型本科食品科学与工程类专业系列教材
编审指导委员会委员

（按姓氏拼音排序）

编 审 人 员

主　编　宋莲军（河南农业大学）

　　　　　邵　颖（信阳农林学院）

副主编　苏志平（河南牧业经济学院）

　　　　　李汉臣（河北科技师范学院）

　　　　　王艳萍（运城学院）

参　编　冯雅蓉（山西农业大学信息学院）

　　　　　王　凡（河南农业大学）

　　　　　李　欣（河南牧业经济学院）

　　　　　王　清（信阳农林学院）

主　审　雷红涛（华南农业大学）

出版说明

随着世界人口增长、社会经济发展、生存环境改变，人类对食品供给、营养、健康、安全、美味、方便的关注不断加深。食品消费在现代社会早已成为经济发展、文明程度提高的主要标志。从全球看，食品工业已经超过了汽车、航空、信息等行业成为世界上的第一大产业。预计未来20年里，世界人口每年将增加超过7300万，对食品的需求量势必剧增。食品产业已经成为民生产业、健康产业、国民经济支柱产业，在可预期的未来更是朝阳产业。

在我国，食品消费是人生存权的最根本保障，食品工业的发展直接关系到人民生活、社会稳定和国家安全，在国民经济中的地位和作用日益突出。食品工业在发展我国经济、保障人们健康、提高人民生活水平方面发挥了越来越重要的作用。随着新时代我国工业化、城镇化建设和发展特别是全面建成小康社会带来的巨大的消费市场需求，食品产业的发展潜力巨大。

展望未来食品科学技术和相关产业的发展，有专家指出，食品营养健康的突破，将成为食品发展的新引擎；食品物性科学的进展，将成为食品制造的新源泉；食品危害物发现与控制的成果，将成为安全主动保障的新支撑；绿色制造技术的突破，将成为食品工业可持续发展的新驱动；食品加工智能化装备的革命，将成为食品工业升级的新动能；食品全链条技术的融合，将成为食品产业的新模式。

随着工农业的快速发展，环境污染的加剧，食品中各种化学性、生物性、物理性危害的风险不同程度地存在或增大，影响着人民群众的身体健康与生命安全以及国家的经济发展与社会稳定；同时，各种与食物有关的慢性疾病不断增长，对食品的营养、品质和安全提出了更高的要求。

鉴于以上食品科学与行业的发展状况，我国对食品科学与工程类的人才需求量必将不断增加，对食品类人才素质、知识、能力结构的要求必将不断提高，对食品类人才培养的层次与类型必将发生相应变化。

2015年教育部　国家发展改革委　财政部发布《关于引导部分地方普通本科高校向应用型转变的指导意见》（教育部　国家发展改革委　财政部2015年10月21日 教发〔2015〕7号。以下简称《转型指导意见》）。《转型指导意见》提出，培养应用型人才，确立应用型的类型定位和培养应用型技术技能型人才的职责使命，根据所服务区域、行业的发展需求，找准切入点、创新点、增长点。抓住新产业、新业态和新技术发展机遇，以服务新产业、新业态、新技术为突破口，形成一批服务产业转型升级和先进技术转移应用特色鲜明的应用技术大学、学院。建立紧密对接产业链、创新链的专业体系。按需重组人才培养结构和流程，围绕产业链、创新链调整专业设置，形成特色专业集群。通过改造传统专业、设立复合型新专业、建立课程超市等方式，大幅度提高复合型技术技能人才培养比重。创新应用型技术技能型人才培养模式，建立以提高实践能力为引领的人才培养流程和产教融合、协同育人的人才培养模式，实现专业链与产业链、课程内容与职业标准、教学过程与生产过程对接。

为了贯彻落实《转型指导意见》精神，更好地推动应用型高校建设进程，充分发挥教材在教育教学中的基础性作用，近年来，中国农业大学出版社就全国高等教育食品科学类专业教材出版和使用情况深入相关院校和教学一线调查研究，先后3次召开教学研讨会，总计有400余人次近200名食品院校专家和老师参加。在深入学习《转型指导意见》《普通高等学校本科专业类教学质量国家标准》(以下简称《教学质量国家标准》)和《工程教育认证标准》(包括《通用标准》和食品科学与工程类专业《补充标准》)的基础上，出版社和相关院校达成高度共识，决定建设一套服务于全国应用型本科院校教学的食品科学与工程类专业系列教材，并拟定了具体建设计划。

历时4年，“应用型本科食品科学与工程类专业系列教材”终于与大家见面了。本系列教材具有以下几个特点：

1. 充分体现《转型指导意见》精神。坚持应用型的准确类型定位和培养应用型技术技能型人才的职责使命。教材的编写坚持以“四个转变”为指导，即把办学思路真正转到服务地方经济社会发展上来，转到产教融合、校企合作上来，转到培养应用型技术技能型人才上来，转到增强学生就业创业能力上来。强化“一个认识”，即知识是基础、能力是根本、思维是关键。坚持“三个对接”，即专业链与产业链对接、课程内容与职业标准对接、教学过程与生产过程对接，实现教材内容由学科学术体系向生产实际需要的突破和从“重理论、轻实践”向以提高实践能力为主转变。教材出版创新，要做到“两个突破”，即编写队伍突破清一色院校教师的格局，教材形态突破清一色的文本形式。

2. 以《教学质量国家标准》为依据。2018年1月《普通高等学校本科专业类教学质量国家标准》正式公布(以下简称《标准》)。此套教材编写团队认真对照《标准》，以教材内容和要求不少于和低于《标准》规定为基本要求，全面体现《标准》提出的“专业培养目标”和“知识体系”，教学学时数适当高于《标准》规定，并在教材中以“学习目的和要求”“学习重点”“学习难点”等专栏标注细化体现《标准》各项要求。

3. 充分体现《工程教育认证标准》有关精神和要求。整套教材编写融入以学生为中心的理念、教学反向设计的理念、教学质量持续改进的理念，体现以学生为中心，以培养目标和毕业要求为导向，以保证课程教学效果为目标，审核确定每一门课程在整个教学体系中的地位与作用，细化教材内容和教学要求。

4. 整套教材遵循专业教学与思政教学同向同行。坚持以立德树人贯穿教学全过程，结合食品专业特点和课程重点将思想政治教育功能有机融合，通过专业课程教学培养学生树立正确的人生观、世界观和价值观，达到合力培养社会主义事业建设者和接班人的目的。

5. 在新形态教材建设上努力做出探索。按课程内容教学需要，按有益于学生学习、有益于教师教学的要求，将纸质主教材、教学资源、教学形式、在线课程等统筹规划，制定新形态教材建设工作计划，有力推动信息技术与教育教学深度融合，实现从形式的改变转变为方法的变革，从技术辅助手段转变为交织交融，从简单结合物理变化转变为发生化学反应。

6. 系列教材编写体例坚持因课制宜的原则，不做统一要求。与生产实际关系比较密切的课程教材倡导以项目式、案例式为主，坚持问题导向、生产导向、流程导向；基础理论课程教材，提倡紧密联系生产实践并为后续应用型课程打基础。各类教材均在引导式、讨论式教学方面做出新的尝试。

希望“应用型本科食品科学与工程类专业系列教材”的推出对推进全国本科院校应用型转型工作起到积极作用。毕竟是“转型”实践的初次探索，此套系列教材一定会存在许多缺点和不足，恳请广大师生在教材使用过程中及时将有关意见和建议反馈给我们，以便及时修正，并在修订时进一步提高质量。

中国农业大学出版社

2020 年 2 月

前　言

居民营养与慢性病状况是反映一个国家经济社会发展、卫生健康水平和人口健康素质的重要指标，关系到国家长期可持续发展的战略，也影响到国家的国际竞争力。近年来，随着社会经济发展，我国居民健康状况和营养水平不断改善，但《中国居民营养与慢性病状况报告(2020 年)》显示，与膳食营养相关的慢性病对我国居民健康的威胁日益凸显，开展食品营养与健康方面教育的需求日益迫切。与之相适应，编写一本定位准确、内容先进、体系得当、风格鲜明的教材是一项意义重大的工作。

本教材是在参考教育部食品科学与工程类专业教学指导委员会审定的“食品营养学课程教学基本要求”的基础上编写的，既介绍了营养学的基础知识，又概括了营养学的最新研究进展及食品营养学研究的热点问题；既结合了食品科学与工程领域需要解决的营养问题，又注重了食品营养知识在居民膳食中的运用。教材编写体现了以学生为中心的指导思想，力求实现专业链与就业链、课程内容与职业标准、教学过程与工作过程的对接。

全书共分 12 章，系统介绍了人体消化道结构和食物的消化与吸收、各种营养素的营养原理、各类食品的营养价值、特殊人群的营养与膳食、社区居民的公共营养、食物与疾病的调控、食物的营养强化和保健食品等，重点介绍了加工贮藏对食物营养价值的影响、营养与慢性非传染性疾病、营养调查与营养配餐、特殊食品及管理等内容。

本书的编写，力求条理清晰、科学严谨、通俗易懂，突出强调食品营养学知识与实际生活的结合，力争能够帮助广大学生和居民解决日常生活中的营养问题。本书内容具有较强的可读性和应用性。本书不仅可作为高等学校食品及相关专业必修课教材，还可供营养学选修课使用，并可作为从事食品科学相关的生产、科研、管理工作者以及广大食品营养学知识关注者的参考书。

本教材由河南农业大学、信阳农林学院、河南牧业经济学院、河北科技师范学院、运城学院、山西农业大学信息学院等高校联合编写。河南农业大学宋莲军编写第 1 章、第 11 章和附录；信阳农林学院邵颖编写第 3 章、第 10 章；河南牧业经济学院苏志平编写第 7 章、第 8 章；河北科技师范学院李汉臣编写第 9 章；运城学院王艳萍编写第 12 章；山西农业大学信息学院冯雅蓉编写第 2 章；河南农业大学王凡编写第 4 章；河南牧业经济学院李欣编写第 5 章；信阳农林学院王清编写第 6 章。全书由宋莲军、邵颖统稿，由雷红涛主审。

本教材在编写过程中，得到了中国农业大学出版社张程编辑的大力协助，在此一并致谢！

本教材涉及内容较广，加之作者水平有限，疏漏和不当之处在所难免，敬请各位同仁和读者指正。

编　者

2021 年 6 月

目 录

HAPTER 1

第1章 绪论

【启发提问】

1.为什么要选择食物?

2.你的饮食真的能带来身体健康或疾病的差别吗?

3.你能够在商业宣传、广告和其他公共媒体来源中识别营养信息的错误导向吗?

【学习目的与要求】

1.掌握营养、营养素、营养学、营养不良、食品营养标签、食品营养学等基本概念。

2.了解营养学发展简史与研究进展,熟悉营养学的主要分支。

3.正确认识食品营养学与相关学科的关系。

4.准确把握我国居民营养状况的变化,了解我国在公共营养领域所做的主要工作。

【学习重点】

1.食品营养学相关的基本概念。

2.我国居民营养现状及当前公共营养领域的主要工作。

【学习难点】

1.食品营养学研究的最新进展。

2.食品营养学与农业科学、食品科学、营养科学及生命科学的关系。

1.1 营养学的概念及其分支

食品是人类赖以生存和发展的物质基础，其最重要的功能是营养。食品不但为人体生长发育和维持健康提供所需的能量和营养物质，而且在预防人体疾病特别是慢性病方面起着重要的作用，甚至对人的思想方法和行为举止也会产生一定的影响。因此，研究食品营养和发展食品营养科学对于居民营养状况的改善、疾病的预防控制、经济的发展、国民整体健康水平的提高等方面有重要意义。

1.1.1 营养学的基本概念

1. 营养与营养素

营养，原意指“谋求养生”。根据《中国营养科学全书》中的定义，指机体通过摄取食物，经过体内消化、吸收和代谢，利用食物中对身体有益的物质作为构建机体组织器官、满足生理功能和体力活动需要的过程。

营养素指具有营养功能的物质。按化学性质和生理功能可将营养素分为六大类，即蛋白质、脂类、碳水化合物、维生素、矿物质和水。已研究明确并得到公认的人体营养素有40多种，其中包括9种必需氨基酸（异亮氨酸、亮氨酸、赖氨酸、蛋氨酸、苯丙氨酸、苏氨酸、色氨酸、缬氨酸、组氨酸）、2种必需脂肪酸（亚油酸和α-亚麻酸）、1种糖类（葡萄糖）、14种维生素（维生素A、维生素D、维生素E、维生素K、维生素B_1、维生素B_2、维生素B_6、维生素B_{12}、烟酸、泛酸、叶酸、胆碱、生物素、维生素C）、7种常量元素（钙、磷、钾、钠、镁、硫、氯）、10种微量元素（铁、碘、锌、硒、铜、铬、钼、钴、锰及氟）和水。

2. 营养学

营养学是研究人体营养规律、营养与健康的关系以及营养改善措施的一门学科。其主要内容包括营养学基础、各类食物的营养价值、不同人群的营养、营养与健康、公共营养、营养与社会发展等。2005年4月，国际营养学界专家在《吉森宣言》中指出，营养学是研究食物系统、食物和饮料及其所含营养素和其他成分，以及它们在生物、社会和环境系统之中和之间的相互作用的一门学科。对于从事营养科学、食物和营养政策的专业人士，必须在生物学、社会和环境这三个层面综合地开展工作。

3. 膳食营养素参考摄入量

膳食营养素参考摄入量（DRIs）是一组用于评价膳食营养素供给量能否满足人体需要、是否存在过量摄入风险及有利于预防某些慢性非传染性疾病的每日平均膳食营养素摄入量的参考值，包括平均需要量（EAR）、推荐摄入量（RNI）、适宜摄入量（AI）、可耐受最高摄入量（UL）、建议摄入量（PI-NCD）、特定建议量（SPL）和宏量营养素可接受范围（AMDR）。

4. 营养不良

营养不良是指由于一种或几种营养素的缺乏或过剩或不均衡所造成的机体健康异常或疾病状态。营养不良包括两种表现，即营养缺乏和营养过剩。营养缺乏可能影响免疫功能、生长发育、预期寿命、优生优育、劳动能力等多个方面;而营养过剩可能导致肥胖病、糖尿病、胆石症、高血压及其他心血管疾病,还可能成为多种疾病的诱因。营养不良常继发于一些医学的原因如慢性腹泻、短肠综合征等,非医学原因包括贫穷和食物短缺、缺乏营养知识、膳食搭配不合理等。

5. 食品营养标签

食品营养标签是指预包装食品标签上向消费者提供的食品营养信息和特性的说明,包括营养成分表、营养声称和营养成分功能声称。营养标签是预包装食品标签的一部分。《食品安全国家标准　预包装食品营养标签通则》(GB 28050)对我国的营养标签管理制度进行了规范。该标准的实施,有利于宣传普及食品营养知识,指导公众科学选择膳食,促进消费者膳食营养平衡和身体健康;有利于规范企业正确标示营养标签,科学宣传有关营养知识,促进食品产业健康发展。

1.1.2　营养学的分支

根据研究重点的不同,营养学可分为基础营养学、食品营养学、公共营养学、临床营养学、运动营养学、分子营养学等。

(1)基础营养学　基础营养学是以营养素为主线,重点研究各种营养素的性质、生理功能、消化吸收、代谢、需要量、营养评价及食物来源的科学。

(2)食品营养学　食品营养学是研究食物、营养与人体生长发育和健康的关系的科学,包括食物成分的分析评价、食物特定功能成分的研究、营养与疾病、食品配方的设计与调整、新食品原料的认识和利用以及在加工储藏中提高食品营养价值的措施。

(3)公共营养学　公共营养学是以特定社会区域范围内的各种或某种人群为对象,从宏观上研究其合理营养与膳食的理论、方法及相关制约因素。公共营养学的主要研究内容包括人体对能量和各种营养素的正常需要以及各个年龄段人群的营养需求,营养调查和人体营养状况的综合评价方法,膳食结构和膳食指南,膳食计划与食谱编制,营养监测、营养教育和营养咨询的方法。

(4)临床营养学　随着科学的发展,人们更加明确营养在生命过程中的重要作用,营养与健康的关系已成为现代营养科学研究的一项重要内容。临床营养学是建立在生物化学和临床医学基础上的研究营养与人体健康的一门学科。其主要研究营养与疾病预防、疾病康复的关系,是运用营养学知识来治疗疾病,提高机体免疫力,促进康复的科学。临床营养学的主要内容包括营养缺乏病的防治、疾病的营养治疗、营养因素在发病过程中的机制、营养与机体对疾病抵抗力的关系以及营养在预防、治疗、康复和保健中的作用。

(5)运动营养学　运动营养学是研究运动员的营养需要,利用营养因素来提高运动能力,促进体力恢复和预防疾病的科学。运动营养学是营养学的一个分支,是营养学在体育实践中的应用。通过研究运动员在不同的训练或比赛情况下的营养因素与机体机能、运动能力、体力适应、身体恢复以及运动性疾病防治的关系,为运动员延迟疲劳和加快恢复、提高训练效果和竞技水平提供合理的膳食依据。

(6)分子营养学　分子营养学是应用分子生物学技术来阐明营养素与基因的相互作用

及其对机体健康影响的规律和机制，并据此提出促进健康和防治营养相关疾病措施的一门学科。分子营养学是营养学与分子生物学技术有机结合而产生的一门新兴学科，主要研究营养素和基因的相互作用、食物成分影响特殊基因表达的途径以及人们罹患某些慢性非传染性疾病的分子生物学机理，从而依据个人的基因特点定制食物成分，防止某些基因突变，以达到预防疾病、延缓衰老和促进健康的目的。

1.2 营养学发展概况

1.2.1 营养学发展简史

1. 营养学的早期阶段

营养学是一门既古老又充满生命力的学科。我们的祖先很早就认识到饮食营养在保健和医疗中的重要作用。约 3 000 年前的西周时期，官方医政制度中设有食医，列众医之首。《周礼・天官冢宰》中记载有“食医掌和王之六食、六饮、六膳、百馐、百酱、八珍之齐”，说明了食医的要责。中医理论典籍《黄帝内经・素问》更系统地阐述了食物营养的重要意义，提出了“五谷为养、五果为助、五畜为益、五菜为充”的平衡膳食模式，成为世界上最早最全面的“膳食指南”，至今仍有重要价值。我国现存最早的中药学专著《神农本草经》中有“海藻疗瘿”的具体描述。南朝齐梁时期陶弘景提出了“以肝补血、补肝明目”的见解。东晋时期葛洪在《肘后备急方》中有用海藻酒治疗甲状腺肿的记载。唐代名医孙思邈主张“治未病”的预防思想。我国古代还有“药食同源”的重要思想，先后有几十部关于食物本草与食疗本草类的食物药理学著作。明代李时珍在《本草纲目》中记载了 350 多种药食两用的动植物，并区分为寒、凉、温、热等性质，对指导人们营养与食疗有重要价值。明代姚可成在《食物本草》一书中，列出了 1 017 种食物，并以中医的观点逐一加以描述和归类，这在世界历史上处于前列地位。此外，我国历史上还有《食经》《千金食治》等书籍，都反映了我国古代在营养学方面的成就。

国外最早关于营养方面的记载是在公元前 400 多年前的著作中。《圣经》中有关于将肝汁挤到眼睛中治疗眼病的描述。当时的西方人经常将食物用作化妆品或药品。古希腊名医 Hippocrates 在公元前 300 多年前首先认识到食物营养对于健康的重要性，他认为健康只有通过适宜的饮食和卫生才能得到保障，提出“食物即药”的观点。这同中国古典营养学提出的“药食同源”的说法具有相似之处。当时西方人还用海藻治疗甲状腺肿及用动物肝脏治疗夜盲症等。无论东方还是西方，受当时自然科学发展的局限，对营养学的认识只是对感性经验的总结和假说，是一种朴素的营养学。

2. 现代营养学阶段

现代营养学奠基于 18 世纪中叶，有“营养学之父”之称的法国化学家拉瓦锡首先阐明了生命过程是一个呼吸过程，并提出了呼吸是氧化燃烧的理论。整个 19 世纪到 20 世纪初是发现和研究各种营养素的鼎盛时期。1810 年 Wollastor 发现第一种氨基酸，1838 年 Jan Mulder 首次提出蛋白质概念，直到 1945 年才首次发现了一种蛋白质分子的结构。1842 年，德国化学家、农业化学和营养化学奠基人之一 Justus von Liebig 提出机体营养过程是对蛋白质、脂肪、碳水化合物的氧化过程。1912 年，人类发现了第一种维生素即维生素 B_1，35 年以后又陆续发现了其他 13 种维生素，迄今再无维生素提出。当时，科学界逐渐开始接受坏血病、脚气病、佝偻病、癞皮病、干眼病等疾病是营养素缺乏所致的观点。

矿物质的研究应从 1800 年 Davy 发现钠、钾、钙、硫、氯和 1801 年 Berzelius 对骨中钙、磷含量分析开始。20 世纪 30 年代后，掀起了微量元素的研究热潮。当时认为世界各地出现的某些原因不明疾病可能与微量元素有关。1931 年，发现斑釉牙与饮水中氟含量过多有关。在此后的 40 多年，陆续发现了锌、铜、锰、硒、钼等多种微量元素为人体所必需。我国首先发现缺硒是克山病的主要致病因素，硒营养的研究处于世界领先水平。

20 世纪中后期，营养学的研究工作日益深入。在微观方面，营养素尤其是维生素、微量元素对人体的重要生理作用机制不断得到深入揭示，营养与疾病的关系也得到进一步的阐明，食物中非营养成分的生理功能及对健康的作用成为新的研究热点，分子营养学应运而生。在宏观方面，包括营养调查、营养监测及各种人群营养干预研究在内的公共营养学有了新的发展，并在各国政府改善国民健康的决策中发挥着重要作用。

1.2.2 营养学研究的重要进展

现代营养学经过 100 多年的发展，出现了多个分支学科和领域，与食品营养学相关的领域在最近几十年来也取得了重要进展。

(1)营养素　近年来，基础营养研究又有许多新进展。如含碳水化合物食物的血糖指数概念得到认同，并广泛应用；膳食纤维的生理功能及其对于预防胃肠道疾病、肥胖病、糖尿病、高脂血症等一些慢性非传染性疾病的重要性逐渐被认识；叶酸、维生素 B_{12}、维生素 B_6 与出生缺陷及心血管疾病病因关联的研究已深入到分子水平；多不饱和脂肪酸特别是 n-3 系列的 α-亚麻酸及其在体内形成的二十碳五烯酸(EPA)和二十二碳六烯酸(DHA)的生理作用逐渐被揭示，n-3 和 n-6 系列脂肪酸平衡的研究越来越受到关注；维生素 C、维生素 E、β-胡萝卜素等可以直接清除体内自由基，硒、铁、锌、铜、锰等微量元素和维生素 B_2 是体内抗氧化的辅助因子，它们在体内的抗氧化作用及其机制的研究仍在深入。

(2)生物活性成分　有些流行病学观察结果难以用营养素来解释，如蔬菜、水果对癌症的保护作用，难以用所含维生素和矿物质解释。而越来越多的动物实验结果表明，食物中某些非营养素生物活性成分具有重要的功能。目前食物中的非营养素生物活性成分研究较多的有：植物中的多酚类，蔬菜中的类胡萝卜素及异硫氰酸盐，大蒜中的含硫化合物，大豆中的异黄酮，香菇、灵芝、枸杞中的多糖类，人参中的皂苷，红曲中的红曲色素等。这些成分大多数具有抗氧化作用和免疫调节功能，对心血管病和某些慢性病具有一定的预防和辅助治疗作用。因此，我国营养学会制定了特定建议值(SPL)。

(3)营养基因组学　利用营养基因组学技术，可以测定单一营养素对细胞或组织基因谱表达的影响，从而达到改善营养状况的目的。已有研究表明，有些营养素(如维生素 A、维生素 D、锌和脂肪) 能够直接影响基因的表达，而另一些营养素(如膳食纤维)可以通过改变激素信号、影响机械刺激或肠道细菌代谢产物发挥间接作用。通过基因表达的变化可以研究能量限制、微量营养素缺乏、糖代谢等问题。另外，基因多态性对膳食因素与疾病关系的影响也受到越来越多营养学家的关注，重要的研究成果有维生素 D 受体基因多态性对钙吸收的影响、亚甲基四氢叶酸还原酶基因多态性对叶酸需要量的影响、载脂蛋白基因多态性对血脂代谢的影响等。

(4)公共营养　为了指导民众合理地选择和搭配食物，世界各国制定了膳食指南和营养素每日推荐摄入量(DRIs)。膳食指南和 DRIs 的内容随着营养学的发展而不断修改与调整。中国营养学会于 1997 年首次正式发布了《中国居民膳食指南》。根据我国社会和经济发展及营养学研究的新成果，中国营养学会分别于 2007 年、2016 年重新修订了《中国居民膳食指南》。营养素虽然具有预防营养缺乏病的作用，但也不是越多越好，在考虑营养素的摄入量时，还应考虑摄入安全性。鉴于此，学者提出了 DRIs 的概念，包括平均需要量(EAR)、推荐摄入量(RNI)、适宜摄入量(AI)和可耐受最高摄入量(UL)。随着营养学的发展，学者们认为营养素还具有预防某些慢性非传染性疾病的作用，因此，中国营养学会 2014 年发布的 DRIs 由原来的 4 个概念增加为 7 个，分别是宏量营养素可接受范围(AMDR)、微量营养素预防非传染性慢性病的建议摄入量(PI-NCD)和其他膳食成分的特定建议值(SPL)。

1.3　食品营养学与相关学科的关系

食品营养学是农业科学、食品科学、营养科学、生命科学有机结合的一门交叉学科，它与人们的生活和生命息息相关。农业科学可提供丰富的食物资源，确保营养素的供给充足，并随着科技的发展开始进行生物性改造以确保营养素更具合理化，其重点在于营养素的生产与供给，要在生命科学的高度思考农业科学的发展。食品科学可确保营养素的高效供给，以营养素的理化特性为依据，采用物理、化学和生物技术手段，确保营养素能够以最佳的状态供给机体，其重点在于营养素的保持与优化，要在生命科学的高度思考食品科学的创新。营养科学主要以生理、生化、生物科学为依托，阐释营养素的生物学功效、生物过程、生物转化、生理需求等，其重点在于营养素的功能效应、代谢转化、需求、供给不合理产生的危害等方面，要在生命科学的高度思考营养科学对延长寿命、促进健康的意义。生命科学则是以生命体为研究对象，是食品相关学科服务的最终目标。其相互关系见图 1-1。

虽然各个学科互相联系、互相交叉，但最终依托的是化学的基础，利用的是物理的技术，服务的是生命的科学。因此，食品营养学是以化学为依托，采取物理或生物手段处理化学物质，以满足生物体需求的科学。

1.3.1　食品营养学与化学的关系

化学是自然科学的一种，是在分子、原子层次上研究物质的组成、性质、结构与变化规律，并创造新物质的科学。世界由物质组成，化学则是人类用以认识和改造物质世界的主要方法和手段之一。食品营养学与化学的关系，可以简单表述为食品营养学是化学的一个分支，是在交叉了生命科学后逐渐发展形成的。营养素是化学物质，营养素的客观表象与表现均可以通过化学理论进行解释，如营养素的稳定性、加工特性、化学反应、物理性质等。

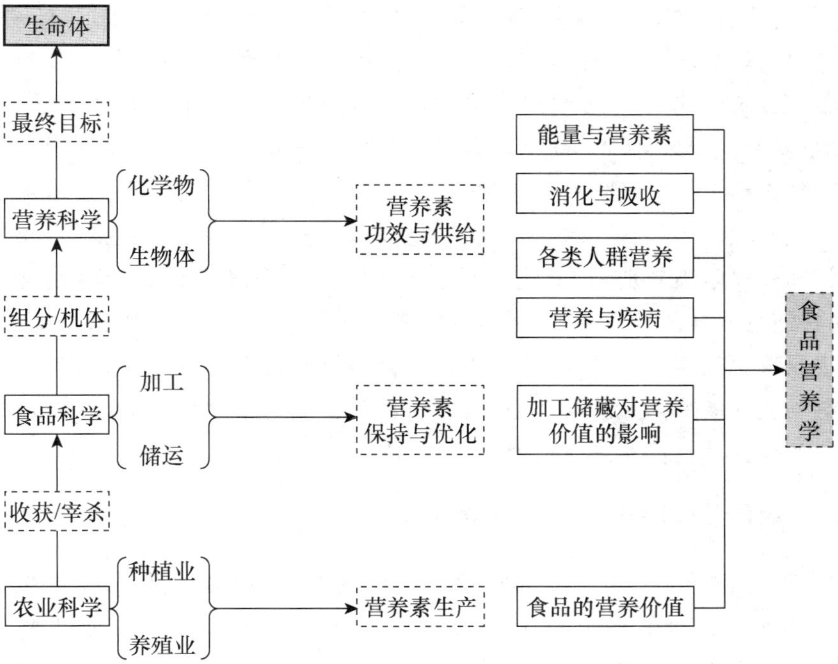

图 1-1 食品营养学与农业科学、食品科学、营养科学及生命科学的关系

在食品营养学的研究内容中，食物的消化与吸收是以营养素的化学结构为基础，结合生物学来进行研究与阐释的；能量、营养素也是以化学科学为依托进行分析与说明的；各类食品的营养价值则是通过化学分析与测定进行评价的；加工、储藏对食品营养价值的影响是以营养素的化学稳定性及其他化学特性为依据选择加工和处理手段的；不同人群营养、营养与疾病、公共营养、营养调查与营养配餐等内容则是以生命科学的表象，深入化学科学的本质，阐释化学物质的需求与影响的。因此，从食品营养学研究内容中可以看出，化学是其主要基础，也是主要的手段，更是其主要内容的实质。

1.3.2 食品营养学与物理学的关系

物理学，是研究物质运动最一般规律和物质基本结构的学科。作为自然科学的带头学科，物理学研究大至宇宙、小至基本粒子等一切物质最基本的运动形式和规律，因此，成为其他各自然科学学科的研究基础。利用物理学的知识派生出了各种技术，在食品工业生产中，无法离开物理处理技术进行食品的生产与加工，如食品的机械破碎技术、热加工技术、新兴的各种冷杀菌技术、金属探测技术等，均利用物理学的基本理论。食品营养学与物理学的关系，是物理学在应用领域中的拓展，将物理技术应用在了农业生产、食品加工、食品保藏等领域。

在食品营养学的研究内容中，物理学没有化学涉及的范围广泛，物理学更多地涉及食品营养学的前端。在农业科学领域中，为确保营养素的高效生产与安全获取，主要利用物理学的理论形成了各种技术和物化的机械设备。如在农作物的种植环节与收获环节、动物的现代化养殖与屠宰环节，充分利用物理机械作用，提高了劳动与生产效率，降低了劳动强度和生产成本。在食品科学领域，为确保营养素的高效保持、持久保存及有效供给机体，主要利用了高温、低温、机械破碎等手段。如在植物性食品原料的预处理环节，充分利用了热干燥防腐烂、低温存放防腐败、物理震动除杂质、物理剪切挤压加工等物理学理论及技术，确保了营养素的安全获取及长久保持。动物性食品原料的预处理环节，则主要利用低温存放保鲜效应，大幅度延长动物性原材料的存储时间。在各种食品加工方面，则主要利用了物理热力学技术，如冻、蒸、煮、炒、煎、炸、烤、熏、烧等；物理剪切挤压效应，如切、搅拌、斩拌、均质、挤压膨化等；物理迁移阻隔效应，如真空干燥、冷冻干燥、膜分离、超临界萃取、物理胶囊包埋等。在食品存储技术方面，则主要有低温的延缓化学反应、高温的微生物杀菌效应、超高压杀菌效应、辐照杀菌效应、紫外线微波超声波杀菌、过滤除菌、欧姆加热杀菌、脉冲光和激光杀菌、脉冲电场和磁场杀菌等。因此，从食品营养学研究内容中可以看出，物理学技术作用于化学组分，实现食品及营养素的处理，是主要技术手段之一。

1.3.3 食品营养学与生物学的关系

生物学是研究生物(包括植物、动物和微生物)的结构、功能、发生和发展规律的科学，是自然科学的一个部分。目的在于阐明和控制生命活动，改造自然，为农业、工业和医学等实践服务。食品营养学与生物学的关系，可以理解为满足需求与需求提出的关系，是生物学在生命科学、生理学、生物化学、细胞生物学、分子生物学等领域发展并向前端延伸而逐渐形成的。

在食品营养学的研究内容中，食品的营养价值、营养价值的影响、人群营养的需求、营养与健康等，都离不开生物学的理论与技术。农业科学中，通过种植、养殖实现植物性食品原料、动物性食品原料、生物性食品原料的生产，即实现营养素的生产。生物学在农业科学的种质资源改良、创新中发挥了重要作用。在食品的加工生产中，生物发酵技术、生物酶技术也越来越被广泛利用，如面团的发酵、酱的发酵、酒的酿造、醋的酿造、酸奶的生产、各种添加剂的发酵生产等也均是利用了生物学理论的技术。营养素与机体关系、营养素功能的分析与评价、不同机体状态对营养素的需求、营养与健康的关系、营养与疾病的关系、营养素的吸收与消化代谢等，也均是利用了生物学的研究手段去阐释和说明的。因此，从食品营养学研究内容中可以看出，生物学是食品营养的源泉，是食品加工的手段，是营养素评价的手段，更是食品加工技术选择与营养素需求要求的主体。

1.4 我国居民营养状况及公共营养工作

1.4.1 我国居民营养与慢性病状况

居民营养与慢性病状况是反映国家经济社会发展、卫生保健水平和人口健康素质的重要指标。随着健康中国合理膳食行动和国民营养计划的推进实施，我国营养改善和慢性病防控工作取得了积极进展和明显成效。主要体现在以下几个方面：

一是居民体格发育与营养不足问题持续改善，城乡差异逐步缩小。居民膳食能量和宏量营养素摄入充足，优质蛋白质摄入不断增加。成人平均身高继续增长，儿童青少年生长发育水平持续改善。我国 18～44 岁的男性和女性平均身高分别为 169.7 cm 和 158 cm，与 2015 年相比分别增加 1.2 cm 和 0.8 cm。6～17 岁男孩和女孩各年龄组身高平均分别增加了 1.6 cm 和 1.0 cm。6 岁以下儿童生长迟缓率降至了 7%以下，低体重率降至 5%以下，均已实现 2020 年国家规划目标。特别值得一提的是，我国农村儿童的生长迟缓问题得到了根本改善，农村 6 岁以下儿童生长迟缓率由 2015 年的 11.3%降至 5.8%；6～17 岁儿童青少年生长迟缓率从 4.7%降到了 2.2%。

二是居民健康意识逐步增强，部分慢性病行为危险因素流行水平呈现下降趋势。近年来，居民吸烟率、二手烟暴露率、经常饮酒率均有所下降。人均每日烹调用盐 9.3 g，与 2015 年相比下降了 1.2 g。居民对健康的关注程度也在不断提高，定期测量体重、血压、血糖、血脂等健康指标的人群比例显著增加。

三是重大慢性病过早死亡率逐年下降，因慢性病导致的劳动力损失明显减少。2019 年，我国居民因心脑血管疾病、癌症、慢性呼吸系统疾病和糖尿病等四类重大慢性病导致的过早死亡率为 16.5%，与 2015 年的 18.5%相比下降了 2 个百分点，降幅达 10.8%。

随着我国经济社会发展和卫生健康服务水平的不断提高，居民人均预期寿命不断增长，随着慢性病患者生存期的不断延长，加之人口老龄化、城镇化、工业化进程加快和行为危险因素流行对慢性病发病的影响，我国慢性病患者基数仍将不断扩大。同时因慢性病死亡的比例也会持续增加，2019 年我国因慢性病导致的死亡占总死亡 88.5%，其中心脑血管病、癌症、慢性呼吸系统疾病死亡比例为 80.7%，防控工作仍面临巨大的挑战。挑战主要体现在两个方面：

一是居民不健康生活方式仍然普遍存在。膳食脂肪供能比例持续上升，农村首次突破 30%推荐上限。家庭人均每日烹调用盐和用油量仍远高于推荐值，而水果、豆及豆制品、奶类消费量不足。儿童青少年经常饮用含糖饮料问题已经凸显，15 岁以上人群吸烟率、成人 30 天内饮酒率超过四分之一，身体活动不足问题普遍存在。

二是居民超重肥胖问题不断凸显，慢性病患病/发病仍呈上升趋势。我国 18 岁及以上居民男性和女性的平均体重分别为 69.6 kg 和 59.0 kg，与 2015 年发布结果相比分别增加 3.4 kg 和 1.7 kg。城乡各年龄组居民超重肥胖率继续上升，有超过一半的成年居民超重或肥胖，18 岁及以上居民超重率和肥胖率分别为 34.3%和 16.4%。6～17 岁、6 岁以下儿童青少年超重肥胖率分别达到 19%和 10.4%。而且呈现出上升速度较快、流行水平较高、全人群均受影响的发展趋势。高血压、糖尿病、高胆固醇血症、慢性阻塞性肺疾病患病率和癌症发病率与 2015 年相比有所上升。我国 18 岁及以上居民高血压患病率为 27.5%，糖尿病患病率为 11.9%，高胆固醇血症患病率为 8.2%，40 岁及以上居民慢性阻塞性肺疾病患病率为 13.6%，与 2015 年发布结果相比均有所上升。居民癌症发病率为 293.9/10 万，仍呈上升趋势，肺癌和乳腺癌分别位居男、女性发病首位。

1.4.2 我国公共营养工作

1. 食物与营养政策

为了保证全民的食物供应和健康，我国在不同的历史时期制定了许多综合性政策和法规。在 20 世纪 50 年代制定了《关于实行粮食的计划收购与计划供应的决议》《粮食市场管理办法》《农村粮食统购统销暂行办法》和《市镇粮食定量供应暂行办法》等，这些政策和法规的实施，稳定了粮食市场，保证了城乡居民的粮食供应和营养改善的基本需要。

20 世纪 80 年代以后，我国食物生产大幅度增长、人民食物消费水平迅速提高，食物营养结构显著改善。为及时引导我国食物结构的改革和调整，促进食物生产与消费的协调发展，国家颁布和组织实施了《90 年代中国食物结构改革与发展纲要》《中国营养改善行动计划》和《中华人民共和国食品卫生法》，将营养目标纳入国家政策和法规的轨道。1994 年国务院发布了《食盐加碘消除碘缺乏危害管理条例》，这是我国第一个由政府强制实施的全民强化项目，为纠正我国居民碘缺乏起到了重要的作用。

21 世纪是我国食物结构急剧变化和营养水平迅速提高的重要时期。面对农业发展进入新阶段、经济全球化和居民食物结构改善的新形势，2001 年发布和实施了《中国食物与营养发展纲要(2001—2010 年)》，提出了今后 10 年食物与营养发展的指导思路、基本原则和发展目标。2014 年发布的《中国食物与营养发展纲要(2014—2020 年)》确定了我国今后几年食物与营养发展的总体要求、主要任务、发展重点和政策措施，提出了关于食物生产、消费、营养素摄入与营养性疾病控制等发展目标。2009 年首次颁布了《中华人民共和国食品安全法》，于 2015 年进行了修订，又于 2018 年进行了修正。新修订的食品安全法突出预防为主、风险防范的理念，建立覆盖全过程的监督管理制度，建立严格的法律责任制度，实行食品安全社会共治，以法治保障公众健康与食品安全。

为推进健康中国建设，提高人民健康水平，中共中央、国务院于 2016 年 10 月发布实施了《"健康中国 2030"规划纲要》，这是今后 15 年推进健康中国建设的行动纲领。《纲要》以提高人民健康水平为核心，以体制机制改革创新为动力，从广泛的健康影响因素入手，以普及健康生活、优化健康服务、完善健康保障、建设健康环境、发展健康产业为重点，把健康融入所有政策，全方位、全周期保障人民健康，大幅度提高健康水平，显著改善健康公平。为贯彻落实《"健康中国 2030"规划纲要》，国务院于 2017 年发布了《国民营养计划(2017—2030 年)》，包括总体要求、完善实施策略、开展重大行动、加强组织实施等内容。为保障工作目标的实现，部署了 7 项实施策略，包括完善营养法规政策标准体系、加强营养能力建设、强化营养和食品安全监测与评估、发展食物营养健康产业、大力发展传统食养服务、加强营养健康基础数据共享利用、普及营养健康知识。针对不同人群的营养健康突出问题，提出开展生命早期 1 000 d 营养健康行动、学生营养改善行动、老年人群营养改善行动、临床营养行动、贫困地区营养干预行动、吃动平衡行动 6 项重大行动。

2. 营养监测与营养改善工作

我国曾于 1959 年、1982 年、1992 年分别进行过 3 次全国营养调查；1959 年、1979 年和 1991 年分别开展过 3 次全国高血压流行病学调查；1984 年和 1996 年分别开展过两次糖尿病抽样调查。上述调查对于了解我国城乡居民膳食结构和营养水平、掌握营养相关慢性疾病的流行病学特点及变化规律、评价城乡居民营养与健康状况、制定相关政策和疾病防治措施发挥了积极的作用。2002 年在全国范围内开展了"中国居民营养与健康状况调查"，这是我国首次进行的营养与健康综合性调查，它将以往由不同专业分别进行的营养、高血压、糖尿病等专项调查进行有机整合。最近一次全国营养调查是 2012 年。

1982年我国启动了居民食物消费与营养监测工作，分别于1990年、1992年、2000年、2007年、2010年、2012年开展了6次全国性营养监测工作。2010年原卫生部宣布正式建立国家营养监测制度，对居民食物消费与膳食状况、营养改善效果以及营养相关疾病进行监测，主要包括4个方面的内容：不同人群的食物摄入和膳食结构变化状况；宏量营养素和微量营养素的营养状况；蛋白、能量营养不良，贫血，钙缺乏和维生素A缺乏等状况；超重、肥胖及营养相关疾病状况。

中国在食物消费引导与营养改善方面也开展了大量工作。我国于1989年发布第一版《中国居民膳食指南》，用于指导居民合理膳食。《中国居民膳食指南》于1997年、2007年和2016年进行了三次修订。2000年发布了《中国居民膳食营养素参考摄入量》，并于2013年进行了修订。1997年，我国开始实施营养改善行动计划，其总目标是通过保障食品供给，减少饥饿和食物不足，降低蛋白质-热能营养不良的发生率，预防、控制和消除微量营养素缺乏症。2001年始，国务院依据国家食物与营养发展总体目标，针对食物发展与营养改善的重大问题，制定了一系列相关政策和措施，这对于优化我国居民食物结构、提高营养水平、指导食物发展方向具有重要意义。

本章小结

本章主要介绍了食品营养学的基本概念和发展情况，要求同学们掌握营养、营养素、营养学、营养不良、食品营养标签等基本概念，了解营养学发展简史与研究进展，熟悉营养学的主要分支，正确认识食品营养学与农业科学、食品科学、营养科学及生命科学的关系，准确把握我国居民营养现状及当前公共营养领域的主要工作。

思考题

1. 何谓营养、营养学、食品营养学？
2. 何谓营养素、营养不良、食品营养标签？
3. 简述食品营养学与相关学科的关系。
4. 简述我国居民的营养现状。
5. 实施《“健康中国2030”规划纲要》的重要意义是什么？

HAPTER 2

第 2 章 食物的消化与吸收

【启发提问】

1. 人类为什么要吃东西？
2. 人类吃进去的食物去了哪儿？在体内经过了哪些变化？
3. 代谢产物对人体真的没有益处吗？

【学习目的与要求】

1. 掌握消化系统的组成结构。
2. 了解消化道的活动特点，掌握吸收的部位和机理。
3. 了解各个营养素在人体的消化吸收情况。

【学习重点】

1. 人体消化系统的组成，小肠的化学性消化。
2. 各种营养素在体内的消化过程及其发生的变化。
3. 肠道微生态的功能。

【学习难点】

1. 消化系统中各种消化液的组成与作用，胆汁对于脂类消化所起的作用。
2. 营养素吸收及在体内的转运和相互转化。

人的生命活动，需要不断地摄取食物来实现，食物中的各种营养物质，为人体新陈代谢提供能量。但是，直接摄入人体的大分子物质，例如蛋白质、脂类、碳水化合物等，一般是无法被人体直接利用的，必须消化成小分子的物质，才能被吸收和利用。消化(digestion)是指机体通过消化管的运动和消化腺分泌物的酶解作用，使大块的、分子结构复杂的食物，分解为能被吸收的、分子结构简单的小分子化学物质的过程。其中，通过机械作用，把食物由大块变成小块，称为机械消化；通过消化酶的作用，把大分子变成小分子，称为化学消化。食物经消化后营养物质通过消化管黏膜上皮细胞进入血液和淋巴的过程称为吸收(absorption)。不能被吸收的食物残渣、水和代谢最终产物由消化道末端排出体外。本章主要介绍食物中各种营养素在人体中的消化和吸收，并简要介绍代谢终产物的排泄。

2.1 人体消化系统

消化系统是人体内完成食物的消化与吸收功能的各个组织器官的统称，主要由消化道和消化腺两大部分组成。消化道是一条起自口腔延续为咽、食管、胃、小肠、大肠，终于肛管的很长的肌性管道，包括：口腔、咽、食道、胃、小肠(十二指肠、空肠、回肠)、大肠(盲肠、阑尾、结肠、直肠)和肛管等部分。消化腺有小消化腺和大消化腺两种。小消化腺散在于消化管各部的管壁内，大消化腺有3对唾液腺(腮腺、下颌下腺、舌下腺)、肝和胰，它们均借导管将分泌物排入消化管内。消化系统概观见图2-1。

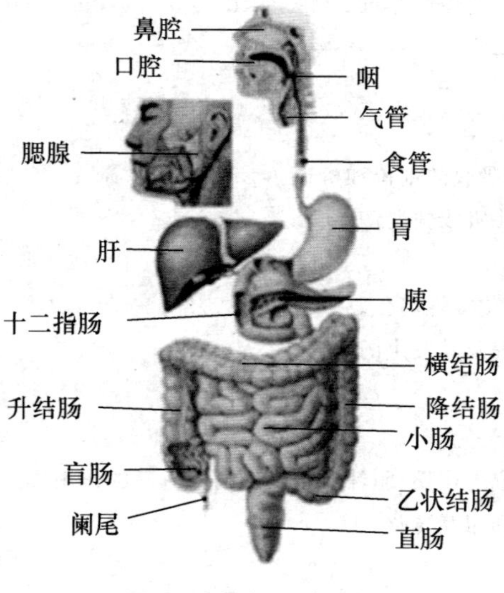

图2-1 消化系统概观

2.1.1 口腔

口腔(oral cavity)是消化道的起始部分。前借口裂与外界相通，后经咽峡与咽相续。口腔内有牙、舌等器官。口腔的前壁为唇、侧壁为颊、顶为腭，口腔底为黏膜和肌等结构。食物的消化从口腔开始，在口腔内的停留时间一般为15～20 s。口腔内参与消化的器官为牙齿、舌和唾液腺。口腔中的消化以机械性消化为主，在牙齿咀嚼的同时，唾液腺分泌唾液，其中所含的淀粉酶开始消化食物中的淀粉。舌位于口腔的底部，在口腔中可以做出各种运动，具有协助咀嚼、吞咽食物、感受味觉和辅助发音等功能。舌头上的味蕾，能辨识出食物中的各种味道。舌尖两侧对甜、咸敏感，舌头中部周围对辣敏感，舌头两侧对酸敏感，舌根对苦敏感。口腔的最后一个动作是吞咽，在进行吞咽动作时，咽后壁前移，封闭气管开口，防止食物进入气管发生呛咳。

口腔中有3对大的唾液腺：腮腺、颌下腺和舌下腺，还有众多的小唾液腺，这些腺体分泌的液体混合之后，就行成了唾液。唾液无色无味，pH为6.6～7.1。正常人每日分泌量为1.0～1.5 L。人的唾液水分占99%；有机物主要有黏蛋白、黏多糖、唾液淀粉酶、溶菌酶等；无机物有Na^+、K^+、Ca^{2+}、Cl^-、HCO_3^-以及一些气体分子。

唾液的作用：湿润口腔和食物，便于说话和吞咽；不断移走味蕾上的食物微粒，从而能不断尝到食物的味道；清洁和保护口腔，当有害物质进入口腔中时，唾液可起到冲洗、稀释及中和作用，其中的亚硝酸盐、溶菌酶可灭杀进入口腔中的微生物；使食物成团，易于吞咽；唾液淀粉酶将食物中的淀粉转化成麦芽糖，但这一作用很弱，且唾液淀粉酶只在口腔中起作用，当进入胃以后，pH下降，此酶会迅速失活。

虽然食物的消化起始于口腔，但是，由于食物不能长时间在口腔中停留和唾液中不含有消化食物的所有酶类，所以口腔对食物的消化作用是很弱的。食物中碳水化合物的消化起始于口腔。

2.1.2 咽与食管

(1)咽　咽(pharynx)指口腔、鼻腔之后，食管以上的空腔处，是饮食和呼吸的共同通道。食物从嘴进入食管的通道，空气也从鼻腔经咽部入喉、气管。当吞咽食物时，咽后壁前移，封闭气管的开口，防止食物进入气管发生呛咳。食团进入食道后，在食团的机械刺激下，位于食团上端的平滑肌收缩，推动食团向下移动，而位于食团下方的平滑肌舒张，这一过程的往复，便形成了食团的推进。

(2)食管　食管(esophagus)上端于第6颈椎下缘高度与咽相接，下端穿过膈肌于11胸椎左侧与胃的贲门口相连，全长约25 cm，从中切牙至食管末端的长度为40～42 cm。依食管的行程可将其分为颈部、胸部和腹部三段。食管主要由环节肌层(内层)和纵行肌层(外层)组成。由于这两种肌肉的收缩蠕动，迫使食物进入胃，故其主要作用是向胃内推进食物。此外，食管还会分泌一种黏液，让食物很容易通过。正常情况下，食物从咽部到达胃的贲门所需时间不同，如液体食物需要4 s到达，固体食物则需要6～9 s。食管除运送食物外，在最尾端有一个与胃连接的括约肌，确保胃酸不会逆流至食管中。当食物进入食管末端时，胃的贲门突然打开，一旦确保食物通过，又马上关闭。

2.1.3 胃

胃是食道的扩大部分，其上端通过贲门与食管相连，下端通过幽门与十二指肠相连，是食物消化的主要场所之一。胃容量差异很大，一般成年人是1～3 L。

1. 胃的运动

(1)胃的舒张性　胃在充盈状态下体积可增大至1～1.5 L,使胃很容易地接受食物而不引起胃内压力的增大。因此,胃能适应一定量食物的摄入,发挥其暂时储存食物的功能。

(2)胃的紧张性收缩　当胃被食物充盈后,开始持续长时间的紧张性收缩。在消化过程中,紧张性收缩逐渐加强,增加了胃内压力,因此胃液被压入食物中,促进消化。胃的这种紧张性收缩还能促进食糜向十二指肠移动。

(3)胃的蠕动　胃的蠕动,由胃体部发生,向胃的底部方向发展。胃的蠕动从起始处到胃底约需1 min,而起始处每一分钟能发生3次蠕动。这样,在胃上就可同时存在3～4个蠕动波。这种蠕动相对来说比较浅,一方面可以使在两个蠕动波之间的食物来回晃动,另一方面还可使胃液与食物充分混合,使已被浸泡过的食物在此运动下进一步分散变小。这样,每次进入小肠的食物就会很少,从而有利于在小肠中的吸收。胃蠕动的作用主要体现在使食物与胃液充分混合,以利于食物的消化,并且使其以最适合小肠消化和吸收的速度,向小肠排放。

2. 胃液

胃液(gastric juice)是胃内分泌物的总称,包括水、电解质、脂类、蛋白质和多肽激素。胃液的主要成分包括盐酸(胃酸)、胃蛋白酶原、胃脂肪酶、黏液、碳酸氢盐和内因子等。

(1)胃酸　由胃黏膜的壁细胞分泌,主要来自进食的自然刺激,受神经和体液的调节。胃酸的主要功能包括:激活蛋白酶原;维持胃内的酸性环境,使钙、铁等矿物质处于游离状态,利于吸收;杀死随食物进入胃内的细菌和微生物;使食物蛋白质发生变性,更易于被消化酶分解;促进胰液、胆汁和小肠液的分泌。

(2)胃蛋白酶　胃蛋白酶(pepsin)是一种消化性蛋白酶,由胃部中的胃黏膜主细胞(gastric chief cell)分泌。主细胞分泌的是胃蛋白酶原,该蛋白酶原经胃酸或者胃蛋白酶刺激后形成胃蛋白酶,其不是由细胞直接生成的。胃蛋白酶为内切酶,主要作用于含苯丙氨酸或酪氨酸的肽键,形成脲和胨,但很少形成游离氨基酸。当食糜进入小肠后,环境由酸性转变为碱性,此酶迅速失活。

(3)胃脂肪酶　胃脂肪酶能将食物中的脂肪进行部分水解,但由于强酸环境和停留时间短等原因,只有很少一部分脂肪会在胃内消化。

(4)黏液　主要成分为糖蛋白。黏液覆盖在胃黏膜细胞的表面,形成一个厚度为500 μm的凝胶层。黏液具有润滑作用,有利于食物通过和保护胃黏膜表面免受粗糙食物的损伤。黏液为中性或偏酸性,可降低胃酸的酸度,保护胃黏膜免受胃酸的侵蚀。黏液和碳酸氢盐结合,具有较高的黏滞性,可以防止胃蛋白酶对胃黏膜的分解。

(5)内因子　是由细胞壁分泌的糖蛋白,可与维生素B_{12}结合形成复合体,可保护维生素B_{12}在被运送到回肠的过程中不被消化酶破坏,促进维生素B_{12}的吸收。

食物通过胃的速度,取决于食物的营养成分,如碳水化合物的速度要比蛋白质和脂肪快些,水则可以直接通过胃到达小肠,这就决定了不同食物具有不同的饱腹感。正常人胃排空的时间为4～6 h。胃部的消化为食物在小肠的彻底消化和吸收做准备。绝大多数食物的主要吸收部位是在小肠,但是胃黏膜也能吸收一部分食物成分,如水、部分中链脂肪酸、酒精及一些药物,如阿司匹林。

2.1.4　小肠

小肠位于腹中，上端接幽门与胃相通，下端通过阑门与大肠相连，是食物消化吸收的主要场所。小肠盘曲于腹腔内，上连胃幽门，下接盲肠，全长 5～7 m，分为十二指肠、空肠和回肠三部分。小肠黏膜上具有环状褶皱并有大量绒毛及微绒毛，构成了巨大的吸收面积(总吸收面积可达 200～550 m^2)。

小肠内消化是食物消化过程中最重要的阶段。在小肠内，食糜受到胰液、胆汁和小肠液的化学性消化及小肠运动的机械性消化。食物在通过小肠后消化过程基本完成，且绝大多数的营养物质都在小肠被消化和吸收。食物在小肠停留的时间长短取决于食物的性质，一般为 3～8 h。

1. 小肠的运动

(1)紧张性收缩　小肠平滑肌的紧张性是其他运动形式有效进行的基础，当小肠紧张性降低时，肠腔扩张。肠内容物的混合和转运减慢；相反，则加快。

(2)节律性分节运动　节律性分节运动是以环行肌为主的节律性收缩和舒张运动。节律性分节运动是食糜所在的一段肠管上，环状肌在许多点同时收缩，把食糜分割成许多节段；随后，原来收缩处舒张，而原来舒张处收缩，使原来的食糜节段分为两半，相邻的两半则合拢为一个新的节段。如此反复进行，食糜不断分开又不断混合。小肠各段分节运动的频率不同，小肠上部频率较高，下部较低。十二指肠分节运动的频率为每分钟 11 次，回肠末端频率为每分钟 8 次。

节律性分节运动的作用：第一，使小肠内的食糜不断地混合和分开，将食糜与消化液充分混合，便于进行化学性消化；第二，使食糜能与肠壁紧密接触，为吸收创造良好的条件；第三，促进血液和淋巴的回流，促进营养物质的运输。

(3)蠕动　蠕动是一种把食糜向大肠方向推进的作用，由环状肌来完成。蠕动可以发生在小肠的任何部位，其速率为 0.5～2.0 cm/s，小肠近端的蠕动速度大于远端。小肠蠕动很弱，通常蠕动波只进行数厘米的距离后就消失，因此食糜从胃的幽门到回盲瓣需要 3～5 h，相当于 1 cm/min。

(4)摆动　摆动由小肠的纵状肌完成。由于小肠通过肠系膜固定在腹壁上，因此，当小肠的纵状肌舒张时，肠道被拉长。但由于肠系膜由脂肪构成，其拉伸长度不如小肠，从而使小肠的远端朝向腹壁摆动。摆动的功能：将食糜进一步粉碎；使食糜与消化液充分混合，便于进行化学性消化。

2. 小肠的消化液

(1)胰液　胰液是由胰腺的外分泌腺部分所分泌的无色、无味与血浆等渗的液体，pH 为 7.8～8.4。分泌的胰液进入胰管，经胰管与胆管合并成总胆管后，由位于十二指肠处的总胆管开口进入小肠。

正常人每日分泌胰液 1～2 L，胰液中有钠离子、钾离子、碳酸根离子、氯离子和多种消化酶。胰液中消化酶含量为 0.1%～10%，有 10 余种之多，是所有消化液中消化食物最全面、消化力最强的一种消化液。主要的消化酶为胰淀粉酶(pancreatic amylase)、胰脂肪酶

(lipase)、胰蛋白酶(trypsin)和糜蛋白酶(chymotrypsin)等,这些酶的最适 pH 为 7 左右。胰淀粉酶是一种淀粉酶,水解淀粉的效率很高,生成产物为糊精、麦芽糖和麦芽寡糖。胰脂肪酶可分解甘油三酯生成脂肪酸、甘油一酯和甘油,但它在发挥作用时需要辅脂酶的协助。胰液中还有水解胆固醇和磷脂的胆固醇酯酶和磷脂酶 A。胰蛋白酶分为两类,即内肽酶和外肽酶,内肽酶有胰蛋白酶、糜蛋白酶和弹性蛋白酶。外肽酶主要有羧基肽酶 A 和羧基肽酶 B。胰脏分泌的各种蛋白酶都以酶原的形式存在于胰液中,在肠激酶、胃酸、胰蛋白酶和组织液的作用下激活,蛋白酶能将蛋白质分解为脲和胨,也可以产生小分子的多肽和氨基酸。胰液中还含有核糖核酸酶和脱氧核糖核酸酶。

胰液的分泌同胃液一样分为头期、胃期和肠期,这三期均受神经和体液的调节。头期胰液分泌量占总量的 20%,水和碳酸盐含量低,酶含量丰富。头期主要是受神经系统的调节,即迷走神经直接调节的胆碱机制。胃期胰液分泌量占总量的 5%～10%,酶含量多,但液体量少,受迷走神经调节和胃泌素介导的体液调节。肠期胰液分泌量占总量的 70%,碳酸盐和酶含量高,主要受体液调节,调节的因素主要是促胰液素和胆囊收缩素。

(2)胆汁　胆汁(bile)是肝细胞分泌后由肝管流出的,经胆总管排入十二指肠或由肝管转入胆囊管储存在胆囊内,在消化时再由胆囊排出,进入十二指肠。成人每日分泌胆汁 800～1 000 mL,其成分复杂,含有钠、钾、钙、碳酸氢盐、胆汁酸、胆色素、脂肪酸、胆固醇、卵磷脂和黏蛋白等,但不含消化酶。肝细胞直接分泌的肝胆汁是金黄色或橘棕色,在胆囊中贮存的胆汁因浓缩而颜色变深。

胆汁酸与甘氨酸或牛磺酸结合形成的钠盐或钾盐称为胆盐(bile salt),它是胆汁参与消化和吸收的主要成分。胆色素是血红蛋白的分解产物,它的种类和浓度决定了胆汁的颜色。肝脏合成的胆固醇约一半转化为胆汁酸,另一半随胆汁排入肠道。胆汁中胆盐、胆固醇和卵磷脂的适当比例是维持胆固醇呈溶解状态的必要条件,当胆固醇分泌过多或胆盐、卵磷脂合成过少时,胆固醇就容易沉积下来形成胆结石。

胆汁对脂肪的消化和吸收有重要意义。胆盐能激活胰脂肪酶,加速脂肪的分解。胆汁中的胆盐、胆固醇和卵磷脂可作为乳化剂,使脂肪乳化呈细小的微粒,增加了胰脂肪酶的作用面积,加速了胰脂肪酶对脂肪的分解作用。胆盐与脂肪的分解产物如游离脂肪酸、甘油一酯等结合成水溶性复合物,促进脂肪分解产物的吸收。通过促进脂肪的吸收,胆汁促进脂溶性维生素的吸收。此外,胆汁还是体内胆固醇和胆色素代谢产物排出体外的主要途径。

胆汁分泌受神经和体液的调节,以体液调节为主,调节的内源性物质包括胆囊收缩素、促胰液素、胃泌素、胆盐。神经调节包括迷走神经的直接调节和迷走神经刺激胃泌素释放的间接调节。

(3)小肠液　小肠液主要是分布在小肠黏膜层内的小肠腺和十二指肠腺细胞分泌的一种弱碱性液体,pH 约为 7.6,渗透压与血浆相同,成人每天分泌 1～3 L。小肠液中的消化酶只有肠激酶,它可以激活胰蛋白酶原,多种寡糖酶和肽酶如糊精酶、麦芽糖酶、乳糖酶、蔗糖酶和氨基肽酶等存在于小肠的刷状缘上,对小肠上皮细胞表面的营养物质继续进行消化,阻止没有完全消化分解的消化产物吸收,因此这些酶对肠腔内食糜的消化一般不发挥作用。

在不同条件下,小肠液的性状变化很大,有时很稀,有时因含有大量黏蛋白而黏稠。小肠液分泌的调节最重要的是食糜刺激引起的各种局部神经反射,小肠液的分泌量与小肠内的食糜量呈正相关。促进小肠液分泌的激素包括胃泌素、促胰液素、胆囊收缩素、血管活性肠肽和胰高血糖素等。

2.1.5 大肠

大肠是人体消化系统的重要组成部分,为消化管的下段,食糜进入大肠后,大肠担负着回收水分的重要任务。成人大肠全长约 1.5 m,起自回肠,包括盲肠、升结肠、横结肠、降结肠、乙状结肠和直肠六部分。一般大肠并不对食物进行消化,大肠中的食物被分解多是细菌作用的结果,细菌可以在大肠内合成 B 族维生素和维生素 K,但是细菌主要是对大肠食物残渣中未被消化的碳水化合物、蛋白质和脂肪进行分解。蛋白质和脂肪产生的代谢产物对人体有害。

1. 大肠的运动

大肠的运动少而慢,对刺激的反应较迟缓,有利于对粪便的贮存。大肠的运动形式有袋状往返运动、分节或多袋推进运动和蠕动,推进大肠内容物下移。此外,大肠存在一种特殊的运动,就是排便。排便反射受大脑皮层的意识控制,神经冲动沿盆神经下传,使降结肠、乙状结肠和直肠收缩,肛门内括约肌舒张,同时,肛部神经丛抑制,使肛门外括约肌舒张,完成排便过程。期间支配膈肌和腹肌的神经兴奋,肌肉收缩,腹内压升高,促进排便。

(1)袋状往返运动　由环状肌无规律的收缩所引起,使结肠袋中的内容物向两个方向做短距离的位移,但并不向前推进。

(2)分节或多袋推进运动　由一个结肠袋或一端结肠收缩完成,把肠内容物向下一段结肠推进。

(3)蠕动　由一些稳定向前的收缩波组成,收缩波前方的肌肉舒张,后方的肌肉收缩,使这段结肠关闭排出内容物。

2. 大肠液

大肠液由大肠黏膜表面的柱状上皮细胞和杯状上皮细胞分泌,富含黏液和碳酸氢盐,pH 为 8.3～8.4,含有少量的二肽酶和淀粉酶,它们的消化作用不大,大肠液的分泌主要是食物残渣对肠壁的机械刺激所引起,其作用是润滑食物残渣,减少食物残渣在运动时对大肠的刺激和损伤。

3. 大肠的功能

大肠的主要功能是进一步吸收粪便中的水分、电解质和其他物质(如氨、胆汁酸等),形成、储存和排泄粪便。同时大肠还有一定的分泌功能,如杯状细胞分泌黏液中的黏液蛋白,能保护黏膜和润滑粪便,使粪便易于下行,保护肠壁防止机械损伤,免遭细菌侵蚀。

大肠中含有以大肠杆菌为主的大量细菌,这些细菌影响粪便的颜色和气味。在消化道中没有被充分消化吸收的成分可通过细菌作用进一步发生改变,如大豆及豆制品中含有一定量的水苏糖或棉籽糖,人体中没有分解它们的酶,故不能被消化,但它们可被肠道微生物发酵产气,转化成氢气、二氧化碳和短链的脂肪酸等,称为“胀气因子”。大豆加工成豆腐、豆浆等制品时,胀气因子被去除。没有消化的蛋白质残渣也可被细菌转化为有气味的化合物。

此外，大肠内细菌还可以合成维生素 K、生物素和叶酸等营养素。

2.1.6 肠道菌群

健康人的胃肠道内，有上千种细菌。这些细菌和胃肠道器官一起，对人体的消化、代谢和免疫等各方面起着重要的作用。刚刚出生的时候，新生儿的胃肠道几乎是无菌的。随着饮食开始，外界的细菌被带入胃肠道，慢慢建立起肠道内的菌群。3 岁左右，这些菌群就已经定型。肠道菌群如果发生改变，菌群就会失去平衡，人就可能会生病。

目前，对于肠道有益菌群的研究中，双歧杆菌、枯草杆菌、乳酸杆菌等细菌的研究比较多，但是绝大多数的细菌，我们了解还不够深入。双歧杆菌、乳酸杆菌等能合成多种人体生长发育必需的维生素，如 B 族维生素（维生素 B_1、维生素 B_2、维生素 B_6、维生素 B_{12}），维生素 K，烟酸、泛酸等，还能利用蛋白质残渣合成必需氨基酸，如天冬氨酸、苯丙氨酸、缬氨酸和苏氨酸等，并参与糖类和蛋白质的代谢，同时还能促进铁、镁、锌等矿物元素的吸收。这些营养物质对人类的健康有着重要作用，一旦缺少会引起多种疾病。我们吃下去的抗生素，杀死致病细菌的同时，也会杀死肠道内有益菌，所以在治疗好疾病的同时，也可能带来新的疾病。

肠道细菌菌群，平时处于一个平衡状态，相互制约。胃肠道菌群平衡，能够调解促进免疫反应的 TH17 细胞和抑制免疫反应的调节性 T 细胞。TH17 细胞和胃肠道抵抗病原菌感染有关，调节性 T 细胞与维持胃肠道免疫系统的稳定及避免过度反应有关。如果一些因素改变了肠道菌群，会造成肠道免疫系统失衡，引起疾病。不仅仅是便秘和腹泻与肠道菌群有关，目前认为肥胖、高血压、许多癌症、一些自身免疫性疾病等的发生和治愈，都离不开肠道菌群的影响。

2.2 营养素的消化与吸收

食物中的各种营养素被充分地消化以后，就开始被小肠黏膜吸收，最后都通过血液循环，运输到全身各个组织细胞。消化道不同部位的吸收能力和吸收速度是不同的，这主要取决于各部分消化道的组织结构以及食物在各部位被消化的程度和停留的时间。在口腔和食管内，食物实际上是不被吸收的。在胃内，食物的吸收也很少，胃只能吸收酒精、某些药物（阿司匹林）和少量水分。小肠是吸收的主要部位，一般认为，糖类、蛋白质和脂肪的消化产物大部分是在十二指肠和空肠吸收的，回肠有其独特的功能，即主动吸收胆盐和维生素 B_{12}。小肠内容物进入大肠时已经不含多少可被吸收的物质了。大肠主要吸收水分和盐类。一般认为，结肠可吸收进入其内的 80%的水及 90%的 Na^+ 和 Cl^-。

营养素吸收的方式主要有被动转运和主动转运两种形式（二维码 2-1）。

二维码 2-1
物质的运输方式

2.2.1 碳水化合物的消化与吸收

1. 碳水化合物的消化

食物中的碳水化合物主要是淀粉，淀粉的消化从口腔开始，口腔内有 3 对大唾液腺及无数散在的小唾液腺，分泌唾液，内含 α-淀粉酶，可使淀粉水解成糊精和麦芽糖，因为食物在口腔中停留的时间较短，淀粉的水解程度不大。食物进入胃后因胃酸的作用，唾液淀粉酶很快失去活性，淀粉的消化也立即停止。

碳水化合物的消化主要在小肠进行，极少部分非淀粉多糖可在结肠内通过发酵消化。来自胰液的 α-淀粉酶可将淀粉的 α-1，4-糖苷水解成 α-糊精及麦芽糖，肠黏膜上皮细胞也有同样的酶，以进一步消化，将 α-糊精中的 α-1，6 糖苷键及 α-1，4-糖苷键水解，最后将糊精和麦芽糖等水解为葡萄糖(图 2-5)。此外，蔗糖酶、乳糖酶，将可消化淀粉中的多糖及寡糖完全分解为葡萄糖及少量果糖和半乳糖，从而被小肠黏膜上皮细胞吸收。

由于人体没有 β-1，4-糖苷键的水解酶，故不能消化由 β-1，4-糖苷键组成的纤维素、半纤维素等。此外，还有一些多糖物质如琼脂、果胶、植物胶、海藻胶等多糖物质也不能被消化。它们在现代食品工业中常用作减肥食品。碳水化合物的消化示意图见图 2-2。

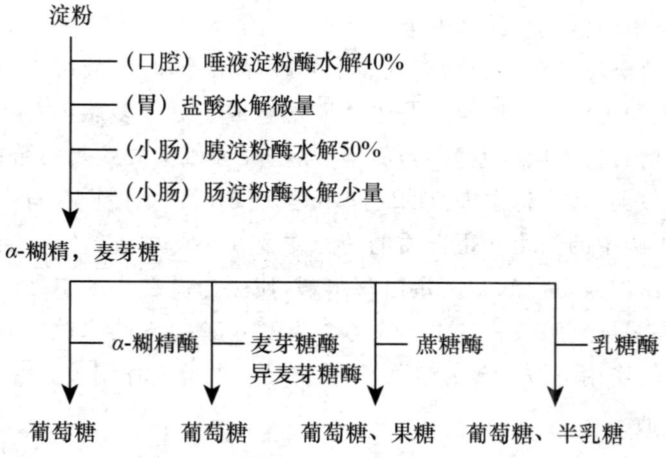

图 2-2 碳水化合物的消化示意图

2. 碳水化合物的吸收

葡萄糖的吸收机制可分为 3 个途径：主动吸收、被动吸收以及通过细胞间隙直接吸收。其中主动吸收是主要的吸收途径。调控小肠吸收碳水化合物的因素较多，包括吸收面积、Na^+ 电化学梯度、细胞膜脂质成分、转运细胞与非转运细胞比例、转运子周转速率、亲和系数等因素。通过多种因子的调控作用，能有效地促进碳水化合物的吸收，以满足动物体的生长和发育的需要。

葡萄糖的主动吸收机制还可使葡萄糖逆浓度梯度转运，即从低浓度处向高浓度处集聚。与此同时，进入上皮细胞的 Na^+ 促使依赖 ATP 的"钠钾泵"(即 Na^+，K^+-ATP 酶)的启动，使 ATP 分解，释出的能量则将 Na^+ 驱出细胞，以恢复细胞内 Na^+ 的浓度，从而使葡萄糖和 Na^+ 的吸收得以不断进行。由此可见，葡萄糖的吸收与钠钾泵的运转是偶联进行的。

食物中的碳水化合物被消化成单糖后，在小肠几乎全部被吸收。各种单糖的吸收速率不同，已糖的吸收速率比戊糖的快，若以葡萄糖的吸收速率为 100，则各种单糖的吸收速率依次为：D-半乳糖(110)＞D-葡萄糖(100)＞D-果糖(70)＞木糖醇(36)＞山梨醇(29)。半乳糖和葡萄糖的吸收是主动转运，戊糖和多元醇则以单纯扩散的方式吸收，果糖以易化扩散的方式吸收。葡萄糖、果糖和半乳糖在小肠内由小肠内绒毛上皮细胞或细胞间隙直接吸收。单糖首先进入肠黏膜上皮细胞，再进入小肠壁的门静脉毛细血管，并汇合于门静脉而进入肝脏，最后由门静脉进入大循环，运送到全身各个器官。在吸收过程中也可能有少量单糖经淋巴系统而进入淋巴循环。双糖在双糖酶的作用下水解成单糖形式，为小肠绒毛上皮细胞吸收。小肠内不被消化的碳水化合物到达结肠后，被结肠菌群分解，产生氢气、甲烷、二氧化碳和短链脂肪酸等，该过程称为发酵。发酵也是消化的一种方式，还可促进肠道一些特定菌群如双歧杆菌、乳酸杆菌等的生长繁殖。

2.2.2 蛋白质的消化与吸收

1. 蛋白质的消化

(1)蛋白质在胃中的消化　膳食中蛋白质的消化是从胃开始的。胃中的胃酸(主要为盐酸)先使蛋白质变性，破坏其空间结构以利于酶发挥作用，同时胃酸可激活胃蛋白酶水解蛋白质，活化的胃蛋白酶可将蛋白质及大分子多肽水解成小分子多肽和游离氨基酸。胃液中的胃蛋白酶主要水解含芳香族氨基酸、蛋氨酸、亮氨酸等氨基酸残基的蛋白质，但由于胃蛋白酶的消化作用比较弱，且在胃中停留的时间不是太长，所以蛋白质在胃中的消化不完全。

(2)蛋白质在小肠中的消化　蛋白质的消化主要在小肠中进行。蛋白质的不完全水解产物再经由胰腺分泌的胰蛋白酶和糜蛋白酶水解，使蛋白质在小肠中被分解为寡肽和少量氨基酸，再被小肠黏膜细胞吸收。其中1/3为游离氨基酸，2/3为寡肽。寡肽再在小肠黏膜细胞的氨基酸肽酶的作用下被分解为二肽，二肽再经二肽酶的作用被分解为游离氨基酸。

2. 蛋白质的吸收

氨基酸的吸收主要在小肠上段进行，为主动转运过程。在小肠黏膜细胞上，存在着运载氨基酸的载体，能与氨基酸及Na^+形成三联体，将氨基酸及Na^+转运入细胞，此后Na^+再借助钠泵排出细胞外，并消耗ATP。氨基酸的结构不同，其转运载体也不同。中性转运系统可转运芳香族氨基酸、脂肪族氨基酸、含硫氨基酸以及组氨酸、谷氨酰胺等，它的转运速率最快；碱性转运系统主要转运赖氨酸、精氨酸，其转运速率较慢，仅为中性氨基酸载体转运速率的10%；酸性转运系统转运天冬氨酸和谷氨酸，转运速率最慢。正常情况下，只有氨基酸及少量二肽、三肽能被小肠绒毛内的毛细血管吸收而进入血液循环。四肽以上的氨基酸需要进一步水解才能被吸收。

由于氨基酸是动物蛋白和植物蛋白的基本单位，可被人体吸收利用，重新合成人体蛋白质。但是外界天然蛋白质具有其本身的特异性，进入体内不能直接被利用，甚至产生过敏反应。新生儿在出生后的两周内，可以通过肠黏膜细胞的胞饮作用摄入完全蛋白质。

2.2.3 脂类的消化与吸收

1. 脂类的消化

脂类的消化，是从口腔开始的。唾液腺分泌的脂肪酶可以水解部分食物脂肪。成人的这种消化能力很弱，而婴儿口腔中的脂肪酶可以有效分解奶中的短链和中链脂肪酸。脂肪在胃里的消化有限，主要消化场所是小肠。正常条件下脂肪吸收率成人约为95%，婴幼儿为85%～90%（母乳中的脂肪）。在相对较大摄入量范围内，成人脂肪吸收率都维持在较高水平，不饱和脂肪酸吸收率比饱和脂肪酸的吸收率要高一些。

在消化过程中，食糜间歇地从胃进入十二指肠，由于食糜本身对胃肠道的刺激而引起胆囊收缩素（cholecystokinin，CCK）等激素的释放，CCK进而刺激胰液和胆汁的合成和分泌。胆汁使肠内容物的pH升高，同时胆汁本身也有表面活化剂的作用，这两个作用对脂肪酶作用的发挥都极为重要。胆汁首先将脂肪乳化，这使甘油三酯的表面积成万倍地增大，有利于胰脂肪酶和肠脂肪酶将甘油三酯水解。胰液中的脂肪酶被胆汁激活，脂肪酶作用于甘油-脂肪酸酯键，将甘油三酯水解成游离脂肪酸和甘油一酯（偶尔也有完全水解成为甘油和脂肪酸）。甘油三酯的水解速度与甘油三酯的链长和不饱和程度等因素有关，含不饱和双键的甘油三酯水解的速度比只含饱和键的甘油三酯快很多。

2. 脂类的吸收

脂类的吸收主要是在十二指肠的下部和空肠的上部。低于12个碳原子的中、短链脂肪酸和甘油分子直接被小肠黏膜内壁吸收，直接通过血液循环经门静脉进入肝脏，在所有食物的脂类中只有牛奶的脂类是富含短链脂肪酸的，因而奶油的消化率最高。而长链脂肪酸的吸收是通过小肠黏膜进入肠黏膜的末端淋巴管，与淋巴管中的甘油再进行酯化，重新合成具有机体自身特性的甘油三酯，并与胆固醇、蛋白质、磷脂等结合形成乳糜微粒，由淋巴系统进入血液循环。血中的乳糜微粒是一种颗粒最大、密度最低的脂蛋白，是食物脂肪的主要运输形式。乳糜微粒随血流流遍全身，以满足机体对脂肪和能量的需要，最终被肝脏吸收。脂肪在肝脏中进一步裂解和再合成，积存于脂肪组织中，作为能量和合成材料的储备。

由于脂类不溶于水或微溶于水，因此无论是外源性还是内源性脂类必须形成溶解度较大的脂蛋白复合体，才能在血液循环中转运。肝脏将来自食物中的脂肪和内源性脂肪及蛋白质等合成极低密度脂蛋白（very-low density lipoprotein，VLDL），并随血流供应机体其他组织，满足机体对甘油三酯的需要，随着其中甘油三酯的减少，同时又不断地聚集血中胆固醇，最终形成少量的甘油三酯和较多的LDL-C（低密度胆固醇）。血流中的低密度脂蛋白（LDL）一方面满足机体对各种脂类的需要，另一方面也可被细胞中的LDL受体结合进入细胞，借此可适当调节血中胆固醇的浓度。但LDL过多，可引起动脉粥样硬化等疾病。体内还可合成HDL，其重要功能就是将体内的胆固醇、磷脂运回肝脏进行代谢，起到有益的保护作用。另一部分和食物中未被吸收的胆固醇一道，被膳食纤维（主要为可溶性纤维素）吸附由粪便排出。

脂类的消化吸收会受到某些因素的影响。不饱和脂肪酸双键含量越多，熔点较低时，其消化吸收率也越高。常温下为液态的植物性油脂能很好地被消化吸收，利用率也高，而且不易产生饱腹感；而动物性油脂由于其熔点较高，消化率较低。另外，当脂肪乳化剂不足时，可降低其吸收率。摄入过量的钙会影响高熔点脂肪的吸收，但不影响多不饱和脂肪酸的吸收，可能是钙离子与饱和脂肪酸形成不溶性的钙盐所致。

大部分油脂都可完全被吸收与利用，但是当大量摄入脂肪或含有油脂较多的食物时，油脂来不及消化，吸收也会减慢，并有部分从粪便中排出。一般脂肪的消化率为95%，豆油、玉米油、奶油及猪油等油脂均可在6～8 h内完全被人体消化，消化吸收率随时间的延长有如下规律：2 h吸收24%～41%，4 h为53%～71%，6 h为68%～85%，8 h为85%～96%。脂肪的消化、吸收和转运示意图见图2-3。

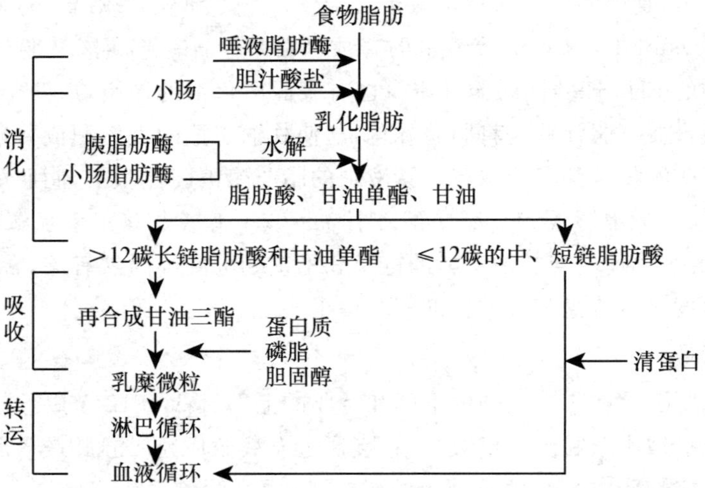

图2-3 脂肪的消化、吸收和转运示意图

2.2.4 维生素、矿物质和水的消化与吸收

1. 维生素的消化与吸收

食物中的宏量营养素如蛋白质、脂肪和碳水化合物大多以主动转运形式吸收。人体消化道没有分解维生素的酶，胃液的酸性、肠液的碱性以及氧气的存在都会影响维生素的稳定性。水溶性维生素在动植物型食品的细胞中以结合蛋白质的形式存在，在细胞崩解过程和蛋白质消化过程中，这些结合物被分解，从而释放出维生素。水溶性维生素一般以简单扩散方式被充分吸收，特别是分子量小的维生素更易被吸收，分子量较大的如维生素B_{12}则必须与胃分泌的内因子相结合形成复合物后才能被吸收，而且吸收部位在回肠。

脂溶性维生素溶解于脂肪中，可随脂肪的乳化与分散而同时被消化。其吸收机理可能与油脂相同，也属于被动转运的扩散作用，吸收部位仍在小肠上端。因此，脂溶性维生素的消化吸收受脂肪消化吸收的影响，脂肪消化吸收不好时，脂溶性维生素的消化吸收亦不好。另外，由于脂溶性维生素能在体内积聚，故长期超量服用，易引起过量中毒。

2. 矿物质的消化与吸收

矿物质不及时清除出体外，就会在体内堆积而对机体造成伤害。因此，机体必须通过排泄活动将它们及时地运送到体外。所谓排泄是指机体在新陈代谢过程中所产生的代谢终产物以及多余的水分和进入体内的各种异物（包括药物），由排泄器官向体外输送的生理过程。

机体的排泄器官主要是肾，其次是肺、皮肤、肝和肠。肾脏以尿的形式排出多种代谢终产物和某些异物，如尿素、尿酸、肌酐、马尿酸、水及进入体内的药物等。肺借助呼吸作用，排出二氧化碳、少量水及一些挥发性物质。皮肤依靠汗腺分泌，排出一部分水、少量的尿素与盐类。肝和胆把胆色素和无机盐（钙、镁、铁等）排入肠腔，随粪便排出体外。在这些排泄器官中，由肾脏排出的代谢终产物不仅种类多，而且数量大。矿物质可在小肠各段被吸收，有时也通过某些机制被大肠吸收。例如，钠、钾和氯的吸收受神经和激素的共同调节，从而保持机体内水和盐的平衡。铁的吸收与其体内水平有关。小肠黏膜细胞能将吸收的铁储存起来，待机体需要时再吸收入血。小肠黏膜细胞一般在 24～72 h 更新一次。因此，机体不需要的铁就会在小肠黏膜细胞脱落时排出体外。此外，小肠黏膜细胞膜上还有一种特殊的蛋白质可转运铁。锌、铜和镁通常可在特殊载体蛋白质的帮助下被小肠吸收，但是它们也可在无任何帮助的情况下进入小肠黏膜细胞内。

(1)钠、钾的吸收　在无机盐中，钠盐靠钠泵吸收，成人每日摄入 250～300 mmol 的钠，但从粪便中排出的钠不到 4 mmol，说明肠内容物中 95%～99%的钠都可以被吸收。一般认为，成人每天需要食盐 2～3 g，最多不超过 7 g。食盐过多，会增加心、肾功能负担。科学研究证实，盐过量与高血压有密切关系。正常人每天摄入钾 2～4 g，绝大部分可以被吸收。

(2)钙的吸收　食物中的钙仅有一小部分被吸收，大部分随粪便排出。促进钙吸收的因素主要是维生素 D 和机体对钙的需要。维生素 D 有促进小肠对钙吸收的作用。儿童和乳母对钙的吸收率由于需要量增加而加大。此外，钙盐只有在水溶液状态，如氯化钙、葡萄糖酸钙溶液，而且在不被肠腔中任何其他物质沉淀的情况下，才能被吸收。肠腔中草酸、植酸、磷酸盐过多，会形成不溶解的磷酸钙，降低钙的吸收率。因此，含草酸、植酸高的食物烹调时应先用水焯一下，去除大部分水溶性的草酸、植酸。此外，脂肪消化不良时，钙可与未被消化吸收的脂肪酸，特别是饱和脂肪酸形成难溶性的钙皂乳化物，也会影响钙的吸收。

钙的吸收机制：钙主要在十二指肠吸收，属于主动转运，肠黏膜细胞的微绒毛上有一种与钙有高度亲和性的钙结合蛋白，它参与钙的转运而促进钙的吸收。

(3)铁的吸收　铁主要在小肠上部被吸收，铁的吸收与其存在的形式和机体的机能状态密切相关。肠黏膜吸收铁的能力决定于黏膜细胞内的含铁量。当黏膜细胞刚刚吸收铁而尚未能转移至血浆时，则暂时失去其由肠腔内吸收铁的能力。这样，积存在肠黏膜细胞内的铁量，就成为再吸收铁的抑制因素。但铁的吸收与机体对铁的需要有关，当服用相同剂量的铁后，缺铁的患者可比正常人的铁吸收量大 1～4 倍。

食品中铁主要以三价铁和其他物质络合在一起，三价铁和有机铁在肠道不容易被吸收，必须变成游离的二价铁才能被吸收。胃酸和维生素 C 可以促进三价铁还原为二价铁，有利于铁的吸收。所以在服铁制剂时，可同时服用维生素 C、稀盐酸。但抗酸药、浓茶和中药煎剂不能与铁剂同服，因为抗酸药能中和胃酸，浓茶和中药煎剂中含有鞣酸，与铁结合形成鞣酸铁沉淀，影响铁的吸收。胃大部分切除的病人，常常会伴发缺铁性贫血。

(4)负离子的吸收　在小肠内吸收的负离子主要是 Cl^- 和 HCO_3^-，由钠泵产生的电位差可促进肠腔负离子向细胞内移动，故氯离子至少有一部分是随钠离子一起吸收的。负离子也可以独立地移动。

3. 水的吸收

成人每天进入小肠的水分约有 8 L，这些水分不仅来自食品，还来自消化液，其中消化液为主要来源。成人每日尿量平均约 1.5 L，粪便中可排出少量（约 150 mL）水，其余大部分水都被消化道重吸收。

水分的吸收主要在小肠，水可以自由地穿过消化道的膜，从肠腔面通过黏膜细胞进入体内。水的这种流动主要通过渗透作用和过滤作用，而且以渗透作用为主。小肠吸收其他物质的渗透压可促使水分被动扩散到肠黏膜细胞。此外，小肠蠕动收缩时，肠道内流体静压增高，也可使水分滤过黏膜细胞。

水的吸收也可在大肠，主要是通过小肠后未被吸收的剩余部分。此时，各种溶质特别是 NaCl 的主动吸收产生的渗透压梯度是水分吸收的主要动力。因此，若不及时排便，粪便在结肠内停留时间过久，粪便中的水分会被吸收，粪便变干变硬，引起排便困难。

2.3 代谢物质的排泄

人体的排泄途径主要有呼吸、排汗以及排尿。生物代谢产生的废物必须排出体外，否则将破坏内环境的稳定，导致中毒。如人患肾炎，排尿发生障碍，就出现尿中毒的症状。排泄的对象是细胞代谢废物。排泄过程一般都是耗能的，由排泄器官完成。人体过量的 Ca^{2+} 和 Fe^{2+} 随粪便排出，而这些离子以及一些细胞分泌物都是细胞代谢过程产生的。同理，肺排出 CO_2，肝排出胆汁，也都属于排泄。排泄的过程同时也是保持体液稳定的过程。饭菜咸了要多喝水，排尿多，而排尿既排出了过多的水，也排出了过多的盐。动物的代谢废物主要是细胞呼吸产生的 CO_2 和蛋白质等分子分解产生的含氮物，如 NH_3、尿素、尿酸等。呼吸系统排出 CO_2，排泄系统则是排出含氮废物。人和动物摄入的蛋白质，一部分经过转化形成糖原或脂肪储存，一部分经过加工后排出体外。

机体在新陈代谢过程中，不断产生对自身有益或有害的代谢产物。这些代谢废物如果不及时清除，就会在体内堆积，造成对机体的伤害。肾脏会根据代谢物情况调节尿的质和量，因而，肾脏的泌尿作用具有特别重要的意义。

2.3.1 肾的结构特点

肾脏的基本功能单位称肾单位。肾单位与集合管共同完成泌尿功能（二维码 2-2）。

二维码 2-2
肾脏结构

2.3.2 肾单位

人的两侧肾脏有 170 万～240 万个肾单位，每个肾单位包括肾小体和肾小管两部分（图 2-4）。肾小体又包括肾小球和肾小囊。肾小球是一团毛细血管网，其两端分别与入球小动脉和出球小动脉相连。肾动脉从腹主动脉分出后进入肾脏，逐渐变细分成许多分支，称为入球小动脉。入球小动脉再分成许多毛细血管，形成肾小球。肾小球的包囊称为肾小囊。肾小囊有两层上皮细胞，内层（脏层）紧贴在毛细血管壁上，外层（壁层）与肾小管管壁相连；两层上皮之间的腔隙称为囊腔，与肾小管管腔相通。

血浆中某些成分通过肾小球毛细血管网向囊腔滤出，滤出时必须通过肾小球毛细血管

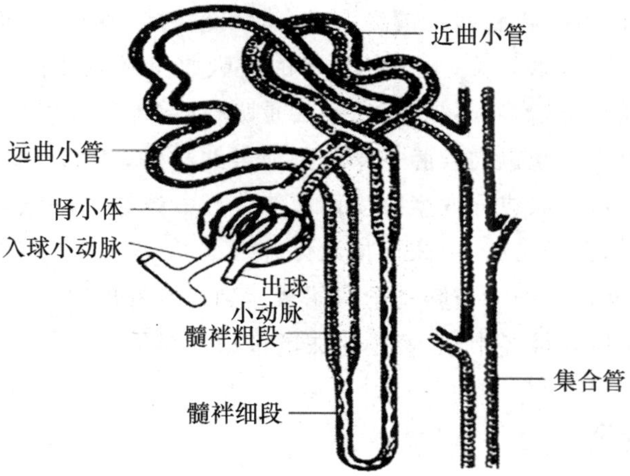

图 2-4　肾单位示意图

内皮细胞、基膜和肾小囊脏层上皮细胞，这三者构成滤过膜。

肾小管由近球小管、髓袢和远球小管三部分组成。髓袢由髓袢降支和髓袢升支组成，前者包括髓袢降支粗段和降支细段；后者是指髓袢升支细段和升支粗段。近球小管包括近曲小管和髓袢降支粗段。远球小管包括髓袢升支粗段和远曲小管。远曲小管末端与集合管相连。

2.3.3　集合管

集合管不包括在肾单位内，但在功能上和远球小管密切相关。在尿生成过程中，特别是在尿液浓缩过程中起着重要作用。每一集合管接受多条远曲小管运来的液体，许多集合管又汇入乳头管，最后形成的尿液经肾盏、肾盂和输尿管进入膀胱，由尿道排出体外。

2.3.4　尿液的形成

肾脏生成尿包括相互联系的两个过程，即肾小球的滤过作用和肾小管的重吸收、分泌、排泄作用。

1. 肾小球的滤过作用

当血液流经肾小球毛细血管时，血液中的成分除血细胞和大分子的蛋白质外，其余的物质都能透过肾小球的滤过膜而进入肾小囊囊腔。这种滤过液称原尿。原尿中含有血浆中各种小分子物质如葡萄糖、钙、磷、钾、氯、尿素、尿酸等，且含量与血浆中的含量相近。

2. 肾小管和集合管的重吸收、分泌、排泄作用

原尿生成后沿肾小管流入集合管，然后再汇入肾盂。在此过程中，原尿中的绝大部分水和有用物质，将全部或部分地被管壁上皮细胞重新吸收进入组织间液，然后重返血液。管壁上皮细胞对大多数营养素的重吸收是主动转运的过程，因而存在饱和性。如果原尿中某种营养素的含量过高，超过了肾小管的重吸收功能，尿液中就会出现这种物质。如当血糖升高时，通过肾小球滤过到原尿中的葡萄糖含量增多，超过肾小管的重吸收功能时，尿中就会出现葡萄糖。肾脏对水的重吸收有两种情况：一种是伴随溶质的吸收而被吸收，因而是被动吸收，这种吸收与机体是否缺水无关；另一种是水的重吸收量随着体内水量的多少而转移，即体内缺水时，水的重吸收量增多，不缺水时，水的重吸收减少，这样可以调节体内的水量。在重吸收的同时，管壁上皮细胞也向管腔分泌和排泄某些物质，如 H^+ 和 NH_3 等。

经上述两个环节后，原尿成分发生改变而成为终尿。终尿只有原尿的1/100～1/150，几乎没有葡萄糖。终尿储存于膀胱，由尿道排出体外。

排尿活动是一种反射活动。当膀胱中的尿量达到一定程度时，因膀胱壁受到牵拉，产生神经冲动，沿神经系统传入神经中枢，产生排尿的欲望而排尿。

2.4 肠道微生态

正常成人胃肠道系统内的细菌极为复杂，包括多种需氧菌、兼性厌氧菌和厌氧菌。这些细菌从人类出生数小时内就可以通过空气、饮食及与外界环境接触而进入体内并繁殖。早在1886年，就有学者发现了肠道的大肠杆菌及其对消化的作用。之后，陆续发现一些肠道的其他细菌及其作用，直到1992年，肠道微生物作为一个整体对机体肠道和健康的重要性才被发现。随着高通量核酸测序技术的发展，欧美一些国家纷纷开展了以肠道微生物为核心的“人类微生物组计划”，开展大规模的肠道微生态研究。可见，肠道微生态对人类健康的影响引起了广泛关注，成为目前研究的热点领域。

2.4.1 肠道微生态的构成

人类肠道微生态是寄生在肠道内的所有微生物构成的一个稳定生态系统。人类肠道中的微生物以细菌为主，除肠道正常菌群外，人体还存在正常病毒群、正常真菌群和正常螺旋体群等。肠道菌群的细菌约有上千种，数量达 10^{14} 个，占人体微生物总量的78%。肠道的细菌分为原籍菌群和外籍菌群，原籍菌群多为肠道正常菌群，由厌氧菌和需氧菌组成，其中绝大多数为严格厌氧菌，数量是兼性厌氧菌和需氧菌的百倍以上。人体肠道菌群组成复杂，且个体间的差异较大。研究发现，98%的肠道菌群细菌数量有30～40种，将其按生物学分类分为四门，分别是厚壁菌门（约64%）、拟杆菌门（约23%）、变形菌门（约8%）和放线菌门（约3%）。

2.4.2 肠道微生态的主要生物功能

研究发现，在正常生理状态下，人类肠道菌群处于平衡状态。稳定的肠道菌群通过它们特殊的代谢功能和保护功能发挥多种生物活性，以及预防肠道病原菌感染性疾病。

1. 代谢功能

肠道菌群拥有细菌特有的丰富基因。因此，肠道菌群具有与人体自身完全不同的酶类和代谢途径。肠道菌群参与氨基酸、糖类、脂肪、胆固醇、维生素、胆汁酸、外来化合物的代谢，以及一些人体自身不能消化吸收物质的代谢。肠道菌群的代谢活动受很多因素的影响，例如饮食、消化系统的健康状况、食物在肠道内的滞留时间、菌群的构成等。正常菌群代谢有益于机体健康，常见的功能如下：

(1)发挥营养功能。正常肠道菌群促进肠道蠕动，促进机体对营养物质的消化吸收；合成多种维生素，如B族维生素、维生素K、叶酸等；参与钙、镁、铁等离子的吸收；利用氨基酸或非蛋白氮合成氨基酸和蛋白质。

(2)产生活性代谢产物。肠道菌群产生的活性代谢产物——短链脂肪酸能促进结肠上皮细胞的生长和分化；短链脂肪酸中的丁酸盐是结肠上皮细胞的主要能量来源。

(3)参与机体的代谢。肠道菌群代谢与肝脏代谢密切相关，肝功能异常可影响肠道菌群，同样，肠道菌群失调也可影响肝脏功能。肠道菌群生成的β-葡萄糖醛酸酶，以及含有的硫化酶对机体的胆红素、胆汁酸、雌激素、胆固醇、尿素等的肠肝循环起重要作用，参与机体代谢。研究证实，肠道菌群与机体发生共代谢，肠道菌群与肥胖和2型糖尿病等代谢性疾病有相关性。

2. 保护功能

正常肠道菌群的另一个最重要功能是抑制致病菌，如肠杆菌、粪链球菌、铜绿假单胞菌、梭形芽孢菌等的生长，防止外来病原微生物在机体肠道定殖。肠道菌群发挥保护功能的途径包括：

(1)肠道菌群在肠道表面形成的“菌群屏障”是机体免受外来细菌感染的重要防线，已附着的肠道菌群细菌能够阻止肠侵袭性病原菌对上皮细胞的黏附和侵入。

(2)正常肠道菌群与机体形成了共生关系，通过支配营养来源和消耗所有的营养物质来维持菌群的稳定，抑制外来致病菌的生长和繁殖。

(3)菌群中大部分细菌能够产生抑菌蛋白质——细菌素，抑制致病菌的生长。

(4)正常的肠道菌群能够刺激机体免疫器官的发育，以及调控机体肠道中T细胞群的生成。此外，研究发现，厌氧棒状杆菌可激活体内免疫细胞，提高吞噬能力，具有抑癌作用。

2.4.3 肠道微生态失衡

肠道微生态的平衡对机体健康非常重要，肠道微生态失衡与疾病发展互为因果关系。肠道微生态失衡时，肠道菌群失调，有害菌数量增加，而有益菌数量减少，进而导致许多疾病的发生；当机体发生肠道疾病时，由于外来致病菌的大量繁殖以及抗生素的应用，会导致菌群失调和微生态失衡。

肠道微生态平衡一旦被打破，肠道菌群中革兰氏阴性杆菌，尤其是需氧革兰氏阴性杆菌数量增多，它们在肠道分泌大量的内毒素，机体需将这些内毒素运送到肝脏代谢、解毒，一旦肝脏网状内皮系统功能不健全，就会形成内毒素血症。当肠道微生态失衡时，大多数的正常菌群变为内源致病菌，一方面将肠道中前致癌物如胆汁酸转化成致癌物，另一方面菌群产生具有致癌活性的代谢产物，最终诱发肿瘤如结肠癌的发生。此外，肠道微生态紊乱促使全身免疫系统过度活跃，增加食品过敏或者肠道炎性疾病的风险。

人类与微生物之间的动态平衡为微生态平衡。影响微生态平衡的因素有外环境因素和宿主因素。外环境的改变，主要是通过改变宿主的生理功能实现的。如有益菌群的加入，会产生细菌素、抗生素、代谢产物等，这些物质通过营养的吸附和空间的占取来防止过路菌群入侵，进而保持了自身环境的稳定。

维持肠道微生态平衡十分必要。维持的方法因人而异、因失衡原因而异。如果肠道内出现某类菌群缺少，需补充此类菌群；如果肠道内菌群间比例失调，则可以调整肠道营养构成，促进肠道内益生菌的生长繁殖，进而使得肠道内菌群比例达到新的平衡状态。

微生态平衡时，可以保持宿主的正常生理功能，如营养、免疫、消化等。微生态失调可由慢性病、癌症、手术、辐射感染、抗生素不合理应用等引起。对肠内微生态失衡者，可以多进食含膳食纤维的碱性食物，也可以补充微生态制剂，如生态活菌素、双歧杆菌或者水苏糖等，更好地调节肠内微生态的健康。

本章小结

本章介绍了人体消化道的组成、各营养素的消化与吸收、代谢物质的排泄及肠道微生态的内容。要求大家熟悉人体消化道的构成与各消化液的功能与作用，了解代谢物质的排泄与肠道微生态的重要性，掌握各类营养素在体内的消化吸收过程，并且对影响其吸收的因素也要熟悉。

思考题

1. 简述消化系统的组成及其活动特点。
2. 营养素吸收的方式主要有几种？
3. 为什么说小肠是吸收的主要场所？
4. 脂类消化的部位有哪些？消化液有哪些？
5. 蛋白质消化吸收的机理是什么？
6. 肠道微生态的主要功能有哪些？

CHAPTER 3

第3章 能量和宏量营养素

【启发提问】

1.你知道人体为什么需要能量吗？哪些才是合理的能量获得途径呢？

2.你了解蛋白质、脂肪、糖类等营养素对人体的重要性吗？饮食中如何才能获得这些营养素呢？

【学习目的与要求】

1.掌握能量的构成、影响因素和来源。

2.掌握碳水化合物的分类及其生理功能。

3.了解碳水化合物的供给量和食物来源。

4.掌握脂类的分类及其生理功能。

5.理解脂类的营养学评价方法。

6.了解脂肪的摄入量和食物来源。

7.掌握蛋白质的分类及其生理功能。

8.理解蛋白质的营养学评价方法。

9.了解蛋白质的互补作用及食物来源。

【学习重点】

1.能量、蛋白质、脂肪、糖类的食物来源和供给量。

2.蛋白质、脂肪、糖类的生理功能。

3.蛋白质和脂类的营养价值评价方法。

【学习难点】

1.能量分配比例合理与否的判断。

2.利用氨基酸评分法确定食物的第一限制氨基酸。

3.饮食与血糖生成速度的关系。

4.蛋白质的营养价值评价方法。

3.1 能量

一切生物都需要能量来维持生命活动，人体为维持生命活动及从事各种体力活动，必须每天从食物中获得能量。不仅体力活动需要能量，机体处于安静状态下也需要消耗能量来维持体内每个细胞的正常生理活动和维持正常体温。如果人体能量长期失衡会对健康产生负面影响。

3.1.1 能量单位

"能"在自然界中的存在形式有太阳能、化学能、机械能和电能。为了计量的方便，对各种不同存在形式的"能"需要制定一个统一的单位，国际上通用的能量单位(energy unit)是焦耳(joule，J)、千焦耳(kilo joule，kJ)、兆焦耳(mega joule，MJ)。营养学以前习惯使用的能量单位是卡(calorie，cal)和千卡(kilocalorie，kcal)。1 J 指用 1 牛顿力把 1 kg 物体移动 1 m 所需的能量。1 kcal 指 1 kg 水从 15℃升高到 16℃所需的能量。两种能量单位的换算如下：

$$1\ \text{cal}=4.184\ \text{J}$$

$$1\ \text{J}=0.239\ \text{cal}$$

3.1.2 食物能值与生理能值

食物能值是食物彻底燃烧所测定的能值，即"物理燃烧值"，或称"总能值"。食物中具有供能作用的物质如碳水化合物、脂肪和蛋白质被称为三大产能营养素。碳水化合物和脂肪彻底燃烧时的最终产物均为二氧化碳和水。蛋白质在体外燃烧时的最终产物是二氧化碳、水和氮的氧化物等。

生理能值即机体可利用的能值，在体内，碳水化合物和脂肪氧化的最终产物与体外燃烧时相同，因考虑到机体对它们的消化、吸收情况(如纤维素不能被人类消化)，故二者的生理能值与体外燃烧时可稍有不同。蛋白质在体内的氧化并不完全，有些氨基酸中的氮并未氧化成含氮的氧化物或硝酸(这些物质对机体有害)，而以含部分能量的有机物如尿素、尿酸、肌酐等形式由尿排出体外。这些含氮有机物的能量均可在体外燃烧时测得。此外，再考虑到消化率的影响，便可得到蛋白质可利用的能值。几种主要产能营养素的食物能值与生理能值见表 3-1。

表 3-1　几种营养素的食物能值和生理能值

营养素	食物能值		尿中损失		吸收率/%	生理能值		生理系数
	kcal	kJ	kcal	kJ		kcal	kJ	
蛋白质	5.65	23.6	1.25	5.2	92	4.0	17	4
脂肪	9.45	39.5	—		95	9.0	38	9
碳水化合物	4.1	17.2	—		98	4.0	17	4
乙醇	7.1	29.7	微量		100	7.1	30	7

3.1.3 人体能量消耗的构成

人体能量需要与消耗是一致的。人体的能量消耗（二维码 3-1）主要由基础代谢、体力活动、食物的热效应和生长发育四方面消耗构成，其中正常成人能量消耗主要用于维持基础代谢、体力活动、食物的热效应的需要，而孕妇、乳母、婴幼儿、儿童、青少年和刚病愈的机体还包括生长发育的能量消耗。

二维码 3-1 人体能量消耗的测定

1. 基础代谢

基础代谢（basal metabolism，BM）是维持人体最基本生命活动所必需的能量消耗，是指人体在清醒、空腹（饭后 12～14 h）、安静而舒适的环境中（室温 20～25℃），无任何体力活动和紧张的思维活动，全身肌肉松弛，消化系统处于静止状态下的能量消耗，即指人体用于维持体温、心跳、呼吸、各器官组织和细胞功能等最基本的生命活动的能量消耗。基础代谢能是人体主要的能量消耗，占人体总能量消耗的 60%～70%。基础代谢的能量消耗可根据体表面积和基础代谢率进行计算。体表面积与身高和体重相关。基础代谢率（basal metabolic rate，BMR）是指单位时间内人体基础代谢所消耗的能量，单位为 kJ/(m^2·h)、kJ/(kg·h)或 MJ/d。影响基础代谢的因素主要有以下几点。

（1）体型与机体构成　相同体重者，瘦高体型者的体表面积大，其基础代谢率高于矮胖者；人体瘦体组织消耗的能量占基础代谢的 70%～80%，这些组织和器官包括肌肉、心、脑、肝、肾等，所以，瘦体组织质量大、肌肉发达者，基础代谢水平高。

（2）年龄及生理状态　生长期的婴幼儿基础代谢率高，随年龄增长，基础代谢率下降，一般成年人低于儿童，老年人低于成年人（表 3-2）；孕妇和乳母因需要合成新组织，基础代谢率增高。

表 3-2 人体基础代谢率

年龄/岁	男		女		年龄/岁	男		女	
	kcal/(m^2·h)	kJ/(m^2·h)	kcal/(m^2·h)	kJ/(m^2·h)		kcal/(m^2·h)	kJ/(m^2·h)	kcal/(m^2·h)	kJ/(m^2·h)
1	53.0	221.8	53.0	221.8	30	36.8	154.0	35.1	146.9
3	51.3	214.6	51.2	214.2	35	36.5	152.7	35.0	146.9
5	49.3	206.3	48.4	202.5	40	36.3	151.9	34.9	146.0
7	47.3	197.9	45.4	200.0	45	36.2	151.5	34.5	144.3
9	45.2	189.1	42.8	179.3	50	35.8	149.8	33.9	139.7
11	43.0	179.9	42.0	175.7	55	35.4	148.1	33.3	139.3
13	42.3	177.0	40.3	168.5	60	34.9	146.0	32.7	136.8
15	41.8	174.9	37.9	158.8	65	34.4	143.9	32.2	134.7
17	40.8	170.7	36.3	151.9	70	33.8	141.4	31.7	132.6
19	39.2	164.4	35.5	148.5	75	33.2	138.9	31.3	131.0
20	38.6	161.5	35.3	147.7	80	33.0	138.1	30.9	129.3
25	37.5	156.9	35.2	147.3					

引自：何志谦．人类营养学．3 版．2008．

(3)性别　女性瘦体组织所占比例低于男性，脂肪的比例高于男性，因而同龄女性基础代谢率低于男性5%～10%。

(4)内分泌　体内许多腺体所分泌的激素，对细胞的代谢及调节具有较大的影响。如甲状腺素可使细胞内的氧化过程加快，当甲状腺功能亢进时，基础代谢率明显增高；肾上腺素和去甲肾上腺素对基础代谢率也有影响，但其影响低于甲状腺素。垂体激素对甲状腺素起到一定调节作用，因此也会间接影响到基础代谢率。

(5)其他　一切应激状态，如发热、心理应激等均会使基础代谢升高；一般在寒季基础代谢率高于暑季。

2. 体力活动

体力活动的能量消耗是构成人体总能量消耗的重要部分。人体从事各种活动消耗的能量，主要取决于体力活动的强度和持续时间。体力活动一般包括职业活动、社会活动、家务活动和休闲活动等，因职业不同造成的能量消耗差别较大。中国营养学会专家委员会(2001)将中国人群的劳动强度分为三级，即轻、中、重(表3-3、表3-4)。

表3-3　中国成人活动水平分级

活动水平	职业工作时间分配	PAL 男	PAL 女	工作内容举例
轻	75%时间坐或站立、25%时间站着活动	1.55	1.56	办公室工作、修理电器钟表、销售员、酒店服务员、化学实验操作、讲课等
中	40%时间坐或站立、60%时间特殊职业活动	1.78	1.64	学生日常活动、机动车驾驶、电工安装、车床操作、金工切割等
重	25%时间坐或站立、75%时间特殊职业活动	2.10	1.82	非机械化农业劳动、炼钢、舞蹈、体育运动、装卸、采矿等

注：PAL为24 h总能量消耗量除以24 h基础代谢量。

引自：中国营养学会. 中国居民膳食营养素参考摄入量(2013版). 2014.

表3-4　中体力劳动男子的能量消耗量

活动类型	时间/h	能量/kJ	能量/kcal
卧床(1.0×BMR)	8	2 174	520
职业活动(1.7×BMR)	7	5 141	1 230
随意活动			
社交及家务活动(1.7×BMR)	2	1 630	390
维持心血管和肌肉状况，中度活动不计	—	—	—
休闲时间有能量需要(4.0×BMR)	7	2 675	640
总计(1.78×BMR)	24	11 620	2 780

注：25岁，体重58 kg，身高1.6 m，体质指数22.4，估计BMR为272 kJ/h(65 kcal/h)。

引自：FAO/WHO/UNU report on energy and protein requirement.

3. 食物的热效应

食物的热效应(thermic effect of food,TEF)也称为食物的特殊动力作用(specific dynamic action,SDA),指人体因摄食所引起的一种额外增加的能量消耗,即摄食后对营养素一系列消化、吸收、合成和代谢转化过程中所引起的能量额外消耗现象。不同食物或营养素的热效应不同,蛋白质的食物热效应最大,约相当于本身产热的30%,碳水化合物为5%~6%,脂肪为4%~5%。成人食用普通混合膳食,每日TEF约627.6 kJ(150 kcal),相当于基础代谢的10%。

4. 生长发育

正在生长发育的机体还要额外消耗能量以维持机体的生长发育。婴幼儿、儿童、青少年生长发育所需的能量主要用于形成新的组织及新组织的新陈代谢,3~6个月的婴儿每天有15%~23%的能量储存于机体建立新组织。婴儿每增加1 g体重约需要20.9 kJ(5 kcal)能量。孕妇的生长发育能量消耗主要用于子宫、乳房、胎盘、胎儿的生长及体脂储备;乳母的能量消耗除自身的需要外,还用于乳汁合成与分泌。

3.1.4 能量平衡的调节

人体具有非常灵敏的生物机制,保持对能量平衡(体重)的调节,主要是通过调节能量摄入与消耗维持能量平衡。机体能量的特异调节机制在生化、内分泌、生理、神经和行为水平上相互作用、错综复杂,在功能上相互依赖。在食物充足的情况下,正常成人可自动调节并能有效地从食物中摄取到自身消耗所需的能量。如果受客观条件及主观因素的影响,造成能量摄取量长期低于或高于消耗量,人体会处于能量失衡状态,首先反应到体重的变化,进而发展到影响健康。

1. 能量摄入的调节

能量摄入的调节受很多方面的影响。如视觉、嗅觉和味觉等感觉刺激食欲,决定摄食开始,也影响摄食终止(感觉特异的饱足感,愉悦感消失)。胃容量影响胃排空、饱腹感,食物摄取和胃排空调节能量摄入。脂肪酸及其代谢产物的水平对食物摄入具有负反馈的调节作用,当体内脂肪摄入增加时,过多的脂肪作为饱腹信号反馈作用于中枢神经系统,通过调节饱腹感,机体终止摄食。

2. 能量代谢失衡

(1)能量不足　如果能量长期摄入不足,人体就动用机体储存的糖原、脂肪和蛋白质参与供能,造成人体蛋白质缺乏,出现蛋白质-能量营养不良(PEM)。主要临床表现为消瘦、贫血、神经衰弱、皮肤干燥、脉搏缓慢、工作能力下降、体温低、抵抗力低,儿童出现生长停止等。因贫困及不合理喂养造成的儿童能量轻度缺乏较为常见。

(2)能量过剩　长期能量摄入过多,会造成人体超重或肥胖,血糖升高,脂肪沉积,肝脂增加,肝功能下降。过度肥胖还会造成肺功能下降,易引起组织缺氧,甚至增加肥胖并发症的发病率,如脂肪肝、糖尿病、高血压、胆结石症、心脑血管疾病及某些癌症。

3.1.5 能量的参考摄入量（DRIs）及食物来源

1. 能量的参考摄入量

婴儿、儿童、青少年、孕妇和乳母各自生理特点不同，能量需要也不尽相同。中国居民膳食能量需要量(estimated energy requirement，EER)见表 3-5。中国营养学会建议成年人宏量营养素功能比例为：碳水化合物占总全日供给能量的 50%～65%，脂肪占 20%～30%，蛋白质 10%～15%。年龄越小，脂肪供能占总能量的比重应适当增加。能量的评价分析见二维码 3-2。

二维码 3-2 能量的评价

表 3-5 中国居民膳食估计能量需要量(EER) kcal/(kg・d)

人群	身体活动水平(轻)		身体活动水平(中)		身体活动水平(重)	
	男性	女性	男性	女性	男性	女性
0 岁			90			
0.5 岁			80			
1 岁			900	800		
2 岁			1 100	1 000		
3 岁			1 250	1 200		
4 岁			1 300	1 250		
5 岁			1 400	1 300		
6 岁～	1 400	1 250	1 600	1 450	1 800	1 650
7 岁～	1 500	1 350	1 700	1 550	1 900	1 750
8 岁～	1 650	1 450	1 850	1 700	2 100	1 900
9 岁～	1 750	1 550	2 000	1 800	2 250	2 000
10 岁～	1 800	1 650	2 050	1 900	2 300	2 150
11 岁～	2 050	1 800	2 350	2 050	2 600	2 300
14 岁～	2 500	2 000	2 850	2 300	3 200	2 550
18 岁～	2 250	1 800	2 600	2 100	3 000	2 400
50 岁～	2 100	1 750	2 450	2 050	2 800	2 350
65 岁～	2 050	1 700	2 350	1 950	—	—
80 岁～	1 900	1 500	2 200	1 750	—	—
孕妇(早)	—	+0	—	+0	—	+0
孕妇(中)	—	+300	—	+300	—	+300
孕妇(晚)	—	+450	—	+450	—	+450
乳母	—	+500	—	+500	—	+500

注："—"表示未制定，"+"表示额外增加，0～5 岁不分身体活动水平。

引自：中国营养学会．中国居民膳食营养素参考摄入量(2013 版)．2014.

2. 能量的食物来源

能量来源于食物中的碳水化合物、脂肪和蛋白质。长期摄取单一营养素会造成营养不平衡，影响健康。一般条件下，碳水化合物是主要能量来源，其次是脂肪，蛋白质的主要作用不是供给能量。

碳水化合物、脂肪和蛋白质广泛存在于各类食物中。粮谷类和薯类含碳水化合物较多，是中国膳食能量的主要来源；油料作物中富含脂肪，大豆和硬果类含丰富的油脂和蛋白质，是食物能量的辅助来源之一；蔬菜、水果含能量较少。动物性食品含较多的动物脂肪和蛋白质，也是膳食能量的重要构成部分。既保持植物性膳食结构特点，防止高热能高脂肪膳食的滥用，又满足机体对能量的需求，同时保持动植物食品的均衡适宜，是合理营养与健康的关键。

3.2　碳水化合物

3.2.1　碳水化合物的分类

依据碳水化合物结构特点，通常将其分为单糖、双糖、寡糖和多糖，此外也包括糖的衍生物——糖醇类物质。

1. 单糖

食物中的重要的单糖(monosaccharide)主要有葡萄糖、半乳糖和果糖。

葡萄糖(glucose)在天然食品中，很少以单糖的形式存在，通常与葡萄糖或其他单糖结合成双糖、寡糖和多糖，如蔗糖、淀粉等。同时葡萄糖是机体吸收和利用最好的单糖。在人体血液中葡萄糖(也称作血糖)必须维持一定的浓度，对保证人体肺组织和红细胞等的正常工作具有重要的意义。此外，人体的肝脏和肌肉中也有少量的葡萄糖存在。

果糖(fructose)多存在于水果中，在蒲公英、牛蒡草等菊科植物中一般以果糖聚合物(菊粉)的形式存在。果糖是天然碳水化合物中甜度最高的糖。游离的果糖在人体和动物体中含量甚少。果糖代谢不受胰岛素的制约，故糖尿病人可食用。

半乳糖(galactose，*D*-半乳糖)，在天然食物中，几乎全部以结合形式存在，它是乳糖、水苏糖和棉籽糖等的组成成分。此外，脑及神经组织中也存在半乳糖苷。

2. 双糖

双糖又称二糖。食物中常见的双糖(disaccharide)有蔗糖、乳糖和麦芽糖。

蔗糖(sucrose)由 1 分子葡萄糖和 1 分子果糖失去 1 分子水缩合而成。甘蔗、甜菜中含量最多，是食品工业中最重要的甜味剂。蔗糖易于发酵，并可产生溶解祛琅质和矿物质的物质。在口腔微生物的作用下，在牙齿上易形成一层黏着力很强的不溶性葡聚糖，同时产生作用于牙齿的酸，从而引起龋齿。

麦芽糖(maltose)是由 2 分子葡萄糖构成，一般植物中含量很少。人和动物体中也几乎没有。乳糖(lactose)存在于哺乳动物的乳中，由 1 分子葡萄糖和 1 分子半乳糖组成。人乳中含乳糖 5%～8%，牛奶中含 4%～5%，羊乳中含 4.5%～5%。乳糖是婴儿主要食用的糖类物质，它对婴儿非常重要，可以促进人体对钙的吸收，还能够保持肠道中最合适的菌群数量。随着年龄的增长，肠道中的乳糖酶活性下降，因而很多成年人食用大量的乳糖后，不易消化，即出现乳糖不耐症。

3. 寡糖(oligosaccharide)

寡糖又称为低聚糖,是由3~9个单糖分子通过糖苷键构成的聚合物。目前比较重要的功能性低聚糖有异麦芽糖低聚糖、低聚木糖、低聚果糖、大豆低聚糖等。

异麦芽低聚糖(isomalto-oligosaccharide)主要包括异麦芽糖、潘糖、异麦芽三糖和异麦芽四糖等。在某些发酵食品如酱油、黄酒中少量存在。在人体中,它可以促进双歧杆菌增殖,有防龋齿的作用。因此,它可以作为功能性食品研发和保健品生产的原料。

低聚木糖(xylooligosaccharide)是由2~7个木糖分子通过糖苷键构成的聚合物。食品工业中一般通过玉米芯等植物发酵作用得到。在人体中,低聚木糖不能被人体消化酶分解,几乎不产生能量。因此,低聚木糖不会影响血糖浓度,不增加血糖中胰岛素水平,也不会形成脂肪沉积,糖尿病人、肥胖病人可食用。

低聚果糖(fructooligosaccharide)是由蔗糖分子的果糖残基上结合1~3个果糖而组成。它主要存在于日常食用的水果、蔬菜中,如洋葱、大蒜、香蕉等。低聚果糖难以被人体消化吸收,被认为是一种水溶性膳食纤维,但易被大肠双歧杆菌利用,是双歧杆菌的增殖因子。此外,低聚果糖不能被口腔微生物作用,具有一定防龋齿作用。

大豆低聚糖(soybean oligosaccharide)是存在于大豆中的可溶性糖的总称,主要成分是棉籽糖、水苏糖和蔗糖。它主要存在于大豆、豇豆、扁豆、豌豆和花生中。其中棉籽糖(raffinose)和水苏糖(stachyose)在小肠中不能被消化,但可以被大肠中双歧杆菌利用增殖。因此,大豆低聚糖具有促进肠道双歧杆菌增殖,抑制腐败菌生长的作用。它可以作为功能性食品的基料,能部分代替蔗糖应用在食品加工中。

4. 多糖

多糖是由10个以上单糖分子残基构成的大分子糖。根据营养学的分类可分为淀粉多糖和非淀粉多糖。淀粉多糖包括淀粉和抗性淀粉;非淀粉多糖包括纤维素、半纤维素、木质素、果胶等。

淀粉多糖如直链淀粉、支链淀粉在粮谷类食物中普遍存在,也是人体获取能量的重要来源;抗性淀粉(resistant starch,RS)在人体小肠中120 min内不能被水解,对慢性非传染性疾病的防治具有重要的意义(表3-6)。纤维素、半纤维素、果胶等物质是维持植物细胞壁的重要组成部分,在人体小肠中不能被消化,可在结肠中微生物的作用下发酵生成短链脂肪酸,并具有促进肠道蠕动等重要生理功能。

表3-6 食物中抗性淀粉的类型和消化形式

类型	食物形式	小肠中消化
抗性淀粉RS1	整的或者部分研磨的谷类和豆类	部分消化
抗性淀粉RS2	生土豆和青香蕉	部分消化
抗性淀粉RS3	放冷的熟马铃薯、谷类和食物	部分消化

3.2.2 碳水化合物的生理功能

(1)供能和节约蛋白质　碳水化合物对机体最重要的作用是供能,是供能营养素中最经济的一种。其中葡萄糖可很快被代谢，1 g 葡萄糖彻底氧化可供能 16.7 kJ(4 kcal)。当食物中碳水化合物供给量充足时，机体首先利用它提供能量，从而减少了蛋白质作为能量的消耗。相反，体内碳水化合物供给不足时，机体为了满足对能量的需要，要动用蛋白质转为葡萄糖提供能量，这样使机体蛋白质受到损失，影响机体健康。因此，足够的碳水化合物对蛋白质有保护作用，也就是节约蛋白质的作用。

(2)构成机体组织　碳水化合物是构成机体的重要物质，并参与细胞的许多生命活动。所有神经组织和细胞都含有碳水化合物，如糖蛋白构成人和动物体中结缔组织的胶原蛋白、血浆中的转铁蛋白、免疫球蛋白等；糖脂是细胞膜与神经组织的组成部分。另外，核糖和脱氧核糖是构成核酸的重要组成成分，在遗传中起着重要的作用。

(3)解毒作用　机体的肝糖原对某些细菌毒素有很强的抵抗力，充足的肝糖原能加强肝脏功能。当体内肝糖原不足时，对酒精等成分的解毒作用明显下降。再如葡萄糖醛酸是葡萄糖代谢的氧化产物，它对某些药物的解毒作用非常重要，吗啡、水杨酸和磺胺类药物等都是通过与之结合，生成葡萄糖醛酸衍生物排泄而解毒的。

(4)抗生酮作用　脂肪在体内被彻底分解，需要葡萄糖的协同作用。脂肪酸分解所产生的乙酰基需要与草酰乙酸结合进入三羧循环，最终彻底氧化分解产生能量。当膳食中碳水化合物供应不足时，草酰乙酸供应相应减少，体内脂肪或食物脂肪被动员加速分解供应能量。这一代谢过程中，由于草酰乙酸不足，脂肪酸不能被彻底氧化而产生过多的酮体。酮体不能被及时氧化而在体内蓄积，导致酮血症和尿血症。

(5)有益肠道的功能　食物中非淀粉类多糖如纤维素、半纤维素、果胶、树胶以及功能性低聚糖等虽不能被消化吸收，但可刺激肠道蠕动，有利于排便。此外，它们还可促进结肠菌群发酵，产生短链脂肪酸和使肠道有益菌增殖。乳糖也可促进肠道中有益菌的生长，对婴儿来说，非常重要。

3.2.3　碳水化合物的失衡

碳水化合物摄入不足与过量均会导致人体糖代谢的异常表现。例如，中国人随着年龄的增加，乳糖酶的活性逐渐降低，导致有些人发生乳糖不耐受；碳水化合物摄入不足导致血液葡萄糖浓度偏低，引起低血糖；反之，容易导致高血糖甚至糖尿病；血糖生成指数(GI)和血糖负荷值(GL)均可反映食物对人体血糖的影响，进而减少高血糖和糖尿病的发生。

1. 血糖生成指数

食物血糖生成指数(glycemic index，GI)简称血糖指数，是反应食物类型和碳水化合物消化水平的一个参数，是衡量某种食物或膳食组成对血糖浓度影响的一个重要指标。

$$GI=\frac{\text{某食物在食后 2 h 曲线下面积}}{\text{相当含量葡萄糖在食后 2 h 血糖曲线下面积}}\times 100$$

相同量的碳水化合物，可产生不同的血糖反应和不同 GI(表 3-7)。GI 值高(GI＞70)的食物进入胃肠后，消化快、吸收完全，葡萄糖进入血液后峰值高，即血浆葡萄糖升得高；GI 值低(GI＜55)的食物在胃肠停留时间长，释放缓慢，葡萄糖进入血液后峰值低，即血浆葡萄糖比较低。GI在55～70之间的食物称为中血糖指数食物。长期食用低GI的食物，对心血管疾病、体重控制、调节血脂等诸多方面都有积极意义。

表3-7　部分食物的血糖指数

食物名称	GI	食物名称	GI	食物名称	GI
馒头	88.1	大麦粉	66.0	葡萄	43
烙饼	79.6	玉米粉	68.1	柚子	25.0
面包	87.9	玉米片	78.5	西瓜	72.0
闲趣饼干	47.1	绿豆	27.2	香蕉	52.0
小麦面条	81.6	熟甘薯	76.7	梨	36.0
荞麦面条	59.3	熟马铃薯	66.4	南瓜	75.0
小米	71.0	生甘薯	54.0	胡萝卜	71.0
大米	83.2	山药	51.0	大豆	18.0

2. 血糖生成指数的应用

食物血糖指数不仅可以用于糖尿病人的膳食管理，而且也可以广泛应用于普通人、高血压病人和肥胖者的膳食管理。相同GI的食物，当摄入量不同时，可以用血糖负荷(glycemic load，GL)评价摄入量对人体血糖影响的程度，所以GL体现了碳水化合物数量对血糖的影响。

$$\text{GL}=\text{摄入食品中可利用碳水化合物含量}\times\text{食品 GI}$$

GL与GI结合使用，有利于对食物碳水化合物的血糖应答效应进行更好地评价，从而科学利用食物碳水化合物。一般认为，食物为低GI时，总有低GL；中高GI食物的GL值常有从低到高的范围变化，当GL≥20时为高GL，提示食用相应重量的食物对血糖影响明显。

3.2.4　碳水化合物的供给量和食物来源

1. 碳水化合物的供给量

碳水化合物的供给量，根据人们的饮食习惯和劳动强度而有差异。中国营养学会建议碳水化合物的能量供给量以50%～65%为宜，其中精制糖的供能应低于10%。一般来说，膳食组成中蛋白质、脂肪含量高时，碳水化合物的量可以低些；反之，则应高些。在碳水化合物供给充足的情况下，可以避免蛋白质用于能量代谢，也有利于脂肪的储存。

世界各国对碳水化合物中膳食纤维的适宜摄入量有不同的推荐量。如美国国家研究所提出每人每天的摄入量为20～30 g或以每人能量摄入量计算，即10～13 g/1 000 kcal。中国营养学会建议，成人膳食纤维适宜摄入量为25～30 g/d。

2. 碳水化合物的食物来源

碳水化合物主要来源于植物性食物，如谷类、薯类和根茎类食物中，它们都含有丰富的淀粉。碳水化合物在动物性食物中含量很少，如乳中含少量乳糖。常见食物中碳水化合物的含量见表3-8。

各种单糖和双糖，除一部分存在于果蔬等天然食物中外，绝大部分以加工食物如食糖和糖果等形式直接食用。食用糖或纯糖制品被摄取后迅速吸收，但其营养密度较低，且易于以脂肪形式储存，一般认为摄入量不宜过多。而粮谷类、薯类、根茎类，除含淀粉外还含蛋白质、维生素、矿物质和较多的食物纤维，是碳水化合物良好的食物来源。

表 3-8　常见食物中碳水化合物含量(按可食部计)　　g/100 g

食物名称	含量	食物名称	含量	食物名称	含量
白砂糖	99.9	莜麦面	67.8	柿	17.1
冰糖	99.3	玉米	66.7	苹果	12.3
红糖	96.6	方便面	60.9	辣椒	11.0
藕粉	93.0	绿豆	55.6	桃	10.9
豌豆粉丝	91.7	小豆	55.7	番茄	3.5
麻香糕	88.7	南瓜粥	79.5	牛乳	3.4
粉条	84.2	马铃薯	16.5	芹菜	3.3
稻米(平均)	77.3	木耳	35.7	带鱼	3.1
挂面(标准粉)	74.4	鲜枣	28.6	白菜	3.1
小米	73.5	香蕉	20.8	鲜贝	2.5
小麦粉(标准粉)	71.5	大豆	18.6		

引自：杨月欣，王光亚，潘兴昌. 中国食物成分表. 2002.

3.3　脂类

脂类(lipid)也称脂质，是人体组织的重要组成成分，正常人按体重计算含脂类 10%～20%，肥胖者可达 30%以上。脂类也是人类膳食的重要组成部分，是一种高能物质，具有许多重要的生理学作用。但是，膳食脂类摄入过多，会在体内积累，引起肥胖、动脉粥样硬化、高血压、高脂血症、糖尿病等一系列代谢疾病。因此，重视合理的脂类营养，对于预防疾病和延年益寿，具有重要的意义。

3.3.1　脂类的分类

脂类是脂肪(fat)和类脂(lipoid)的总称，类脂又包括磷脂、糖脂和固醇类。

1. 脂肪

脂肪又称为甘油三酯，是由 1 分子甘油和 3 分子脂肪酸组成的。

根据来源可分为动物性脂肪和植物性脂肪。一般来说，动物性脂肪通常含有较少的不饱和脂肪酸，在室温下通常是固态的，称为脂；植物性脂肪通常含有较多的不饱和脂肪酸，在常温下为液态，称为油。

人体组织中的脂肪皆以软脂酸(棕榈酸 $C_{16:0}$)和油酸($C_{18:1}$)为其主要组成成分，其他动物也类似，但牛、羊脂肪中则硬脂酸($C_{18:0}$)含量高，而油酸和亚油酸含量少。

2. 类脂

类脂又称为定脂或不可变脂，占总脂量的 1%～5%，主要包括磷脂(phospholipid)、固醇(sterol)和糖脂(glycolipid)。

(1)磷脂　磷脂(phospholipid)是指甘油三酯中一个或两个脂肪酸被磷酸或含磷酸的其他基团所取代的一类脂类物质,也是除了甘油三酯外在体内含量较多的脂类。

按照化学组成可分为甘油磷脂和神经鞘磷脂两大类。其中甘油磷脂与营养有关,常见的有卵磷脂、脑磷脂、肌醇磷脂等,广泛分布于脑、鸡蛋、肝脏、大豆和花生油中。

(2)糖脂　糖脂(glycolipid)是含有糖基的脂类,又称五糖苷脂。一般是由糖、脂肪酸与神经鞘氨醇结合而成的酯酰胺醇等部分组成。包括脑苷脂类和神经节苷脂类,也是构成细胞膜所必需的。

(3)固醇类　固醇类(sterol)亦称甾醇类,是含有羟基的环戊烷多氢菲衍生物,广泛存在于动植物食品中,包括胆固醇和植物固醇。

胆固醇(cholesterol)存在于所有动物组织中,如肉类、蛋类、鱼类、禽类、乳酪产品等,而在植物性食品中,胆固醇含量较少。胆固醇在人体中发挥着重要的生理功能,但如果摄入过量,会沉淀于血管壁易造成动脉粥样硬化。此外,胆汁中也有许多胆固醇,在胆盐的乳化作用下可形成乳状液,但胆汁中的胆固醇过多或胆盐过少可导致其在胆道中沉淀形成结石。

植物固醇(phytosterol,plant sterol)属于植物甾醇类,常见的有β-谷固醇和麦角固醇。β-谷固醇很难被吸收,并可干扰人体对胆固醇的吸收,因此可以降低人体血浆内胆固醇的水平。麦角固醇存在于酵母和真菌类植物中,在紫外线照射下,可转化为维生素D_2,即麦角钙化醇(ergocalciferol)。含植物固醇比较多的食物是油类、豆类、坚果等。

3.3.2 脂肪酸的分类

脂肪酸(fatty acid,FA)是构成甘油三酯的基本单位,基本分子式为$CH_3(CH_2)_nCOOH$,式中n的数目为2～24。根据碳链的长短、饱和程度、空间结构和满足机体需要的程度,脂肪酸可以有不同的分类方法。

按照碳链长度可以分为:短链脂肪酸(short-chain fatty acid,SCFA)含4～6个碳原子;中链脂肪酸(medium-chain fatty acid MCFA)含8～12个碳原子;长链脂肪酸(long-chain fatty acid,LCFA)含14～24个碳原子。食物中主要以18碳脂肪酸为主,并且具有重要的营养学意义。

根据饱和程度可以分为:饱和脂肪酸(saturated fatty acid,SFA),即碳链中没有不饱和双键的脂肪酸;单不饱和脂肪酸(monounsaturated fatty acid,MUFA),碳链中只含1个不饱和双键;多不饱和脂肪酸(polyunsaturated fatty acid,PUFA),碳链中含2个及以上不饱和双键。

根据空间结构可以分为:顺式脂肪酸(cis-fatty acid,CFA)和反式脂肪酸(trans-fatty acid,TFA)。在自然状态下,大多数的不饱和脂肪酸为顺式脂肪酸,只有少数的是反式脂肪酸(主要存在于牛乳和奶油中)。流行病学资料显示,反式脂肪酸与心脏病具有相关性。反式脂肪酸的摄入量多时,可使血浆低密度脂蛋白胆固醇升高,高密度脂蛋白胆固醇下降,增加冠心病的危险性。人造黄油中可能含25%～35%的反式脂肪酸,所以不主张多食用人造黄油。

按照命名规则分为:n-3(ω-3)、n-6(ω-6)、n-7(ω-7)、n-9(ω-9)系列脂肪酸。一般来说,人

体细胞中不饱和脂肪酸的含量至少是饱和脂肪酸的 2 倍，但各种组织中两者的组成有很大差异，在一定程度上与膳食中脂肪的种类有关。

根据体内脂肪酸的来源可分为必需脂肪酸(essential fatty acid，EFA)(人体不能合成，又是维持人体正常生长所必需的，如亚油酸、α-亚麻酸)和非必需脂肪酸。如果能供给足够量的亚油酸，人体可合成所需要的其他 n-6 类脂肪酸，例如花生四烯酸。α-亚麻酸(n-3)可衍生为 EPA 和 DHA。

3.3.3 脂类的生理功能

1. 脂肪的生理功能

(1)构成人体成分，提供能量和贮存能量。脂肪占正常人体重的 10%～20%，是构成人体成分的重要物质。脂肪是人体重要的能量来源，合理膳食能量中的 20%～30%由脂肪供给。每克脂肪在体内氧化可产生 37.6 kJ(9.0 kcal)的能量，是食物中能量密度最高的营养素。当机体摄入能量不能及时被利用或过多时，就转变为脂肪储存起来。当机体需要时，可把脂肪组织所储存的脂肪动员起来，用于能量供应。如人体饥饿时，动用体脂产生能量以避免体内蛋白质的消耗。

(2)保护脏器，维持体温。在体内，器官周围的脂肪组织对器官有支撑和衬垫作用，可保护内部器官免受外力损伤。脂肪是热的不良导体，可阻止体热的散发，维持体温的恒定，还有抵御寒冷的作用。肥胖的人由于皮下储存脂肪，体热散发较慢，所以冬天不怕冷，但在夏天则怕热。

(3)促进脂溶性维生素的吸收。脂类是脂溶性维生素的重要来源，如黄油、鱼肝油、麦胚油、豆油等都含有维生素 D、维生素 E 或维生素 A 等，而且在消化道内刺激胆汁的分泌，从而促进脂溶性维生素的吸收。膳食缺乏脂肪或脂肪吸收障碍时，会引起体内脂溶性维生素不足或缺乏。

(4)提供必需脂肪酸。必需脂肪酸亚油酸(n-6)和 α-亚麻酸(n-3)必须靠膳食脂肪提供，必需脂肪酸的衍生物具有多种生理功能，如 DHA(n-3)、ARA(n-6)是脑、神经组织及视网膜中含量最高的脂肪酸，故对脑及视觉功能发育具有重要作用。

(5)参与内分泌的作用。脂肪组织能分泌瘦素(leptin)、肿瘤坏死因子(tumor necrosis factor，TNF-a)、白细胞介素-6(interleukin-6，IL-6)、白细胞介素-8(interleukin-8，IL-8)、纤维蛋白溶酶原激活因子抑制物(plasminogen activator inhibitor，RAD)、血管紧张素原(angiotensinogen)、雌激素(estrogen)、胰岛素样生长因子(insulin-like growth factor，IGF)、IGF 结合蛋白 3 (insulin-like growth factor binding protein 3，IGFBP3)、脂联素(adiponectin)及抵抗素(resistin)等。这些来源于脂肪组织的细胞因子参与机体的多种代谢、免疫、生长发育等生理过程，是研究脂肪组织作用的崭新领域，是内分泌领域的重大进展之一。

2. 类脂的生理功能

(1)维持生物膜的结构与功能。磷脂可与蛋白质结合形成脂蛋白，并以脂蛋白的形式构成细胞的成分，维持细胞和细胞器的正常结构和功能。由于磷脂内的不饱和脂肪酸含有双键，使得生物膜具有良好的流动性与特殊的通透性。膜结构和功能的改变，可导致线粒体肿胀、细胞膜通透性改变，引起湿疹、鳞屑样皮炎，膜的脆性增加而致红细胞破裂和溶血。人体红细胞膜20%～30%为神经鞘磷脂，经常补充磷脂有助于修复损伤的细胞膜。

(2)参与脑和神经组织的构成。磷脂是脑和神经组织的结构脂，约占脑组织干重的25%，神经髓鞘干重的97%也是脂类，其中11%为卵磷脂，5%为神经鞘磷脂。胆固醇作为神经纤维的重要绝缘体富含于神经髓鞘中，其生物学作用是防止神经冲动从一条神经纤维向其他神经纤维扩散，故是神经冲动定向传导的结构基础。

(3)运输脂肪。磷脂与蛋白质结合形成的脂蛋白，通过血液运输脂类至身体各组织器官利用。胆固醇与必需脂肪酸或其衍生物结合形成胆固醇酯，在体内运输代谢。如脂类及衍生物在体内运输发生障碍，则沉积于血管壁导致动脉粥样硬化。

(4)合成维生素和激素的前体。胆固醇是体内合成维生素 D_3 及胆汁酸的前体，维生素 D_3 调节钙磷代谢，胆汁酸能乳化脂类使之与消化酶混合，是脂类和脂溶性维生素消化与吸收的必需条件。胆固醇在体内还可以转变成多种激素，包括影响蛋白质、糖和脂类代谢的皮质醇，与水和电解质体内代谢有关的醛固醇，以及性激素睾酮和雌二醇。

3. 必需脂肪酸的生理功能

(1)构成磷脂的重要成分。磷脂是线粒体和细胞膜的主要结构成分，所以必需脂肪酸与细胞膜的结构和功能直接有关。当必需脂肪酸缺乏时，磷脂合成受阻，细胞对水的通透性增加，毛细血管的脆性和通透性增高，皮肤容易出现湿疹样病变。

(2)保证胆固醇在体内正常运转和代谢。磷脂能与体内胆固醇酯化，有利于胆固醇分解代谢，防止在体内沉积导致动脉粥样硬化。如果缺乏必需脂肪酸，胆固醇就和一些饱和脂肪酸结合，不能在体内进行正常运转和代谢，并可能在血管壁沉积，发展成动脉粥样硬化。

(3)合成前列腺素必需的前体。亚油酸可合成ARA，ARA是合成前列腺素的前体。前列腺素(prostaglandin)存在于许多器官中，具有多种生理功能，如使血管扩张和收缩、神经冲动的传导、作用于肾脏影响水的排泄，乳中前列腺素可以防止婴儿消化道的损伤等，一般母乳中花生四烯酸的含量为0.5%～0.7%。

(4)维持视力的正常。α-亚麻酸(n-3)可转化生成DHA，DHA在视网膜光受体中含量丰富，是维持视紫红质正常功能所必需的脂肪酸。研究表明，大鼠饲料缺乏 α-亚麻酸(n-3)时，可引起大鼠杆状细胞外段盘破坏，光激发盘散射减弱以及光线诱导的光感受器细胞死亡，所以 α-亚麻酸(n-3)对增强视力有良好作用。

天然食物中含有各种脂肪酸，多以甘油三酯形式存在。一般地说，动物性脂肪如牛油、奶油和猪油比植物性脂肪含饱和脂肪酸多。动物脂肪一般含40%～60%的饱和脂肪酸，30%～50%的单不饱和脂肪酸，PUFA含量极少。而植物油含10%～20%饱和脂肪酸和80%～90%的不饱和脂肪酸，并且多不饱和脂肪酸含量较多，如葵花子油含亚油酸60.3%，玉米油含亚油酸60%。也有少数含单不饱和脂肪酸较多，如茶油和橄榄油中油酸含量达79%～83%。

3.3.4 膳食脂肪的营养学评价

(1)脂肪的消化率　脂肪的消化率与熔点呈负相关，熔点低于体温的脂肪消化率高达

97％～98％，如植物油和炼过的猪油、鸡油等；高于体温的脂肪消化率约90％，熔点高于50℃的脂肪不易消化吸收。脂肪消化率还与其所含的不饱和脂肪酸和碳链的长度有关，双键越多，熔点越低，消化率越高；碳链越短，消化率也越高。

（2）脂肪酸的种类与含量　必需脂肪酸和不饱和脂肪酸含量越高，脂肪的营养价值也越高。一般植物油中含亚油酸和α-亚麻酸高于动物脂肪，鱼贝类含EPA、DHA较为丰富。所以，就预防营养相关慢性病而言，植物油优于动物油，特别是鱼油具有更重要的营养价值。

（3）脂溶性维生素的含量　脂溶性维生素含量高的脂肪，其营养价值高。动物的贮存脂肪中几乎不含维生素，肝脏脂肪中含维生素A、维生素D丰富（尤以海产鱼最多）。奶、蛋脂肪中亦含有一定的维生素A、维生素D。植物油中富含维生素E，特别是谷胚油最为突出。

3.3.5　脂类缺乏和过量的危害

脂类的缺乏与过量与许多疾病的发生密切相关。人体脂肪若长期供给不足，会导致必需脂肪酸和脂溶性维生素的供给不足，因此会发生营养不良、脂溶性维生素缺乏症，对于生长发育期的儿童青少年来说，会导致生长发育迟缓，甚至生长发育停滞、影响大脑的发育。若脂肪长期摄入过量，会增加肥胖、动脉粥样硬化、冠心病和高血压等疾病的发生概率。

所以，中国营养学会建议消费者对高脂膳食的利害关系有充分认识，能使脂肪的供给量达到合理要求。

3.3.6　脂肪的参考摄入量和食物来源

1. 脂肪的参考摄入量

脂肪的供给受民族、地区、饮食习惯及气候条件等因素的影响。我国各人群脂肪适宜摄入量见表3-9。

表3-9　中国居民膳食脂肪、脂肪酸的参考摄入量和可接受范围（脂肪能量占总能量的比例）　％

年龄/岁	总脂肪	饱和脂肪酸	n-6多不饱和脂肪酸	n-3多不饱和脂肪酸
0～	48(AI)	—	—	—
0.5～	40(AI)	—	—	—
1～	35(AI)	—	—	—
4～	20～30	＜8	—	—
7～	20～30	＜8	—	—
18～	20～30	＜10	2.5～9	0.5～2
50～	20～30	＜10	2.5～9	0.5～2
65～	20～30	＜10	2.5～9	0.5～2
80以上	20～30	＜10	2.5～9	0.5～2

注：未指定参考值者用“—”表示。表中数值均为占总能量的百分比。

引自：中国营养学会.中国居民膳食营养素参考摄入量（2013版）.2014.

在人类合理的膳食中，成人体内所需能量的20％～30％由脂肪供给，婴幼儿脂肪提供的能量占的比例较高。

2. 脂肪的食物来源

膳食脂肪的来源包括烹调用油脂及食物本身含有的脂类，常食用食物的脂肪含量见表3-10。不同种类的油脂中脂肪酸的组成和必需脂肪酸的含量差别较大(表3-11)。必需脂肪酸的主要来源是植物油类，特别是大豆油、玉米油、芝麻油等。动物油中禽油的必需脂肪酸含量高于畜油，猪油高于牛、羊油，动物内脏高于肌肉，瘦肉高于肥肉等。

表 3-10　经常食用食物的脂肪含量　g/100 g

食物	脂肪含量	食物	脂肪含量
植物油	100.0	鸭	19.7
猪肉(肥)	90.4	鸡蛋	11.1
猪肉(肥瘦)	37.0	鸡蛋黄	28.2
猪肉(里脊)	7.9	鸭蛋	18.0
猪肝	3.5	草鱼	5.2
牛肉(瘦)	2.3	鲤	4.1
牛肉(肥瘦)	13.4	带鱼	4.9
羊肉(瘦)	3.9	大黄鱼	2.5
羊肉(肥瘦)	14.1	核桃	58.8
鸡	2.3	花生(炒)	48.0
鸡翅	11.8	葵花子(炒)	52.8
鸡腿	13.0	松子(炒)	58.5

引自：孙长颢. 营养与食品卫生学. 6 版. 2007.

表 3-11　常见食用油脂中主要脂肪酸的组成

食用油	脂肪酸质量分数/%							
	棕榈酸	硬脂酸	油酸	11-十八碳烯酸	亚油酸	亚麻酸	花生四烯酸	芥酸
菜籽油	4.07	1.58	38.2	2.04	15.8	6.14	7.21	22.4
调和油	8.87	3.44	36.2	1.79	16.5	1.43	4.63	21.9
大豆油	17.1	3.48	27.8	1.12	45.3	3.53	0.16	—
芝麻油	7.86	5.25	39.1	0.81	45.5	0.26	0.12	—
橄榄油	12.6	2.4	70.9	2.25	9.82	0.52	0.23	—
花生油	12.2	3.74	42.7	0.53	34.9	0.06	1.55	2.42
玉米油	13.6	1.82	31.4	0.73	60	0.84	0.16	—
葵花子油	6.07	5.33	25.5	0.58	60.3	0.09	0.09	—
猪油	28.7	19.8	34.6	2.38	9.43	0.3	0.5	1.35
牛油	23.7	40.9	16.5	5.65	2.48	0.3	—	3.12
羊油	20.9	38.7	17.7	6.67	1.57	0.92	—	2.12
鸡肉	27.4	6.43	41.4	1.82	15	0.53	0.25	0.49

引自：杨月欣，葛可佑. 中国营养科学全书. 2 版. 2019.

含磷脂丰富的食品有蛋黄、瘦肉及肝、肾等内脏。肉类、内脏、蛋黄及奶油等也含较高的胆固醇。鱼贝类是 EPA、DHA 的良好来源。胆固醇主要存在于动物性食品中，以动物内脏，尤其是脑中含量高，蛋类和鱼子、蟹子含量也高，其次为蛤贝类；鱼类和乳类含量较低。

3.4　蛋白质

3.4.1　蛋白质的分类

蛋白质的种类繁多，功能各异，因此分类方法很多。根据蛋白质的营养价值，可将蛋白质分为完全蛋白质、半完全蛋白质和不完全蛋白质。

(1)完全蛋白质　完全蛋白质所含的必需氨基酸种类齐全，数量充足，而且各种氨基酸的比例与人体所含氨基酸的比例接近，容易吸收利用，当这类蛋白质为唯一蛋白质来源时，既能够保证人体健康，还可以满足儿童的生长发育需要，是优质蛋白质。如乳类中的乳清蛋白和酪蛋白、蛋中的卵白蛋白和卵黄蛋白、肉中的白蛋白和肌蛋白、大豆中的大豆球蛋白等都是完全蛋白质。

(2)半完全蛋白质　半完全蛋白质所含必需氨基酸种类基本齐全，但各种氨基酸之间比例不适宜，不能满足机体的需要。如果把这类蛋白质作为唯一的蛋白质来源，只能维持生命，不能促进生长发育。如小麦和大麦中的麦胶蛋白等。

(3)不完全蛋白质　不完全蛋白质组成中必需氨基酸种类不齐全，缺乏一种或几种必需氨基酸，若将其作为唯一蛋白质来源，既不能维持生长发育，也不能维持生命。如动物结缔组织和肉皮中的胶原蛋白、豌豆中的豆球蛋白等。

3.4.2　氨基酸

氨基酸是构成生物体蛋白质并同生命活动息息相关的最基本的物质，是构成蛋白质分子的基本单位，具有共同的基本结构，是羧酸分子的 α-碳原子上的氢被一个氨基取代的化合物，故又称为 α-氨基酸。

1. 氨基酸的分类

构成蛋白质的氨基酸有 20 种，可以分为必需氨基酸、条件必需氨基酸和非必需氨基酸。

(1)必需氨基酸(essential amino acid，EAA)　该种氨基酸是指人体不能合成或合成速度不能满足机体的需要，必须直接从食物中获取的氨基酸。必需氨基酸有 9 种，分别是异亮氨酸、亮氨酸、赖氨酸、蛋氨酸、苯丙氨酸、苏氨酸、色氨酸、缬氨酸和组氨酸。

(2)条件必需氨基酸(conditionally essential amino acid)　在人体的氨基酸代谢中，半胱氨酸和酪氨酸可分别由蛋氨酸与苯丙氨酸转化而来。如果膳食中半胱氨酸和酪氨酸充足，人体对蛋氨酸和苯丙氨酸的需要可以分别减少 30%和 50%。因此，半胱氨酸和酪氨酸这类可减少人体对某些必需氨基酸需要量的氨基酸，称为条件必需氨基酸或半必需氨基酸(semi-essential amino acid)。在考虑食物的必需氨基酸组成时，将芳香族的苯丙氨酸和酪氨酸，含硫氨基酸的蛋氨酸和半胱氨酸分别合并计算。

(3)非必需氨基酸(nonessential amino acid)　非必需氨基酸是指人体可以自身合成，不依赖食物直接供给的氨基酸。非必需氨基酸并非体内不需要，只是可以利用体内已有的物质合成，不一定要从食物中获取，但其功能也是非常重要的。

2. 氨基酸模式和限制氨基酸

（1）氨基酸模式　组成人体各种组织蛋白质的氨基酸是按一定比例组成的，当每日食物中蛋白质所提供的各种氨基酸与此比例大体相一致时，人体才能有效地合成机体蛋白质。营养学上将某种蛋白质中各种必需氨基酸的构成比例称为氨基酸模式。计算方法是将该种蛋白质中的色氨酸含量定为1，计算出其他氨基酸的相应比值，见表3-12。膳食中氨基酸模式越接近人体蛋白质的组成，被人体消化吸收后，就越容易被机体利用，能满足合成蛋白质的需要，其营养价值就越高。如某一种氨基酸过多或过少，都会影响另一些氨基酸的利用，所以当必需氨基酸供给不足或不平衡时，蛋白质合成均会受到影响。

表3-12　几种常见食物和人体蛋白质氨基酸模式

必需氨基酸	比值						
	成人	全鸡蛋	大豆	牛肉	牛奶	面粉	大米
异亮氨酸	4.0	3.2	4.3	4.4	3.4	3.8	4.0
亮氨酸	7.0	5.1	5.7	6.8	6.8	6.4	6.3
赖氨酸	5.5	4.1	4.9	7.2	5.6	1.8	2.3
蛋氨酸＋半胱氨酸	3.5	3.4	1.2	3.2	2.4	2.8	2.8
苯丙氨酸＋酪氨酸	6.0	5.5	3.2	6.2	7.3	7.2	7.2
苏氨酸	4.0	2.8	2.8	3.6	3.1	2.5	2.5
缬氨酸	5.0	3.9	3.2	4.6	4.6	3.8	3.8
色氨酸	1.0	1.0	1.0	1.0	1.0	1.0	1.0

引自：杨月欣，王光亚，潘兴昌. 中国食物成分表2002.

（2）限制氨基酸　人体所需的蛋白质来源于多种食物，蛋白质氨基酸模式与人体蛋白质氨基酸模式接近的食物，其利用率才会较高，反之，利用率则低。例如，动物蛋白质中蛋、肉、奶、鱼以及大豆蛋白质的氨基酸模式与人体蛋白质氨基酸模式较接近，从而所含的氨基酸在人体中的利用率较高。其中鸡蛋蛋白质的氨基酸模式与人体的最接近，在比较食物蛋白质营养价值时常作为参考蛋白质（reference protein）。食物蛋白质中一种或几种必需氨基酸含量相对较低，导致其他必需氨基酸在体内不能被充分利用而使蛋白质营养价值降低，这些含量相对较低的氨基酸称为限制氨基酸（limiting amino acid）。其中，含量最低的称为第一限制，其次依次称为第二、第三、……限制氨基酸。

几种常见食用植物蛋白质中的限制氨基酸如表3-13所示。

表3-13　几种食物蛋白质中的限制氨基酸

食物名称	第一限制氨基酸	第二限制氨基酸	第三限制氨基酸	食物名称	第一限制氨基酸	第一限制氨基酸	第三限制氨基酸
小麦	赖氨酸	苏氨酸	缬氨酸	玉米	赖氨酸	色氨酸	苏氨酸
大麦	赖氨酸	苏氨酸	蛋氨酸	花生	蛋氨酸	—	—
燕麦	赖氨酸	苏氨酸	蛋氨酸	大豆	蛋氨酸	—	—
大米	赖氨酸	苏氨酸	—	棉籽	赖氨酸	—	—

引自：任顺成. 食品营养与卫生. 2011.

不同食物蛋白质中氨基酸的含量和比例不同，其营养价值不一。为了提高蛋白质的营养价值，常将两种或两种以上的食物混合食用，通过蛋白质中氨基酸的相互补充，提高蛋白质的营养价值。这种通过蛋白质所含氨基酸种类之间取长补短、相互补充的作用，称为蛋白质互补作用(protein complementary action)。如将大豆或其制品与米、面同时食用，大豆蛋白质的中赖氨酸可以补充米、面蛋白质赖氨酸的不足；而米、面中的蛋氨酸在一定程度上可以补充大豆中的蛋氨酸的不足。这两种蛋白质混合食用则互相补充，从而提高其营养价值。为充分发挥食物蛋白质互补作用，在调配膳食时，应遵循以下三个原则：

①食物的生物学种属越远越好，如动物性和植物性食物之间的混合比单纯植物性食物之间混合要好。

②搭配种类越多越好。

③食用时间越近越好，同时食用最好，因为单个氨基酸在血液中的停留时间约 4 h，然后到达组织器官，再合成组织器官的蛋白质，而合成组织器官蛋白质的氨基酸必须同时到达才能发挥互补作用，合成组织器官蛋白。

3.4.3 氮平衡

经实验证明，在膳食中完全不含有蛋白质时，一个 60 kg 体重的成年男子，每天仍排出约 3.2 g 氮，相当于 20 g 蛋白质，这部分氮通过尿液、粪便、皮肤、毛发、分泌物、黏膜脱落等途径排出。这种氮排出是机体代谢不可避免的，称为必要的氮损失(obligatory nitrogen loss，ONL)。

组织蛋白的分解代谢和合成代谢处于动态平衡，这种平衡可以用氮平衡来表示。氮平衡(nitrogen balance)反映机体摄入氮和排出氮的关系。其关系式如下：

$$B=I-(U+F+S)$$

式中：B 为氮平衡；I 为摄入氮；U 为尿氮；F 为粪氮；S 为皮肤及其他途径排出氮。

人体氮平衡有三种情况：

(1)氮平衡(zero nitrogen balance) 摄入氮和排出氮相等，即 $B=0$，表示体内蛋白质的分解与合成处于平衡状态，健康的成年人应维持在零氮平衡并富余 5%为宜。

(2)正氮平衡(positive nitrogen balance) 摄入氮大于排出氮，即 $B>0$，表示蛋白质的合成大于分解。婴幼儿、青少年、孕妇、乳母以及恢复期的病人等，从膳食中吸收的蛋白质，相当一部分用于机体的生长发育，合成新组织，应维持正氮平衡。

(3)负氮平衡(negative nitrogen balance) 摄入氮小于排出氮，即 $B<0$，表示蛋白质的分解大于合成。人在饥饿、消耗性疾病、应激以及老年时一般处于这种状况，长期负氮平衡将会导致人体营养不良，应尽可能减轻或改变负氮平衡，以保证身体健康、促进疾病的恢复以及延缓衰老。

3.4.4 蛋白质的生理功能

蛋白质是构成生命的重要物质，没有蛋白质也就没有生命。在正常人体内，蛋白质占人体重量的 16%～19%，并且处于分解和合成的动态平衡之中。成年人体内每天约有 3%的蛋白质被更新。蛋白质的功能主要表现在以下几个方面。

1. 构成和修复机体组织

由于碳水化合物和脂肪中只含有碳、氢、氧，不含氮。因此，蛋白质是人体中唯一的氮的来源。人体的每个组织和器官，都以蛋白质作为重要的组成成分。身体的生长发育过程可视为蛋白质的不断积累的过程，因此，蛋白质对于婴幼儿、儿童、青春发育期的青少年、孕妇和乳母等人群尤为重要。皮肤和其他器官受伤，伤口愈合也需要蛋白质。

人体内的蛋白质不断地在新陈代谢过程中进行更新和修复。例如，人血浆蛋白质的半衰期约为 10 d，肝脏中大部分蛋白质的半衰期为 1～8 d，某些蛋白质的半衰期很短，只有数秒。身体受伤后也需要蛋白质作为修复材料。只有摄入足够的蛋白质才能维持组织的更新。

2. 构成体内各种重要的生理活性物质

机体生命活动的进行有赖于多种生理活性物质的调节，蛋白质在体内是构成多种重要生理活性物质的成分，如酶、激素和免疫球蛋白等，参与调节生理功能。

(1)酶　酶是具有生物催化作用的大分子物质，其中大多数酶是具有特异性生物活性的蛋白质。在机体合成代谢和分解代谢以及体内各种生物化学反应中发挥重要的催化作用，如消化酶包括蛋白酶、淀粉酶、脂肪酶等，将食物水解为人体能够吸收的小分子物质；抗氧化酶包括超氧化物歧化酶、硫氧还蛋白过氧化物酶、谷胱甘肽过氧化物酶和过氧化氢酶等，调节催化体内很多氧化还原反应，使体内毒性物质失活、调节细胞氧浓度、参与脂肪酸和含氮物质的代谢等；乙酰胆碱酯酶参与细胞的发育和成熟，促进神经元发育和神经再生。

(2)激素　激素是机体分泌细胞制造的一类化学物质。这些物质随血液循环流遍全身，调节机体的正常活动并维持着内环境的稳定性。这些激素中有许多就是蛋白质或肽，如胰岛素、生长激素、甲状腺素、肾上腺素等。

(3)载体　构成体内代谢物和营养素的载体，如血液中的脂蛋白、运铁蛋白、视黄醇结合蛋白具有运送营养素的作用；血红蛋白具有携带、运送氧的作用。

3. 供给能量

供给能量是蛋白质的次要功能。蛋白质在体内降解成氨基酸后，经过脱氨基作用生成 α-酮酸，可以直接或间接经三羧酸循环氧化降解，同时释放能量，是人体能量来源之一。但是，蛋白质的这种功能只有当机体能量供应严重不足，特别是碳水化合物严重不足时，蛋白质才被分解代谢，释放能量，1 g 食物中的蛋白质可以产生 16.7 kJ(4.0 kcal)的能量。当蛋白质摄入过多，机体不能储存，多余的蛋白质会发生氧化分解产生能量。

3.4.5　食物蛋白质营养学评价

蛋白质的营养学评价主要从蛋白质的含量、消化率和利用率三个方面进行。

1. 蛋白质的含量

食物中蛋白质的含量是评价食物蛋白质营养价值的基础。没有一定的数量，即使食物蛋白质中必需氨基酸模式再好，也不能满足需要，就谈不上营养价值高低的问题。常见食物的蛋白质含量见表 3-14。

表 3-14 常见食物蛋白质含量 g/100 g

食物名称	蛋白质含量	食物名称	蛋白质含量	食物名称	蛋白质含量
小麦粉(标准粉)	11.2	猪肉(瘦)	20.3	鹌鹑蛋	12.8
稻米(大米)	7.4	牛肉(瘦)	20.2	牛乳	3.2
小米	9	羊肉(肥瘦)	19	酸奶	2.5
黑米	9.4	驴肉(酱)	33.7	奶酪	25.7
糯米	7.3	鸡胸脯肉	19.4	带鱼	17.7
燕麦片	15	鸭肉	15.5	基围虾	18.2
方便面	9.5	鸡蛋(白皮)	12.7	虾皮	30.7
玉米面	8.7	松花蛋	14.7	核桃(鲜)	12.8
挂面	9.6	鸭蛋	12.6	花生仁(生)	24.8

引自:刘志皋. 食品营养学. 2018.

2. 蛋白质消化率

蛋白质消化率(digestibility)反映蛋白质在消化道内被分解的程度以及消化后的氨基酸和肽被吸收的程度。

蛋白质消化率的测定,无论以人还是动物为实验对象,都必须检测实验期内摄入的食物氮、排出体外的粪氮以及粪代谢氮(即肠道内源性氮,指实验对象完全不食用蛋白质时粪中含氮量),再按照下式计算,这是蛋白质真消化率(true digestibility)。成人的粪代谢氮一般为 0.9～1.2 g/d。

$$蛋白质消化率=\frac{摄入氮-(粪氮-粪代谢氮)}{摄入氮}\times 100\%$$

由于粪代谢氮需要在无氮膳食 1 周后测定,有一定的难度,在实际应用中,往往忽略代谢氮,这种消化率称为表观消化率(apparent digestibility)。表观消化率比真消化率要低,对蛋白质营养价值的评价偏低,因此有较大的安全系数。故实际应用中一般采用表观消化率。

$$蛋白质表观消化率=\frac{摄入氮-粪氮}{摄入氮}\times 100\%$$

植物性食物蛋白质受到膳食纤维的影响,比动物性食物蛋白质的消化率要低,但经过加工后,将膳食纤维除去或者软化,可以提高蛋白质消化率。如大豆整粒食用消化率仅为 60%,加工成豆腐后,消化率可提高到 90%以上。用一般烹调方法加工的食物蛋白质的消化率为:乳类 97%～98%,肉类 92%～94%,蛋类 98%,大米 82%,面包 79%,马铃薯 74%。

3. 蛋白质利用率

蛋白质利用率是指食物蛋白质被消化吸收后在体内被利用的程度,是食物蛋白质营养价值评价常用的生物学方法。测定食物蛋白质利用率的方法很多,分别从不同的角度反映蛋白质在体内被利用的情况。

(1)蛋白质生物价(biological value,BV) 蛋白质的生物价即蛋白质的生物学价值,是反映食物蛋白质消化吸收后,被机体利用程度的一项指标。生物价越高,说明蛋白质被机体利用率越高，即蛋白质的营养价值越高，最高值为100。通常采用动物或人体实验。实验期内动物食用含被测蛋白质的合成饲料，收集实验期内动物饲料和粪、尿样品，测定氮含量；另在实验前给实验动物无氮饲料，收集无氮饲料期粪、尿样品，测定氮含量，得粪代谢氮和尿内源氮数据（人体实验时可按成人全日尿内源氮 2～2.5 g，粪代谢氮 0.91～1.2 g 计）；然后按如下公式计算食物蛋白质生物价。

$$生物价=\frac{储留氮}{吸收氮}\times 100$$

$$储留氮=吸收氮-(尿氮-尿代谢氮)$$

$$吸收氮=摄入氮-(粪氮-粪代谢氮)$$

生物价是评价食物蛋白质营养价值常用的方法。常见食物蛋白质的生物价见表 3-15。

表 3-15　几种常见食物的利用率指标

食物	BV	NPU/%	PER	AAS	食物	BV	NPU/%	PER	AAS
鸡蛋	94	84	3.92	1.06	大豆	73	72	2.32	0.63
全牛奶	87	82	3.09	0.98	大米	63	63	2.16	0.59
鱼	83	81	4.55	1.00	土豆	67	60	—	0.48
牛肉	74	73	2.30	1.00	精制面粉	52	51	0.60	0.34

（2）蛋白质净利用率（net protein utilization，NPU）　蛋白质净利用率是反映食物中蛋白质被利用程度的指标，包括食物蛋白质的消化和利用两个方面，更能全面地反映食物蛋白质被实际利用的程度。计算公式如下：

$$蛋白质的净利用率=蛋白质生物价\times 消化率=\frac{氮贮存量}{摄入氮}\times 100\%$$

（3）蛋白质功效比值（protein efficiency ratio，PER）　蛋白质功效比值是指每摄入 1 g 蛋白质后，实验动物体重增加的克数。显然，动物摄食持续的时间、年龄、实验开始时的体重和所用动物的种类是很重要的变量。一般采用刚断乳的雄性大鼠，被测蛋白质是唯一蛋白质来源，占饲料的 10%，实验期为 4 周。由于所测蛋白质主要被用来提供生长的需要，因此该指标广泛应用于婴幼儿食品中蛋白质的质量评价。

$$蛋白质功效比值=\frac{动物增加体重(g)}{摄入食物蛋白质(g)}\times 100\%$$

由于摄入蛋白质未考虑动物维持机体生理活动所需的部分，因而所得结果常不成比例，不同实验测得的蛋白质功效比值的重复性往往不佳，为了测定结果相互比较，因此所得结果需要校正处理。用经过标定的蛋白（蛋白质功效比值为 2.5）作为参考蛋白，在同样条件下作为对照组进行测定，将上述测定结果进行换算，即可得到校正的蛋白质功效比值。

$$校正蛋白质功效比值=\frac{实验组功效比值}{酪蛋白的实测功效比值}\times 2.5$$

（4）氨基酸评分（amino acid score，AAS）　又称为蛋白质化学评分（chemical score），它

是通过分析食物蛋白质中氨基酸的组成，评价蛋白质营养价值的方法，目前广泛被采用，也是最简单的评价蛋白质质量的方法。该方法是用被测食物蛋白质的必需氨基酸评分模式和推荐的理想模式或参考蛋白模式进行比较，因此可反映蛋白质构成和利用率的关系。氨基酸评分即食物蛋白质中必需氨基酸与参考蛋白质或理想模式中相应的必需氨基酸的比值。

$$\text{氨基酸评分}=\frac{\text{每克被测蛋白质(或氮)中某种必需氨基酸含量(mg/g)}}{\text{理想模式每克参考蛋白质(或氮)中某种必需氨基酸含量(mg/g)}}\times 100$$

氨基酸评分的方法比较简单，但是没有考虑蛋白质的消化率。几种常见食物的氨基酸评分见表 3-15。在 20 世纪 90 年代初，FAO 和 WHO 有关专家委员会正式公布了一种新的方法，即经消化率修正的氨基酸评分（protein digestibility corrected amino acid score，PDCAAS）。2013 年 FAO 膳食蛋白质质量评估的专家咨询会认为蛋白质消化率和氨基酸消化率存在较大的差别，建议采用可消化必需氨基酸评分（digestible indispensable amino acid score，DIAAS）代替来评价氨基酸质量。DIAAS 与 PDCAAS 区别在于前者是采用消化后的必需氨基酸进行计算，后者则采用粗蛋白的消化率。计算公式如下：

$$\text{经消化率修正的氨基酸评分}=\text{氨基酸评分}\times\text{真消化率}$$

$$\text{可消化必需氨基酸评分}=\frac{\text{每克待测蛋白质中可消化的必需氨基酸含量(mg)}}{\text{每克参与蛋白质中相同的可消化的必需氨基酸含量(mg)}}\times 100\%$$

3.4.6　蛋白质缺乏与过量

1. 蛋白质的缺乏

蛋白质的缺乏往往与能量缺乏同时存在，称为蛋白质-能量营养不良（protein energy malnutrition，PEM），主要是因为食物中蛋白质和（或）能量供给不足或由于某些疾病等因素而引起的一种营养不良。因食物缺乏引起的称为原发性 PEM；因某些疾病造成食物摄入、消化或利用困难引起的为继发性 PEM。单纯的蛋白质缺乏或能量缺乏较为少见，多见二者同时缺乏，表现为混合型蛋白质-能量营养不良。根据临床特征可分为干瘦型（marasmus）、浮肿型（kwashiorkor）和混合型。

由于儿童处于生长发育的阶段，对蛋白质、能量的不足更为敏感，因此比成年人更容易发生蛋白质-能量营养不良症。婴儿和儿童中 PEM 可能对大脑功能产生长期不利的影响。成年人由于一些疾病也可导致 PEM，如胃肠道疾病、肾病慢性出血性疾病、艾滋病、肝脏疾病等。此外，神经性厌食症患者以及减肥不当的成人也易发生 PEM。轻中度 PEM 主要临床表现为体重丢失、皮下脂肪组织减少明显。慢性 PEM 可导致儿童身材矮小、发育不良。非特异性的表现有表情淡漠、易腹泻、易感染其他疾病等。成人则表现为身体组成的改变，男女体脂分别降低 12%与 20%。重度 PEM 的临床表现典型者可分为干瘦型和浮肿型，也可二者兼有。一般来说，混合型较常见。具体表现如下。

（1）干瘦型（marasmus）　由于能量严重不足所致，消瘦是其主要特征。儿童明显矮小、消瘦，严重者表现为“皮包骨”，皮下脂肪消失，皮肤干燥松弛，多皱纹，失去弹性和光泽；头发纤细稀疏，干燥易脱落；双颊凹陷呈“猴腮”状，体弱无力；脉缓、血压和体温低等。

(2)浮肿型(kwashiorkor) 由于蛋白质严重缺乏引起,周身水肿是其主要特征。由于能量并不缺乏,因此无消瘦症状。儿童身高可正常,体内脂肪也未减少,但肌肉松弛,两腮似满月。成年人发生蛋白质缺乏较儿童轻,主要表现为疲倦、体重减轻、贫血、免疫和应激能力下降、记忆力减退等。

此外,成人严重的蛋白质营养缺乏也可出现干瘦型和浮肿型的表现。

2. 蛋白质的过量

蛋白质摄入过量对机体健康的影响具体表现为以下几个方面。

(1)对骨骼的影响 高蛋白的饮食会导致尿钙排泄增加和骨矿物质流出,从而引起骨骼脱钙现象发生。相反,如果将蛋白质作为代偿蛋白摄入时,蛋白质的摄入量会增加骨骼对钙的吸收。

(2)对肾功能和肾结石的影响 过量蛋白质的摄入会增加肾脏的负担。对患有肾病的患者来说,高蛋白质的摄入会导致肾功能的恶化。过量动物性蛋白的摄入可以增加尿中钙和草酸盐含量,使肾结石(主要为草酸钙)的发病风险增加。因为高蛋白膳食会增加尿中草酸盐含量,而草酸盐是肾结石形成的促进剂。

鉴于目前蛋白质摄入过量的风险性,对于健康成人来说,WHO 认为两倍推荐摄入量是一个比较安全的上限。

3.4.7 蛋白质供给量及食物来源

1. 膳食蛋白质的参考摄入量

虽然氮平衡研究存在一些不足,研究结果可能会严重低估蛋白质需要量,但是目前大多数国家制定的蛋白质需要量仍然是以人体氮平衡的研究结果作为制定的主要依据。中国居民膳食蛋白质推荐摄入量(RNI)见表 3-16。

表 3-16 中国居民膳食蛋白质推荐摄入量(RNI) g/d

年龄/岁	蛋白质 RNI		年龄/岁	蛋白质 RNI	
	男	女		男	女
0～	9(AI)	9(AI)	50～	65	55
0.5～	20	20	65～	65	55
1～	25	25	80～	65	55
4～	30	30	孕妇		
7～	40	40	早期	—	+0
11～	60	55	中期	—	+15
14～	75	60	晚期	—	+30
18～	65	55	乳母	—	+25

引自:中国营养学会. 中国居民膳食营养素参考摄入量(2013 版). 2014.

老年人与中年人的蛋白质需要量是否相同一直存在较大的争议,故 2013 年版《中国居民膳食营养素参考摄入量》中未提出老年人蛋白质需要量新的推荐值。近年来的研究发现,老年人易发肌肉衰减综合征,而老年人适当增加蛋白质的摄入有助于肌肉蛋白质的合成,提高肌肉质量、数量和功能，这对预防和改善老年人肌肉衰减综合征具有一定的意义。

2. 蛋白质的食物来源

蛋白质的食物来源分为植物性食物来源和动物性食物来源两大类，分别称为植物性蛋白质和动物性蛋白质。

为改善膳食蛋白质质量，在膳食中应保证有一定数量的优质蛋白质。一般要求动物性蛋白质和大豆蛋白质应占膳食蛋白质总量的30%～50%。此外，应充分发挥蛋白质互补作用，以及必要的氨基酸强化来改善膳食蛋白质质量。

本章小结

本章主要介绍能量的构成、食物来源、供给量及能量摄入失衡引起的问题；蛋白质、糖类、脂肪三大类产能营养素的分类、来源、生理功能、食物来源及参考摄入量；蛋白质和脂肪的营养学评价等。要求同学们了解宏量营养素及能量失衡导致的危害，掌握能量的来源及构成，蛋白质、脂肪、碳水化合物等的食物来源、供给量、生理功能等，具备对人群产能营养素合理分配的能力，为膳食评价及食谱制作奠定基础。

思考题

1. 试述能量的作用和生物学意义。
2. 简述影响能量的因素有哪些？
3. 能量的食物来源如何？
4. 能量摄入不均衡有什么危害？
5. 糖类的分类如何？
6. 糖类的功能表现如何？
7. 膳食纤维的种类是如何划分的？
8. 膳食纤维有什么生理活性？
9. 何为脂肪，有什么生理功能？
10. 脂类营养价值评价如何？
11. 何为必需脂肪酸？包括哪些脂肪酸？有什么生理功能？
12. 蛋白质有何生理功能？
13. 何为必需氨基酸？包括哪些氨基酸？
14. 何为第一限制氨基酸？如何判断食物第一限制氨基酸？

HAPTER 4

第4章 微量营养素

【启发提问】

1. 为什么经常晒太阳有益于身体健康?

2. 我们到底需要多少钙?哪些食物是钙的最好来源?

3. 维生素是怎样作用于人体的?

【学习目的与要求】

1. 掌握重要的常量及微量元素的种类、生理功能、吸收代谢特性、食物来源及供给量。了解人体中重要的常量及微量元素缺乏时对机体的影响。

2. 掌握维生素的概念、分类、特点及各种维生素的主要性质、生理功能、食物来源和供给量。了解维生素与各营养素间的相互关系及缺乏和过量对机体带来的影响。

【学习重点】

1. 常量矿物质在人体中的生理功能、吸收代谢特性、食物来源及供给量。

2. 维生素A、维生素D、维生素C在人体中的生理功能、吸收代谢特性、食物来源及供给量。

【学习难点】

1. 微量矿物质在人体营养中的重要性、生理作用、缺乏和过量后果及其主要食物来源。

2. B族维生素在人体中的生理功能、吸收代谢特性、食物来源及供给量。

4.1 矿物质

4.1.1 概述

人体内的元素除碳、氢、氧、氮以有机化合物的形式存在外，其余的元素统称为矿物质。根据矿物质在人体含量和需求量不同，可分成常量元素和微量元素。机体含量高于体重的0.01%，日需要量在100 mg以上的元素，称为常量元素，包括钾、钠、钙、镁、磷、硫和氯；机体含量低于体重的0.01%，日需要量以mg或μg计，称为微量元素，包括人体必需的微量元素(铁、碘、锌、硒、铜、钼、铬、钴)、人体可能必需的微量元素(锰、硅、镍、硼、钒)和具有潜在毒性但在低剂量时对人体可能具有必需功能的微量元素(氟、铅、镉、汞、砷、铝、锂、锡)。矿物质的主要生理功能包括：构成机体组织的重要成分；调节细胞膜的通透性，维持正常的渗透压和酸碱平衡；维持神经和肌肉的兴奋性；组成激素、维生素、蛋白质和多种酶类的成分等。

4.1.2 钙

钙(calcium)是人体含量最多的矿物质，成人体内含钙总量约1 200 g，其中99%的钙以羟磷灰石[$Ca_{10}(PO_4)_6Ca(OH)_2$]的形式存在于骨骼和牙齿中，其余1%的钙常以离子钙、蛋白质结合钙或柠檬酸螯合钙的状态存在于软组织、细胞外液和血液中，这部分钙统称混溶钙池。骨骼中的钙与混溶钙池中的钙保持动态平衡，为体内细胞正常生理状态所必需。

1. 钙的生理功能

(1)构成骨骼和牙齿的主要成分。骨骼和牙齿中的钙以羟磷灰石晶为主，少量为无定形的磷酸钙[$Ca_3(PO_4)_2$]。骨骼中的钙不断从破骨细胞中释放进入混溶钙池，而混溶钙池的钙又不断沉积于成骨细胞中，由此使骨骼不断更新。幼儿骨骼每1～2年更新一次，以后更新速度随年龄增长而减慢。成人10～12年更新一次，40～50岁以后骨吸收大于骨生成，骨组织中钙量逐渐减少，每年下降约0.7%且女性早于男性。妇女停经后因雌激素水平下降，骨组织中钙量明显降低，易引起更年期骨质疏松症。

(2)促进体内酶的活性。Ca^{2+}作为细胞内第二信使，将细胞外的信息传递到细胞内，同时激活腺苷酸环化酶、鸟苷酸环化酶及钙调蛋白等多种酶；Ca^{2+}也能直接参与三磷酸腺苷酶、琥珀酸脱氢酶、脂肪酶以及一些蛋白质分解酶的活性调节。

(3)维持神经与肌肉活动。参与调节多种激素和神经递质的释放，维持神经肌肉的兴奋性及细胞内代谢，包括神经肌肉的兴奋、神经冲动的传导、心脏的正常搏动。红细胞、心肌细胞、肝细胞与神经细胞等细胞膜上有钙的结合部位，当钙离子从这些部位释放时，细胞膜的结构与功能发生变化，如钾离子、钠离子的通透性改变。

(4)钙离子还参与血液凝固过程。钙是血液凝固所必需的凝血因子。在钙离子存在下可溶性纤维蛋白原转变成纤维蛋白促进凝血。

2. 钙的吸收与代谢

钙在小肠通过主动转运和被动扩散两种方式吸收。当钙摄入水平较低，肠腔内钙浓度低于肠黏膜细胞外液时，肠道钙由钙结合蛋白跨细胞转运，主要在十二指肠和空肠上部主动吸收钙。钙的主动吸收依赖于1,25-$(OH)_2D_3$和肠道维生素D受体的作用，具有饱和性，受钙摄入量和身体需要量调节。钙的被动吸收与肠腔中的钙浓度有关，机体可根据需求调节钙的吸收方式。一般钙吸收率为20%～60%。钙的排泄途径包括肠道和泌尿系统，经汗液也有少量排出。乳母通过乳汁每日排出钙150～300 mg。

3. 钙的缺乏与过量

人体长期缺钙会导致骨骼、牙齿发育不良，血凝不正常，甲状腺机能减退。血钙降低，轻者出现多汗、易惊、哭闹，重者出现抽搐。婴幼儿缺钙表现为生长发育迟缓、骨软化、骨骼变形，严重者可导致佝偻病；成年人缺钙易导致骨质疏松症，易患龋齿；孕妇缺钙严重影响胎儿的正常发育。过量摄入钙也会引起不良作用，如增加患肾结石、奶碱综合征的危险性。膳食钙过量还会影响其他营养素的生物利用率，如铁、锌、镁、磷等。

4. 钙的推荐量和食物来源

中国居民成年男女膳食钙推荐摄入量(RNI)为800～1 000 mg/d，钙的可耐受最高摄入量(UL)为2 000 mg/d。乳和乳制品是钙的良好来源，小虾、海带、芝麻酱等食物含钙丰富，绿色蔬菜、豆类和油料种子含钙也较多，谷类、肉类、水果等食物含钙较少。

4.1.3 磷

磷(phosphorus)是人体必需常量元素之一，也是机体含量较多的一种元素。成人体内含磷约650 g，占体重的1%。体内磷约有85%以羟磷灰石形式存在于骨骼和牙齿中，其中钙磷比约2∶1，其余的磷与蛋白质、脂肪、糖及其他有机物结合分布在细胞膜、骨骼肌、皮肤、神经组织及体液中。

1. 磷的生理功能

(1)参与物质代谢。磷酸是核酸、磷蛋白、磷脂、大多数辅酶或辅基及环腺苷酸、环鸟苷酸等重要物质的组成成分。体内的磷以有机磷酸酯的形式参与代谢过程。高能磷酸化合物如三磷酸腺苷及磷酸肌酸等为能量载体，作为能源物质在细胞内能量的转换、代谢中起重要作用。

(2)维持机体的酸碱平衡。磷酸盐缓冲体系接近中性，是体内重要的缓冲体系，参与调节机体酸碱平衡。

(3)与钙结合构成骨骼和牙齿的成分。磷与钙形成的难溶性无机酸盐，使骨骼及牙齿结构坚固，磷酸盐与胶原纤维共价结合，在骨的沉积及骨的溶出中起决定性作用。

2. 磷的吸收与代谢

食物中的磷多以有机化合物形式存在，如磷蛋白、磷脂等。机体摄入后主要以无机磷酸盐的形式在小肠吸收，经肾小球过滤从肾脏排出。机体主要通过甲状旁腺激素和降钙素抑制肾小管对磷的吸收和排泄，调节血中磷浓度以维持体内磷的平衡。

3. 磷的缺乏与过量

食物中含有丰富的磷，一般膳食均能满足机体需要。特殊情况下如早产儿仅喂以母乳可发生磷缺乏，出现佝偻病样骨骼异常。在严重磷缺乏和磷耗竭时，可发生低磷血症，常见于应用静脉营养过度而未补充磷的病人，其症状表现为厌食、贫血、肌无力、骨痛、佝偻病和骨软化、全身虚弱、对传染病的易感性增加、感觉异常、精神错乱甚至死亡。过量摄入磷时，可发生细胞外液磷浓度过高，表现为高磷血症或急性磷中毒，影响钙的吸收，还可引起肝组织坏死和脂肪肝，损害网状组织。

4. 磷的推荐量和食物来源

中国居民成人膳食磷的推荐摄入量(RNI)为 720 mg/d，65 岁以上人群为 700 mg/d，80 岁以上人群为 670 mg/d。磷普遍存在于各种食品中，瘦肉、鱼、禽、蛋、乳、豆类等是磷的良好来源。

4.1.4 钾

钾(potassium)是人体必需的常量元素之一。成人体内钾总量约为 50 mmol/kg 体重(约 2 g/kg 体重)，其中 98%在细胞内，仅有 2%在细胞外。细胞内的钾有离子态和结合态，结合态钾包括与蛋白质、糖、磷酸盐结合的钾，细胞外钾主要以离子态存在。钾在体内主要分布于肌肉、肝脏、骨骼及红细胞等组织中。

1. 钾的生理功能

(1)维持细胞新陈代谢。钾在能量代谢和膜转运中发挥关键作用，机体内葡萄糖和氨基酸经过细胞膜进入细胞合成糖原和蛋白质时，必须有适量钾离子参与，ATP 的生成也需要一定量的钾。

(2)维持细胞渗透压和调节酸碱平衡。钾是细胞内的主要阳离子，对于细胞内液渗透压的维持起重要作用。

(3)保持神经肌肉应激性及心脏的正常功能。细胞内钾与细胞外钠共同作用，维持细胞内外离子的浓度梯度产生膜电位变化，激活肌肉纤维收缩并引起突触释放神经递质，保持神经肌肉的应激性。心肌细胞内外适宜的钾浓度与心肌的自律性、传导性密切相关。钾缺乏时，心肌兴奋性增高，钾过高又使心肌自律性、传导性抑制，二者均可引起心律失常。

2. 钾的吸收与代谢

膳食中的钾大部分在小肠内被吸收，吸收率在 90%左右。钾的排泄主要是经肾由尿液排出体外。肾脏是调节钾平衡的主要器官，即通过排出钾的多少以维持体内钾含量的稳定。正常情况下钾摄入量的 80%～90%由肾脏排出，10%～20%由粪便排出。

3. 钾的缺乏与过量

钾的缺乏很少由膳食引起，但严重呕吐腹泻、内分泌疾病、肾脏疾病可使体内钾大量损失，如得不到及时补充会发生钾缺乏，表现为心律不齐、肌肉麻痹瘫痪、循环衰竭，严重时可昏迷死亡。体内钾过多，血钾浓度高于 5.5 mmol/L 时，可出现高钾血症。钾过多可使细胞外 K^+ 上升，静息电位下降，心肌自律性、传导性和兴奋性受抑制，细胞内碱中毒和细胞外酸中毒等，主要表现在神经肌肉和心血管方面。

4. 钾的推荐量和食物来源

中国居民成人膳食钾的适宜摄入量(AI)为 2 000 mg/d。大部分食物都含有钾，豆类、蔬菜和水果是钾的最好来源。每 100 g 食物钾含量高于 800 mg 以上的有赤豆、蚕豆、黄豆、冬菇、紫菜等。每 100 g 蔬菜和水果中含钾 200 mg 左右,鱼类中含钾 200～300 mg,肉类中含钾 150～300 mg,谷类中含钾 100～200 mg。

4.1.5 铁

铁(iron)是人体必需的微量元素,也是体内含量最多的微量元素。成人含铁总量为 3～5 g,其中 70%的铁存在于血红蛋白、肌红蛋白、血红素酶类(如细胞色素氧化酶、过氧化物酶、过氧化氢酶等)、辅助因子及运载铁中,称为功能性铁;其余 30%为储存铁,主要以铁蛋白和含铁血黄素的形式存在于肝、脾和骨髓中。

1. 铁的生理功能

铁是血红蛋白、肌红蛋白、细胞色素及某些呼吸酶的组成成分,参与体内氧及二氧化碳的转运、交换和组织呼吸的过程。铁在骨髓造血细胞中与卟啉结合形成高铁血红素,再与球蛋白合成血红蛋白。缺铁可影响血红蛋白的合成,甚至影响 DNA 的合成及幼红细胞的增殖。铁与维持正常免疫功能有关,缺铁可引起淋巴细胞减少和自然杀伤细胞活性降低。铁还参与催化 β-胡萝卜素转化为维生素 A、嘌呤与胶原的合成、抗体的产生、脂类从血液中转运以及药物在肝脏解毒等。

2. 铁的吸收与代谢

食物中的铁主要以三价铁形式存在,摄入体内后在胃酸作用下被还原为亚铁离子,再与肠内容物中的维生素 C、某些糖及氨基酸形成络合物,在小肠上段被吸收。食物中的铁分血红素铁和非血红素铁两种形式。血红素铁主要存在于肉类、禽类、鱼类等动物性食品中。血红素铁是与血红蛋白及肌红蛋白中的卟啉结合的铁,可被肠黏膜上皮细胞直接吸收,在细胞内分离出铁并与脱铁蛋白结合。血红素铁不受植酸等膳食成分因素的干扰,且胃黏膜分泌的内因子有促进其吸收的作用,吸收率较高。非血红素铁主要存在于植物性食品中,此类铁吸收前必须在胃酸作用下与结合的有机物分离,再转化为亚铁离子后才能被吸收。非血红素铁的吸收率受膳食因素的影响,吸收率较低。植物性食品中含有的植酸盐、草酸盐、碳酸盐、磷酸盐等影响铁吸收。体内缺乏胃酸或服用抗酸药可阻碍铁吸收。维生素 C、有机酸、动物性食物可促进铁的吸收。铁的吸收还与体内铁的需要量和储存量有关,一般储藏量多时吸收率低,储藏量低或需要量增加时则吸收率高;生长、月经和妊娠等引起机体对铁的需要量增加时可促进铁的吸收。机体对铁的排泄能力有限,成人每天排出铁 0.90～1.05 mg,其 90%从肠道排出,尿中排出量极少。另外,月经、出血等也是铁的排出途径。

3. 铁的缺乏与过量

膳食铁长期供给不足,可引起体内铁缺乏或缺铁性贫血,缺铁性贫血多见于婴幼儿、孕妇和乳母,主要症状有:皮肤黏膜苍白、易疲劳、头晕、畏寒、气促、心动过速、记忆力减退等。当体内血清铁浓度降低时,血中血红蛋白的含量减少。另外,月经过多、痔疮、消化道溃疡等疾病引起的出血也是铁缺乏的重要原因。正常膳食不会引起铁中毒,但过量摄入铁剂会引起机体中毒,表现为体内含铁血黄素含量增高,心肌铁沉着,长期可发生肝肿大、腹水、性功能减退、甲状旁腺功能减退和肾上腺功能衰竭。

4. 铁的推荐量和食物来源

我国居民膳食铁的推荐摄入量(RNI)或适宜摄入量(AI)见表4-1。铁广泛存在于各种食物中。动物性食物铁的含量和吸收率较高,动物肝脏、动物全血、畜禽肉类、鱼类等是铁的良好来源。蔬菜和乳制品含铁量不高,且生物利用率低。

表4-1　不同人群铁的推荐摄入量(RNI)或适宜摄入量(AI)　mg/d

年龄/岁	铁(RNI)		年龄/岁 男	铁(RNI)	
	男	女		男	女
0～	0.3(AI)		18～	12	20
0.5～	10		50～	12	
1～	9		孕妇(早)	20	
4～	10		孕妇(中)	24	
7～	13		孕妇(晚)	29	
11～	15	18	乳母	24	
14～	16	18			

引自:中国营养学会.中国居民膳食指南(2016年).2016.

4.1.6　锌

锌(zinc)广泛分布于人体各组织器官中,成人体内含锌2～3 g,以肝、肾、肌肉、视网膜、前列腺内的含量为高,对生长发育、免疫功能、物质代谢和生殖功能等均具有重要作用。

1. 锌的生理功能

锌是人体内许多酶的组成成分或酶的激活剂,已知体内有200多种酶与锌有关,如碳酸酐酶、胰羧肽酶、DNA聚合酶、醇脱氢酶及乳酸脱氢酶等,这些酶在电子传递、能量代谢及抗氧化过程中发挥重要作用。锌还参与蛋白质合成及细胞生长、分裂和分化等过程;锌参与黄体激素、性腺激素、卵泡激素的代谢,对胎儿生长发育、性器官和性功能的发育具有重要调节作用。锌可促进淋巴细胞的有丝分裂,增加细胞的数量和活力,促进机体免疫功能;锌可提高细胞膜抵抗氧自由基的能力,增强细胞膜稳定性。锌与唾液蛋白结合成味觉素,可增进食欲。锌在体内能促进视黄醛的合成和构型转化,维持血浆中维生素A浓度的恒定,对于正常暗适应能力有重要作用;锌对于保持皮肤健康也是必需的。

2. 锌的吸收与代谢

锌主要在小肠内吸收,吸收率为20%～30%,锌受膳食中含磷化合物(如植酸)的影响而降低其吸收率,过量纤维素及某些微量元素(铜、钙、镉、亚铁离子)影响其吸收。锌进入小肠黏膜后与血浆中的白蛋白结合进入血液循环,代谢后通过胰脏分泌液由肠道排出,少量随尿、汗排出。

3. 锌的缺乏与过量

机体锌缺乏可分为两类:一类是由于饮食中锌含量不足引起的原发性锌缺乏,在发展中国家,尤其是以谷物蛋白摄取为主的区域较为多见;另一类是继发性锌缺乏,往往由某些疾病，如肠吸收不良综合征引起锌吸收障碍或肾脏疾病、肝硬化等造成锌排出增多。缺锌可引起机体抗氧化功能和细胞修复机制受损，使RNA、DNA及蛋白质合成障碍，导致生长停止。缺锌还可引起胸腺萎缩、胸腺激素减少、T细胞功能受损及细胞介导的免疫功能改变。儿童长期缺锌可引起食欲减退或异食癖，生长发育停滞、免疫功能降低等；青少年缺锌除生长停滞外，还会出现第二性征发育不良及障碍。孕妇缺锌不同程度地影响胎儿发育。成人缺锌可导致性功能减退、精子数目减少、皮肤粗糙等。缺锌还会使伤口愈合慢。锌过量常引起铜的继发性缺乏，损害免疫器官和免疫功能，影响中性粒细胞及巨噬细胞活力并抑制吞噬作用及细胞的杀伤能力。

4. 锌的推荐量和食物来源

中国居民成年男女锌的推荐摄入量(RNI)分别为12.5 mg/d和7.5 mg/d。锌普遍存在于动植物食品中。动物性食品锌的吸收利用率高，是锌的良好来源，如猪肉、牛肉、羊肉、鱼类和其他海产品等。豆类和谷类中锌的吸收率低，经过豆类发芽、面粉发酵等加工有利于锌的吸收。蔬菜水果中锌含量较低。

4.1.7 钠

钠(sodium)是机体重要的阳离子之一，人体必需的常量元素。成人体内钠总量为40～50 mmol/kg体重，其中60%～70%是可交换钠，约有40%是不可交换的，主要结合于骨基质。钠主要分布于细胞外液，约占细胞外液阳离子总量的92%，与细胞内液的钾离子共同维持细胞功能和结构的完整性。

膳食中的钠在小肠上段几乎全部被吸收。90%～95%的钠通过肾脏从尿排出，少量钠从汗液中排出。膳食中钠摄入不足、机体钠大量丢失或消耗增加时，可引起钠缺乏。轻度钠缺乏可使患者出现疲倦、眩晕、直立时可发生昏厥；严重缺乏时会使血液中钠离子浓度过低，失去酸碱平衡而造成酸中毒，甚至死亡。长期钠摄入过多可出现水肿、血压升高，血浆胆固醇水平升高，甚至可能增加胃癌发生的危险。中国居民成人膳食钠适宜摄入量(AI)为1 300～1 500 mg/d。人体钠主要来源为食盐及其加工食品，如酱油、盐渍或腌制食品、发酵豆制品、咸味休闲食品等。

4.1.8 镁

镁(magnesium)是人体必需的常量元素之一。成人体内镁含量为20～30 g，其中约一半存在于硬组织(骨组织)，另一半存在于软组织(主要是肌肉组织)，约少于总量1%的镁存在于血液中。镁是多种酶的激活剂，参与300余种酶促反应，具有维护骨骼生长、神经肌肉兴奋性、胃肠道功能以及调节心血管功能的作用。

食物中的镁在整个肠道均可吸收，但以空肠末端与回肠部位吸收为主，吸收率一般在30%～50%。肾脏是镁的主要排出器官，汗液也可排出少量镁。机体镁缺乏可见于镁摄入不足、镁大量丢失或吸收障碍人群，表现为肌肉痉挛、心率过快、精神错乱、惊厥、缺乏食欲、恶心呕吐等。中国成人膳食镁的推荐摄入量(RNI)为330 mg/d。镁广泛存在于动植物性食物，含量以绿叶蔬菜为最多，其次为豆类、谷类、鱼、肉、蛋和乳类。

4.1.9 氯

氯(chlorin)是人体必需常量元素之一，人体中总量为 82～100 g，主要以氯离子形式与钠、钾化合存在。氯具有维持细胞外液的容量与渗透压，维持体液酸碱平衡，参与血液 CO_2 运输和胃酸形成以及稳定神经细胞膜电位等生理功能。膳食中的氯多以氯化钠形式摄入并在胃肠道被吸收。吸收的氯离子经血液和淋巴液运输至各种组织中。肾脏为氯化物的主要排泄器官，氯也可从皮肤排出。由膳食引起的氯缺乏很少见。中国居民成人氯的适宜摄入量(AI)为 2 000～2 300 mg/d。食盐及其加工食品，如酱油、盐渍或腌制食品、咸味食品等是氯的主要来源。

4.1.10 碘

碘(iodine)是人体必需微量元素之一。正常成人体内含碘 20～50 mg，其中 70%～80%存在于甲状腺组织内，其余分布在骨骼肌、肺、卵巢、肾、淋巴结、肝、睾丸和脑组织中。碘在体内主要参与甲状腺素的合成。食物中的无机碘在胃和小肠中几乎完全被吸收，碘主要通过肾脏排出，尿碘约占总排出量的 90%，粪中约排出 10%，极少量碘随呼出气和汗液排出。

碘缺乏可引起单纯性甲状腺肿、克汀病和黏液性水肿。孕妇缺碘会引起胎儿早产、死产、先天性畸形、智力低下和体格发育不良等症状。长期碘摄入量过高可导致甲状腺疾病，如高碘性甲状腺肿、碘致甲亢、碘致性甲减、桥本甲状腺炎、甲状腺癌等。另外，一次性摄入相当高剂量的碘亦可发生碘过敏和碘中毒。中国居民膳食碘推荐摄入量(RNI)青少年和成人为 120 μg/d，孕妇、乳母分别为 230 μg/d 和 240 μg/d。成人碘的可耐受最高摄入量(UL)为 600 μg/d。海带、紫菜、蚶、干贝、海参、海蜇等海产品是碘的良好来源。

4.1.11 硒

硒(selenium)存在于人体所有细胞与组织器官，是构成谷胱甘肽过氧化物酶的成分，在机体中起抗氧化作用。硒主要在小肠吸收，体内硒经代谢后大部分经尿排出，少量由肠道排出。机体缺硒可引起以心肌坏死为特征的克山病。过量摄入硒可引起硒中毒，急性中毒表现为脱发、脱甲，肢体疼痛麻木、站立不稳，甚至麻痹、偏瘫；慢性中毒可引起头痛、头晕、倦怠无力、口内金属味、肝肿大、肝功异常、胃肠功能及神经功能紊乱等。中国居民成人硒的推荐摄入量(RNI)为 50 μg/d，可耐受最高摄入量(UL)为 400 μg/d。海产品和动物内脏是硒的良好来源。

4.1.12 铜

铜(copper)在人体含量较少，总量为 50～150 mg，分布于体内各组织器官中，是人体必需微量元素之一。铜作为多种蛋白质(包括酶)的成分，在体内维持正常造血功能，促进结缔组织形成，维护中枢神经系统的健康，促进正常黑素形成及维护毛发正常结构，保护机体细胞免受超氧阴离子的损伤。

铜主要在小肠吸收，约 80%的铜经胆汁由肠道粪便排出。正常膳食可满足人体对铜的需要。铜缺乏多见于早产儿、长期腹泻、铜代谢障碍等人群。机体缺铜可引起贫血、神经受损、骨质疏松、皮肤粗糙无光泽等症状。铜中毒大多为误服硫酸铜盐或用生有铜绿(即碱式碳酸铜)的铜器存放的食物所致,偶见外用治疗时吸收过多铜而中毒。轻者出现头痛、头晕、全身乏力、口腔黏膜蓝染、口内金属味、恶心、呕吐、剧烈腹痛、腹泻,呕吐物及排泄物呈蓝色或绿色,并可发生呕血和黑粪;重者出现发热、心动过速、血压下降和昏迷、痉挛等症状。

中国居民成人膳食中铜的推荐摄入量(RNI)为 0.8 mg/d,可耐受最高摄入量(UL)为 8.0 mg/d。铜广泛存在于各种食物中,牡蛎含量最高,贝类、动物肝肾、坚果、谷类胚芽、豆类含铜也较丰富,乳和蔬菜含量较低。

4.1.13 铬

铬 (chromium)是人体必需微量元素之一,是葡萄糖耐量因子的组成成分、某些酶的激活剂、胰岛素辅助因子、核酸稳定剂等。铬影响机体脂质代谢,提高高密度脂蛋白,降低血清胆固醇,减少胆固醇在动脉壁上的沉积。铬的活性形式是三价铬。铬盐可由消化道进入体内,但胃肠吸收率很低。当铬摄入不足可出现高血糖、尿糖、脂质代谢紊乱等。此外,动脉粥样硬化、白内障、高脂血症可能与长期缺铬有关。过量摄入铬可引起中毒,较轻者出现口腔黏膜腐蚀,咽部灼热感及肿胀;严重者表现为呕吐、腹泻、腹痛、便血、烦躁、头昏、口唇及指甲紫绀、四肢发凉、呼吸急促、血压下降、小便量少甚至尿闭,更严重者则陷入休克、昏迷,或因尿毒症死亡。

中国居民成人铬的适宜摄入量(AI)为 30 μg/d。铬广泛分布于食物中。膳食铬的主要来源是谷类、肉类和鱼贝类。

4.1.14 氟

氟(fluorine)是人体可能必需微量元素之一。氟的摄入与牙齿及骨骼的健康有关。膳食和饮水中的氟进入人体后主要在胃部吸收,由肾脏排泄。机体摄入适量的氟有预防龋齿的作用,但氟化物在体内积累过多可导致氟牙症和氟骨症。长期摄入大量氟,机体中氟与钙结合为氟化钙沉积于骨组织中,使骨质、骨膜、韧带及肌腱等硬化并破坏钙磷代谢以及有关酶的活性,主要症状为关节活动受限制、关节疼痛、头昏、麻木。中国居民成人氟的适宜摄入量(AI)为 1.5 mg/d。膳食中的氟主要来源是茶叶、海鱼、海带、紫菜。

4.1.15 锰

锰(manganese)人体可能必需微量元素之一,被吸收后在血浆中与转锰蛋白结合,广泛分布于组织及体液中。锰是多糖聚合酶及半乳糖转移酶的辅基,动物缺乏时骨髓有机基质形成障碍,可致骨骼畸形,生长停滞。未见人体缺乏的报道。

摄食过量锰或长期吸入锰烟尘可引起慢性锰中毒,主要病变为中枢神经损害,脊髓、肌肉、脑血管、肾、肝也可出现多种病理变化,症状有疲乏无力、肌痛、性格改变、动作协调障碍、步行困难、语言迟钝、面具样表情、肌肉僵直,以及出现“小书写症”等。中国居民成人锰的适宜摄入量(AI)为 4.5 mg/d。绿色植物是锰的丰富来源。

4.1.16 钼

钼(molybdenum)是人体必需微量元素之一。人体内含量约为 9 mg，以肝、肾、骨和皮肤中含量最高。钼是黄嘌呤氧化酶/脱氢酶、醛氧化酶和亚硫酸盐氧化酶的组成成分，在体内的氧化还原反应中起传递电子作用。未见人体缺乏的报道。食物中的钼很容易从肠道吸收，吸收率 25%～80%。钼主要从肾脏排出，也有部分经胆汁排出。中国居民成人钼的推荐摄入量(RNI)为 100 μg/d。钼广泛分布于各种食物中，动物肝肾、奶制品、豆类是良好来源，蔬菜、水果、水产品中含量较少。

4.2 维生素

4.2.1 概述

维生素(vitamin)，是维持机体正常物质代谢和生理功能所必需的一类微量的低分子有机化合物。维生素不是构成机体的主要成分，不能产生能量，它们主要以辅酶的形式参与体内代谢，维持机体正常的生理机能和代谢过程。维生素的种类繁多，化学结构、性质和功能各异，一般都以其本体的形式或以能被机体利用的前体形式存在于天然食物中。由于其在机体内不能合成或合成量较少，不能大量储存于机体组织中，不能充分满足机体需要，因此必须由食物供给。机体每日所需的量仅以 mg 或 μg 计算。维生素缺乏可引起机体代谢紊乱，影响相应的生理功能，严重时会产生一系列缺乏症。

通常根据溶解性将维生素分为脂溶性维生素和水溶性维生素两大类。脂溶性维生素是指溶于脂肪及有机溶剂不溶于水的维生素，包括维生素 A、维生素 D、维生素 E、维生素 K。水溶性维生素是指溶于水的维生素，包括 B 族维生素和维生素 C。脂溶性维生素和水溶性维生素的特性比较见表 4-2。

表 4-2 脂溶性维生素和水溶性维生素的特性

特性	脂溶性维生素	水溶性维生素
化学组成	仅含有碳、氢、氧三种元素	除含有碳、氢、氧外，还含有氮、硫、钴等元素
溶解性	溶于脂肪及有机溶剂	溶于水
吸收排泄	随脂肪经淋巴吸收、从胆汁少量排除	经血液吸收，过量时很快从尿中排出
积存性	摄入后大部分积存在体内	一般在体内没有非功能性的单纯积存
缺乏症出现	缓慢	较快
需求	需要定期补充，不一定每天供给	需要频繁补充，宜每日供给
毒性	大剂量摄入易引起中毒	几乎无毒性，除非极大量摄入可能会中毒

4.2.2 维生素 A

1. 结构与性质

维生素 A 亦称视黄醇，是所有 β 紫萝酮衍生物的总称，指含有视黄醇结构并具有其生物活性的一大类物质，包括已形成的维生素 A 和维生素 A 原及其代谢产物。维生素 A 有维生素 A_1 及维生素 A_2 两种，维生素 A_1 即视黄醇，存在于哺乳动物和海鱼的肝脏中；维生素 A_2 即 3-脱氢视黄醇，存在于淡水鱼的肝脏中。

动物体内具有视黄醇生物活性的物质包括视黄醇、视黄醛、视黄酸和视黄基酯复合物。视黄基酯复合物并不具有维生素 A 的生物活性，但它能在肠道中水解产生视黄醇。植物体内不含有已形成的维生素 A，但含有维生素 A 的前体物质——维生素 A 原。能在小肠和肝细胞内转变成维生素 A 的类胡萝卜素称为维生素 A 原，如 α-胡萝卜素、β-胡萝卜素、β-隐黄素、γ-胡萝卜素等。自然界类胡萝卜素有 600 多种，主要来自植物，尤其是黄色、红色蔬菜水果中含量最多，约有 10％的类胡萝卜素是维生素 A 原，其中最重要的为 β-胡萝卜素。

维生素 A 是淡黄色的晶体，易被氧化和受紫外线破坏，无氧条件下对碱稳定，对酸不稳定。食物中含有磷脂、维生素 E、维生素 C 或其他抗氧化剂有助于保护维生素 A 的稳定性，而脂肪酸败时维生素 A 将被严重破坏。维生素 A 结构如图 4-1 所示。

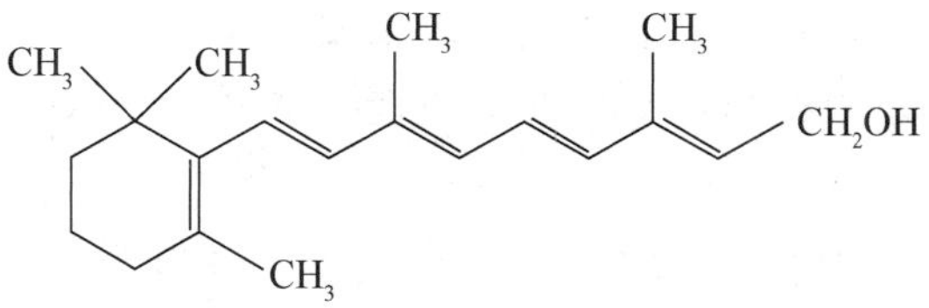

图 4-1 维生素 A 结构式

2. 吸收与代谢

食物中的维生素 A 与脂肪酸结合成视黄基酯，视黄基酯和类胡萝卜素又与蛋白质结合成复合物。在消化过程中，视黄基酯和类胡萝卜素经胃、胰和小肠中蛋白酶的消化水解从食物中释出，然后在小肠中胆汁、胰脂酶和肠脂酶的共同作用下释放出脂肪酸、游离的视黄醇及类胡萝卜素，再与其他脂溶性食物成分形成胶团，通过小肠绒毛的糖蛋白层进入肠黏膜细胞。在小肠黏膜细胞中，视黄醇重新酯化成视黄基酯，并与少量未酯化的视黄醇、胡萝卜素和叶黄素以及其他的类胡萝卜素一同掺入乳糜微粒进入淋巴，经胸导管进入体循环。膳食中 70％～90％的视黄醇被吸收，而类胡萝卜素只有 10％～50％被吸收。

肝脏是储存维生素 A 的主要器官，过多的类胡萝卜素由血浆脂蛋白运至脂肪组织储存。视黄醇从肝脏运至靶器官取决于视黄醇结合蛋白(RBP)。视黄醇先与 RBP 结合成复合体，再与血浆中的转甲状腺素蛋白(TTR)形成视黄醇-RBP-TTR 复合体。视黄醇-RBP-TTR 复合体是循环中维生素 A 的主要形式。体内 70％的维生素 A 代谢产物经胆汁由粪便排泄，30％由肾脏排泄。类胡萝卜素主要通过胆汁排泄。

3. 生理功能

(1)维生素 A 与视觉　维生素 A 是构成视觉细胞内感光物质视紫红质的主要成分，可维持暗光下的视物功能。在暗光下视紫红质分解减少，体内维生素 A 通过反应生成 11-顺式视黄醛与视蛋白重新结合生成视紫红质，恢复对光的敏感性，从而可在暗光下视物。维生素 A 缺乏短期内及时补充，暗光下的视觉可得到恢复；若长期缺乏又得不到补充，会造成视蛋白损伤，视杆细胞退化，导致夜盲症。维生素A还可以调节眼睛的发育及上皮细胞的正常分化，对角膜糖蛋白合成及能量代谢起作用，同时也能调控角膜表皮生长因子受体基因的表达，从而促进角膜生长或修复。

(2)维生素A与免疫功能　维生素A通过改善细胞膜的稳定性，维持黏膜屏障的完整性，增强巨噬细胞和自然杀伤细胞的活力，促进淋巴细胞的活化和增殖，提高机体免疫功能。

(3)维生素A与生长发育　维生素A可激活破骨细胞活性而抑制成骨细胞活性，保证骨骼正常生长发育。维生素A还可通过调节胚胎发育基因的表达来影响神经元分化。此外，维生素A与机体生殖系统也有着密不可分的关系。

(4)维生素A与上皮细胞　维生素A可维护细胞膜结构的完整，促进皮肤与黏膜的发育、再生及结缔组织糖蛋白的合成。维生素A不足或缺乏时，糖蛋白的合成受阻，从而使黏膜上皮的正常结构改变，上皮组织变形角化，出现皮肤粗糙干燥，口腔、消化道、呼吸道和泌尿生殖道的黏膜失去滋润和柔软性，屏障功能被破坏，使细菌易于侵入增加感染的机会，尤其是儿童极易患支气管肺炎、腹泻。若泌尿系统上皮组织损伤脱落，还易形成肾结石、膀胱结石。孕妇生殖系统上皮角化，可导致胎儿吸收能力降低、生长迟缓，甚至由于胎盘的损伤造成胎儿的死亡。

(5)维生素A与抗氧化作用　血清中维生素A水平能够调节抗氧化酶活性和脂质过氧化反应来影响机体的抗氧化功能。作为维生素A原的类胡萝卜素是一种抗氧化剂，可以清除自由基，类胡萝卜素对单线态氧的淬灭能力高于生育酚和抗坏血酸。因此，维生素A有很好的抗癌、抗肿瘤、延缓衰老的能力。维生素A还可以通过促进机体的免疫功能来增强机体的抗肿瘤能力。

4. 缺乏与过量

膳食中维生素A缺乏会引起眼部病症，如夜盲症和干眼病；导致皮肤干燥、毛囊丘疹和毛发脱落；阻碍血红蛋白合成代谢，使免疫功能下降，生长发育迟缓。儿童维生素A缺乏典型症状是眼结膜毕脱氏斑(Bitot's spots)。

一般膳食不会引起维生素A过量。过量摄入维生素A制剂易引起急慢性中毒及致畸。急性中毒早期症状为恶心、呕吐、头疼、眩晕、视觉模糊、肌肉失调、婴儿囟门突起，随着剂量增大可出现嗜睡、厌食、少动、反复呕吐，停止服用症状会消失。维生素A制剂使用量为其膳食营养素供给量的10倍以上可发生慢性中毒，常见症状是头痛、食欲降低、脱发、肌肉疼痛和僵硬、皮肤干燥瘙痒、复视、出血、呕吐和昏迷等。孕妇在妊娠早期每天大剂量摄入维生素A，娩出畸形儿的相对危险度为25.6。大剂量的类胡萝卜素摄入可出现高胡萝卜素血症，皮肤暂时性可呈黄色，但停止使用后症状会慢慢消失。

5. 维生素A推荐量和食物来源

膳食或食物中具有视黄醇活性物质含量的单位用视黄醇活性当量(retinol activity equivalents，RAE)来表示。1 μg视黄醇活性当量(RAE)＝1 μg全反式视黄醇＝2 μg来自补充剂的全反式β-胡萝卜素＝12 μg膳食全反式β-胡萝卜素＝24 μg其他膳食维生素A原类胡萝卜素。

1 国际单位(IU)维生素 A＝0.3 μg 视黄醇

中国居民成人维生素 A 推荐摄入量(RNI)男性为 800 μg RAE/d,女性为 700 μg RAE/d。成人可耐受最高摄入量(UL)为 3 000 μg RAE/d(不包括胡萝卜素)。

维生素 A 的最好来源是动物肝脏、鱼肝油、鱼卵、乳和乳制品(未脱脂)、禽蛋等。植物性食物富含类胡萝卜素或胡萝卜素,绿色和黄色蔬菜水果中含量最多,如菠菜、韭菜、油菜、胡萝卜、青椒、南瓜、芒果、杏及柿子等。

4.2.3　维生素 D

1. 结构与性质

维生素 D 是具有胆钙化固醇生物活性的所有类固醇的总称,以维生素 D_2(麦角钙化醇)和维生素 D_3(胆钙化醇)最为常见,因其有抗佝偻病的作用,故又称抗佝偻病维生素。植物中的麦角固醇及机体皮下的 7-脱氢胆固醇经紫外线照射可转化成维生素 D_2、维生素 D_3(图 4-2)。维生素 D_2 和维生素 D_3 皆为白色晶体,溶于脂肪和脂溶性溶剂,在中性和碱性溶液中耐热,不易被氧化,在 130℃下加热 90 min,其生理活性依然保存,在酸性溶液中则逐渐分解。通常的烹调加工不会引起维生素 D 的损失,但脂肪酸败可引起维生素 D 破坏。

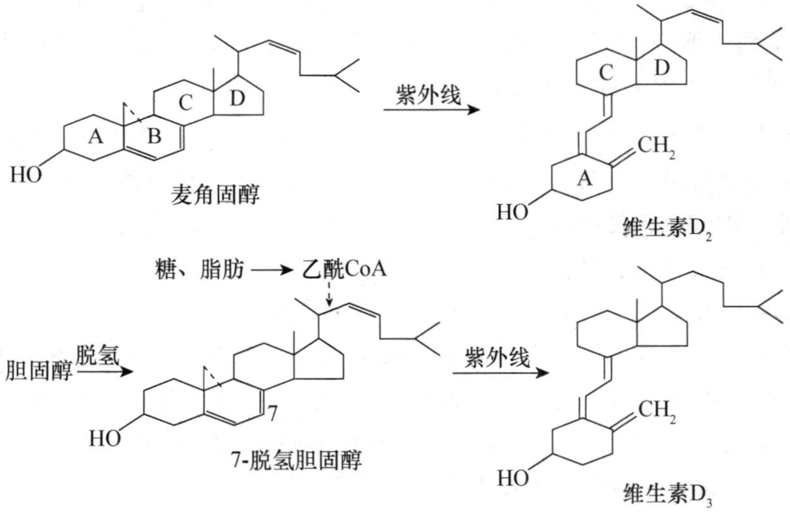

图 4-2　麦角固醇及 7-脱氢胆固醇在紫外线作用下转变为维生素 D_2 及维生素 D_3

2. 吸收与代谢

人体可从皮肤合成和膳食两条途径获得维生素 D。由皮肤合成的维生素 D 可直接被吸收。食物中的维生素 D 在小肠与脂类物质一起被吸收,吸收后的维生素 D 与血液中的载体蛋白(维生素 D 结合蛋白,DBP)结合并通过血液循环运送至肝脏。在肝细胞微粒体和线粒体中,维生素 D_3 经 25-羟化酶作用生成 25-OH-D_3,在肾小管细胞的线粒体中经 1α-羟化酶的作用,进一步转化成维生素 D 的活性形式 1,25-$(OH)_2$-D_3。25-OH-D_3 也可在肾脏中转化成 24,25-$(OH)_2$-D_3 或 1,25-$(OH)_2$-D_3。1,25-$(OH)_2$-D_3 的合成受体内钙磷代谢、甲状旁腺激素(PTH)和降钙素(CT)分泌的影响。维生素 D 主要储存在脂肪组织和骨骼肌中，肝、大脑、肺、脾、骨和皮肤中也有少量存在。

3. 生理功能

维生素 D 具有维持细胞内外钙浓度，调节钙磷代谢，参与细胞代谢或分化调节等生理功能。当血钙过低时，可促进甲状旁腺激素释放并刺激羟化酶活性，使 25-OH-D_3 在肾脏进一步转化成 1,25-$(OH)_2$-D_3，促进肾小管对钙磷的重吸收，减少尿中钙磷排出量。1,25-$(OH)_2$-D_3 进入肠道，通过促进钙结合蛋白质的形成参与钙的吸收。当血钙过高时，甲状旁腺激素降低，降钙素分泌增加，尿中钙磷排出量增加。此外，维生素 D 与肠黏膜细胞的分化有关，影响 DNA 的转录和 mRNA 的翻译过程。1,25-$(OH)_2$-D_3 通过调节基因转录调节细胞的分化、增殖和生长。

4. 缺乏与过量

膳食供应不足或人体日照不足是维生素 D 缺乏的主要原因。维生素 D 缺乏导致肠道和肾小管对钙磷的吸收减少，影响骨钙化，造成骨骼和牙齿异常。婴幼儿缺乏维生素 D 可引起佝偻病，成人、孕妇、乳母和老人缺乏维生素 D 可引起骨质软化症和骨质疏松症。

过量摄入维生素 D 可引起中毒，表现为食欲不振、体重减轻、恶心呕吐、腹泻、头痛、发热、烦渴及血清钙磷增高，出现高钙血症，导致动脉、心肌、肺、肾、气管等软组织转移性钙化和肾结石，严重的维生素 D 中毒可导致死亡。

5. 维生素 D 推荐量和食物来源

人体维生素 D 既可由皮肤合成，又来源于膳食，因而较难估计维生素 D 的摄入量。中国居民维生素 D 推荐摄入量(RNI) 婴幼儿、青少年、孕妇、乳母、成人为 10 μg/d，65 岁以上老人为 15 μg/d，成人可耐受最高摄入量(UL)为 50 μg/d。

经常晒太阳是人体获得充足有效的维生素 D_3 的最好来源。成人经常晒太阳，一般膳食条件下不会发生维生素 D 缺乏。在阳光不足或空气污染严重的地区，可采用膳食补充。动物性食品是维生素 D 的主要来源，海鱼、禽畜肝脏、蛋黄、奶油中含量丰富，瘦肉、母乳和牛乳中含量较低。蔬菜、谷物和水果中含有少量或几乎不含维生素 D，极少数植物性食物如香菇中含有麦角固醇在紫外线照射下可转化成维生素 D_2。

4.2.4 维生素 E

1. 结构与性质

维生素 E 又称生育酚，指含苯并二氢吡喃结构并具有 α-生育酚生物活性的一类物质，包括 α-、β-、γ-、δ-4 种生育酚和四种生育三烯酚，其中 α-生育酚的生物活性最高。维生素 E 溶于乙醇、脂肪及脂溶性溶剂，不溶于水；对酸及热稳定；对碱不稳定；对氧十分敏感，易被氧化破坏。食物中维生素 E 在一般烹调时损失不大，但油炸时活性明显降低，在酸败的油脂中易被破坏。维生素 E 结构如图 4-3 所示。

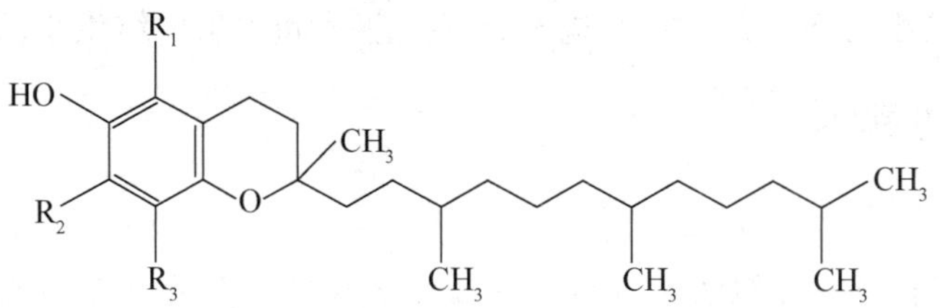

生育酚

	R_1	R_2	R_3	相对生物活性
α-生育酚	CH_3	CH_3	CH_3	1
β-生育酚	CH_3	H	CH_3	0.25~0.5
γ-生育酚	H	CH_3	CH_3	0.1~0.35
δ-生育酚	H	H	CH_3	很小

图 4-3　维生素 E 结构式

2. 吸收与代谢

生育酚在食物中以游离的形式存在，生育三烯酚以酯化的形式存在。酯型维生素 E 先经胰脂酶和肠黏膜酯酶水解，然后才被吸收。游离的生育酚和生育三烯酚与膳食脂质的消化产物及载脂蛋白一起掺入乳糜微粒，经淋巴导管进入血液循环。当乳糜微粒在血液循环中被脂蛋白酶水解后，部分维生素 E 被释放进入组织或转移到脂蛋白中，但大部分被吸收的维生素 E 随乳糜微粒转运至肝脏。维生素 E 主要储存在脂肪组织，少量储存在肝、肺、心脏、肌肉、肾上腺和大脑。维生素 E 随粪便排出体外，少量由尿中排出。

3. 生理功能

维生素 E 是人体重要的抗氧化剂，可以防止多不饱和脂肪酸被氧化，维持细胞膜的正常脂质结构和生理功能，促进毛细血管增生，改善微循环，防止动脉粥样硬化和其他心血管疾病，抑制血小板聚集，延缓人体的衰老进程，对预防疾病的发生有一定的作用。维生素 E 作用于性腺体的上皮和生殖细胞，维持生殖功能。临床上经常用维生素 E 治疗溶血性贫血、习惯性流产和不孕症。

4. 缺乏与过量

维生素 E 缺乏较为少见，但可出现在低体重的早产儿、血 β-脂蛋白缺乏症和脂肪吸收障碍的患者中。缺乏时可出现视网膜退变、蜡样质色素积聚、溶血性贫血、肌无力、神经退行性病变、小脑共济失调和震动感觉丧失等。大剂量维生素 E(每天摄入 800 mg～3.2 g)有可能出现中毒症状，如肌无力、视觉模糊、复视、恶心、腹泻以及维生素 K 的吸收利用障碍。

5. 维生素 E 推荐量和食物来源

维生素 E 的单位以 α-生育酚当量(α-TE)表示。总 α-TE(mg)＝1×α-生育酚(mg)＋0.5×β-生育酚(mg)＋0.1×γ-生育酚(mg) ＋0.3×α-三烯生育酚(mg)＋0.02×δ-生育酚(mg)。

中国居民成人维生素 E 的适宜摄入量(AI)为 14 mg α-TE/d，可耐受最高摄入量(UL)为 700 mg α-TE/d。维生素 E 的食物来源广泛，各种油料种子及植物油，如麦胚油、芝麻油、花生油、豆油及坚果中含量丰富，蛋类、肉类、鱼类、蔬菜和水果中维生素 E 的含量较少。

4.2.5 维生素 K

1. 结构与性质

维生素 K 是所有具有叶绿醌生物活性的 2-甲基-1,4-萘醌衍生物的总称(图 4-4)。天然维生素 K 有两种:维生素 K_1 存在于绿叶植物中，称为叶绿醌；维生素 K_2 由微生物合成，也可由人体肠道细菌合成，称为甲基萘醌。人工合成的具有维生素 K 活性的物质，一种是 2-甲基-1,4-萘醌，称为甲萘醌(维生素 K_3)；另一种是二乙酰甲萘醌，称为维生素 K_4。维生素 K 对热、空气和水分都很稳定，但易被光和碱所破坏。在空气中易被氧缓慢氧化而分解，故需避光保存。

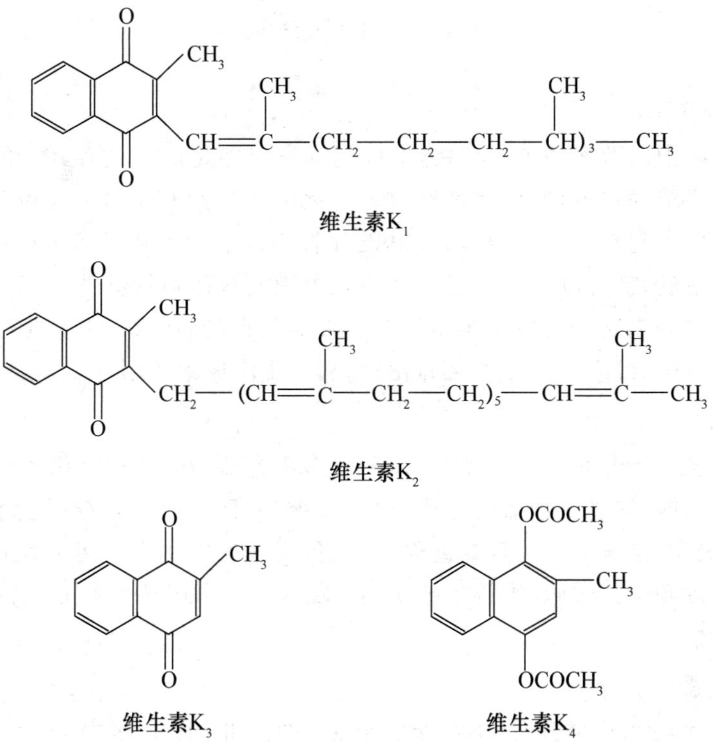

图 4-4 维生素 K 结构式

2. 吸收与代谢

维生素 K 的吸收需要胆汁和胰液。被吸收的维生素 K 经淋巴进入血液，摄入后 1～2 h 在肝内大量出现，在肾、心、皮肤及肌肉内亦有增加，24 h 后下降。人体肠道细菌可合成维生素 K 并部分被人体利用。

3. 生理功能

维生素 K 是凝血酶原前体的活化剂，参与肝脏中的凝血酶原前体转变成凝血酶原，促进凝血作用。维生素 K 缺乏时，凝血因子的合成、激活受到抑制，可发生凝血障碍，引起各种出血。此外，维生素K可调节骨骼中磷酸钙的合成，其水平与骨矿物质密度值呈正相关。

4. 缺乏与过量

维生素K缺乏主要见于新生儿、慢性胃肠疾患、长期控制饮食和使用抗生素的患者。缺乏特征是出血，临床表现为凝血时间延长和凝血酶原水平低下。目前，尚无维生素K中毒的报道。

5. 维生素K推荐量和食物来源

中国居民成人膳食维生素K的推荐摄入量(RNI)为80 μg/d。富含维生素K的食物有绿叶菜、豆类、麦麸、动物肝脏和鱼类等。植物油和蛋黄也是维生素K的良好来源，肉、乳等含量较少。

4.2.6 维生素 B_1

1. 结构与性质

维生素 B_1 又称硫胺素、抗神经炎因子或抗脚气病因子，是由含硫的噻唑环和含氨基的嘧啶环通过一个亚甲基连接而组成(图4-5)。硫胺素为无色结晶体或结晶性粉末，略带酵母气味，易溶于水，微溶于乙醇。硫胺素的盐酸盐和硝酸盐形式在干燥环境和酸性溶液中均稳定；在碱性环境，特别在加热时加速分解破坏。硫胺素对亚硫酸盐极敏感，在有亚硫酸盐存在时迅速分解成嘧啶和噻唑并丧失其活性。在一些天然食物中含有抗硫胺素因子，如鱼类和蕨类植物中的硫胺素酶可通过氧化还原反应使硫胺素失活。

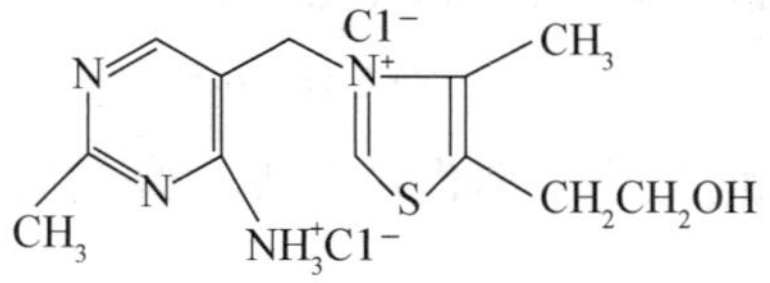

图4-5 维生素 B_1 结构式

2. 吸收与代谢

硫胺素的吸收主要在空肠。吸收后的硫胺素在空肠黏膜细胞内经磷酸化转变成焦磷酸酯，在血液中主要以焦磷酸酯的形式由红细胞完成体内转运。硫胺素的磷酸化形式包括一磷酸硫胺素(TMP)、二磷酸硫胺素(TDP)、焦磷酸硫胺素(TPP)和三磷酸硫胺素(TTP)。在机体组织中游离的硫胺素及其磷酸化形式均以不同数量存在，以TPP最为丰富，约占总量的80%，TTP占5%～10%，其余为游离的硫胺素和TMP。体内4种形式的硫胺素可以通过各种酶系统的作用而相互转化。机体中硫胺素的总储存量约30 mg，以肝脏、肾脏和心脏中含量最高，代谢产物为噻唑和嘧啶及其衍生物。硫胺素由肾脏随尿液排出体外。

3. 生理功能

硫胺素是维持糖类代谢和神经功能的基础物质。焦磷酸硫胺素(TPP)是碳水化合物代谢中氧化脱羧酶的辅酶，在体内参与 α-酮酸的氧化脱羧反应。由葡萄糖、脂肪酸和支链氨基酸衍生的丙酮酸和 α-酮戊二酸经氧化脱羧反应产生乙酰辅酶A和琥珀酰辅酶A，是三大营养物质分解代谢和产生能量的关键环节，硫胺素缺乏可对机体造成广泛的损伤。TPP也可作为转酮醇酶的辅酶参与磷酸戊糖途径的转酮醇反应。转酮醇酶在磷酸戊糖途径中催化5-磷酸木酮糖生成3-磷酸甘油醛以及5-磷酸核糖生成7-磷酸景天糖。转酮醇作用不是碳水化合物氧化供能的主要途径，但它是核酸合成中戊糖以及脂肪酸合成中还原型辅酶Ⅱ的重要来源。

硫胺素对中枢神经系统有直接的神经化学活性作用，可与Ca^{2+}、Mg^{2+}相互作用调节突触前膜释放神经递质。硫胺素缺乏时不能很好地维持髓鞘及细胞膜的完整性，导致神经系统病变，发生多发性神经炎，还可导致胆固醇合成障碍。此外，硫胺素与心脏功能的关系也十分密切，在促进食欲、维持胃肠道的正常功能和消化液的分泌等方面起到重要的作用。

4. 缺乏与过量

硫胺素缺乏症又称为脚气病，其症状受缺乏程度、发病年龄、受累器官等影响。轻度缺乏者，表现为食欲不振、乏力、烦躁、情绪激动等。随着时间延长和缺乏程度的增加，会出现心血管系统及神经系统的损伤。硫胺素缺乏累及中枢神经系统时，表现为呕吐、肌麻痹、眼球震颤等，并伴有进行性精神衰退、异常，最后发展为昏迷及死亡。硫胺素缺乏累及循环系统时，表现为心力衰竭，发病初期病人感觉心悸、气促、脉压增大等，随着病情发展，病人可因循环衰竭而死亡。人体过量摄入硫胺素很容易通过肾脏经尿液排出，超过推荐摄入量的100倍以上的剂量有可能出现头痛、惊厥、心律失常等症状。

5. 维生素B_1推荐量和食物来源

中国居民成人维生素B_1的推荐摄入量(RNI)男性为1.4 mg/d，女性为1.2 mg/d。维生素B_1广泛存在于天然食物中，含量较丰富的食物有谷类、豆类、酵母、坚果、动物内脏、瘦肉类、蛋类等。谷物过于精制加工、烹调前淘洗过度、加碱、高温等均可使维生素B_1有不同程度的损失。

4.2.7 维生素B_2

1. 结构与性质

维生素B_2又称核黄素，是核糖醇与7,8-二甲基异咯嗪的缩合物(图4-6)。核黄素纯品为橙黄色针状结晶，味苦，微溶于水，常温下每100 mL水中溶解12 mg核黄素。核黄素在酸性溶液中稳定，在碱性环境中易于分解，尤其在紫外光照射下，核黄素会被光降解而失去生物活性。

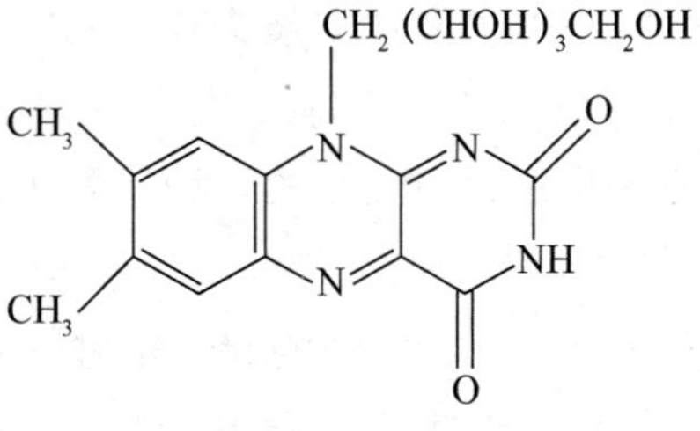

图4-6　维生素B_2结构式

2. 吸收与代谢

膳食中核黄素主要以黄素单核苷酸(FMN)和黄素腺嘌呤二核苷酸(FAD)辅酶形式与蛋白质结合存在。食物中核黄素复合物只有在肠道经酶解转变成游离态才能被吸收。核黄素的吸收为主动转运过程,需要 Na^{+} 和 ATP 的参与。在小肠内,FAD 在焦磷酸酶作用下转变成 FMN,FMN 在磷酸酶的作用下转变成游离的核黄素,并经门静脉运输到肝脏。在肝脏中核黄素再转变成作为辅酶的 FMN 和 FAD。核黄素主要通过血液中的白蛋白、免疫球蛋白结合完成体内的转运。胃酸和胆汁有助于游离核黄素的释放和吸收,抗酸剂和乙醇干扰食物中核黄素的释放,Cu^{2+}、Zn^{2+}、Fe^{2+} 等金属离子和咖啡因及茶碱通过螯合抑制核黄素的吸收,影响其生物利用率。

核黄素在机体吸收量与摄入量呈正比。机体各组织均有少量的核黄素,肝、肾和心脏含量最高。由于人体核黄素储藏量少,故需每日从食物中补充。一般来说,动物源核黄素比植物源核黄素容易吸收。核黄素及其代谢产物主要通过尿液排出体外。

3. 生理功能

核黄素在体内以 FMN 和 FAD 作为辅基与特定蛋白结合形成黄素蛋白。黄素蛋白是机体中许多酶系统的重要辅基的组成成分,通过呼吸链参与体内氧化还原反应与能量代谢,维护皮肤和黏膜的完整性,促进生长。若核黄素缺乏,黄素蛋白形成受阻,则物质和能量代谢发生紊乱,表现出多种缺乏病变。FMN 和 FAD 作为辅酶参与色氨酸转变为烟酸、维生素 B_6 转变为磷酸吡哆醛的过程;参与抗氧化防御系统,维持还原型谷胱甘肽的水平;参与药物代谢;影响铁的吸收、储运等。

4. 缺乏与过量

摄入不足和酗酒是核黄素缺乏的最主要原因,体内核黄素缺乏常表现在面部五官及皮肤,如口角炎、唇炎、舌炎和眼睑炎,出现怕光、流泪、视物模糊等,还可出现脂溢性皮炎、阴囊炎、外阴炎。过量核黄素摄入会很快从尿液中排出体外。目前尚无核黄素中毒的报道。

5. 维生素 B_2 推荐量和食物来源

中国居民成年男女膳食中核黄素的推荐摄入量(RNI)分别为 1.4 mg/d 和 1.2 mg/d。富含维生素 B_2 的食物主要有动物的肝脏、肾脏、心脏及乳类、蛋黄、蘑菇、豆类、绿叶蔬菜。粮谷类的维生素 B_2 主要分布在谷皮和胚芽中,精加工谷类可使食物中的核黄素丢失。

4.2.8 维生素 PP

1. 结构与性质

维生素 PP 又称尼克酸、维生素 B_5、抗癞皮病因子,是具有烟酸生物活性的吡啶-3-羧酸衍生物的总称,包括烟酸和烟酰胺(图 4-7)。烟酸为无色针状结晶,烟酰胺呈白色结晶,均溶于水和乙醇,不溶于乙醚。烟酰胺的溶解性高于烟酸。烟酸耐酸、碱、热、氧和光而不被破坏,在高压下 120℃加热 20 min 也不被破坏。一般烹调对其损失极小,但会随水流失。

2. 吸收与代谢

食物中的烟酸经胃肠道的酶解释放出游离的烟酸和烟酰胺,并在胃肠道被迅速吸收。

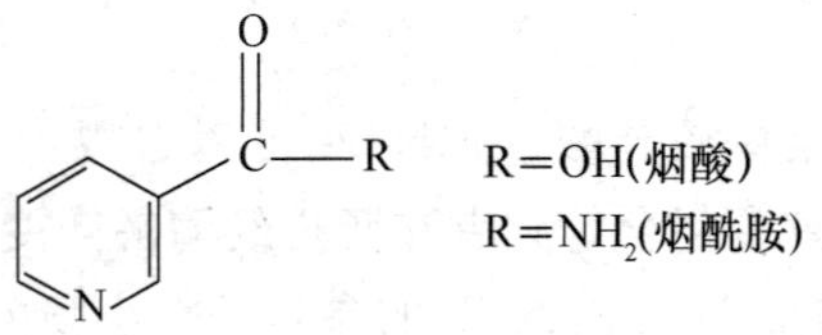

图 4-7 维生素 PP 结构式

吸收后的烟酸以烟酰胺的形式存在，通过扩散的方式进入机体细胞，然后以辅酶Ⅰ(NAD)和辅酶Ⅱ(NADP)的形式存在于所有的组织中。肝脏是储存 NAD 的主要器官。机体组织还可利用色氨酸自身合成烟酸，平均 60 mg 色氨酸可以转化成 1 mg 烟酸，其转化过程受核黄素、维生素 B_6、铁等营养状况的影响，亮氨酸过量也会影响色氨酸转化为烟酸的过程。烟酸在体内分布很广但没有储存，过多的烟酸在肝脏甲基化形成 N-甲基烟酰胺和 2-吡啶酮等代谢产物后由尿液排出，也可随乳汁分泌和汗液排出。

3. 生理功能

烟酸在体内以 NAD 和 NADP 的形式作为辅基参与脱氢酶的组成；作为氢的受体或供体与其他酶一起参与细胞内生物氧化还原的全过程；参与葡萄糖酵解、脂类代谢、丙酮酸代谢、戊糖合成以及高能磷酸键的形成，在碳水化合物、脂肪和蛋白质的氧化过程中起重要作用；烟酸具有降低甘油三酯、总胆固醇、低密度脂蛋白和增加高密度脂蛋白的作用，有利于改善心血管功能；烟酸还是葡萄糖耐量因子(GTF)的重要组分，具有增强胰岛素效能的作用。此外，烟酸对维护皮肤、消化系统及神经系统的正常功能亦起重要作用。

4. 缺乏与过量

烟酸缺乏症又称癞皮病，临床上以消化道、神经系统及皮肤病变为主要表现，典型症状为皮炎(dermatitis)、腹泻(diarrhea)和痴呆(dementia)，简称“三 D”症状。癞皮病初期症状有体重减轻、倦怠乏力、记忆力减退和失眠等，进一步发展可出现皮肤、消化系统、神经系统症状。皮肤症状主要表现为裸露皮肤及易摩擦部位出现对称性晒斑样损伤，皮炎处皮肤会变厚、脱屑、色素沉着，也有因感染而糜烂。口舌部症状表现为口腔黏膜溃疡，常伴有疼痛和烧灼感。胃肠道症状可有食欲不振、恶心呕吐、腹痛腹泻等。神经系统症状可表现为失眠、衰弱、乏力、抑郁、记忆力丧失，甚至发展成木僵或痴呆症。烟酸缺乏常与硫胺素、核黄素缺乏同时存在。过量摄入烟酸表现为皮肤潮红、眼部不适、恶心呕吐，长期大剂量摄入还会出现黄疸、转氨酶升高等肝功能异常以及葡萄糖耐量的变化。

5. 维生素 PP 推荐量和食物来源

由于烟酸除经食物摄取外，还可通过机体组织利用色氨酸自身合成。因此，膳食中烟酸的参考摄入量采用烟酸当量(NE)为单位，即烟酸当量 (NE，mg)＝烟酸(mg)＋1/60 色氨酸(mg)。中国居民成人膳食烟酸推荐摄入量(RNI)男性为 15 mg NE/d，女性为 12 mg NE/d，可耐受最高摄入量(UL)为 35 mg NE/d。

烟酸和烟酰胺广泛存在于动植物组织中，其良好的食物来源为动物性食物，尤以肝脏含量最高。乳和蛋类含量不高，但色氨酸含量较高，可转化为烟酸。全谷、种子、豆类中含量也相当丰富。玉米中的烟酸以结合形式存在不能被人体吸收利用,但加碱处理后游离烟酸可以从结合型中释放出来被机体利用。

4.2.9 维生素 B_6

1. 结构与性质

维生素 B_6 是所有呈现吡哆醛生物活性的 3-羟基-2-甲基吡啶衍生物的总称,包括吡哆醛(PL)、吡哆醇(PN)和吡哆胺(PM)(图 4-8)。这三种吡哆衍生物均具有生物活性,而且可以相互转变。维生素 B_6 易溶于水和乙醇,对光敏感,在酸性溶液中稳定,在碱性溶液中易被破坏。

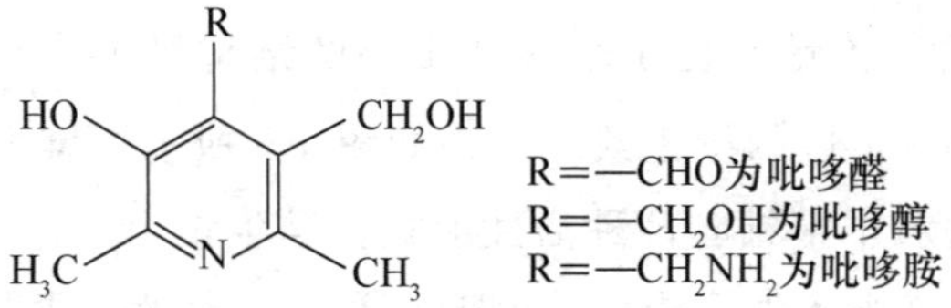

图 4-8 维生素 B_6 结构式

2. 吸收与代谢

食物中的维生素 B_6 多以 5-磷酸盐的形式存在,在人体内经水解为非磷酸化维生素 B_6 后在空肠吸收,然后在肝脏通过吡哆醇激酶磷酸化,转化为具有活性的辅基形式磷酸吡哆醇(PNP)、磷酸吡哆醛(PLP)、磷酸吡哆胺(PMP)。血浆与红细胞均参与维生素 B_6 的转运。在血液循环中,PLP 约占 60%,其在肝脏中分解代谢为 4-吡哆酸从尿中排出。维生素 B_6 也可经粪便排出,但排泄量有限。机体组织中的维生素 B_6 大部分储存在肌肉中,体内维生素 B_6 代谢池储存量约为 1 000 μmol,肌肉中的含量占代谢池总量的 80%左右。

3. 生理功能

维生素 B_6 在体内主要以磷酸吡哆醛的形式作为辅酶参与转氨基、脱氨基、脱羧、侧链裂解、转硫和消旋等反应,在氨基酸的合成与分解代谢中起重要作用。维生素 B_6 在糖原转化、不饱和脂肪酸代谢、某些神经递质如 5-羟色胺、多巴胺、去甲肾上腺素、组氨酸和 γ-羟丁酸的合成方面发挥重要作用。维生素 B_6 是丝氨酸羟甲基转氨酶的辅酶,参与一碳单位代谢,影响核酸和 DNA 的合成。此外,维生素 B_6 参与烟酸的形成,在色氨酸转化为烟酸的过程中需要 PLP 作为辅酶。

4. 缺乏与过量

维生素 B_6 缺乏通常与其他 B 族维生素的缺乏同时存在,典型症状是眼、鼻与口腔周围皮肤脂溢性皮炎,可见有唇裂、舌炎及口腔炎症,个别有神经精神症状。此外,维生素 B_6 缺乏可导致体液和细胞介导的免疫功能受损,出现高半胱氨酸血症和黄尿酸尿症,偶见有小细胞性贫血。儿童维生素 B_6 缺乏时可出现烦躁、抽搐、惊厥、脑电图异常以及生长不良等。膳食中过量摄入维生素 B_6 无毒副作用,长期大量服用维生素 B_6 制剂会引起中毒,主要表现为神经毒性和光敏感反应。

5. 维生素 B_6 推荐量和食物来源

中国居民成人膳食维生素 B_6 的推荐摄入量(RNI)为 1.4 mg/d,50 岁以上中老年人为 1.6 mg/d,孕妇为 2.2 mg/d,乳母为 1.7 mg/d。维生素 B_6 广泛存在于各种食物中,主要的食物来源为白色肉类(如鸡肉和鱼肉),其次为肝脏、豆类、坚果类等。水果和蔬菜中维生素 B_6 含量也较多,其中香蕉的含量非常丰富,含量最少的是柠檬、奶类等。

4.2.10 维生素 B_{12}

1. 结构与性质

维生素 B_{12} 是一种含三价钴并位于咕啉环中心的结构极为复杂的大分子化合物,也称钴胺素,是自然界唯一含有金属的维生素。结构如图 4-9 所示。维生素 B_{12} 在体内有 5-脱氧腺苷钴胺(又称辅酶 B_{12})和甲基钴胺两种活性形式。维生素 B_{12} 为红色针状结晶,易溶于水和乙醇,吸湿性强。微酸避光条件下稳定,强酸(pH<2)、偏碱、见光、氧化剂以及还原剂接触都易使之分解。

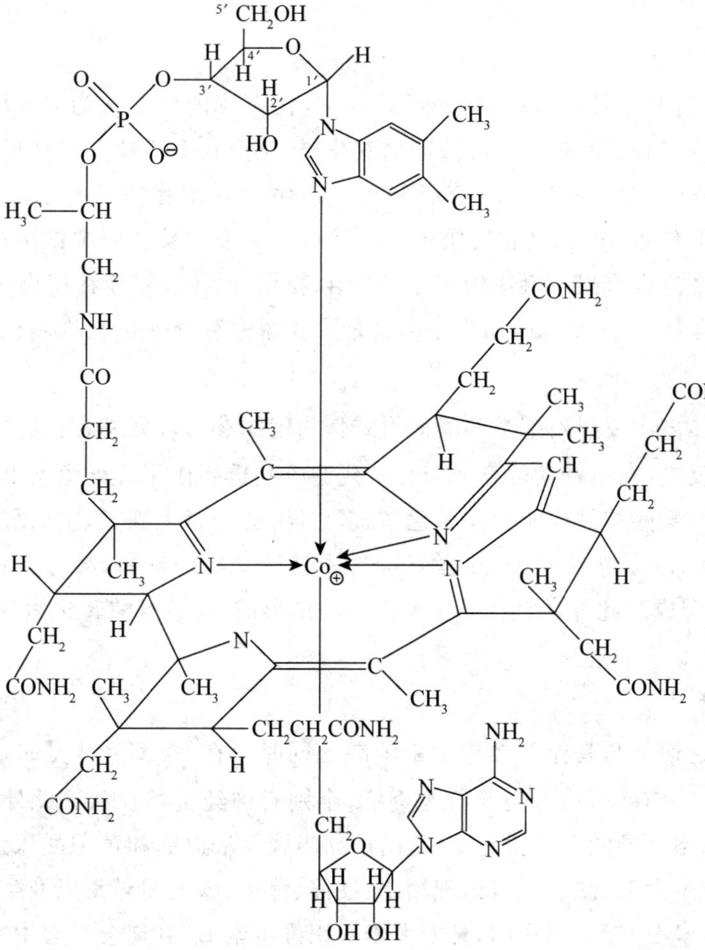

图 4-9 维生素 B_{12} 结构式

2. 吸收与代谢

食物中的维生素 B_{12} 不能直接被人体吸收，需要与蛋白质结合进入消化道。在胃酸、胃蛋白酶及胰蛋白酶的作用下，维生素 B_{12} 从蛋白质复合物中游离出来，与胃黏膜细胞分泌的糖蛋白内因子(intrinsic factor，IF)结合，形成维生素 B_{12}-IF 复合物，在回肠末端与特异性细胞受体结合吸收入血液；维生素 B_{12} 通过门静脉后与钴胺转运蛋白(TC)结合，进入线粒体后转化为腺钴胺和甲钴胺参加各种代谢反应。各种因素引起胃酸过少、胰蛋白酶分泌不足及回肠疾病均可降低维生素 B_{12} 的吸收率。维生素 B_{12} 主要储藏于肝脏，由胆汁排出的维生素 B_{12} 大部分可被重新吸收。维生素 B_{12} 主要通过尿液排出体外。

3. 生理功能

维生素 B_{12} 在体内主要以 5-脱氧腺苷钴胺和甲基钴胺形式作为辅酶参与甲基丙二酸及同型半胱氨酸(homocysteinemia，HCY)反应。5-脱氧腺苷钴胺为甲基丙二酰辅酶 A 变位酶的辅酶，参与甲基丙二酰辅酶 A 向琥珀酰辅酶 A 的转化。甲基钴胺是甲硫氨酸合成酶的辅酶，参与甲硫氨酸-同型半胱氨酸代谢，在甲硫氨酸循环中，HCY 转变为甲硫氨酸的反应需要以维生素 B_{12} 作为辅酶的 N5-甲基四氢叶酸转甲基酶的催化。若体内缺乏维生素 B_{12}，甲基丙二酰辅酶 A 的代谢和甲硫氨酸循环不能正常进行，减少 S-腺苷甲硫氨酸(Sadenosyl methionine，SAM)的合成，使机体处于“低甲基化”状态，干扰神经递质、蛋白质的合成，影响四氢叶酸的再生，导致细胞内叶酸功能性缺乏，从而影响整个机体代谢。

4. 缺乏与过量

维生素 B_{12} 缺乏可引起斑状、弥漫性的神经脱髓鞘，造成神经系统损害，表现出精神抑郁、记忆力下降、四肢颤抖、老年痴呆症等。维生素 B_{12} 缺乏常引起巨幼红细胞贫血，造成高同型半胱氨酸血症，增加心脑血管疾病及糖尿病的风险。目前未见过量摄入维生素 B_{12} 引起中毒的报道。

5. 维生素 B_{12} 推荐量和食物来源

中国居民成人膳食中维生素 B_{12} 的推荐摄入量(RNI)为 2.4 μg/d，孕妇为 2.9 μg/d，乳母 3.2 μg/d。维生素 B_{12} 主要存在于动物性食品和发酵食品中，尤以内脏含量最多，鱼贝类、蛋类其次，乳类最少。猪肝、牛肉、虾、豆豉、酱油等是我们日常生活中维生素 B_{12} 的主要来源。高等植物自身不能合成维生素 B_{12}，因此植物性食品一般不含此种维生素。

4.2.11 叶酸

1. 结构与性质

叶酸亦称蝶酰谷氨酸(pteroylglutamic PGA)，由一个蝶啶通过亚甲基桥与对氨基苯甲酸连结成蝶酸，再与谷氨酸结合而成(图 4-10)。纯净的叶酸为淡黄色结晶粉末，微溶于水，不溶于有机溶剂，其钠盐溶于水。在中性或碱性环境中较稳定，在酸性环境中对热不稳定，对光敏感。

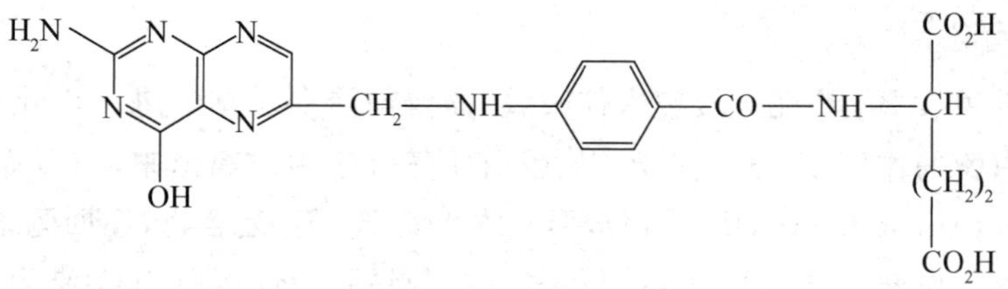

图 4-10 叶酸结构式

2. 吸收与代谢

膳食中的叶酸经肠道酶水解成单谷氨酸叶酸的形式在小肠吸收。食物中叶酸的生物利用率与叶酸存在的形式有关。通常情况下还原型叶酸吸收率高，谷氨酸配基越多吸收率越低。酒精、抗癫药物可抑制叶酸结合酶的活性而影响叶酸的吸收。机体内总叶酸量为 5～6 mg，主要以 5-甲基四氢叶酸的形式存在，其中约一半储于肝脏。叶酸可经由尿和胆汁排出体外。

3. 生理功能

叶酸在体内的生物活性形式为四氢叶酸（THFA），四氢叶酸是一碳单位转移酶系的辅酶。叶酸在嘌呤核苷酸、胸腺嘧啶和磷酸肌酸的合成，以及同型半胱氨酸转化为蛋氨酸的过程中作为一碳单位的供体。因此，叶酸除了影响 DNA 和 RNA 的合成外，还可通过蛋氨酸代谢影响磷脂、肌酸和胆碱的合成，还参与血红蛋白及重要的甲基化合物合成。

4. 缺乏与过量

膳食供应不足、吸收障碍、生理需要量增加、酗酒、服用某些药物（如抗惊厥药、避孕药、抗肿瘤药物）等情况下会造成叶酸的缺乏。叶酸缺乏时 DNA 合成受阻，红细胞成熟延缓，细胞体积增大、脆性增加，导致巨幼红细胞性贫血。临床上可用叶酸治疗。叶酸缺乏可使同型半胱氨酸向胱氨酸转化出现障碍，导致高同型半胱氨酸血症，高浓度同型半胱氨酸不仅会损伤血管内皮细胞，还可激活血小板的黏附和聚集，被认为是动脉粥样硬化及心血管疾病的重要致病因素之一。此外，叶酸缺乏还表现有皮炎、腹泻、生长不良、衰弱和精神萎靡等。

孕妇早期叶酸缺乏可引起胎儿脊柱裂和无脑畸形。临床上采用在受孕前补充叶酸，可有效地降低胎儿神经管畸形的发生。大剂量服用叶酸（以 mg 计）时对机体有害，如诱发惊厥、干扰胎儿锌的吸收、低出生体重等。过量摄入叶酸干扰维生素 B_{12} 缺乏的诊断，可能使叶酸合并维生素 B_{12} 缺乏的巨幼红细胞贫血患者产生严重的不可逆转的神经损害。

5. 叶酸推荐量和食物来源

叶酸的摄入量以膳食叶酸当量（DFE）表示，膳食叶酸当量的计算公式为：

$$\text{DFE}(\mu g)=\text{膳食叶酸}(\mu g)+1.7\times\text{叶酸补充剂}(\mu g)$$

中国居民成人叶酸的推荐摄入量（RNI）为 400 μg DFE/d，孕妇为 600 μg DFE/d，乳母为 550 μg DFE/d，可耐受最高摄入量（UL）为 1 000 μg/d（指合成叶酸摄入量的上限，不包括天然食物来源的叶酸量）。叶酸广泛存在于动植物食物中，其良好来源有肝、肾、蛋、豆类、绿叶蔬菜及坚果类。

4.2.12 维生素 C

1. 结构与性质

维生素 C 又称抗坏血酸，是一种含有 6 个碳原子的酸性多羟基化合物，天然存在的抗坏血酸有 *L* 型和 *D* 型两种，*D* 型无生物活性。结构如图 4-11 所示。维生素 C 呈无色无臭的片状晶体，易溶于水，不溶于有机溶剂。在酸性环境中稳定，在有氧、热、光、碱性物质、氧化酶、金属离子存在时，易被氧化破坏。

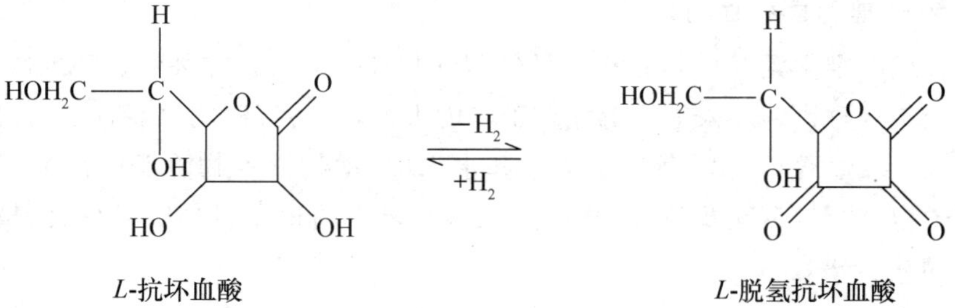

图 4-11 维生素 C 结构式

2. 吸收与代谢

维生素 C 主要在小肠通过主动吸收进入血液循环。吸收率随摄入量的增加而降低。被吸收的维生素 C 在血浆中主要以抗坏血酸游离形式运输，约 5% 以脱氢抗坏血酸的形式运输。机体不同组织中维生素 C 的浓度以垂体、肾上腺和白细胞中最高。正常成人体内的维生素 C 代谢池内约有 1 500 mg，最多可达 3 000 mg。维生素 C 在体内分解可产生草酸和苏阿糖酸。维生素 C 主要随尿液排出，汗液和粪便中也有少量。

3. 生理功能

维生素 C 参与体内的氧化还原反应，可维持巯基(—SH)的还原状态，保持巯基酶的生物活性。在谷胱甘肽还原酶的催化作用下维生素 C 可使氧化型的谷胱甘肽(GSSG)还原成还原型的谷胱甘肽(GSH)，使细胞免于氧化受损，延长细胞的寿命；维生素 C 是维持胶原脯氨酸羟化酶和胶原赖氨酸羟化酶活性必需的辅助因子，参与体内的羟化反应。羟脯氨酸为胶原蛋白特有的氨基酸，对于维持胶原蛋白三级结构具有重要的作用。体内缺乏维生素 C 影响胶原蛋白的合成，会造成骨质的疏松、牙齿的松动、毛细血管容易破裂出血、伤口愈合延迟等；维生素 C 是维持 7α-羟化酶活性必需的辅助因子，7α-羟化酶是胆汁酸羟化形成 7α-羟胆固醇的重要酶，体内缺乏维生素 C 影响胆固醇的羟化代谢，从而影响胆汁酸排出体外，降低肝脏的解毒能力；维生素 C 参与体内免疫调节作用，体内起免疫作用的白细胞、单核细胞内均含有大量的维生素 C，机体在应激的条件下大量释放糖皮质激素，维生素 C 可以降低血液循环中糖皮质激素的含量，从而增强机体的免疫应答能力；维生素 C 能使难以吸收的 Fe^{3+} 还原成易吸收的 Fe^{2+}，促进肠道对铁的吸收。

4. 缺乏与过量

维生素C缺乏时可引起坏血病，早期症状为食欲不振、乏力、肌肉痉挛、精神烦躁，口腔出现牙龈肿胀、红肿、出血；重者可形成皮下、肌肉、关节出血及血肿，还可导致机体抵抗力下降、毛细血管脆性增强、骨钙化不正常及伤口愈合缓慢等。儿童缺乏维生素C常见下肢肿胀、疼痛，出血症状较成人严重，有时出现胸膜腔及骨膜下出血等。长期大剂量服用维生素C可出现草酸尿导致泌尿道结石。过量服用维生素C还可引起恶心、腹泻、红细胞破坏等。

5. 维生素C推荐量和食物来源

中国居民成人维生素C的推荐摄入量(RNI)为100 mg/d。在高温、寒冷、缺氧条件下劳动或生活或经常接触铅、苯、汞等有毒作业工种的人群，某些疾病的患者，孕妇、乳母，应适当增加维生素C。维生素C主要存在于蔬菜和水果中，动物性食物除肝、肾、血外含量甚微。蔬菜中的柿子椒、番茄、菜花及各种深色叶菜类，水果中的柑橘、柠檬、青枣、山楂、猕猴桃等维生素C含量十分丰富。

4.2.13 生物素

生物素，曾称维生素H，B族维生素之一。由脲基环和一个带有戊酸侧链的噻吩环组成(图4-12)。生物素最适pH为5～8，对热、光和空气稳定，强酸强碱可导致其失活。

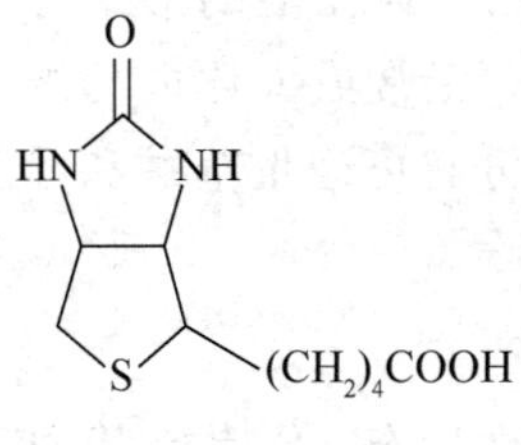

图4-12 生物素结构式

生物素是机体羧化酶和脱羧酶的辅酶，参与碳水化合物、脂类和蛋白质的代谢，在人体物质代谢和能量代谢中具有重要作用。生物素广泛存在于动植物食品中，人体肠道细菌也可合成，单纯的生物素缺乏少见，长期摄食生鸡蛋可引起生物素缺乏，表现为鳞状皮炎、舌炎、食欲减退、恶心、肌肉疼痛及精神压抑等。中国居民成人膳食生物素适宜摄入量(AI)为40 μg/d。良好来源有乳类、蛋黄、酵母、动物肝脏和绿叶蔬菜。

4.2.14 泛酸

泛酸，曾称维生素B_3，B族维生素之一。由二羟基二甲基酸(α，γ-二羟基-β，β-二甲基丁酸)和β-丙氨酸以酰胺键连接而成(图4-13)，是辅酶A和酰基载体蛋白的组成部分。泛酸在中性溶液中耐热，pH 5～7时最稳定，对酸和碱敏感，其酸性或碱性水溶液对热不稳定，但对氧化剂和还原剂极为稳定。

泛酸作为乙酰基或脂酰基的载体，不仅与碳水化合物、脂类和蛋白质代谢有密切关系，还参与抗体、乙酰胆碱的合成。泛酸广泛存在于各类食物中，人体肠道细菌还可少量合成，故泛酸缺乏少见。中国居民青少年及成人膳食泛酸的适宜摄入量(AI)为5.0 mg/d，孕妇为6.0 mg/d，乳母为7.0 mg/d。泛酸的主要来源是动物内脏、肉类、蛋黄和全谷食品等。

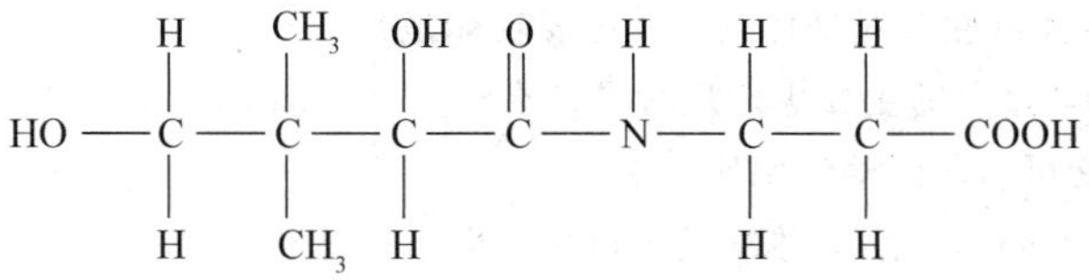

图 4-13　泛酸结构式

4.2.15　胆碱

胆碱是一种类维生素，是卵磷脂的组成成分，存在于神经鞘磷脂中，在体内参与合成乙酰胆碱或组成磷脂酰胆碱。胆碱易与酸反应生成稳定的盐，在强碱条件下不稳定，对热稳定，因而在食品加工和烹调过程中很少损失。胆碱结构式如图 4-14 所示。

图 4-14　胆碱结构式

作为机体甲基的来源和乙酰胆碱的前体，胆碱参与机体的脂肪代谢、碱基的生物合成等过程，促进大脑发育、提高记忆力和保证信息传递。胆碱广泛存在于各类食物中，人体自身也可合成，少见缺乏症状，但婴幼儿合成能力低，需进行营养强化。中国居民青少年及成人膳食胆碱的适宜摄入量(AI)男性为 500 mg/d，女性为 400 mg/d，孕妇为 420 mg/d，乳母为 520 mg/d。胆碱广泛存在于各类食品中，良好来源有动物肝脏、花生、麦胚、大豆、莴苣、花菜。

本章小结

本章主要介绍了矿物质和维生素的概念、分类、生理功能、吸收代谢特征、缺乏及过量症状、膳食参考摄入量与食物来源。要求同学们了解人体中矿物质的膳食推荐量与食物来源，了解维生素与各营养素间的相互关系及对机体带来的影响。掌握易缺乏的矿物质和维生素的功能和吸收特点、缺乏及过量时对健康的影响。

思考题

1. 矿物质的主要生理功能有哪些？
2. 为什么说钙、铁、锌是人体必需的微量元素？
3. 为什么说磷与能量代谢密切相关？
4. 中国居民碘的推荐摄入量是多少？其食物来源有哪些？
5. 铬的生理活性形式是什么？其主要功能有哪些？
6. 什么是维生素？如何分类？有何特点？
7. 水溶性维生素与脂溶性维生素有何区别？
8. 简述维生素 A 的生理功能及其缺乏症。
9. 简述维生素 D 的生理功能及其缺乏症。
10. 为什么说维生素 E 是一种重要的维生素？
11. 维生素 B_1 缺乏的常见症状是什么？

12. 维生素 PP 的生理活性形式是什么？其主要功能是什么？

13. 维生素 B_6 缺乏与过量的主要生理症状是什么？

14. 为什么叶酸缺乏可引起巨幼红细胞贫血？

15. 简述维生素 C 的生理功能，人体缺乏与过量后会出现什么症状？

HAPTER 5

第5章 水和其他膳食成分

【启发提问】

1.感到口渴时再喝水是否益于身体健康?

2.什么是水中毒?

3.膳食纤维有什么生理功能?是不是所有人群都适合摄食膳食纤维?

4.哪些膳食成分可以作为益生元?

5.黄酮类化合物有什么生理功能?

【学习目的与要求】

1.掌握水的生理功能,熟悉人体对水的需要量、水缺乏症及水中毒;

2.掌握膳食纤维的分类、生理功能、食物来源及参考摄入量;

3.了解酚类、功能性多糖及低聚糖等其他膳食成分的种类、生理功能、食物来源与摄入量。

【学习重点】

1.水与其他膳食成分的主要生理功能与缺乏症;

2.水与其他膳食成分的摄入量及食物来源。

【学习难点】

其他膳食成分的种类、生理功能、食物来源及参考摄入量。

5.1 水

5.1.1 概述

水是一切生命的物质基础，是人体赖以生存的最基本物质，是人体需要量最大、最重要的一种营养素。水不仅是构成身体的成分，而且还具有多重生理功能，对维持机体的正常功能和代谢具有重要作用。

5.1.2 水的生理功能

1. 人体的重要组成成分

水是维持生命、保持细胞外形、构成各种体液的必需物质。人体的所有组织及每个细胞中都含有水分，一旦缺水，可引发细胞结构的破坏，并导致细胞的生理活动显著降低，甚至停止；水还是许多生命大分子的组成成分。

2. 参与机体生理活动

水是机体一切生化反应的重要介质，同时自身也参与生化反应。

水是良好的溶剂，大多数有机物或者无机物都能溶于水中，即便脂肪或部分蛋白质不溶于水中，也可在一定条件下分散于水中，构成胶体溶液或者乳浊液，利于营养素的消化、吸收。水的介电常数大，可促进电解质的电离，为机体内必需的生物化学反应提供了一个物理环境，是生化反应中必不可少的介质。

水具有很强的流动性，可以作为人体内各种物质的载体，对各种营养素的运输和吸收、气体的运输和交换以及代谢产物的运输与排泄起到了非常重要的作用，既运输机体所需要的营养物质，又将代谢产物排出机体，同时在人体中参与各种生化反应，直接参与物质代谢过程，维护生物体内物质及能量的转化过程和平衡，保证了体内各种生理活动和生化反应的正常进行。

3. 维持体温恒定

水具有比热容高、蒸发热高、导热性强的性质，利于维持人体体温恒定。水的比热容高，可吸收较多的热量，温度高时，人体可通过出汗，蒸发皮肤表面少量汗水来散发体内储存的大量热；水的导热性强，可通过血液循环和体液交换，将体内代谢产生的热运送到体表散发到环境中，使机体能维持均匀而稳定的温度。

4. 具有润滑作用

水的黏度低，是机体局部组织器官良好的润滑剂。如泪液、关节囊液、浆液有利于眼球、关节、肌肉运动时的润滑，减少摩擦损坏。

同时，水可滋润身体细胞，例如，泪液可防止眼球干燥；唾液及消化液有利于咽部润滑和胃肠消化，使其经常保持湿润状态；水对皮肤的柔软性和伸缩性有保持作用。

5.1.3 人体中水的含量与分布

人体中含量最多的成分是水，约占体重的2/3。体内的水除一部分以自由状态存在外，大部分以结合形式存在，与蛋白质、多糖和脂类等组成胶体溶液。水在人体内各种组织中分布不均，含水量最高的一般是代谢活跃的组织和器官，如血液、淋巴、脑脊液含水量高达90%以上；其次为肌肉、神经内脏、细胞、结缔组织等，其含水量为60%～80%；即便在骨骼中含水量也在12%～25%之间。水的含量与分布还存在个体差异，受年龄、性别、胖瘦等因素的影响。

5.1.4 人体内的水平衡

在正常状况下，经呼吸道、皮肤以及尿、粪便的形式都有一定量的水分被排出体外，为了保证人体健康，需要每天排出水和摄入水保持基本相等，称为"水平衡"，否则会出现水肿或脱水。为了维持人体内环境的恒定，水分摄入与排出保持平衡是十分必要的。

1. 水的摄入

(1)人体内水的需要量　为维持体内水的恒定，人体每日摄入的水量必须能够补偿经呼吸、尿粪、皮肤蒸发等途径排出的水量，以保持水平衡。人体每日水的需要量受年龄、性别、代谢、膳食、体力劳动、外界环境等多种因素的影响。正常男性的需水量略大于女性的需水量；年龄越大单位体重的日需水量越少。不同年龄人群每日水需要量见表5-1。

表5-1　不同人群的日需水量

不同人群	婴幼儿	少年儿童	成年人
日需水量/(mL/kg 体重)	110	60	40

正常人体中的水处于动态平衡，摄入量和排出量相差无几。由于婴儿和儿童体表面积较大，身体中水分的百分比和代谢率较高，易发生失水，而水中毒的危险性很小，因此婴儿所需水量是成人的3～4倍；孕妇、哺乳期妇女由于水分额外分泌，水的需要量也要增加；成年人夏天天热或在高温条件下劳动、运动都会大量出汗，每日需水量为正常状态下的两倍，为5 000 mL左右。人体每日需水量见二维码5-1。

二维码 5-1　人体每日需水量

(2)水的来源　人体水的来源包括饮料水、食物水和代谢水。饮料水即人们日常所饮用的水、茶、汤、饮料等，是人体所需要水的主要来源，约占每天需水量的50%；食物水一般指米饭、水果、蔬菜等食物中的水，占人体每日需水量的30%～40%；代谢水指在机体代谢过程中，碳水化合物、脂肪和蛋白质在体内氧化分解时产生的水，碳水化合物、蛋白质、脂肪代谢产生的水量分别为：60 mL/100 g、41 mL/100 g、107 mL/100 g。正常人一般每日可大约生成250 mL代谢水，占每天需水量的10%～20%。

2. 水的排出

人体排水的途径有经肾脏排出、经皮肤排出、经肺部排出和经消化道排出。其中，肾脏的排尿作用是机体排出水分最主要的途径，一般人每日尿量的排出与饮食情况、生活环境、劳动强度等多种因素密切相关，如饮水过多，排尿可增加，出汗过多则尿量可减少；经皮肤排出主要指蒸发和汗腺分泌；从肺排出主要指呼吸作用，一般状态下，人体由于呼吸每天可能失去 250～350 mL 的水；从消化道排出指消化道分泌的消化液，消化液在小肠部位被吸收，每日仅有 100～200 mL 的水随粪便排出。

3. 水缺乏

当水摄入不足或者丢失过多时，机体会出现水缺乏症，亦称脱水。根据水与电解质丧失的比例不同，脱水可分为高渗性脱水、低渗性脱水、等渗性脱水三种类型。机体缺水比饥饿更难维持生命，饥饿时消耗体内绝大部分的脂肪和一半以上的蛋白质仍可生存，但细胞内水分外流引起脱水，可使血液变得黏稠；机体组织中蛋白质和脂肪分解加强，氮、钠、钾排出量增加；因黏膜干燥，机体对传染病的抵抗力也会降低。不同失水量导致的症状不同(表 5-2)，一般情况下，体内损失 10％的水，即可造成机体严重代谢紊乱。

表 5-2　机体不同失水量的症状

失水量占机体的比重	机体症状
2％～4％	感到口渴，食欲降低，消化功能减弱，出现少尿
4％～9％	皮肤干燥，开始起皱纹，口干唇焦，甚至出现意识模糊或者幻视
10％以上	出现烦躁，眼球凹陷，皮肤失去弹性，全身无力，体温脉搏增加，血压下降
20％以上	导致死亡

过量排汗、持续腹泻、过量排尿是引起脱水的主要原因。婴幼儿代谢速率高，通过蒸发损失的水也相对较多，加之肾脏尚待发育，对尿液的浓缩功能差，尿量较多，因此比成人更易脱水。另外，用过度浓缩的配方奶粉喂养的婴儿更易脱水，因溶质增加使尿液量也增加。胃肠道感染引起的腹泻也是导致婴幼儿脱水的主要原因之一，可通过补充含氯化钠和葡萄糖的水合液来预防，水合液中的水较单纯的水或氯化钠水溶液更易被胃肠道吸收。

4. 水中毒

水中毒是指体内水分滞留过多导致细胞内水含量过多引起细胞功能紊乱，同时引起体内电解质紊乱。健康人水喝多了不会引起水中毒，在手术或外伤治疗中输液过多过快，或者严重肾病引起的少尿或无尿，会出现水中毒。随后会出现细胞内液增加引起大脑组织水肿，对人体损害很大，特别是对大脑细胞的损害较重，因为脑组织固定在坚硬的颅骨内，一旦脑细胞水肿，颅内压力会增高，会出现一系列的神经刺激症状，如头痛、呕吐、嗜睡、呼吸及心跳减慢，严重者还会产生昏迷、抽搐甚至危害生命。科学饮水习惯见二维码 5-2。

二维码 5-2　科学饮水习惯

5.2　膳食纤维

5.2.1　概述

1. 膳食纤维的概念

膳食纤维，曾被称为只为填饱肚皮而没有任何营养的物质，也曾被称为非淀粉多糖(Nonstarch polysaccharide，NSP)。

目前，被普遍接受的膳食纤维的概念为人类植物性食物中的非消化成分，化学构成主要是人类小肠酶不能水解的单体≥10的多聚糖(非消化性多聚碳水化合物)，大部分集中在植物细胞壁，能作为肠道细菌代谢主要碳源的一类碳水化合物聚合物。

2. 膳食纤维的分类

膳食纤维是一种复杂的混合物，分类依据不同，分类情况也不同。目前主要根据来源、含量、水溶性、在植物体内的功能、在大肠内的发酵程度、发酵类型等进行分类，具体分类情况见表5-3。

表5-3　膳食纤维的分类

分类依据	分类	包括的种类
溶解性	可溶性膳食纤维	果胶、藻胶、黏多糖、耐消化粉、部分半纤维素、葡聚糖等
	不溶性膳食纤维	纤维素、大部分半纤维素、壳聚糖、木质素、植物蜡等
含量	纤维素类	
	非纤维素类	半纤维素、木质素、果胶、黏多糖等
生物作用和化学成分	纤维状碳水化合物	纤维素
	基质类碳水化合物	果胶及半纤维素等
	填充类化合物	木质素
来源	植物性来源膳食纤维	纤维素、半纤维素、木质素、甘露聚糖、果胶、阿拉伯胶等
	动物性来源膳食纤维	甲壳质、壳聚糖、胶原等
	微生物性来源纤维素	黄原胶等
	海藻多糖类膳食纤维	海藻酸盐、卡拉胶、琼脂等
	人工合成膳食纤维	羧甲基纤维素、甲基纤维素等
在大肠内的发酵程度	部分发酵类纤维	纤维素、半纤维素、木质素、角质和植物蜡等
	完全发酵类纤维	β-葡聚糖、果胶、瓜尔豆胶、阿拉伯胶、海藻胶等
植物体内的功能	结构性多糖类	纤维素、半纤维素及果胶等
	结构性非多糖类	木质素
	非结构性多糖类	树胶、胶浆等

目前，学术界比较一致的观点是根据膳食纤维的水溶性分类，可分为可溶性膳食纤维和不溶性膳食纤维，两者总和为总膳食纤维。

(1)不溶性膳食纤维　主要包括纤维素(cellulose)、半纤维素(hemicellulose)、木质素(lignin)(不是多糖)，它们是植物细胞壁的组成成分，存在于禾谷类、豆类种子的外皮以及植物的茎和叶中。

①纤维素　纤维素是指存在于植物体中不能被人体吸收的多糖，是植物细胞壁的主要成分，也是膳食纤维最基本的化学成分，是自然界最为丰富的有机化合物。它是由葡萄糖分子以β-1,4-糖苷键连接的高分子不溶性均一多糖。虽然纤维素的化学结构与淀粉相似，但两者物理性质却截然不同。人体内淀粉酶不能消化β-1,4-糖苷键，因此人体不能消化吸收纤维素。而草食动物由于其瘤胃中微生物能产生纤维素酶，故可以利用纤维素供能。纤维素具有吸水膨胀的能力，在消化道内可以大量吸水。不同来源的纤维素，其结晶程度也不相同。在植物细胞壁中的纤维素分子是线形分子，易于缔合，使得纤维素分子链呈规律性排列，形成结晶状的微晶纤维束结构单元，结晶区由大量氢键连接而成。

②半纤维素　半纤维素是植物细胞壁中除纤维素和木质素之外的另一种重要组分，大多数半纤维素含有2～4种不同糖基组成的杂多糖，与纤维素一样，主要以β-1，4-糖苷键连接，也存在β-1，3-糖苷键，半纤维素是谷类纤维的主要成分，它包括戊聚糖(pentosan)、木聚糖(xylan)、阿拉伯聚糖(Araban)和半乳聚糖(galactosan)以及一些酸性半纤维素，如半乳糖醛酸(galacturonic acid)、葡萄糖醛酸(glucuronic acid)等。由此可见，半纤维素是由多种糖基糖醛酸所组成的，且分子中往往带有支链的复合聚糖的总称。

半纤维素比纤维素更易水解。不同种类的半纤维素水溶性不同，有的可溶于水，但绝大部分不溶于水。半纤维素在小肠中不被消化，但能在结肠中被微生物所分解。半纤维素在麸皮中含量较多，不同植物中半纤维素的种类、含量均不同。大部分粮食产品和豆科植物产品都含有丰富的半纤维素，而果蔬中的半纤维素则含量匮乏。阿拉伯木聚糖在小麦和大豆纤维中含量较多，木糖葡聚糖是豆类纤维中最重要的一种不溶性半纤维素，但在小麦和大豆纤维中并不存在。半纤维的存在与否及含量的多少对膳食纤维的物化特性、生理功能及产品的加工性能都带来不同程度的影响；在加工过程中需要尽可能地保留半纤维素，以便提高产品的得率、生理功能和降低生产成本。

③木质素　它是由苯基丙烷结构单元(即C_6～C_3单元)通过醚键、碳碳键连接而成的芳香族高分子化合物，能使细胞壁保持一定的韧性，不属于多糖化合物。木质素的亲水性差，几乎不受生物化学分解，不能被人体吸收。食物中木质素含量相对较少，主要存在于老化胡萝卜、花茎甘蓝的木质化部分和草莓籽等种子中。

④抗性淀粉　它包括改性淀粉和经过冷却加热处理的淀粉。抗性淀粉在生理功能上与膳食纤维极为相似，因此归入膳食纤维。它属于不溶性膳食纤维，但通常兼具可溶性膳食纤维的特点，可用做葡萄糖的缓释剂，以降低餐后血糖。有研究显示，在体内和体外试验中，抗性淀粉都可促进大肠双歧杆菌等益生菌的生长。

(2)可溶性膳食纤维　可溶性膳食纤维兼具可溶于水和吸水溶胀的特点，是存在于植物细胞液和细胞间质中的一类能被大肠中微生物酵解的纤维。主要包括果胶、树胶等在特定pH溶液中可以溶解的膳食纤维，常被用作食品增稠剂。

①果胶　果胶通常存在于植物细胞之间的黏结物和果蔬、薯类等非谷物中，尤其是柑橘类和苹果中含量很高。果胶是被甲酯化至一定程度的半乳糖醛酸多聚体(β-1，4-*D*-galacturonic acid polymer)，半乳糖醛酸上的羧基部分可以被甲基酯化，酯化的半乳糖醛酸与总半乳糖醛酸之比为酯化度(degree of esterification，DE)，对果胶的性质影响很大。已知组成果胶的单糖达17种，包含20多种不同方式连接的化学键，都很容易被肠道细菌和环境细菌降解。果胶分解产生甲醇和果胶酸，这正是过熟或者腐烂水果及各类果酒中甲醇含量较多的原因。

细胞壁之间的原果胶并不溶于水。人工提取的果胶是原果胶的水解物，溶于水呈黏稠溶液，具有胶化能力，在食品加工中常被作为增稠剂用于冰淇淋、果冻、果酱及色拉调料中。

②树胶(gum)和黏胶(mucilage)　树胶和黏胶是由不同的单糖及其衍生物组成的，常见的有阿拉伯胶(Arabic gum)、瓜拉胶(guar gum)，多存在于柑橘类和燕麦类制品中，通常作为稳定剂应用于食品加工中。

5.2.2 膳食纤维的生理功能

膳食纤维具有水化作用、溶解性及吸附、发酵、结合有机化合物、离子交换等特性，决定其具有多种有益于人体健康的生理功能。

1. 利于粪便排出，预防和减少肠道疾病

大部分肠道疾病发病的主要原因是肠道蠕动慢、粪便少而硬，导致便秘，进一步导致排便时肠压增加，久而久之，肠道容易产生小憩室导致患憩室病或痔疮等。膳食纤维可吸水膨胀，可增加粪便体积及松软度，同时可以刺激肠道蠕动，促进排便，预防便秘，缩短粪便中的有害物质与肠道的接触时间，保持肠道清洁，有效预防和减少横膈膜症、痔疮等胃肠道疾病。

2. 调节肠道菌群，维持机体微生态平衡

人体肠道有害菌和有益菌的平衡对健康极为关键，有害菌会产生大量毒素，抑制有益菌的生长，破坏肠道微生态平衡。研究表明，不同食物、不同形态的膳食纤维均具有改善肠道菌群的功能，而且膳食纤维的理化特性和含量对肠道菌群的构成及其代谢产物产生较大的影响。膳食纤维可诱导好气性微生物生长，抑制厌氧菌生长，减少致癌物质产生；促进双歧杆菌、乳酸杆菌等有益菌增殖，抑制有害菌生长，调节肠道菌群的构成比例，减少有害菌所产生的有毒物质，防止肠道黏膜萎缩，使人体肠道菌群的种类和数量维持在正常水平，同时有利于肠道有益菌合成维生素供人体利用。有报道称，谷物膳食纤维——戊聚糖能够增殖双歧杆菌和乳杆菌等有益菌。

此外，膳食纤维可以作为发酵底物，被肠道菌群中的微生物分解，产生乙酸、乳酸等有机酸，可降低肠道的 pH。

3. 增加饱腹感，控制体重利于减肥

膳食纤维有利于控制体重，促进减肥。原因有三个：一是可溶性膳食纤维具有吸水溶胀的特性，可以使食物的体积增加 5～10 倍，增加饱腹感，减少机体对食物的需求与摄入；二是不溶性膳食纤维能延缓食物由胃进入肠道的速度，延缓胃排空速率、延缓淀粉在小肠内的消化速度；三是膳食纤维能通过调节肠道菌群提高肠道短链脂肪酸水平，而短链脂肪酸可以促进脂肪细胞分泌瘦素，瘦素是一种典型代谢激素，能够促使机体减少摄食量，增加能量释放，抑制脂肪细胞的合成，从而达到抑制机体对脂肪的吸收、控制体重、预防肥胖的作用。

4. 降低胆固醇，预防心血管疾病

膳食纤维可以吸附胆汁液、胆固醇及变异原等有机分子，抑制或延缓胆固醇与甘油三酯在淋巴中的吸收，从而显著降低人体血浆和肝脏组织中的胆固醇水平，维持体内血脂和脂蛋白代谢的正常进行。此外，膳食纤维还能促进胆汁酸的排泄，抑制血清胆固醇及甘油三酯的上升，减少胆汁酸的重吸收，改变食物的消化速率和消化道分泌物的分泌量，预防胆结石的形成。有研究表明，摄食富含膳食纤维的糙米人群体内低密度脂蛋白、甘油三酯水平均极显著降低，证实了增加膳食纤维的摄入比例可有效改善人体脂质代谢，预防高血压、心脏病和动脉粥样硬化等心血管疾病的发生，利于机体健康。

5. 降低血糖水平，预防和辅助治疗心血管疾病

研究表明，膳食纤维的摄入量与糖尿病患者胰岛素抵抗水平呈反比，膳食纤维可改善神经末梢对胰岛素的感受性，减少体内胰岛素的释放，进一步增强其降血糖功能。膳食纤维能抑制和延缓小肠对糖的吸收，使血糖不会因进食而快速升高。膳食纤维含量充足的饮食，无论是治疗还是预防糖尿病都具有特殊的功效。

6. 预防有毒重金属的毒害作用

膳食纤维对阳离子有较强的结合和交换能力，可以与铅、镉、汞等有毒重金属离子进行交换，吸附在膳食纤维上的有毒重金属离子随粪便排出，有效延缓和减少机体对饮食中有毒重金属的吸收，从而减少和预防有毒重金属对人体的毒害作用。流行病学调查和研究发现，食用富含膳食纤维食物的人群，结肠癌的发病率相对降低。

5.2.3 膳食纤维的摄入量与食物来源

(1)膳食纤维的摄入量　由于人群体质、饮食结构、习惯及地理环境的差异，世界上不同机构提出的膳食纤维适宜摄入量各不相同。中国营养学会建议的摄入量为25～35 g/d，且非水溶性膳食纤维占70%～75%，水溶性占25%～30%。不同国家的膳食纤维每日推荐摄入量见二维码5-3。

二维码 5-3　不同国家的膳食纤维每日推荐摄入量

(2)膳食纤维的食物来源　饮食中膳食纤维主要来源于植物性食物，如谷类、薯类、豆类、果蔬中。理论上，谷物食品的膳食纤维含量最高，且主要集中在种皮(麸皮)部分。常见植物性食物中膳食纤维的种类及含量见二维码5-4。

二维码 5-4　常见植物性食物中膳食纤维的种类及含量

(3)膳食纤维平衡　最有利于健康的膳食模式称为平衡膳食，其基本原则是食物多样、荤素搭配、粗细搭配、饮食定量。相应地，平衡膳食条件下的膳食纤维总量、多样性及种类之间的比例也应是平衡的。也就是说，在一定的摄入量范围内，膳食纤维是有益的，但过量摄入会引发健康问题。

5.3 功能性多糖与低聚糖

5.3.1 功能性多糖

功能性多糖指一类主要由葡萄糖、果糖、阿拉伯糖、木糖、半乳糖及鼠李糖等单糖组成的聚合度大于10的具有一定生理功能的糖类，又称为活性多糖(active polysaccharides)，通常无甜味。

1. 功能性多糖的分类

现已从天然产物中分离出300余种多糖类化合物，种类繁多。具有功能性的多糖按照来源，可以分为五大类。

(1)植物多糖　亚洲国家研究较多，目前已被研究的主要有大枣多糖、魔芋多糖、茶多糖、枸杞多糖、西洋参多糖等。

(2)动物多糖　主要来源于多种哺乳动物的多糖，如肝素、硫酸软骨素B、海藻糖化的硫酸软骨素等，这些多糖的生物活性作用主要是抗凝血活性。此外透明质酸、海参多糖、壳聚糖等动物多糖也研究较多。

(3)真菌多糖　真菌多糖一般指从真菌类生长出的大型子实体中提取的多糖，还包括由相应微生物发酵生成的凝结多糖和乳酸菌胞外多糖等，如黄原胶。研究表明，真菌多糖主链由 β-D(1-73)连接的沿主链随机呈梳状分布的葡萄糖基组成，在国际上被称为“生物反应调节物”。1951 年，美国人 Reilly 首次发现担子菌有抑制肿瘤活性。至今，人们已筛选出 200 种担子菌的多糖有抗癌活性。世界上对真菌多糖研究较多的是日本，而且多数研究成果已应用于临床。国内研究较多的真菌多糖有香菇多糖、裂褶菌多糖、灰树花多糖、茯苓多糖、奇果菌多糖、猪苓多糖、灵芝多糖、木耳多糖、虫草多糖、酵母葡聚糖及红曲霉多糖等。

(4)细菌多糖　目前世界上研究较多的细菌多糖有肺炎球菌荚膜多糖、脑膜炎球菌荚膜多糖、流感杆菌荚膜多糖等，这一类多糖主要是用于疫苗研究。

(5)藻类多糖　人们研究较多的有螺旋藻多糖、岩藻多糖、海带多糖及极大螺旋藻多糖等。

2. 功能性多糖的生理功能

(1)免疫调节作用　功能性多糖最重要、最基本的生物活性是作为一种宿主免疫增强剂，它通过促进淋巴细胞和巨噬细胞的增殖，提高巨噬细胞的吞噬能力，活化补体，促进细胞因子分泌以及加强机体的体液免疫功能等途径，达到恢复和提高宿主细胞对淋巴因子、激素及其他生理活性因子的反应性，改善宿主机体平衡。这与传统中药的机理相同。真菌多糖、植物多糖、藻类多糖、香菇多糖大多具有免疫增强活性。其中，关于香菇多糖的免疫调节活性研究较多。香菇多糖是典型的 T 细胞激活剂，体内外均能增强正常或免疫功能低下小鼠的迟发型超敏反应、促进细胞毒性 T 淋巴细胞(CTL)的产生、提高 CTL 的杀伤活力、提高抗体依赖性细胞毒细胞活性。另外，香菇多糖还能激活补体系统，促进抗体生成，使巨噬细胞溶酶体酶增加。

功能性多糖具有明显的体外细胞免疫调节作用和显著抑制肿瘤细胞增殖作用。从姬松茸中分离纯化出一个水溶性蛋白多糖能通过增强免疫力来控制肿瘤和免疫缺陷性疾病。研究表明，大多数真菌多糖并非直接杀死癌细胞，而是提高机体免疫力，且不会给机体造成额外负担。研究还发现，黄芪多糖、灵芝多糖、紫草多糖、金针菇多糖、波叶大黄多糖、商陆多糖、板蓝根多糖等都具有增强细胞免疫的功能。

此外，不同种类多糖结构的差异，造成具体作用位点、作用机制不同，活性表现也千差万别，因此多糖还具有与免疫调节相关的多种功能活性，如降血糖、抗衰老、促进肝脏和骨髓细胞的蛋白质和核酸合成、抗炎等作用。病原性细菌的荚膜多糖作为细菌表面结构性成分，在动物或人体内具有一定的免疫原性，能刺激机体产生相应的抗体，因此具有疫苗作用。脑膜炎球菌荚膜多糖 A 型结合疫苗已经于 1999 年在英国得到推广应用，并获得成功。

(2)抗肿瘤活性　一般认为，功能性多糖不是直接作用于肿瘤细胞，而是通过提高宿主免疫功能，增强生物体对肿瘤细胞的防御能力发挥抗癌功能。例如，香菇多糖已作为原发性肝癌等恶性肿瘤的辅助治疗药物。此外，栀子多糖、枸杞多糖、金针菇多糖等都具有抗肿瘤的功能。

(3)抗病毒作用　研究表明，多种多糖对艾滋病毒 HIV、单纯疱疹病毒、巨细胞病毒、流感病毒、囊状胃炎病毒、劳斯肉瘤病毒和鸟肉瘤病毒等病毒有抑制作用。研究较多的有硫酸多糖、中性多糖及糖复合物(脂多糖、糖蛋白及糖肽)。中性多糖和糖复合物大多通过提高机体的免疫机能达到抗病毒目的。硫酸多糖已被证明是强抗 HIV 病毒物质，是当今多糖研究中的一个热点。此外，还有研究表明藻类多糖具有抗病毒活性；猪苓多糖、云芝多糖等作为辅剂已成功用于肝炎病毒的治疗上，并取得良好的临床效果。

(4)抗凝血作用　抗凝血作用也是功能性多糖的重要生理活性之一。硫酸多糖类化合物是具有抗凝血功能的代表性多糖，如肝素、硫酸软骨素、海藻硫酸多糖等。

功能性生物多糖的其他生物活性见二维码 5-5。

二维码 5-5　功能性生物多糖的其他生物活性

5.3.2　功能性低聚糖

低聚糖，又称寡糖，包括功能性低聚糖和普通低聚糖两种，其中功能性低聚糖是由 2～10 个单糖通过糖苷键聚合而成，相对分子质量 300～2 000，具有糖类的特性，可直接作为配料添加到食品中，具有不被人体的胃酸和内源性消化酶降解，不被(或难被)小肠吸收，预防龋齿，促进双歧杆菌增殖等生理功能的一大类糖。常见的益生元主要是低聚糖(二维码 5-6)。

二维码 5-6　益生元

1. 功能性低聚糖的分类

不同类型的功能性低聚糖主要从瓜尔胶、刺槐豆胶、葫芦巴胶、魔芋等植物或种子中获得，在自然界存在的形式各异。目前发现功能性低聚糖有 1 000 多种，根据组成的单糖不同，常见的功能性低聚糖通常包括低聚果糖、低聚异麦芽糖、低聚半乳糖、低聚乳果糖、低聚木糖、大豆低聚糖、水苏糖、棉籽糖、低聚壳聚糖、低聚龙胆糖、低聚帕拉金糖等。

2. 功能性低聚糖的功能

(1)促进双歧杆菌增殖，调节肠道菌群结构。人和动物肠道内栖息着各种细菌，包括对机体的健康有促进作用的益生菌以及有害菌群等，这些细菌的种类、数量和定居部位是相对稳定的，它们相互协调、相互制约，共同形成了肠道菌群。双歧杆菌是人体肠道内具有代表性的益生菌，具有抑制肠道病原菌的繁殖和调节肠道内微生态菌群的平衡等功能，同时还能提高机体抗病免疫功能。研究表明，摄入低聚糖可促进大肠中的双歧杆菌增殖，从而抑制肠道有害细菌的生长繁殖。因为功能性低聚糖通过消化道不被酸和酶水解，直接进入肠道为双歧杆菌利用。双歧杆菌对各种低聚糖几乎都可以利用，而一些有害细菌则不能利用或很难利用大多数低聚糖。如每天摄入 210 g 低聚糖，持续数周后，肠道内的双歧杆菌活菌数平均增加 7.5 倍，而有害的产气荚膜梭状芽孢杆菌总数减少了 81%。此外，通过摄入低聚糖，乳酸菌可以成优势生长，抑制病原性细菌的过度繁殖。经过抗生素、放疗或饮食不当引起的肠内菌群失调，可通过摄入功能性低聚糖、乳酸菌制品得到调节，使肠道菌群正常化。

(2)预防和改善便秘,促进矿物质吸收。人体试验表明,轻微便秘者每天摄入 6～12 g 的低聚糖,一周内就会有明显的通便效果,但这对严重的便秘者治疗效果不明显。这可能是由于各种低聚糖不经消化或难以消化,食入后直接进入大肠,在结肠中被大肠菌群发酵作为能源利用,双歧杆菌、乳酸菌等有益菌群发酵低聚糖产生大量短链脂肪酸,如醋酸、丙酸、丁酸和乳酸等,降低了肠道内的 pH,有效地抑制了肠道腐败产物的生成,促进肠道蠕动、增加粪便湿润度并保持一定的渗透压,从而促进排便,防治便秘。同时,肠道内酸性增强使在通过小肠时食物中的矿物元素形成的难溶性的磷酸盐、复合物溶解速度增加,因此,低聚糖可以促进机体对 Ca、Mg、Fe、Zn 等矿物质的吸收。对于促进儿童生长,防治老年骨质疏松有着重要意义。但不同种类的低聚糖对机体吸收矿物质的影响不同,研究表明,低聚果糖能够明显增加钙的吸收,低聚半乳糖次之,而低聚异麦芽糖没有这种生理功能。

(3)降低血脂和血清胆固醇。人体实验已证实摄入功能性低聚糖可以降低机体内血清胆固醇、甘油三酯、游离脂肪酸等的含量,可以预防高血压、高血脂和减少结肠癌的发病率。每天摄入 6～12 g 低聚糖持续 2 周到 3 个月,总血清胆固醇可降低 20～50 dL。其作用机制可能为低聚糖的摄入增加了肠道内益生菌尤其是双歧杆菌的数量,双歧杆菌又通过影响 β-羟基-β-甲基戊二酸单酰辅酶 A 还原酶的活性,控制胆固醇的合成,从而起到降低血清胆固醇含量的作用。也有可能是双歧杆菌产生的胆酸水解酶将结合胆酸游离出来,胆汁酸可以同胆固醇结合沉淀随大便排出体外,也有效地降低血清胆固醇,降低血脂。有研究表明,双歧杆菌代谢产生烟酸的能力与血清胆固醇水平的降低也有一定的关系。

(4)抑制内毒素,保护肝脏功能。双歧杆菌发酵低聚糖,产生醋酸和乳酸等短链脂肪酸和一些抗生素物质,可以抑制外源致病菌和肠内固有腐败细菌的生长繁殖,有效地减少有毒发酵产物的产生;双歧杆菌还可以抑制肠道腐败细菌的繁殖,从而减少肠道中内毒素及尿素酶的含量,使血液中的内毒素和氨含量下降,从而大大减轻肝脏分解毒素的负担,具有一定保护肝脏的功能。

功能性低聚糖因很难或不被人体消化吸收,还具有低能量特点,因此在低糖食品中发挥着重要作用,可作为糖尿病人、肥胖病人和低血糖病人的食品。此外,功能性低聚糖还具有预防龋齿、合成维生素、增强机体免疫力、延缓衰老和抗肿瘤等生理功能。

5.4　酚类化合物

酚类化合物是指芳香烃中苯环上的氢原子被羟基取代所生成的化合物。它是一类以游离方式或与碳水化合物结合的方式广泛存在于可食性植物中的次生代谢产物,如苹果、石榴、柿子、茶叶、紫苏、可可、甜菜等植物的叶、花、根、茎、果实的液泡中。酚类化合物具有抗氧化、抗菌、抗肿瘤、保护心血管、增强免疫力、防治骨质疏松等作用。

已知自然界中的酚类化合物种类超过 8 000 种。根据其分子所含的羟基数目又分为一元酚和多元酚,其具体分类见表 5-4。

表 5-4　酚类化合物的分类

分类	代表性化合物
酚酸类	没食子酸、原儿茶酸、香草酸、丁香酸、香豆酸、咖啡酸、阿魏酸、芥子酸等
黄酮类	黄酮和黄酮醇、黄烷酮、黄烷醇(儿茶素)、花青素等
单宁类	水解单宁、缩合单宁
香豆素类	色原酮香豆素、倍半萜类香豆素等
芪类	简单芪类、聚合芪类

5.4.1　单宁类化合物

1. 概述

单宁，又称植物多酚，是分子中具有多个羟基的酚类成分，广泛存在于谷物、蓝莓、樱桃、胡萝卜、柑橘类水果、油料作物、西红柿、菠菜等植物的皮、根、叶、果中，含量可达 20%。多酚可以赋予植物颜色和某些特性，具有防御病毒、抗氧化等作用，主要作为天然抗氧化剂应用于食品工业中。目前研究较多的是茶多酚、苹果多酚和葡萄多酚，最具有代表性的是茶多酚。

2. 茶多酚

茶多酚又名茶鞣质或茶单宁，是茶叶中 30 多种酚类物质的总称，在干茶叶中的含量为 20%～35%，主要由黄烷醇类(儿茶素类)、黄酮及黄酮醇类、花色素类、酚酸及索酚酸类化合物组成。其中最重要的成分是黄烷醇类的多种儿茶素及其衍生物，约占茶多酚总量的 80%。主要由五种成分构成：表没食子儿茶素没食子酸酯(epigallocatechin-3 gallate，EGCG)、表没食子儿茶素(gallocatechin，EGC)、表儿茶素没食子酸酯(epicatechin-3-gallate，ECG)、儿茶素(catechin，CA)和表儿茶素(epicatechin，EC)。EGCG 和 EGC 是茶多酚生物学活性的主要来源，含量最高、活性最强。

茶多酚结构中的多个活性羟基赋予其多种生理功能，最突出的功能是抗氧化，它能有效终止机体内自由基的链式反应，清除超氧阴离子的能力可达 90%，优于维生素 C 和维生素 E，其中 EGCG 对脂肪的抗氧化作用是维生素 E 的 16.5 倍；茶多酚有抗肿瘤作用，对胃癌、皮肤癌、十二指肠癌、结肠癌、乳腺癌、肺癌、前列腺癌、胰脏癌具有抑制作用；茶多酚能明显降低血浆中低密度脂蛋白水平，升高高密度脂蛋白水平，通过调节血脂代谢、抗凝、促纤溶、抑制小肠对胆固醇吸收等途径，对动脉粥样硬化有显著的抑制效果，从而预防心血管疾病；茶多酚具有抑菌作用，在食品加工中可作为天然保鲜剂。还具有预防龋齿、消除口臭、抗变态反应、增强机体非特异性免疫功能的作用。

5.4.2　黄酮类化合物

1. 概述

黄酮类化合物又称类黄酮，生物类黄酮，是以 2-苯基色元酮为母核，其基本骨架是由两个苯环(A 环和 B 环)通过中央三碳链连接而成的具有 $C_6 \sim C_3 \sim C_6$ 结构的一系列化合物。它是目前备受关注的天然活性产物之一，已知的有数千种，细分包括黄酮和黄酮醇类；二氢黄酮、二氢黄酮醇类；黄烷醇类；异黄酮和二氢异黄酮类；双黄酮类；花色素类；查耳酮类等。

2. 黄酮类化合物的生物活性

黄酮类化合物是药用植物的主要活性成分之一，具有抗氧化、抗炎、抗癌、抗菌等多种生物活性，活性大小与其化学结构有着密切的关系。

(1)抗氧化作用　黄酮类化合物能有效消除自由基，抑制脂质过氧化，具有抗氧化作用。其原理为黄酮类化合物中的酚羟基能与自由基反应生成较稳定的半醌式自由基。羟基基团总数和构型显著影响其清除自由基的活性。酚羟基数目越多，其结合自由基的能力越强；尤其是 B 环上的邻羟基对黄酮类化合物清除自由基的作用影响最大。黄酮类还可以通过抑制与自由基产生有关的酶、阻断 Fenton 系统中自由基的生成、增强维生素 E 等其他抗氧化剂的功能间接达到抗氧化的效果。

(2)抗肿瘤防癌作用　黄酮类化合物的抗肿瘤作用是当前学术界研究的热点之一，尤以大豆异黄酮为代表。其抗肿瘤的作用机制表现在两方面：一是抑制肿瘤细胞生长，二是保护细胞免受致癌物的损伤。

(3)抑菌抗病毒作用　黄酮类化合物本身呈弱酸性，能使蛋白质凝固或变性，还可破坏细胞壁及细胞膜的完整性，故对许多病原菌具有广泛的抑制和杀灭作用。来源于蜂胶的多种类黄酮具有抑菌活性，黄芩素对金黄色葡萄球菌、枯草杆菌、大肠埃希菌和铜绿假单胞菌具有抑制作用。有些类黄酮物质还同时兼具抗病毒功能，如芦丁和槲皮素等物质，可以起到抗疱疹病毒的作用。部分甲基槲皮素还可以对脊髓灰质炎病毒产生很强的抑制作用。基于以上生物学作用，部分黄酮类化合物成为金银花、大青叶、黄连、鱼腥草、牛蒡子等抗病毒中药的有效成分。

(4)保护心血管作用　摄入富含黄酮类物质的食物可以降低冠心病、动脉粥样硬化的发病率，这一结论已通过流行病学调查证实。研究表明，银杏黄酮临床上用于治疗冠心病、心绞痛、脑血管疾病等均有良好疗效。槲皮素、芦丁、葛根素、大豆异黄酮和沙棘黄酮等能抑制低密度脂蛋白的氧化，减少氧化型低密度脂蛋白的生成；沙棘黄酮治疗心绞痛的总有效率达 97.1%，是治疗心绞痛、预防心梗、脑血栓、动脉粥样硬化的天然良药。许多含有黄酮类化合物的药材，如银杏叶、山楂、葛根及丹参等，也常用于心血管疾病的治疗。

(5)类雌激素活性　异黄酮类化合物在芳香环上有对应于雌二醇的羟基结构，因此在人体内具有雌激素活性，被称为异黄酮植物雌激素，目前研究最多的是大豆异黄酮。大豆异黄酮可缓解妇女更年期综合征，抵御引起内分泌紊乱化学物质(所谓环境激素)的危害，并对与雌激素相关的一些病症有防治功效。大豆异黄酮具有双向调节平衡功能，可以根据不同机体状况表现出不同程度的类雌激素作用。对低雌激素水平者，表现弱的雌激素样作用，可防治更年期综合征、骨质疏松、血脂升高等与激素水平下降相关的疾病；但对于高雌激素水平者，则表现为抗雌激素活性，可防治乳腺癌、子宫内膜炎。

3. 黄酮类化合物的摄入量与食物来源

黄酮类化合物不存在于动物中，广泛存在于苹果、蓝莓、草莓、樱桃、洋葱、生菜、荞麦、韭菜、甘蓝、芹菜、大豆等植物组织中，尤其是以上植物的外皮器官中含量丰富。不同国家人群每日黄酮类化合物的膳食摄入量为20～70 mg。摄入过量时，黄酮类化合物主要由尿排出，摄入不足时，其缺乏症状与维生素 C 缺乏密切相关，因此，与维生素 C 同服极为有益。不同类别黄酮的食物来源见二维码 5-7。

二维码 5-7　不同类别黄酮的食物来源

5.4.3　酚酸类化合物

1. 概述

酚酸类化合物是指在一个苯环上有多个酚羟基取代的芳香羧酸类化合物，通常状态下以糖、各种酯类以及有机酸的形式存在，很少以游离形式存在。因为被较多的酚羟基取代，因此其结构并不稳定，容易受到水分、温度、光、酶、酸以及碱等的影响而变质。酚酸类化合物广泛分布于自然界中，特别是金银花、当归、川芎等常用的中药中，在抗氧化、抗菌消炎、降血脂等方面有很强的药理作用。酚酸类化合物主要有没食子酸类、间苯三酚类化合物、丹参的酚酸类化合物、绿原酸及奎宁酸类衍生物、茶多酚化合物、鞣花酸鞣质、聚黄烷醇多酚及苯丙素类化合物等。

2. 丹参酚酸

丹参酚酸是从唇形科丹参的提取物，水溶性成分主要为酚酸类化合物，大都以丹参素和咖啡酸为结构单元，形成不同的二聚体、三聚体、四聚体及盐类衍生物等的一类化合物，见表 5-5。

表 5-5　丹参酚酸类化合物的分类

丹参酚酸类化合物不同聚合体	代表性化合物
二聚体	迷迭香酸、迷迭香酸甲酯、丹酚酸 F、丹酚酸 G、丹酚酸 D 和原紫草酸等
三聚体	丹酚酸 A、丹酚酸 C、丹酚酸 L、紫草酸及其酯化衍生物等
四聚体	丹酚酸 B(紫草酸 B)及其盐和酯化衍生物、丹酚酸 E 等

研究表明，丹参酚酸类化合物可以保护血管内皮细胞、心肌缺血、再灌注损伤，抗血栓、抗动脉粥样硬化，因此具有保护心血管系统的功效；丹参类化合物可以保肝护肝，抗胃溃疡，对消化系统具有保护作用。丹参酚酸类化合物还可以保护脑及中枢神经系统，丹酚酸 B 能减轻缺血性中风引起的脑损伤，减少梗死体积，降低脑水肿和增加神经学评分；丹酚酸 A 能改善学习记忆损伤；丹参酚酸类化合物具有防治氧化应激介导骨质疏松的作用，丹酚酸 B 可拮抗糖皮质激素诱导大鼠体内骨质流失，丹酚酸 A 也可保护糖皮质激素引起的骨髓损伤，可能是糖皮质激素相关的骨质疏松潜在治疗药物。丹参酚酸类化合物可通过直接杀死肿瘤细胞、抗肿瘤细胞分化、诱导肿瘤细胞凋亡等发挥抗肿瘤作用。此外，丹参酚酸类化合物还有抗氧化、促进肾脏损伤中肾小管上皮细胞结构修复等药理活性。

5.5 生物碱类及含硫化合物

5.5.1 生物碱

生物碱(alkaloid)是含有氮的一类碱性有机化合物,大多数有复杂的环状结构,氮素多包含在环内,有显著的生物活性,是中草药中重要的有效成分,广泛分布于植物界中。目前在已分离到的10 000余种生物碱中,有80余种已用于临床,来自食物的生物碱研究较多的有燕麦生物碱、马铃薯生物碱、茶碱、咖啡碱、可可碱、莲生物碱等。

1. 燕麦生物碱

燕麦生物碱(avenanthramides)是由一系列邻氨基苯甲酸及其衍生物和一系列肉桂酸及其衍生物经过酰胺键链接而成的一类具有环状结构的碱性有机化合物,是一类独特的含氮酚酸类衍生物,也是唯一在燕麦中发现的一类含氮有机化合物,主要分布于燕麦籽粒外层的麸皮和次级糊粉层,有显著的生物活性和光学活性。目前提取分离的燕麦生物碱有20多种,主要成分为以下3种:生物碱A(N-4′-羟基肉桂酰-5-羟基邻氨基苯甲酸,占35%)、生物碱B(N-4′-羟基-3-甲氧基肉桂酰-5-羟基邻氨基苯甲酸,占21%)和生物碱C(N-3′,4′-二羟基肉桂酰-5-羟基邻氨基苯甲酸,占44%)。

燕麦生物碱是燕麦抗氧化活性的物质基础,其抗氧化能力高于咖啡酸和阿魏酸;燕麦麸皮生物碱提取物可提高小鼠肝脏脂蛋白脂酶mRNA的表达,抑制血管平滑肌细胞的增殖,从而预防动脉粥样硬化;燕麦生物碱提取物及合成的燕麦生物碱A及A甲酯都能抑制结肠癌、乳腺癌和前列腺癌细胞的生长,并且对结肠癌增殖细胞的抑制作用最显著;燕麦生物碱可通过抑制组胺信号转导来达到抗炎和止痒的作用,目前已开发了一种燕麦生物碱衍生物的药物被用于治疗瘙痒、红斑、水疱、晒伤、湿疹等与组胺有关的皮肤病。

2. 咖啡碱

咖啡碱(caffeine)是主要存在于咖啡、茶、碳酸饮料、巧克力等食物中的甲基黄嘌呤,是一种普遍的具有兴奋性的食物成分。咖啡碱对腺嘌呤受体的竞争性拮抗作用,具有一定的生理功能。咖啡碱对中枢神经系统的兴奋作用,可以在短期内缓解疲劳,提高工作效率;可以促进胃酸的分泌,有助消化;可以通过肾促进尿液中水的滤出率刺激膀胱,利于排尿,例如,茶咖啡碱不仅利尿,还能促进酒精排出体外,助于醒酒;可以加强呼吸代谢的作用,在哮喘病人的治疗中被用作一种支气管扩张剂;具有松弛平滑肌的功效,可使冠状动脉松弛,促进血液循环。但长期或不科学摄入咖啡碱,可能会导致人体对咖啡碱的耐受性或有造成高血压的风险。

3. 莲生物碱

莲生物碱主要在荷叶和莲心中累积,其含量高达其鲜重的0.6%,荷叶和莲心中的生物碱组分截然不同,生理活性也不尽相同。

荷叶总碱是从荷叶中提取出来的一种(R) -1,2-二甲氧基阿朴啡生物碱,主要包括荷叶碱、N-去甲基荷叶碱、N-去甲基亚美罂粟碱、O-去甲基荷叶碱(O-Nornuciferine)、莲碱。荷叶总碱具有显著的降血脂和降胆固醇活性，广泛应用于减肥降脂产品中。此外，还具有抗氧化、清除自由基、抗炎等药用、食疗功效。

莲子心中主要含双苄基异喹啉类生物碱，主要包括莲心碱、甲基莲心碱、异莲心碱(isoliensinine)、前荷叶碱、莲心季铵碱等，其中前3种碱是莲子心的质量控制特征成分，都为双苄基异喹啉生物碱。现代研究表明，其具有降血压、抗肿瘤、抗抑郁、抗心律失常、抗氧化和清除自由基等作用。

4. 茶碱

茶碱在化学结构上与咖啡碱、可可碱相似，均属甲基黄嘌呤类化合物，广泛存在于茶叶、咖啡豆及其他植物中。茶碱可以抑制磷酸酯酶而增强细胞内环腺嘌呤核苷酸(cAMP)的作用，使支气管平滑肌舒张，抑制强力的缩支气管介质腺苷的作用，促进内源性儿茶酚胺的释放，从而舒张支气管平滑肌和治疗哮喘；另外，茶碱通过对抗前列腺素对血管平滑肌的作用，并干扰炎症细胞因子(肿瘤坏死因子，TNF-α)的活性，抑制TNF诱发的气道炎症，具有抗炎作用。

5. 可可碱

可可碱是存在于可可豆中的主要生物碱。在结构上与咖啡碱、茶碱均属甲基黄嘌呤类，但在生理功能上与两者不同，它对中枢神经系统几乎没有作用。只有经化学修饰后的己酮可可碱及其代谢产物，才能通过降低血液黏度改善血液流变性。

5.5.2 含硫化合物

含硫化合物(organosulfur compounds, OSCs)指分子结构中含有元素硫的一类植物化学物，主要包括异硫氰酸盐(isothiocyanates, ITS)、烯丙基二硫化合物、二甲基砜、牛磺酸、金属硫蛋白、硫辛酸等。含硫化合物的主要功能是抗癌与杀菌，不同的含硫化合物，功能也不同。

1. 异硫氰酸盐

异硫氰酸盐是一大类含硫的糖苷，常以葡萄糖异硫氰酸盐缀合物形式存在于白菜、卷心菜、西兰花、菜花、芥菜和萝卜等十字花科蔬菜中。在黑芥子硫苷酸酶作用下，葡萄糖异硫氰酸盐缀合物释出异硫氰酸酯等分解产物。研究表明，异硫氰酸酯可通过抑制有丝分裂、诱导人类肿瘤细胞凋亡，阻止大鼠肺、乳腺、食管、肝、小肠、结肠和膀胱癌的发生，其作用大小与ITS的结构有关。一般情况下，异硫氰酸盐的抑癌作用是在接触致癌物前或同时给予才能发挥其应有的效能。

2. 烯丙基硫化物

烯丙基硫化物是大蒜最有效的活性成分，也是其主要的风味物质。大蒜中的烯丙基硫化物主要为二烯丙基硫代磺酸酯、二烯丙基二硫化合物、S-烯丙基甲基硫代磺酸酯、甲基烯丙基二硫化合物、二烯丙基硫醚等有机硫化合物，均来自γ-谷氨酰半胱氨酸(γ-glutamylcysteine)。烯丙基硫化物可与亚硝酸盐生成硫代亚硝酸酯类化合物，阻断亚硝胺合成，抑制亚硝胺的吸收，具有抗癌作用；可使瘤细胞环化腺苷酸(cAMP)水平升高，抑制肿瘤细胞的生长，具有抗肿瘤作用；可激活巨噬细胞，刺激体内产生抗癌干扰素，增强机体免疫力；此外，还具有杀菌、消炎、降血脂、预防心血管疾病等多种功能。

3. 牛磺酸

牛磺酸又称 α-氨基乙磺酸，是一种含硫的非蛋白氨基酸，它广泛存在于动物组织和植物中，在机体内以游离状态分布于中枢神经系统、视网膜、肝、骨骼肌、心肌、血细胞、胸腺及肾上腺等部位，尤以脑组织和心脏的浓度高。不参与体内蛋白质的生物合成，但与胱氨酸、半胱氨酸的代谢密切相关。

牛磺酸占视网膜中游离氨基酸总量的 50%，可提高神经传导和视觉机能，保护视网膜，抑制白内障的发生、发展；可明显促进神经系统的生长发育和细胞增殖、分化，促进婴幼儿脑组织和智力的发育；可抑制血小板凝集，降低血脂，维持正常血压，预防心血管疾病，保护心肌细胞，抗心律失常；可与胆碱结合形成硫磺胆酸，增加胆汁流量，抑制胆固醇结石的形成；可与胰岛素受体结合，促进细胞摄取和利用葡萄糖，降低血糖浓度；此外，还有改善记忆功能、维持正常生殖功能、改善内分泌状态、增强人体免疫力等功能。

人体自身合成牛磺酸的量很有限，主要依靠从食物中摄取。牛磺酸几乎存在于所有的生物中，哺乳动物的心脏、脑、肝脏等主要脏器中，海产品，禽畜肉及其内脏中含量较高；禽类中黑肉高于白肉，海产品高于禽畜肉；植物中仅藻类含牛磺酸，谷物、水果和蔬菜等都不含牛磺酸。从食物中获得的过量牛磺酸从尿中排出，当摄入不足时还可通过肾脏重吸收和减少排泄，以维持体内含量的稳定，一般不会缺乏。由于体内牛磺酸合成所需的半胱亚磺酸脱羧酶活性较低，婴幼儿体内的牛磺酸合成量不能满足机体需要，而人乳含丰富的牛磺酸，因此，人工哺乳很有必要。

4. 二甲基砜

二甲基砜（MSM）是人体、动物等合成蛋氨酸、胱氨酸、蛋白质及含硫组织中硫的主要供应源之一，广泛存在于海洋生物、植物、动物和人体中，可作为胃肠疾病、风湿性关节炎、抗过敏的膳食补充剂，可用作皮肤治疗药剂，还可用于增强体力、促进血液循环、加速伤口愈合等。

5. 金属硫蛋白（metallothionein，MT）

金属硫蛋白是一种低相对分子质量、高巯基含量、能大量结合重金属的性能独特的蛋白质。它可以参与体内微量元素代谢，是锌元素储存库，每 100 mg 锌金属硫蛋白含 6.9 mg 锌；可以螯合汞、镉、铅等重金属，是目前临床上最理想的生物解毒剂；可维持细胞的正常代谢和分裂，激发机体免疫功能，防止癌变、突变，增强机体的防癌抗癌能力，被广泛应用于抗辐射、抗紫外线、抗过敏、解除重金属毒素、治疗消化道溃疡、消炎抗癌、美容护肤等方面。

6. 硫辛酸

硫辛酸（lipoic acid，La）是在生物体内发现的一种八碳羧酸，化学名为 1，2-二硫戊环-3-戊酸，有氧化和还原两种形式。它参与三羧酸循环，是机体 ATP 产生过程中必不可少的辅助因子。是一种兼具脂溶性与水溶性的机体理想抗氧化剂，能直接清除自由基，螯合金属离子，再生其他抗氧化剂，保护心血管及神经损伤，抗炎，调节糖代谢，并对肝脏疾病如肝性昏迷有一定疗效。

许多食物都含有硫辛酸，在动物的肝脏和肾脏中含量较高。植物体中含量最高的为菠菜(约含 0.17 mg/100 g)，其次为花椰菜、甘蓝、豌豆和米糠，且在植物的花叶中含量高于根部。机体也能合成自身所需要的硫辛酸。

5.6 其他膳食成分

食物中除了含有多种营养素外，还含有许多其他对人体有益的膳食成分，这类膳食成分虽不是维持机体生长发育的必需营养物质，但对预防疾病、调节生理功能、维持人体健康具有重要作用，因此又被称为生物活性物质。它们可来源于植物，也可来源于动物。植物源的其他膳食成分有萜类化合物、植物甾醇、叶绿素、有机酸类、二十八烷醇等，动物源的其他膳食成分有辅酶 Q、γ-氨基丁酸等。

5.6.1 萜类化合物

1. 概述

萜类化合物(terpenoids)是以异戊二烯(isoprene，C_5)为基本单元，以不同方式首尾相接构成的聚合物和衍生物，通式可写成$(C_5H_8)_n$是一类非常重要的次生代谢产物，广泛存在于植物体中。根据异戊二烯单元的个数，萜类化合物可分为单萜、环烯醚萜、倍半萜、二萜、三萜和多萜等。常见的萜类化合物有类胡萝卜素、皂苷、柠檬烯和柠檬苦素类化合物、香芹酮、薄荷脑苧烯、紫苏子醇等。

2. 萜类化合物的生理功能

萜类化合物可赋予食品特征香气，单萜和倍半萜是食品中常见的香气成分；萜类化合物具有抗氧化作用，其机制一般为清除细胞内活化氧簇(ROS)，其中单萜类化合物抗氧化剂潜力巨大，四萜类物质如番茄红素、叶黄素等类胡萝卜素也显示较强的抗氧化活性。此外，类胡萝卜素还具有抗炎作用；部分萜类化合物具有抗菌性，如单萜烯烃、醛和含氧单萜通过扩散并损伤有机体的细胞膜结构发挥抑菌作用；萜类化合物可增强机体免疫力，单萜类物质具有抗抑郁、抗感冒、抗流感、降血脂等功能；三萜类化合物如灵芝三萜可降血糖、降血脂，预防心血管疾病；单萜或倍半萜具有抗癌防癌的作用，倍半萜类物质石竹烯、大根香叶烯能抑制乳腺癌细胞增殖，灵芝三萜对肠癌、宫颈癌及肝癌有一定抗癌功效。

3. 萜类化合物的食物来源

萜类化合物多存在于中草药和水果、蔬菜以及全谷粒食物中。富含萜烯类的食物有柑橘类水果；芹菜、胡萝卜、茴香等伞形科蔬菜；番茄、辣椒、茄子等茄科蔬菜；葫芦、苦瓜、西葫芦等葫芦科蔬菜以及黄豆等豆科植物。此外，酒中也含有萜类物质，且清香型与酱香型白酒含的萜烯类化合物最多；在真菌、微生物、昆虫以及海洋生物中也有萜类成分存在。

5.6.2 植物甾醇

1. 概述

植物甾醇是以环戊烷全氢菲为主架结构(又称甾核)的一类化合物，可以分为植物甾醇及酯、植物甾烷醇及酯两类，主要有 β-谷甾醇、豆甾醇及菜油甾醇等。植物甾醇不溶于水、酸、碱，但可溶于氯仿、乙醚、石油醚、乙酸乙酯等有机溶剂中。

2. 生理功能

植物甾醇是一种重要的天然活性物质，降低胆固醇是其主要的生物活性，机理是植物甾醇可以促进胆固醇异化，抑制胆固醇在肝脏的合成及在小肠内的吸收；另外一个主要功能是防癌抗癌，人群研究表明，植物甾醇能阻断致癌物诱发癌细胞形成，降低结肠癌、乳腺癌和前列腺癌等癌症的发病风险，对治疗溃疡皮肤鳞癌有明显功效。植物甾醇还可通过影响 T 细胞 1-T 细胞 2(TH1-TH2)平衡来调节机体免疫功能，具有一定的抗炎作用。因此，植物甾醇目前主要用于合成甾体药物。

3. 食物来源与摄入量

植物甾醇广泛存在于植物的根、茎、叶、果实和种子中，主要来源于各种植物油、坚果、种子、豆类等，含量最高的如芝麻、向日葵、油菜、花生、高粱、玉米、蚕豆、核桃等，其次是小麦、赤豆、大豆、银杏等。少量存在于水果、蔬菜中。人体对植物甾醇的每日摄入量为 150～400 mg，与胆固醇摄入量相当，但机体对植物甾醇的吸收率很低，仅为 5%左右。

5.6.3 二十八烷醇

二十八烷醇学名为正二十八烷醇(n-octacosanol)，也称蒙旦醇(montanylalcohol)、普利醇(policosanol)，是一种简单饱和直链脂肪醇，对光、热不敏感。主要以蜡和游离状态存在于动物的表皮与内脏中和植物的根、茎等组织中，也存在于苹果果皮、松子、榛子以及大米、玉米等农作物的胚芽和脱胚籽粒中。它是一种非常安全的天然物质，具有抗疲劳、抗缺氧、增强耐力、促进新陈代谢、降血脂、降胆固醇、抗动脉硬化、抗炎、抗肿瘤、提高免疫功能、抑制血小板凝结、保护肝脏等生理功能，此外，还可用于治疗压力性失眠，防治帕金森综合征与阿兹海默病、骨质疏松症，并能缓解 2 型糖尿病症状，在功能性食品、医药、化妆品等方面有广阔的应用前景。但二十八烷醇发挥以上生理功能的作用机制、分子机理尚需深入探讨。

5.6.4 辅酶 Q

辅酶 Q(coenzyme Q，CoQ)，别名辅酶 Q_{10}、泛醌，是一种脂溶性醌类化合物。辅酶 Q 最重要的生理作用是作为呼吸链组分参与动物体内 ATP 的合成，在黄素蛋白和细胞色素之间作为一种电子链传递体参与细胞的氧化磷酸化过程，在人体呼吸链中质子移位及电子传递中起重要作用，可作为细胞代谢和细胞呼吸的激活剂；还可以通过提高细胞内 ATP 的产生效率，促进缺血后心肌的恢复，降低缺血再灌注损伤，从而预防和治疗心血管疾病；辅酶 Q 还具有抗氧化作用，可清除自由基，还能在不同氧化应激条件下抑制脂质过氧化，增加抗氧化酶活性；并可减轻维生素 E 缺乏症的某些症状，延缓细胞衰老。此外，辅酶 Q 还可以抗炎症、提高运动能力，调节免疫功能。

5.6.5 γ-氨基丁酸

γ-氨基丁酸(γ-aminobutanoic acid，GABA)是一种广泛分布于动植物体内的非蛋白质氨基酸，在哺乳动物体内 GABA 只存在于神经组织中，在植物体中以茶叶、胚芽含量较为丰富，奶酪中 GABA 含量也较高。

GABA 对人体具有多种生理功能，可提高神经元活性，具有抗疲劳的作用；参与脑循环生理活动，可改善脑机能，促进长期记忆，对脑血管障碍引起的偏瘫、记忆障碍、儿童智力发育迟缓及精神幼稚症等有良好疗效；可作为少年儿童智力的营养补充剂和促进剂，促进生长激素分泌，活化肝、肾功能。通过促进血管扩张可发挥降血压作用，可降低血氨浓度，解除氨毒，消臭，促进酒精代谢；还具有抗惊厥、抗焦虑、抗抑郁、安神镇痛，抗心律失常、舒缓心情等功效。

二维码 5-8 皂苷的生物学功能及应用价值

5.6.6 皂苷

皂苷的生物学功能及应用价值见二维码 5-8。

本章小结

本章重点介绍了水、膳食纤维及其他膳食成分的生理功能、缺乏症、推荐摄入量及食物来源。其他膳食成分重点介绍了膳食纤维、功能性多糖和低聚糖、酚类化合物、生物碱类、含硫化合物、萜类化合物、植物甾醇、二十八烷醇、辅酶 Q、γ-氨基丁酸等物质的生理功能、膳食摄入量及食物来源。要求同学们掌握水的生理功能，熟悉人体对水的需要量、水缺乏症及水中毒；掌握膳食纤维在人体营养中的作用、食物来源及参考摄入量；理解功能性多糖及低聚糖、酚类化合物、含硫化合物、生物碱、萜类化合物等食物中其他膳食成分的生理功能及食物来源。

思考题

1. 水的生理功能有哪些？
2. 什么是水中毒？如何维持人体的水平衡？
3. 膳食纤维的功能与食物来源分别是什么？
4. 膳食纤维的摄入量是不是越多越好？为什么？
5. 简述功能性多糖的分类及其生理功能。
6. 请列举出五种功能性低聚糖，并简述其中一种的主要生理功能。
7. 根据分子结构，酚类化合物如何分类？其中，黄酮类化合物的生理功能是什么？
8. 食物中的生物碱有哪些？简述其中两种生物碱的生理功能。
9. 有机硫化合物主要包括哪几类？各自有何特有的生理功能？
10. 分别列举三种动、植物中的其他膳食成分，并简述植物甾醇与辅酶 Q 的生理功能。

CHAPTER 6

第 6 章 各类食物的营养价值

【启发提问】

1.为什么我们每天要吃这么多种类的食物呢？

2.我们能从食物中获得哪些营养？

【学习目的与要求】

1.掌握各类食物中主要营养素的种类、含量和质量等营养特点与其在人类生活中的作用。

2.熟悉提升各类食物营养价值的方法。

3.了解提高膳食营养的有效措施。

【学习重点】

1.食品营养价值。

2.营养质量指数。

3.提高各类食物营养价值的方法。

【学习难点】

1.各类食物中主要营养素的种类、含量和质量等营养特点与其在人类生活中的作用。

2.提高膳食营养的有效措施。

6.1 食物营养价值的评价

食品是人类获取能量和营养素的基本来源，是人类生存繁衍的物质基础。根据《中华人民共和国食品安全法》的规定，食品是指供人们食用或者饮用的各种成品和原料，以及按照传统既是食品又是药品的物品，但是不包括以治疗为目的的物品。按此定义，食品既包括食品原料，也包括由原料加工后的成品。通常人们将食物原料称为食料，而将经过加工后的食物称为食品。此外，食品还包括既是食品又是药品的物品。

6.1.1 食物的分类

1. 按性质和来源分类

(1)植物性食物，如粮谷类、豆类、蔬菜、水果、薯类、硬果类等；

(2)动物性食物，如畜禽肉类、奶类、蛋类、水产品等；

(3)各类食物的制品，以动物性、植物性天然食物为原料，通过加工制作的食品，如糖、油、酒、罐头、糕点等食品。

2. 按颜色分类

(1)白色食物，如米、面等；

(2)绿色食物，如蔬菜、水果等；

(3)红色食物，如各种肉类；

(4)黄色食物，如豆类、薯类等；

(5)黑色食物，如各种菌类等。

中医认为"药食同源"，不同颜色的食物可以治疗不同的疾病。例如心功能不好的人可多食红色食物；肝功能不好的人可多食绿色食物；脾功能(消化功能)不好的人可多食黄色食物；肺功能不好的人可多食白色食物；肾功能不好的人可多食黑色食物。

6.1.2 食品的营养价值

食品的营养价值(nutritional value)通常指食品中所含营养素的种类、数量及其相互比例和能量能满足人体需要的程度。食品营养价值的高低取决于其所含营养素的种类是否齐全，数量及相互比例是否适宜，是否易被人体消化吸收和利用。

食物的营养价值不能以一种或两种营养素的含量来决定，而必须看它在膳食整体中对营养平衡的贡献。一种食物，无论其中某些营养素含量如何丰富，也不能代替由多种食品组成的营养平衡的膳食。另外，还应注意食品中天然存在的抗营养素或毒性物质，如生大豆中含抗胰蛋白酶因子，菠菜等含大量草酸，高粱含有较多的单宁等。这些物质对食品的营养价值都有一定的影响，故应通过适当加工烹调使之破坏或消除。

食品的营养价值在很大程度上受储存、加工和烹调的影响。如米、面加工过于精白将损失大量的维生素 B_1 及其他 B 族维生素，精制的食盐将失去丰富的碘，水果罐头将破坏大量的维生素 C 等。但使用科学合理的加工方法常可改善和保持原来的营养价值，如大豆做成各种制品可明显提高蛋白质的消化率，面粉经过发酵可减少植酸对钙、铁、锌等无机类元素的不利影响。

因此，食品的营养价值主要决定于它的性质，即食品营养成分的天然组成及其在各种工艺处理下受到的影响。只有全面了解各类食物的营养特点、天然组成成分、加工对食品营养素的影响，才能充分利用食物资源，从而指导人们科学选购食品，合理配置营养，平衡膳食。食品营养价值见二维码 6-1。

二维码 6-1　食品营养价值

6.1.3　评价食物营养价值的意义

(1)全面了解各种食物的天然组成成分，包括营养素种类、非营养素类物质及抗营养因素等；找出现有主要食品的营养缺陷，并指出改造或创新食品的方向，解决抗营养因素问题，以充分利用食物资源。

(2)了解食物在加工烹调过程中营养素的变化和损失，采取相应的有效措施，以充分保存食品中营养素，提高食品营养价值。

(3)指导人们科学地选购食物以及合理配制平衡膳食，以达到增进健康、增强体质和预防疾病的目的。

6.1.4　食物营养价值的评价

食品营养价值的评价主要是从食品所含营养素的种类及含量、营养素的质量及加工烹调过程中的变化等方面进行评定。

1. 营养素的种类及含量

对某食品进行营养价值评定时，应对其所含营养素的种类进行分析，并确定其含量。一般认为，食品所提供的营养素越接近人体需要的种类及比例搭配，该食品的营养价值就越高。在实际工作中除用化学分析法、仪器分析法、微生物法、酶分析法等来测定食品中营养素种类和含量外，还可通过查阅食物成分表，初步评定食品的营养价值。

2. 营养素的质量

在评价某食品或某营养素价值时，营养素的质与量是同等重要的。蛋白质的优劣体现在其氨基酸的组成及可被消化利用的程度，脂肪的优劣则体现在脂肪酸的组成、脂溶性维生素的含量等方面。

评定食品的营养价值主要是依靠动物喂养实验及人体试食临床观察，将生长、代谢、生化等指标与对照组进行比较得出的结论。

3. 营养质量指数

营养质量指数(index of nutrition quality，INQ)由 R. G. Hansen 提出并推荐作为评价食品营养价值的指标。INQ 即营养素密度(待测食品中某营养素占供给量的比)与能量密度(待测食品所含能量占供给量的比)之比。公式如下：

$$\mathrm{INQ}=\frac{\text{营养素密度}}{\text{能量密度}}$$

$$营养素密度=\frac{某营养素含量}{营养素参考摄入量}$$

$$能量密度=\frac{所产生的热能}{能量标准量}$$

INQ 的计算方法：

(1)查《食物成分表》，找出某种营养素含量；

(2)查中国居民膳食营养素参考摄入量，确定某一人群能量与营养素膳食参考摄入量；

(3)计算某种食物的营养素密度；

(4)计算某种食物的能量密度；

(5)计算食物中某一营养素 INQ 值。

INQ 评价：INQ=1，表示食品的该营养素与能量含量达到平衡；INQ>1 说明食品中该营养素的供给量高于能量的供给量，故 INQ≥1 为营养价值高；INQ<1 说明此食品中该营养素的供给少于能量的供给，该食品的营养价值低，长期食用此种食品，可能发生该营养素的不足或能量过剩，一般认为，属于前两种(INQ≥1)的食品营养价值高，后一种营养价值低。INQ 是评价食品营养价值的一个简明实用的指标。

举例：每 100 g 大豆中含热能 359 kcal、蛋白质 35.1 g、视黄醇 37 μg、硫胺素 0.41 mg，请以轻体力劳动成年女性为参考(轻体力劳动女性的营养素 RNI 为热能 2 100 kcal、蛋白质 65 g、视黄醇 700 μg、硫胺素 1.2 mg)，计算大豆的蛋白质、视黄醇、硫胺素的营养质量指数(INQ)，并做出评价。

解：

$$大豆中的蛋白质\ INQ=\frac{35.1\div 65}{359\div 2\ 100}=3.16$$

$$大豆中视黄醇的\ INQ=\frac{37\div 700}{359\div 2\ 100}=0.31$$

$$大豆中硫氨素的\ INQ=\frac{0.41\div 1.2}{359\div 2\ 100}=1.99$$

评价：大豆蛋白质、硫胺素的含量丰富，可长期食用，但视黄醇含量不足，需要从其他食物中增加视黄醇的摄入。

4. 食物利用率

食物利用率是指食物进入体内后被机体消化、吸收和利用的程度。

$$食物利用率=\frac{饲养期间动物的增重值(g)}{饲养期间总的饲料消耗量(g)}\times 100\%$$

常用于整体食物或混合食物的营养评价。常被作为新食物资源、婴幼儿食品的评价方法。一般用动物饲养方法来测定，选用成长期的大鼠或小鼠，计算饲料利用和体重增加的多少。

宏量营养素(蛋白质、脂肪、碳水化合物)和能量会影响食物利用率。食物利用率的百分数越高，说明该食物在体内越能够充分利用，具有较高的营养价值，反之则该食物的营养价值较低。

5. 食物的血糖生成指数

食物血糖生成指数(glycemic Index,GI)简称血糖指数,指餐后不同食物血糖耐量曲线在基线内面积与标准糖(葡萄糖)耐量面积之比,再乘以100。1981年由美国Jenkins提出,是衡量某种食物或某种膳食组成对血糖浓度影响的一个指标。

$$GI=\frac{\text{某食物在食后 2 h 曲线下面积}}{\text{相当含量葡萄糖在食后 2 h 血糖曲线下面积}}\times 100$$

食物血糖耐量曲线:被试者在清晨抽血测定空腹血糖浓度,然后一次服用100 g(或1.75 g/kg体重)葡萄糖,隔0.5 h、1 h、2 h各测定血糖一次。以时间为横坐标,血糖浓度为纵坐标,绘成曲线,此曲线一般称血糖耐量曲线。

正常人在食入大量糖后,血糖在0.5 h或1 h左右至高峰,以后逐渐下降,一般在2 h后可恢复至正常。糖尿病患者除空腹血糖高于正常外,在摄入葡萄糖后,血糖浓度急剧上升,在2 h后仍高于正常。这是由于糖尿病患者的胰岛素分泌不足或作用减弱,因此对葡萄糖的耐量降低。

血糖指数高:表示进入胃肠后消化快、吸收完全,葡萄糖迅速进入血液,血糖浓度波动大。血糖指数低:表示在胃肠内停留时间长,释放缓慢,葡萄糖进入血液后峰值低,血糖浓度波动小。

6. 食物的抗氧化能力

食物的抗氧化能力主要取决于食物中抗氧化物的含量。食物的抗氧化能力大,其营养价值相对较高。

抗氧化物包含维生素(维生素E、维生素C、β-胡萝卜素)、微量元素(锌、铜、锰、硒等)、植物化学成分(酚类、类黄酮、类胡萝卜素)等。

综上所述,不同的食品具有不同的营养价值,除去母乳、婴儿乳粉、浓缩军人日粮等,没有一种食品符合人体的全部营养需求,所有食品中都含有营养素,没有十全十美的食品,也没有一无是处的食品。食品的营养素含量还因品种、产地、栽培方式、贮藏方式、采收期、成熟度、部位、加工烹调等因素而有所不同,而我们要做的是如何把这些食品进行组合,发挥其最大的营养价值。

6.2　植物性食物的营养价值

6.2.1　谷类的营养价值

谷类(grain)主要指禾本科植物的种子。它主要包括小麦、大米、玉米、高粱、荞麦、小米、燕麦等。在不同国家居民膳食中,谷类的摄入种类及数量有所不同。我国居民膳食以大米和小麦为主,称为主食,其他的称为杂粮。

在我国居民膳食中,50%～60%的能量和50%～55%的蛋白质是由谷类食物提供的,同

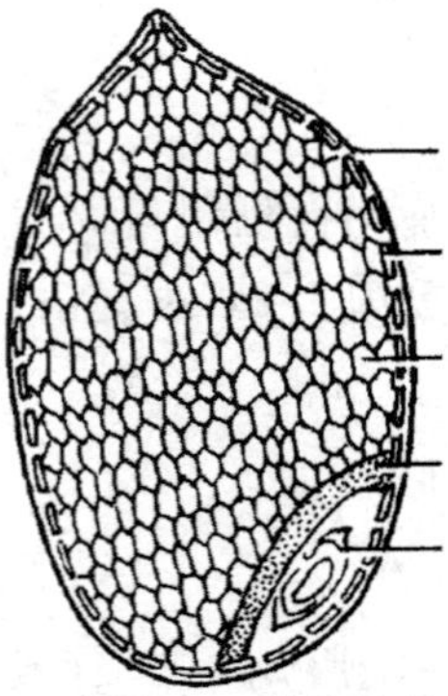

图 6-1 谷粒的纵切面示意图

时此类食品也是机体所需矿物质和B族维生素的主要来源。

1. 谷类结构和组成特点

各种谷类种子形态大小不一，但有相似的结构。最外层是谷皮，主要起保护谷粒的作用，谷粒去壳后其结构可分为谷皮、胚乳、胚芽等部分，谷粒的纵切面示意图见图 6-1。谷粒由外到内依次是谷皮、糊粉层、胚乳、胚轴和胚芽。谷粒各部分营养成分分布不均匀。小麦籽粒各部分化学成分见表 6-1。

表 6-1 小麦籽粒各部分化学成分(以干物质计) %

籽粒部分	部位重量比	蛋白质	淀粉	糖	纤维素	多缩戊糖	脂肪	矿物质
整粒	100	16.06	63.1	4.32	2.76	8.10	2.24	2.18
胚芽	3.24	37.63	0	25.1	2.46	9.74	15.0	0.32
带糊粉层的皮层	15.16	28.75	0	4.18	16.20	35.65	7.78	10.5
胚乳	81.6	12.91	78.8	3.54	0.15	2.72	0.68	0.45

引自：蒋爱民，赵丽芹. 食品原料学. 2007.

(1)谷皮(silverskin) 谷皮为谷粒外面的数层被膜，占谷粒总重量的 6%，主要由纤维素、半纤维素等组成，含较高的矿物质和脂肪，不含淀粉。糊粉层(aleuronelayer)介于谷皮与胚乳之间，占谷粒重量的 6%～7%，含较多蛋白质、脂肪和丰富的B族维生素及矿物质。此层营养素含量相对较高，有重要的营养学意义，但在研磨加工时，易与谷皮同时被分离下来而混入糠麸(bran)中，对谷物食品的营养价值产生较大影响。

(2)胚芽(embryo) 位于谷粒的一端，占谷粒重量的 2%～3%，胚芽中富含脂肪、蛋白质、矿物质、B族维生素和维生素E等。胚芽质地比较柔软而韧性较强，不易粉碎，但在加工过程中易与胚乳分离而混入糠麸中，造成营养素的丢失。其营养价值很高，且酶活性也强，如谷粒留胚多则易变质。

(3)胚乳(endosperm) 胚乳是谷粒的主要组成部分，占谷粒总重量的 83%～87%，含大量淀粉和一定量蛋白质。靠近糊粉层部分蛋白质含量较高，越向胚乳中心，含量越低。此外，还含有少量的脂肪、矿物质和维生素。

2. 谷类的主要组成成分和特点

由于谷物的种类、品种、产地、气候、土壤、施肥以及加工方法的不同，各种谷类营养素的种类及含量相差很大。谷类的营养素种类及含量见表 6-2。

表 6-2 谷类的营养素种类及含量(每 100 g 中含量)

食物名称	蛋白质/g	膳食纤维/g	碳水化合物/g	脂肪/g	维生素 B_1/mg	维生素 B_2/mg	维生素E/mg	烟酸/mg	Fe/mg	Zn/mg	Ca/mg	Se/mg	P/mg
小麦	11.9	10.8	75.2	1.3	0.40	0.10	1.82	4.0	5.1	2.33	34	4.05	325

续表6-2

食物名称	蛋白质/g	膳食纤维/g	碳水化合物/g	脂肪/g	维生素 B_1/mg	维生素 B_2/mg	维生素 E/mg	烟酸/mg	Fe/mg	Zn/mg	Ca/mg	Se/mg	P/mg
小麦粉	10.4	1.6	74.3	1.1	0.15	0.11	1.25	2.0	3.0	0.96	30	6.01	120
大米	7.4	0.7	77.9	0.8	0.11	0.05	0.46	1.9	2.3	1.70	13	2.23	110
小米	9.0	1.6	75.1	3.1	0.33	0.10	3.63	1.5	5.1	1.87	41	4.47	229
高粱	10.4	4.3	74.7	3.1	0.29	0.10	1.88	1.6	6.3	1.64	22	2.83	329
黄玉米粉	8.1	5.6	75.2	3.3	0.26	0.09	3.80	2.3	3.2	1.42	22	2.49	196
白玉米粉	8.0	6.2	73.1	4.5	0.34	0.06	6.89	3.0	1.3	1.22	12	1.58	187
荞麦	9.3	6.5	73.0	2.3	0.28	0.16	4.40	2.2	6.2	3.62	47	2.45	397
莜麦面	12.2	—	67.8	7.2	0.39	0.04	7.96	3.9	13.6	2.21	27	0.50	35

引自：葛可佑.中国营养师培训教材.2006.

(1)蛋白质　不同谷类食品中蛋白质的含量差别较大，多数谷类食品蛋白质含量一般在7.5%～15%之间，主要由谷蛋白、白蛋白、醇溶蛋白和球蛋白组成。几种谷类种子蛋白质中简单蛋白质的相对含量见表6-3。

表6-3　几种谷类种子蛋白质中简单蛋白质的相对含量　　%

谷物	蛋白质总量	谷蛋白	白蛋白	球蛋白	醇溶蛋白
小麦	10～15	30～40	5～10	5～10	40～50
大米	8～10	85～90	2～5	2～8	1～5
玉米	7～13	30～45	2～10	10～20	50～55
高粱	9～13	30～40	—	—	60～70
大麦	10～16	35～45	3～4	10～20	35～45
燕麦	8～12	5	5～10	50～60	10～15
黑麦	9～14	30～40	20～30	5～10	20～30

引自：蒋爱民，赵丽芹.食品原料学.2007.

一般谷类蛋白质必需氨基酸组成不平衡，普遍为赖氨酸含量少，有些苏氨酸、色氨酸、苯丙氨酸、蛋氨酸也不高，因此谷类食品蛋白质营养价值低于动物性食品。

3种主要的谷类食品小麦、大米和玉米中，小麦的蛋白质含量最高，而大米的蛋白质含量相对较低，但从氨基酸模式的角度看，大米蛋白质的质量优于玉米和小麦，其生物利用率也高。几种谷类蛋白质的生物价见表6-4。

表6-4　几种谷类蛋白质的生物价

谷物	大米	小麦	玉米	大麦	小米	高粱
生物价	77	67	60	64	57	56

引自：葛可佑.中国营养师培训教材.2006.

由于谷类食品在我国居民膳食中所占比例较大，也是膳食蛋白质的重要来源，为提高谷类蛋白质的营养价值，常采用赖氨酸强化和蛋白质互补的方法。如大米用0.2%～0.3%赖氨酸强化后，其蛋白质生物价可明显提高。此外，种植高赖氨酸玉米等高科技品种也是一种好方法。如高赖氨酸玉米（Opaque-2 和 Floury-2）品种醇溶蛋白含量降低，白蛋白、球蛋白特别是谷蛋白含量增加，使玉米胚乳内氨基酸模式改变，品种 Opaque-2 赖氨酸和色氨酸含量比普通玉米高 50%以上，组氨酸及精氨酸含量有所增加。品种 Floury-2 除前 4 种氨基酸增加外，蛋氨酸也有增加，因此使玉米的蛋白质质量有了明显的提高。利用基因工程技术培育的高营养浓度玉米，与普通玉米相比，赖氨酸含量高 30%，含硫氨基酸高 50%，苏氨酸高 18%，色氨酸高 100%，能量高 6%。

(2)碳水化合物　它是谷类的主要成分，其主要存在形式为淀粉(starch)，集中在胚乳的淀粉细胞中，含量为 70%～80%，是我国膳食能量供给的主要来源，此外，为糊精、果糖和葡萄糖等。谷类中的淀粉因结构中葡萄糖分子之间的聚合方式不同，可分为直链淀粉和支链淀粉，其含量因品种不同而异，可直接影响谷类食品的风味，一般直链淀粉为 20%～25%，糯米几乎全为支链淀粉。

(3)脂肪　谷类食品中脂肪含量较低，大米、小麦为 1%～2%，玉米和小米约为 4%，莜麦可达 7.2%，主要集中在糊粉层和胚芽，在谷类加工中，易转入糠麸中。

从米糠中可提取与机体健康有密切关系的米糠油、谷维素和谷固醇。从玉米和小麦胚芽中可提取玉米油和麦胚油，营养价值高，80%为不饱和脂肪酸，其中亚油酸占 60%，具有降低血清胆固醇，防止动脉粥样硬化等良好的保健功能。

(4)矿物质　谷类食品的矿物质含量为 1.5%～3%，主要分布在谷皮和糊粉层。其中主要是磷、钙，钙的含量为 190 mg/100 g，比牛、猪肉高数十倍，是正在生长发育中的儿童和易患骨质疏松症老人膳食钙的极好食物来源。此外还有镁、钾、钠、硫、氯、锰、锌、钼、镍、钴、硼等。由于多以植酸盐形式存在，消化吸收较差。谷类食品含铁较低，为 1.5～3.0 mg/100 g。

(5)维生素　谷类食品是膳食 B 族维生素的重要来源，如硫胺素、核黄素、烟酸、泛酸和吡哆醇，主要分布在糊粉层和胚部。随加工精度的提高，保留的糊粉层和胚部越少，维生素损失越多。玉米和小米含少量胡萝卜素，其胚芽中含有较多的维生素 E，是提取维生素 E 的良好原料，叫“麦胚醇”。玉米的烟酸为结合型，不易被人体利用，需经过适当加工后（如碱处理），使之变成游离型烟酸才能被人体吸收利用。谷类几乎不含维生素 A、维生素 D 和维生素 C。

3. 几种常见谷类的营养特点

(1)大米　蛋白质含量为 8%，其氨基酸比例不合理，人体的吸收率较低。人体主要吸收大米中的糖类和维生素。大米的营养与其加工精度关系密切。如果把糙米营养素看成 100%，加工成精白米（特一米）所损失的营养素为 8.4%蛋白质、56%脂肪、57%纤维素、43.5%钙、59%维生素 B_1、29%维生素 B_2、48%尼克酸。因此，精白米虽然口感好，但营养价值低于糙米。

(2)小麦　蛋白质含量为 12%～14%，高于半肥瘦猪肉，但因氨基酸比例不合理，人体吸收率也很低。小麦的加工精度越高，营养素的损失也越大，我国建议食用标准粉（85 粉）。小麦食品一般要经过发酵处理，发酵后，人体对小麦营养素的吸收可大大增加。

（3）玉米　蛋白质含量为 8%～9%，但缺乏色氨酸，属于不完全蛋白质，因此人体对玉米蛋白质的吸收率很低。

（4）荞麦　蛋白质含量在 7.8%～10.8%，氨基酸比例合理，这是荞麦与其他谷类植物的最大区别。脂肪含量为 2%～3%，属于不饱和脂肪酸，且含有较多的亚油酸。还含有其他食物所不具有的芦丁，有降低血脂的作用，所以，常食荞麦可防治糖尿病及高血脂病。微量元素含量很丰富，铁的含量为小麦面粉的 3～20 倍；镁的含量比大米、小麦高 1 倍。镁具有抗血栓的作用，常吃荞麦面可预防脑血栓形成。

（5）燕麦　蛋白质含量为 15.6%，属于完全蛋白质。脂肪含量为 8.5%，碳水化合物含量为 64.8%，富含膳食纤维，热能较低。因此，燕麦是低糖、高蛋白质、高脂肪（不饱和脂肪酸）、低能量食品。燕麦有降低胆固醇的作用，据北京心肺血管医学研究中心研究证实，每日食用 50 g 燕麦片，就可使每百毫升血中的胆固醇平均下降 3 mg，甘油三酯下降 76 mg。燕麦中含有大量高质量的膳食纤维，这些膳食纤维具有预防结肠癌、糖尿病、便秘、静脉曲张等病症的功效。

二维码 6-2　谷类食物

谷类食物见二维码 6-2。

6.2.2　豆类及其制品的营养价值

豆类（legume）的品种很多，按照豆类中营养成分含量可将其分为大豆类和其他豆类，大豆类按种皮的颜色可分为黄豆、黑豆、青豆、褐豆及双色大豆 5 种，含有较高的蛋白质和脂肪，碳水化合物相对较少；其他豆类包括豌豆、蚕豆、绿豆、小豆、芸豆等，含有较多的碳水化合物、中等含量的蛋白质及少量的脂肪。所有豆中以大豆的营养价值最高，是植物性食物中唯一能与动物性食物相媲美的高蛋白食物。大豆及其制品由于其优异的营养价值和保健作用，近年来在世界范围内受到越来越多的重视。豆制品是由大豆或其他豆类作为原料制作的食品，如豆腐、腐竹、豆乳、豆腐干、腐乳、豆豉等。

1. 大豆的营养价值

大豆（soybean）蛋白质含量较高，一般为 35%～40%，是含蛋白质最高的天然食物。大豆蛋白质由球蛋白、白蛋白、醇溶蛋白及谷蛋白组成，其中球蛋白含量最多。其氨基酸组成接近人体氨基酸模式，具有较高的营养价值，而且高含谷类蛋白较为缺乏的赖氨酸，但蛋氨酸含量较少，与谷类食品混合食用，可较好地发挥蛋白质互补作用，是谷类蛋白互补的天然理想食品，故大豆蛋白是优质蛋白。与肉类食物相比，1 kg 大豆所含蛋白质的数量（按 40% 含量计）相当于 2.3 kg 瘦猪肉或 2 kg 牛肉所含的蛋白质，大豆在营养上的这一特点使之在膳食结构中具有重要意义，是千百万素食人群赖以生存的根本。

大豆脂肪的含量为 15%～20%，以不饱和脂肪酸居多，约占总脂量的 85%，其中亚油酸最多，占 51.7%～57.0%，油酸占 32%～36%，亚麻酸占 2%～10%，此外尚含有 1.64%左右的磷脂和抗氧化能力较强的维生素 E。由于大豆富含不饱和脂肪酸，所以是高血压、动脉粥样硬化等疾病患者的理想食物。

大豆碳水化合物的含量为25%～30%，其组成比较复杂，其中只有一半为可供人体利用的可溶性糖，如阿拉伯糖、半乳聚糖和蔗糖，几乎完全不含淀粉或含量极微；而另一半为人体不能消化吸收和利用的棉籽糖和水苏糖，其中有些在大肠内成为细菌的营养素来源。细菌在肠道内生长繁殖过程中能产生二氧化碳和氨，可引起腹胀，但也有保健作用。

此外，大豆还含有丰富的维生素和矿物质，其中钙、铁、硫胺素和核黄素含量较高。除此之外，大豆中富含维生素E。干豆类几乎不含维生素C，但经发芽做成豆芽后，其维生素C含量明显提高。

大豆中含有一些抗营养因素，可影响人体对某些营养素的消化吸收和利用，也是对人体健康和食品质量产生不良影响的因素。

(1)蛋白酶制剂(protease inhibitor，PI)　蛋白酶制剂是指存在于大豆、棉籽、花生、油菜籽等油料作物中，能抑制胰蛋白酶、糜蛋白酶、胃蛋白酶等13种蛋白酶活性物质的统称。存在最广泛的是胰蛋白酶抑制剂(或称抗胰蛋白酶因子)。生豆粉中含有此种因子，对人胰蛋白酶活性有部分抑制作用，妨碍蛋白质的消化吸收；对动物生长可产生一定影响。采用常压蒸汽加热30 min即可破坏生大豆中此类物质。大豆中脲酶的抗热能力较胰蛋白酶抑制剂强，且测定方法简单，故常用脲酶实验来判定大豆中抗胰蛋白酶因子是否已被破坏。我国食品卫生标准中明确规定，含有豆粉的婴幼儿代乳品，脲酶实验必须是阴性。然而，近年来国外一些研究表明，蛋白酶抑制剂作为植物化学物的同时具有抑制肿瘤和抗氧化作用，因此对其具体评价和应用有待进一步深入研究与探讨。

(2)豆腥味　大豆中含有很多酶，其中含有1%～2%的脂肪氧化酶，能促进不饱和脂肪酸氧化分解，形成小分子的醛、醇、酮等挥发性物质，产生豆腥味和苦涩味。为了减少和除去豆腥味，在加工过程中要尽可能去除脂肪氧化酶或降低其活性。通常采用95℃以上加热10～15 min，再用乙醇处理后减压蒸发以纯化大豆脂肪氧化酶等方法可较好地脱去豆腥味。此外，通过生物发酵、酶处理、微波辐射、有机溶剂萃取等方法也可以去除豆腥味。

(3)胀气因子(flatus-producing factor)　主要是大豆中不能被人体消化吸收的水苏糖和棉籽糖等低聚糖，在肠道微生物作用下可产酸产气，引起胀气，故称为胀气因子。大豆通过加工制成豆制品时，胀气因子可被除去。此类物质是生产浓缩和分离大豆蛋白的副产品。由于人体内缺乏此类物质的水解酶，大豆低聚糖可不经消化直接进入大肠，为双歧杆菌所利用，并有促进双歧杆菌繁殖的作用，可对人体产生有利影响。目前，已利用大豆低聚糖作为功能性食品基料，部分代替蔗糖应用于清凉饮料、酸乳、面包等多种食品中。

(4)植酸(phytic acid)　大豆中含1%～3%的植酸，在肠道内可与二价金属离子如锌、镁、钙、铁等矿物质螯合，影响其吸收利用。为了去除植酸，可将大豆浸泡在pH为4.5～5.5的溶液中，在此pH条件下，植酸可溶解35%～75%，而对蛋白质质量影响不大。也可通过大豆发芽制成豆芽，使植酸酶活性增强，植酸被分解，从而提高大豆中铁、锌、钙、镁的生物利用率。

(5)皂苷和异黄酮　大豆含皂苷1%～3%(按干物质计),异黄酮如黄豆苷和染料木苷等。此两类物质有抗氧化、降低血脂和血胆固醇的作用,近年来的研究发现了其更多的保健功能,如类雌激素作用以及抗氧化、抗溶血、抗真菌和抗细菌作用等。

(6)植物红细胞凝集素(phytohemato agglutinin,PHA)　是能凝集人和动物红细胞的一种蛋白质,食用数小时后可引起头晕、头痛、恶心、呕吐、腹痛、腹泻等症状。可影响动物生长发育,加热即被破坏。

综上所述,大豆的营养价值很高,但也存在诸多抗营养因素。大豆蛋白的消化率为65%,但经加工制成豆制品后,其消化率明显提高。近年来的多项研究表明,大豆中的多种抗营养因素有良好的保健功能,这使得大豆研究成为营养领域的研究热点之一。

2. 其他豆类的营养价值

其他豆类主要有豌豆、蚕豆、绿豆、红豆、小豆、芸豆等,其蛋白质含量低于大豆,蛋白质含量中等,脂肪含量较低,碳水化合物含量较高。蛋白质为20%～25%,脂肪为1%～2%,碳水化合物为50%～60%,主要以淀粉形式存在,矿物质和维生素的含量也很丰富,见表6-5。其他豆类的营养价值见二维码6-3。

二维码6-3　其他豆类的营养价值

表6-5　其他豆类的主要营养成分与比较(每100 g中含量)

食物名称	蛋白质/g	脂肪/g	维生素E/mg	烟酸/mg	膳食纤维/g	碳水化合物/g	维生素B_1/mg	维生素B_2/mg	胡萝卜素/μg	Fe/mg	Zn/mg	Ca/mg	Se/μg	P/mg
绿豆	21.6	0.8	10.96	2.0	6.4	62.0	0.25	0.11	130	6.5	2.18	81	4.28	337
豌豆	20.3	1.1	8.47	2.4	10.4	65.8	0.49	0.14	250	4.9	2.35	97	1.69	259
扁豆	25.3	0.4	1.86	2.6	6.5	61.9	0.26	0.45	30	19.2	1.90	137	32.00	218
小豆	20.2	0.6	14.36	2.0	7.7	63.4	0.16	0.11	80	7.4	2.20	74	3.80	305
芸豆	21.4	1.3	7.74	2.0	8.3	62.5	0.18	0.09	180	5.4	2.07	176	4.61	218

引自:葛可佑.中国营养师培训教材.2006.

其他豆类蛋白质也属优质蛋白质,含有较多的赖氨酸,蛋氨酸含量相对较少,也是一类营养价值较高的食物原料。

3. 豆制品的营养价值

豆制品是以大豆或其他豆类为原料加工制成的各类副食品。我国居民传统的豆制品是以大豆为原料制作而成的,根据制造工艺不同可分为非发酵豆制品(主要有豆腐及其制品、豆浆、豆芽、腐竹等)和发酵豆制品(主要有腐乳、豆豉、臭豆腐、豆瓣酱等)。

豆制品在加工过程中一般要经过浸泡、细磨、加热等一系列处理,去除了大豆内的有害成分和大部分纤维素,使大豆蛋白质消化率增加,从而提高了大豆的营养价值。豆制品的营养素种类在加工前后变化不大,但因水分增多,营养素含量相对减少。

(1)豆腐　经磨制、过滤、卤水点制、充分加热,蛋白质利用率85%,维生素利用率50%,矿物质利用率30%。豆腐的蛋白质含量为8%,但由其制成的豆腐干及其他豆制品的蛋白质含量可达17%～45%，是生物学价值较高的优质蛋白质，而且当大豆制成豆腐后蛋白质消化率由65%提高至92%～96%，大大提高了大豆的营养价值。同时，豆腐也是钙和维生素B_1的良好来源。

(2)豆浆　经磨制、过滤、充分加热，其蛋白质利用率在80%以上，维生素利用率在70%左右，矿物质利用率30%。豆浆的蛋白质含量近似牛乳，其中必需氨基酸种类较齐全，消化率为85%左右，铁的含量是牛乳的4倍，是多种营养素含量丰富的传统食品。需注意的是，在食用豆浆时必须充分煮沸，以免豆中胰蛋白酶抑制剂破坏不充分，蛋白质难以消化吸收而导致恶心、呕吐等不良症状。

(3)豆芽　豆芽是用大豆、绿豆在适宜的水分和温度下发芽生成，大豆在发芽过程中蛋白质分解成氨基酸或多肽，淀粉转化成单糖和低聚糖，同时破坏了抗胰蛋白酶因子，提高了蛋白质的生物利用率。在发芽过程中，由于酶的作用，矿物质和维生素含量倍增；尤其是维生素C，发芽前几乎为零，发芽后可达6～8 mg/100 g，可作为冬季或某些地区缺乏蔬菜时维生素C的良好来源，尤其在蔬菜供应淡季可起到重要调节作用。

在食品加工业中，以大豆及其他油料(如花生、葵花子)作为原料制成的蛋白质制品主要有4种。

分离蛋白质：蛋白质含量约90%，可用以强化和制成各种食品。

浓缩蛋白质：蛋白质含量约70%，其余为纤维素等不溶性成分。

组织化蛋白质：将油粕、分离蛋白质、浓缩蛋白质除去纤维，加入各种调料或添加剂，经高温高压膨化而成。

油料粕粉：用大豆或脱脂豆粕碾碎而成，有粒度大小不一、脂肪含量不同的各种产品。

大豆及其他油料的蛋白质制品，其氨基酸组成和蛋白质功效值比较好，目前广泛应用于食品加工业。据不完全统计，世界上含有大豆蛋白的食品达1.2万种以上。在日本，每年大豆消费量为460万～500万t，人均37～40 kg。在以西餐为主的美国，仅添加大豆蛋白的食品就有2 500种。在美国50个州中，已有40个州将大豆分离蛋白加入中小学生营养餐中。特别是在FDA(食品药品监督管理局)认定大豆蛋白的保健作用后，大豆食品发展更加迅速。

6.2.3　蔬菜、水果的营养价值

蔬菜(vegetable)和水果(fruit)种类繁多，在我国居民膳食中的食物构成比分别为33.7%和8.4%，是膳食的重要组成部分。蔬菜和水果富含人体所必需的维生素、矿物质和膳食纤维，水分和酶类含量较多，含有一定量的碳水化合物，蛋白质、脂肪含量较少。由于蔬菜、水果中含有多种有机酸、果胶、芳香物质和色素等成分，它们具有良好的感官性质，且能刺激胃肠蠕动和消化液的分泌，在增进食欲、帮助消化、维持肠道正常功能及丰富膳食的多样化等方面具有重要的意义。蔬菜和水果在体内的最终代谢产物呈碱性，故称“碱性食品”，对维持体内的酸碱平衡起重要作用。此外，多数蔬菜和水果含有植物化学物，具有营养保健作用和药用价值。

1.蔬菜的营养价值

蔬菜按其结构及可食部分不同，可分为根茎类、瓜茄类和鲜豆类，所含的营养成分因种

类不同，差异较大，见表 6-6。

表 6-6　不同蔬菜的主要营养素种类及含量(每 100 g 中含量)

食物名称	胡萝卜素/μg	维生素 B_2/mg	烟酸/mg	维生素 C/mg	钾/mg	钠/mg	钙/mg	镁/mg	铁/mg	锰/mg	锌/mg	铜/mg	磷/mg	硒/μg
白菜	250	0.07	0.8	47	130	89.3	69	12	0.5	0.21	0.21	0.03	30	0.33
菠菜	2 920	0.11	0.6	32	311	85.2	66	58	2.9	0.66	0.85	0.10	47	0.97
韭菜	1 410	0.09	0.8	24	247	8.1	42	25	1.6	0.43	0.43	0.08	38	1.38
白萝卜	20	0.03	0.3	21	173	61.8	36	16	0.5	0.09	0.30	0.04	26	0.61
胡萝卜	4 130	0.03	0.6	13	190	71.4	32	14	1.0	0.24	0.23	0.08	27	0.63
大蒜	30	0.06	0.6	7	302	19.6	39	21	1.2	0.29	0.88	0.22	117	3.09
洋葱	3	0.03	0.3	8	147	4.4	24	25	0.6	0.14	0.23	0.05	39	0.92
冬瓜	80	0.01	0.3	18	78	1.8	19	8	0.2	0.03	0.07	0.07	12	0.22
黄瓜	90	0.03	0.2	9	102	4.9	24	15	0.5	0.06	0.18	0.05	24	0.38
茄子	50	0.04	0.6	5	142	5.4	24	13	0.5	0.13	0.23	0.10	2	0.48
番茄	550	0.03	0.6	19	163	5.0	10	9	0.4	0.08	0.13	0.06	2	0.15
辣椒	1 390	0.06	0.8	144	222	2.6	37	16	1.4	0.18	0.30	0.11	95	1.90
蘑菇	1 640	0.10	30.7	5	—	—	127	—	—	1.53	6.29	1.05	—	39.18
黑木耳	100	0.17	2.5	—	—	—	247	—	97.4	8.86	3.18	0.32	—	3.72

引自：葛可佑.中国营养师培训教材.2006.

(1)蛋白质　大部分蔬菜中蛋白质含量很低，一般为 1%～2%，鲜豆类平均可达 4%，必需氨基酸中赖氨酸、蛋氨酸含量较低。

(2)碳水化合物　碳水化合物包括单糖、双糖、淀粉、纤维素、半纤维素和果胶等。其所含的种类和数量，因蔬菜的种类和品种有很大的差别。由于大部分蔬菜含水分较多，因此产生的能量相对较低。碳水化合物的含量一般为 4%左右，根茎类蔬菜可达 20%以上。

含糖类较多的蔬菜有胡萝卜、番茄、南瓜及甘薯等。含淀粉较多的是根茎类蔬菜，如马铃薯、藕、芋头、荸荠、山药等。蔬菜所含的纤维素、半纤维素、木质素等是人们膳食纤维的主要来源，其含量为 1%～3%。其中纤维素的含量为 0.3%～2.3%，如芹菜 1.43%，大白菜 0.94%，甘蓝 1.65%，根茎类蔬菜 0.2%～1.2%。

(3)脂肪　蔬菜脂肪含量极低，一般不超过 1%。

(4)无机盐　蔬菜中含有丰富的矿物质，如钙、磷、铁、钾、钠、锌、镁、铜等，其中以钾最多，钙、镁含量也较丰富，是我国居民膳食中矿物质的主要来源。因其最终代谢产物为碱性，对维持机体酸碱平衡起重要作用。绿叶蔬菜一般含钙在 100 mg/100 g 以上，含铁 1～2 mg/100 g。但蔬菜中存在的草酸不仅影响本身所含钙和铁的吸收，而且还影响其他食物中钙和铁的吸收。因此在选择蔬菜时，不能只考虑其钙的绝对含量，还应注意其草酸的含量。

草酸是一种有机酸，能溶于水，故食用草酸含量高的蔬菜时可先在开水中烫一下，除去部分草酸，以利于钙、铁的吸收。

(5)维生素　在蔬菜中,除维生素A、维生素D外,其他维生素均广泛存在,其中维生素C和胡萝卜素含量丰富,蔬菜也是核黄素和叶酸的重要来源。维生素C一般在代谢旺盛的叶、花、茎内含量丰富,与叶绿素的分布平行。一般深绿色蔬菜较浅色蔬菜高,每100 g中维生素C的含量均在30 mg以上,如辣椒为144 mg/100 g,青椒为72 mg/100 g,芥蓝为76 mg/100 g,花椰菜为61 mg/100 g,雪里蕻为52 mg/100 g,油菜为36 mg/100 g等。叶菜中的含量较瓜菜中高,如苋菜中维生素C为47 mg/100 g,小白菜为28 mg/100 g,而黄瓜为9 mg/100 g,丝瓜为5 mg/100 g。胡萝卜素是我国居民膳食中维生素A的重要来源,在绿色、黄色或红色蔬菜中含量较多,如菠菜为2 920 μg/100 g,油菜为620 μg/100 g,韭菜为1 410 μg/100 g,南瓜为890 μg/100 g,胡萝卜为4 010 μg/100 g。核黄素和叶酸以绿叶菜中含量较多。

(6)芳香物质、有机酸和色素　蔬菜中含有各种芳香物质和色素,使食品具有特殊的香味和颜色,可赋予蔬菜良好的感官性状。其油状挥发性化合物称为精油,主要成分为醇、酯、醛、酮、烃等(表6-7)。

蔬菜和水果中都含有许多有机酸,蔬菜中有机酸分为两类:一类是容易挥发的,如醋酸、蚁酸等,它们在加热过程中会自行挥发;另一类是不容易挥发的,如草酸、丁酸等,它们能降低人体对钙的吸收,应想办法除去。

消除有机酸方法:用水浸泡或在沸水中焯的方法。草酸和丁酸都溶于水,此法能除掉蔬菜中大部分有机酸。例如,菠菜豆腐汤,先将菠菜在沸水中烫2 min,再烩入豆腐汤中,既除去了酸味,又消除了草酸,一举两得。

表6-7　某些蔬菜的香气成分

蔬菜类	化学成分	气味
萝卜	甲基硫醇、异硫氰酸丙烯酯、二丙烯基二硫化物	刺激辣味
蒜	甲基丙烯基二硫化物、丙烯硫醚、丙基丙烯基二硫化物	辛辣气味
葱类	甲基硫醇、二丙烯基二硫化物、二丙基二硫化物	香辛气味
姜	姜酚、水芹烯、姜萜、莰烯	香辛气味
花椒	天竺葵醇、香茅醇、硫氰酸酯	蔷薇香气
芥类	异硫氰酯、二甲基硫醚	刺激性辣味
叶菜类	叶醇、壬二烯-2,6-醛	青草臭
黄瓜	壬烯2-醛、乙烯-2-醛	青臭气

引自:蒋爱民,赵丽芹.食品原料学.2007.

有些芳香物质是以糖或氨基酸状态存在的,需经酶作用分解成精油(如蒜油),此类物质赋予食物香味,能刺激食欲,有助于食物的消化吸收。

此外,蔬菜中含有一些酶类、杀菌物质和具有特殊生理功效的生理活性物质。如萝卜中含有淀粉酶,生食时有助于消化;大蒜、洋葱、辣椒等辛辣蔬菜中含有植物杀菌素和含硫化合物,具有抗菌消炎、降低血清胆固醇作用;甘蓝、番茄等含有的类黄酮物质为天然抗氧化剂,具有清除自由基、抗衰老、抗肿瘤、保护心脑血管等作用,还可保护维生素C、维生素A、维生素E等不被氧化破坏;苦瓜已被证实有明显降低血糖的功效;菌藻类食物除了提供丰富的营养素外,还具有明显的保健作用。研究发现,蘑菇、香菇和银耳中含有多糖物质,具有提高人体免疫功能和抗肿瘤作用;黑木耳可抗血小板凝集和降低血凝,防止血栓形成,有助于防止动脉粥样硬化;海带含有丰富的碘,常用来治疗缺碘性甲状腺肿。海带中的褐藻酸钠盐,有预防白血病和骨癌的作用。

2. 水果的营养价值

水果种类很多,根据果实结构分仁果类、核果类、坚果类、浆果类、荚果类、柑果类、荔果类等。新鲜水果的营养价值与新鲜蔬菜基本相似,也是人体矿物质、维生素和膳食纤维的重要来源。新鲜水果含水分多,营养素含量相对较低,蛋白质、脂肪含量均不超过1%。

(1)水分　蔬菜和水果都有生命,体内含有65%～95%的水,以游离水和胶体结合水的形式存在。细胞内的是胶体结合水,它们是菜果的组织液,特点是浓度高,结冰点低。游离在细胞组织周围的是游离水,其性质与普通水相同。两者相互补充。胶体结合水是植物的生命所在,胶体结合水缺乏,游离水即透过细胞膜补充。一旦胶体结合水缺乏,又无游离水补充,食物就会很快死亡。

(2)碳水化合物　水果中碳水化合物含量为6%～28%,主要是果糖、葡萄糖和蔗糖。水果还富含纤维素、半纤维素和果胶。水果含碳水化合物较蔬菜多,但因其种类和品种不同,含糖的种类和数量有较大的差异,如苹果和梨以果糖为主,桃、李、柑橘、杏等以蔗糖为主,葡萄、草莓则以葡萄糖和果糖为主。水果在成熟过程中,淀粉逐新转化为可溶性糖,甜度增加。

(3)矿物质　水果和蔬菜一样含有人体所需的各种矿物质,如钙、磷、铁、钾、钠、镁、铜等,其中以钾、钙、镁、磷含量较多。除个别水果外,矿物质含量相差不大。

(4)维生素　新鲜水果中含抗坏血酸和胡萝卜素较多,但硫胺素、核黄素含量不高。水果以鲜枣(243 mg/100 g)、草莓(35 mg/100 g)、山楂(89 mg/100 g)、猕猴桃(105.8 mg/100 g)中维生素C含量较多,芒果(8 050 mg/100 g)、柑橘(800～5 140 mg/100 g)、杏(450 mg/100 g)等含胡萝卜素较多,其他果类(苹果、梨、桃等)含量则很低。

(5)有机酸　水果中的有机酸以苹果酸、柠檬酸和酒石酸为主,此外还有少量的苯甲酸、水杨酸、乳酸、琥珀酸等,有机酸因水果种类、品种和成熟度不同而异。柠檬酸为柑橘类水果中的主要有机酸,仁果类及核果类含苹果酸较多,而葡萄的有机酸主要为酒石酸。在同一种果实中,往往有数种有机酸同时存在,如苹果中主要为苹果酸,同时含有少量的柠檬酸和草酸。有机酸可促进食欲,有利于食物的消化。同时有机酸可使食物保持一定酸度,对维生素C的稳定性具有保护作用。此外,水果中还含有一些酶类、杀菌物质和具有特殊功能的生理活性成分。

此外,许多水果还含有一些生物活性物质,如黄酮物质、白藜芦醇等,具有抗氧化、消炎、抗衰老、抗肿瘤、免疫调节、降血脂、保护心脑血管等作用。

6.3　动物性食物的营养价值

畜肉(meat)、禽肉(poultry)和鱼类(fish)属于动物性食品,是人们膳食构成的重要组成部分。动物性食物是优质蛋白质、脂溶性维生素和矿物质的良好来源,而且还可加工成各种制品和菜肴,是人类重要的食物资源。动物性蛋白质的氨基酸组成更适合人体需要且赖氨酸含量较高，有利于补充植物性蛋白质中赖氨酸的不足。肉类中铁的利用率较好，鱼类特别是海产鱼所含不饱和脂肪酸有降低血脂和防止血栓形成的作用。动物肝脏含维生素A极为丰富，还富含维生素B_{12}、叶酸等。我国相当一部分城市和绝大多数农村居民平均吃动物性食物的量还不够，应适当增加摄入量。但部分大城市居民食用动物性食物过多，吃谷类和蔬菜不足，这对健康不利。

肥肉和荤油为高能量和高脂肪食物，摄入过多往往会引起肥胖，且是某些慢性病的危险因素，应当少吃。目前猪肉仍是我国人民的主要肉食，猪肉脂肪含量高，应发展瘦肉型猪。鸡、鱼、兔、牛肉等动物性食物含蛋白质较高，脂肪较低，产生的能量远低于猪肉，应大力提倡吃这些食物，特别是水产品。

畜禽肉的组织结构可分为三部分——肌肉组织、脂肪组织和结缔组织。肌肉组织是畜禽肉的主要构成部分，占整个肉类组织中的50%～60%。脂肪组织（包括皮下、脏器周围、肌肉内脂肪）是畜禽肉的次要构成部分，占整个肉类组织中的20%～30%。其中肌肉内脂肪对肉的口感起关键性作用，能增加鲜美和嫩滑的感觉。结缔组织是动物体内连接肌肉、脂肪和骨骼的桥梁和支架，如筋腱、筋膜、血管、网状纤维、胶状纤维等，占整个肉类组织中的9%～11%。

6.3.1 畜肉类的营养价值

畜肉类是指猪、牛、羊、马、骡、驴、鹿、狗、兔等牲畜的肌肉、内脏及其制品。主要提供蛋白质、脂肪、矿物质和维生素。动物因其种类、年龄、肥瘦程度及部位的不同，营养素分布不同。肥瘦不同的肉中脂肪和蛋白质的变动较大，动物内脏脂肪含量少，蛋白质、维生素、矿物质和胆固醇含量较高。畜肉类食品经适当加工烹调后不仅味道鲜美、饱腹作用强，而且易于消化吸收。

1. 蛋白质

畜肉蛋白质大部分分布在肌肉组织中，含量占10%～20%。因动物的种类、年龄、肥瘦程度以及部位而异。在畜肉中，猪肉的蛋白质含量平均在13.2%，里脊肉为20.2%，而五花肉为7.7%；牛肉高达20%；羊肉介于猪肉和牛肉之间；兔肉、马肉、鹿肉和骆驼肉的蛋白质含量也达20%左右；狗肉约17%。

按照蛋白质在肌肉组织中存在的部位不同，又分为肌浆中的蛋白质（占20%～30%）、肌原纤维中的蛋白质（占40%～60%）、间质蛋白（占10%～20%）。畜肉类蛋白质含有充足的人体必需氨基酸，而且在种类和比例上接近人体需要，易消化吸收，所以蛋白质营养价值很高，为利用率高的优质蛋白质。但存在于结缔组织中的间质蛋白，主要是胶原蛋白和弹性蛋白，其必需氨基酸组成不平衡，如色氨酸、酪氨酸、蛋氨酸含量很少，蛋白质的利用率低，其营养价值也低。

此外，畜肉中含有可溶于水的含氮浸出物，包括肌凝蛋白原、肌肽、肌酸、肌苷、嘌呤、尿素和氨基酸等非蛋白含氮浸出物，使肉汤具有鲜味，成年动物含量较幼年动物高。

2. 脂肪

畜肉的脂肪含量因动物的种类、年龄、肥瘦程度以及部位不同而较大差异，低者为2%，高者可达89%以上。在畜肉中，猪肉的脂肪含量最高，羊肉次之，牛肉最低。如肥猪肉脂肪含量达90%，猪里脊肉脂肪含量7.9%，猪前肘脂肪含量31.5%，猪五花肉脂肪含量35.3%，羊瘦肉脂肪含量3.9%，牛五花肉脂肪含量5.4%，牛瘦肉脂肪含量2.3%，兔肉的脂肪含量也较低，为2.2%。

畜肉脂肪以饱和脂肪酸为主，熔点较高，主要成分是甘油三酯，少量卵磷脂、胆固醇和游离脂肪酸。胆固醇多存在于动物内脏，如猪肉胆固醇为81 mg/100 g，猪脑为2 571 mg/100 g，猪肝为288 mg/100 g，猪肾为345 mg/100 g，牛瘦肉为58 mg/100 g，牛肝为297 mg/100 g，牛脑为2 447 mg/100 g。

动物脂肪所含有的必需脂肪酸的含量与组成是衡量动物油脂营养价值的重要方面。动物脂肪所含有的必需脂肪酸明显低于植物油脂，因此其营养价值低于植物油脂。家畜脂肪中，猪脂肪的必需脂肪酸含量又高于牛、羊等反刍动物的脂肪。

3. 碳水化合物

畜肉中的碳水化合物主要以糖原形式存在于肝脏和肌肉中，含量极少，一般为1%～3%，平均1.5%。动物在宰前过度疲劳，糖原含量下降，宰后放置时间过长，由于酶的分解作用糖原含量会逐渐下降，乳酸相应增高，pH下降。

4. 矿物质

畜肉矿物质总含量为0.8%～1.2%，瘦肉中的含量高于肥肉，内脏高于瘦肉。铁的含量为5 mg/100 g左右，以猪肝最丰富。畜禽肉中的铁以血红素铁的形式存在，因其生物利用率高，故是膳食铁的良好来源。在内脏中含有丰富的锌和硒。牛肾和猪肾的硒含量是其他一般食品的数十倍。此外，畜肉还含有较多的磷、硫、钾、钠、铜等。钙含量较低，约为7.9 mg/100 g，但其吸收利用率较高。

5. 维生素

畜肉可提供多种维生素，主要以B族维生素和维生素A为主。内脏含量比肌肉中多，其中肝脏的含量最为丰富，特别富含维生素A、维生素B_2，维生素A的含量以牛肝和羊肝为最高，维生素B_2含量则以猪肝中最丰富。

6.3.2 禽肉类的营养价值

禽肉包括鸡、鸭、鹅、鸽、鹌鹑、火鸡等的肌肉、内脏及其制品。禽肉的营养价值与畜肉相似，不同之处在于脂肪含量较少且熔点较低(23～40℃)，含有20%的亚油酸，易于消化吸收。禽肉蛋白质的氨基酸组成接近人体需要，含量约为20%，质地较畜肉细嫩且含氮浸出物多，故禽肉炖汤的味道较畜肉鲜美。

1. 蛋白质

禽肉类的蛋白质含量也因动物的种类、年龄、肥瘦程度以及部位而异。在禽肉中，鸡肉的蛋白质含量较高，约20%，鸭肉约16%，鹅肉约18%，鹌鹑的蛋白质含量也高达20%。不同部位的肉，因肥瘦程度不同，其蛋白质含量差异较大。例如，鸡胸肉的蛋白质含量约为20%，鸡翅约为17%。

2. 脂肪

脂肪含量因动物的种类、年龄、肥瘦程度以及部位有较大差异，低者为3%，高者可达20%以上。在禽肉中，火鸡和鹌鹑的脂肪含量较低，在3%以下；鸡和鸽子的脂肪含量类似，为14%～17%；鸭和鹅的脂肪含量达20%左右。

在动物脂肪中，禽类脂肪所含必需脂肪酸的量高于畜类脂肪。因此，禽类脂肪的营养价值高于畜类脂肪。

3. 其他

禽类的肝脏中富含多种矿物质，且平均水平高于禽肉。肝脏和血液中铁的含量十分丰富，高达10～30 mg/100 g，可称为铁的最佳膳食来源。禽类的心脏和胗也是含矿物质非常丰富的食物。另外，禽肉中富含维生素E。

6.3.3 鱼类的营养价值

按照鱼类的生活环境，可分为海水鱼（如鲱、鳕、狭鳕等）和淡水鱼（如鲤、鲑）；根据生活的海水深度，海水鱼又可分为深海鱼和浅海鱼。

按照鱼类的体形，可以把鱼简单地分为圆形（如鳕、狭鳕）和扁形（如鳎、大菱鲆、太平洋鲽）两种。

鱼类中蛋白质和脂肪含量因鱼的种类、年龄、肥瘦程度及捕获季节等不同而有较大的区别。

1. 蛋白质

鱼类肌肉蛋白质含量一般为15%～20%，平均18%左右。肌纤维细短，间质蛋白少，组织软而细嫩，较畜禽肉更易消化，其营养价值与畜禽肉近似。氨基酸组成中，色氨酸含量偏低，存在于鱼类结缔组织和软骨中的含氮浸出物主要为胶原和黏蛋白，是鱼汤冷却后形成凝胶的主要物质。

2. 脂肪

鱼类含脂肪很少，一般为1%～10%。鱼的种类不同脂肪含量差别也较大，如鳕鱼含脂肪在1%以下，而河鳗鱼脂肪含量为10.8%。鱼类脂肪在肌肉组织中含量很少，主要分布在皮下和内脏周围。

鱼类脂肪多由不饱和脂肪酸组成（占80%），熔点低，常温下为液态，消化吸收率达95%。鱼类脂肪中含有长链多不饱和脂肪酸，如二十碳五烯酸（EPA）和二十二碳六烯酸（DHA），具有降低血脂、防治动脉粥样硬化、辅助抗肿瘤等作用。

鱼类的胆固醇含量一般约为100 mg/100 g，但鱼子含量较高，如鲳鱼子胆固醇含量为1 070 mg/100 g，虾子胆固醇含量为896 mg/100 g。

3. 碳水化合物

鱼类的碳水化合物含量较低，约1.5%。某些鱼不含碳水化合物，如鲳、鲢、银鱼等。其他水产品中海蜇、牡蛎和螺蛳等含量较高，可达6%～7%。碳水化合物的主要存在形式是糖原，鱼类肌肉中的糖原含量与其致死方式有关，捕即杀者糖原含量最高；挣扎疲劳后死去的鱼类，体内糖原消耗严重，含量降低。除了糖原以外，鱼体内还含有黏多糖类。

4. 矿物质

鱼类矿物质含量为1%～2%，磷的含量占总灰分的40%，此外钙、钠、氯、钾、镁含量丰富。钙的含量较畜禽肉高，如虾皮中含钙量很高，为991 mg/100 g，是钙的良好来源。海产鱼类含碘丰富，为0.05～0.1 mg/100 g。此外，鱼类含锌、铁、硒也较丰富，如鲤、鲑、鲈、沙丁鱼中锌含量均超过2.0 mg/100 g。

软体动物中矿物质含量为1.0%～1.5%，其中钙、铁、锌、钾、硒和锰含量丰富，如生蚝中锌含量高达71.2 mg/100 g，螺蛳10.2 mg/100 g，牡蛎和海参等硒的含量都超过500 mg/100 g。海虾的钙含量高达325 mg/100 g，虾类中锌含量较高。海蚌中锰的含量高达59.6 mg/100 g，另外，铁的含量也较高。

5. 维生素

鱼类是维生素B_2的良好来源，如黄鳝含维生素B_2 2.08 mg/100 g，河蟹为0.28 mg/100 g，海蟹为0.39 mg/100 g。海鱼的肝脏含丰富的维生素A和维生素D。一些生鱼中含有硫胺素酶，因此在生鱼存放或生吃时可破坏维生素B_1，但加热可破坏此酶。

鱼类的维生素B_1含量低于肉类，某些鱼中所含的硫胺素酶可促使维生素B_1降解。鱼类的维生素A含量高于肉类，食用鱼类可补充相当数量的维生素A。例如，食用100 g鲮肉可获得维生素A 125 mg，相当于成年男性日需要量的15%。某些海鱼的肝是维生素A、维生素D的极丰富来源，但过量食用这些鱼肝可发生维生素A、维生素D中毒。鱼类中的铁含量与肉类相当或略低，但钙的含量高于肉类。海鱼中特别富含碘、硒等微量元素。

在膳食中用鱼类替代一部分肉类，既可改善口味，又能改善营养平衡，对身体是十分有益的。就营养价值而论，鱼类的价格与其营养素含量没有关系。例如，廉价的鲢和昂贵的鳗的蛋白质含量几乎相同，约为18%。

6.3.4　乳及乳制品的营养价值

乳类(milk)食品包括牛乳、羊乳和马乳等鲜乳，其中以牛乳的食用量最大。进一步加工可制成各种乳制品，如乳粉、酸乳、炼乳、奶酪等。乳类是营养成分齐全、组成比例适宜、容易消化吸收的理想天然食物。乳类能满足出生幼仔生长发育的全部需要，也是体弱年老和病人的较理想食物。乳类主要提供优质蛋白质、维生素A、核黄素和钙。

1. 乳的营养价值

乳类主要是由蛋白质、乳糖、脂肪、矿物质、维生素、水等组成的复杂乳胶体，水分含量87%～89%，因此其营养素含量与其他食品比较相对较低。乳呈乳白色或淡黄色，味道温和，稍有甜味，具有特有的香味与滋味，其主要成分为低分子化合物，如丙酮、乙醛、二甲硫、短链脂肪酸和内酯等。牛乳的相对密度(D420)为1.028～1.032，相对密度大小与乳中固体物质含量有关，牛乳的各种成分除脂肪含量变动相对较大外，其他成分含量基本上稳定，因此脂肪含量和相对密度可作为评定鲜乳质量的简易指标。

(1)蛋白质　牛乳中蛋白质平均含量为2.8%～3.3%，由79.6%的酪蛋白、11.5%的乳清蛋白和3.3%的乳球蛋白组成。酪蛋白属于结合蛋白，与钙、磷结合，形成酪蛋白酸钙-磷酸钙胶粒，并以胶体悬浮液的状态存在于牛乳中。乳清蛋白对热不稳定，加热时发生凝固并沉淀，对酪蛋白具有保护胶体作用。乳球蛋白与机体免疫有关。乳类含有人类所需的全部必需氨基酸，其相对含量及构成与鸡蛋蛋白质近似，属优质蛋白，故其利用率及生物学价值较高，如蛋白质的消化吸收率高(87%～89%)，生物学价值为85。

人乳、牛乳和羊乳的营养素比较见表6-8，人乳较牛乳蛋白质含量低，且酪蛋白比例低于牛乳，以乳清蛋白为主。牛乳蛋白质中酪蛋白与乳清蛋白的构成比与人乳蛋白质正好相反，且蛋白质含量是人乳(约1.3%)的3倍，故以牛乳代替人乳喂养婴儿时必须将牛乳稀释3倍，以防消化不良，可利用乳清蛋白改变其构成比，调制成近似人乳的婴儿食品。

表6-8　不同乳类营养素比较(每100 g中含量)

营养素	牛乳	羊乳	人乳
水分/g	89.9	88.0	87.6
蛋白质/g	3.0	1.5	1.3
脂肪/g	3.2	3.5	3.4
碳水化合物/g	5.0	5.4	7.4
能量/kJ	226	247	272
钙/mg	104	82	30
磷/mg	73	98	13
铁/mg	0.3	0.5	0.1
视黄醇当量/μg	24	84	11
维生素 B_1/mg	0.03	0.04	0.01
维生素 B_2/mg	0.14	0.12	0.05
烟酸/mg	0.10	2.10	0.20
维生素 C/mg	1.0	—	5.0

引自：杨月欣，王光亚，潘光昌．中国食物成分表(2002年)．2002．

(2)脂肪　牛乳脂肪含量一般为3.0%～5.0%，其中95%为甘油三酯，还有少量磷脂和胆固醇。乳脂肪呈较小的微粒以乳浊液的形式均匀地分散于乳浆中，呈高度乳化状态，容易消化吸收，吸收率高达97%。乳脂肪中脂肪酸组成复杂，脂肪酸及其衍生物种类多达500余种，包括8%的水溶性挥发性脂肪酸、6%的非水溶性挥发性脂肪酸等。乳脂中低熔点的油酸含量占30%左右，亚油酸和亚麻酸分别占5.3%和2.1%，短链脂肪酸(如丁酸、己酸、辛酸)含量也较高，这是乳脂肪风味良好及易于消化的原因。磷脂含量为20～50 mg/100 mL，胆固醇为7～17 mg/100 mL。

(3)碳水化合物　乳类碳水化合物存在的主要形式为乳糖，其含量为3.4%～7.4%。人乳含量最高，羊乳居中，牛乳最少。乳糖有调节胃酸、促进胃肠蠕动、有利于钙吸收和消化液分泌的作用，也为婴儿肠道内双歧杆菌的生长所必需，对于幼小动物的生长发育和肠道健康具有特殊的意义。用牛乳喂养婴儿时，除调整蛋白质含量和构成外，还应注意适当增加甜度。但对于部分不经常饮用牛乳的成年人来说，饮用牛乳后发生腹胀、腹泻等，是因为肠道缺乏乳糖酶所致，称为乳糖不耐受症。

(4)矿物质　牛乳中矿物质含量为0.6%～0.7%，因品种、饲料及泌乳期等因素而有所差异，初乳中含量最高，常乳中含量略有下降。富含钙、磷和钾等，即呈碱性元素含量略多，因而牛乳为弱碱性食品。此外，乳中尚有多种微量元素，如铜、锌、锰和碘等，几乎含有婴儿所需全部矿物质，其中钙(104 mg/100 mL)含量尤为丰富，乳中的钙主要以酪蛋白酸钙-磷酸钙的形式存在，每升牛乳可供给 1 g 钙，特别是发酵乳中钙含量高并具有较高的生物利用率，为膳食中最好的天然钙来源。铁的含量较低，吸收率也较差，每 100 mL 牛乳含铁仅为 0.003 mg，为人乳的 1/5。故用牛乳哺育婴儿，从第 4 个月开始，即应补充铁质。

(5)维生素　牛乳中含有几乎所有种类的维生素，其中含量较多的为维生素 A(24 μg/100 mL)，但维生素 B_1 和维生素 C 很少，每 100 mL 分别为 0.03 mg 和 1 mg，乳中维生素含量随饲养条件和季节有一定变化，尤其是维生素 A 和维生素 C，如乳中维生素 A 和胡萝卜素的含量，在牛棚饲养的乳牛其乳汁每升为 0.113 mg，而放牧饲养的乳牛乳汁每升为 0.251 mg。乳中维生素 D 含量不高，但夏季日照多时，其含量也有一定的增加。另外，还有核黄素、硫胺素、吡哆醇、生物素等，其含量高于人乳。

(6)其他成分

①酶类　牛乳中含多种酶类，主要是氧化还原酶、转移酶和水解酶。水解酶包括淀粉酶、蛋白酶、脂肪酶、磷酸酶和乳糖酶等，可促进营养物质的消化。氧化还原酶包括过氧化物酶、过氧化氢酶和还原酶。牛乳中的转移酶主要有 γ-谷氨酰转移酶和黄素单核苷酸腺转移酶。

②有机酸　乳中的有机酸主要是柠檬酸，此外还有微量的乳酸、丙酮酸及马尿酸等。乳中柠檬酸的含量为 0.07%～0.40%，平均为 0.18%，以盐类状态存在。除了酪蛋白胶粒成分中的柠檬酸盐外，还存在分子、离子状态的柠檬酸盐，主要为柠檬酸钙。柠檬酸对乳的盐类平衡及乳在加热、冷冻过程中的稳定性均起重要作用。乳类腐败变质时，乳酸的含量增加，马尿酸可转化为苯甲酸。

③生理活性物质　较为重要的有免疫球蛋白、乳铁蛋白、生物活性肽、生物活性酶类、激素和生长因子等。生物活性肽类是乳蛋白质在消化过程中经消化酶水解产生的，包括类吗啡活性肽、抗高血压肽、免疫调节肽和抗菌肽等。牛乳中乳铁蛋白含量为 20～200 g/mL，具有调节铁代谢、促生长和抗氧化等作用，经蛋白酶水解形成的肽段具有一定的免疫调节作用。

2. 乳制品的营养价值

乳制品(milk products)是指将鲜乳根据不同的需要加工而成的各种乳类食品，主要包括消毒牛乳、炼乳、乳粉、酸乳、复合乳、调制乳粉、乳油和奶酪等。因加工工艺的不同，乳制品间的营养素含量差异较大。刚挤出的乳汁称为液态乳，经过滤和消毒，再经均质化即成为可供食用的鲜乳。

(1)消毒牛乳(pasteurized milk)　消毒牛乳是将新鲜牛乳经过滤、加热、均质、杀菌后，分装出售的饮用乳。鲜乳经巴氏杀菌后除维生素 B_1 和维生素 C 略有损失外，其余营养成分与刚挤出的乳汁差别不大。市售消毒牛乳常强化维生素 D 等。

(2)乳粉(milk powder)　乳粉是指以牛(羊)乳为原料，经消毒、浓缩后除去 70%～80% 的水分，采用喷雾干燥法，将乳喷成雾状微粒而制成的粉状产品。加工对热不稳定的营养素

（如维生素 B_1 和维生素 C）有不同程度损失，蛋白质消化率略有增高。乳粉根据食用要求和成分不同又可分为全脂乳粉、低脂乳粉、脱脂乳粉、各种调制乳粉等。

①全脂乳粉（whole milk powder） 鲜乳消毒后除去 70%～80%的水分后得到全脂乳粉，其营养素的含量约为鲜乳的 8 倍。全脂乳粉的生产常采用喷雾干燥法，将乳粉制成雾状微粒。此法生产的乳粉质量好，粉粒较小，受热均匀，溶解性好，无异味，对蛋白质的性质、乳的色香味及其他营养成分影响很小。

②调制乳粉（formula milk powder） 以牛乳为基础，参照不同人群的营养需要特点，对牛乳的营养组分进行适当调整和改善而制成，因此可分为婴幼儿配方乳粉、孕妇乳粉、儿童乳粉及中老年乳粉等。其中婴幼儿配方乳粉又称人乳化乳粉，该乳粉是以牛乳为基础，按照人乳组成的模式和特点，加以调制而成。使各种营养成分的含量、种类、比例接近人乳。如改变牛乳中酪蛋白的含量、酪蛋白与乳清蛋白的比例，补充乳糖的不足，以适当比例强化维生素 A、维生素 D、维生素 B_1、维生素 C、叶酸和微量元素等。

③脱脂乳粉（skimmed milk powder） 生产工艺同全脂乳粉，但原料乳经过脱脂的过程，由于脱脂乳粉脂肪含量仅为 1.3%左右，因此脱脂乳粉与全脂乳粉相比，除脂肪含量低以外，脂溶性维生素损失较多，其他营养成分变化不大。此种乳粉适合于腹泻的婴儿及要求少油膳食的患者。

（3）酸乳（yogurt） 酸乳是以消毒牛乳、脱脂乳、全脂乳粉、脱脂乳粉或炼乳等为原料，经成分调配、加热消毒冷却至一定温度后接种乳酸菌，经过不同工艺发酵，再冷却灌装的一种牛乳制品。目前，市场上酸乳制品多以凝固型、搅拌型和添加各种果汁果酱等辅料的果味型为多。发酵过程使乳中乳糖转化为半乳糖和乳酸，蛋白质凝固，蛋白质有 20%左右被水解成为小的肽链和氨基酸等，乳中脂肪（3%～5%）不同程度水解，可使酸乳中的脂肪酸增加 2 倍，使酸乳形成独特的风味，各种营养素的利用率得以提高，如蛋白质的生物价从 85 提高到 87.3，叶酸含量增加 1 倍，且可有效提高钙、磷的利用率。酸乳由纯牛乳发酵而成，除保留了鲜牛乳的全部营养成分外，在发酵过程中乳酸菌还可产生人体营养所必需的多种维生素，如维生素 B_1、维生素 B_2、维生素 B_6、维生素 B_{12} 等。

酸乳营养丰富，容易消化吸收，还可刺激胃酸分泌。乳酸菌在肠道繁殖，可抑制一些腐败菌的繁殖，调整肠道菌群，防止腐败胺类对人体产生不利的影响，从而酸乳具有改善肠道功能、促进消化吸收、增强机体免疫能力等作用。此外，牛乳中的乳糖已被发酵成乳酸，对“乳糖不耐受症”的人，不会出现腹痛、腹泻的现象。因此，酸乳是适宜消化道功能不良人群、婴幼儿和老年人食用的食品。

（4）炼乳（condensed milk） 炼乳是“浓缩乳”的一种，是将鲜乳经真空浓缩或其他方法除去大部分的水分，浓缩至原体积 25%～40%的乳制品。由于所用的原料和添加的辅料不同，可以分为加糖炼乳（甜炼乳）、淡炼乳、脱脂炼乳、半脱脂炼乳、花色炼乳、强化炼乳和调制炼乳等。目前，市场上的炼乳主要是甜炼乳、淡炼乳和调制炼乳。从营养价值的角度看，除碳水化合物和维生素 C 比乳粉多外，其他成分，如蛋白质、脂肪、矿物质、维生素 A 等，皆比乳粉少。

①甜炼乳（sweetened condensed milk） 是在原料乳中加入约 16%的蔗糖，并经减压浓

缩到原体积40%的一种乳制品。成品中蔗糖含量可达40%～45%，使其渗透压增大，可抑制微生物的繁殖，因此成品保质期较长。甜炼乳因糖分含量过高，食用前须加水稀释，造成蛋白质等营养素含量相对降低，故不宜长期喂养婴儿。

②调制炼乳(formulated condensed milk)　以生乳和(或)乳制品为主料，添加或不添加食糖、食品添加剂和营养强化剂，添加辅料，经加工制成的黏稠状产品，也有加糖调制炼乳和淡调制炼乳。

③淡炼乳(evaporated milk)　又称无糖炼乳或蒸发乳。新鲜牛乳经巴氏杀菌和均质后，在低温真空下浓缩，除去约2/3的水分，装罐密封再经加热灭菌制成。食用前按适当的比例加水稀释后，其营养价值基本与鲜乳相同，但维生素受到一定的破坏，因此常用维生素加以强化，按适当的比例冲稀后，其营养价值基本与鲜乳相同。工艺过程中的浓缩和均质处理，形成的软凝乳块及脂肪球变小，均有利于消化吸收，适合喂养婴儿。

(5)复合乳(mixture milk)　复合乳是将脱脂乳粉和无水乳油分别溶解，按一定比例混合，再加入50%的鲜乳而制成，其营养价值与鲜乳基本相似。

(6)奶酪(cheese)　奶酪又称干酪，是一种营养价值较高的发酵乳制品，是在原料乳中加入适量的乳酸菌发酵剂或凝乳酶，使蛋白质发生凝固，并加盐、压榨排除乳清之后的产品。制作1 kg的奶酪大约需要10 kg牛乳，奶酪含有丰富的营养成分，奶酪的蛋白质、脂肪、钙、维生素A、核黄素含量是鲜乳的7～8倍，而维生素D和维生素C则在制作过程中被破坏和流失。在奶酪生产中，通过发酵作用乳糖降解生成乳酸，是乳糖不耐受和糖尿病患者可选择的乳制品之一。

蛋白质在蛋白酶的作用下，分解成肽和氨基酸，赋予奶酪独特味道，也利于消化吸收。其蛋白质消化率高达98%。

(7)奶油(butter)　奶油也称黄油，其中脂肪球膜在8～14℃被机械力搅拌破坏，形成脂肪团粒，失去乳浊液结构，水溶性成分随之流出。脂肪含量达80%～85%，主要以饱和脂肪酸为主，在室温下呈固态。主要用于涂抹面包和馒头，或制作蛋糕和糖果。

奶油可分为天然奶油和人工奶油。天然奶油因含有大量的饱和脂肪酸，会增加人体内胆固醇的含量而成为不健康的食品。而人造奶油由于以植物性油脂为原料，所以不含胆固醇，但是，植物油脂在氢化过程中产生的脂肪酸为反式脂肪酸(天然脂肪酸为顺式脂肪酸)，也有其不健康之处。无论哪种奶油，其营养组成完全不同于其他乳制品，所含的热量都很高，日常食用还是应该有所节制，不宜过量，故不属于膳食指南推荐的乳制品。

①稀奶油(cream)　以乳为原料，分离出的含脂肪的部分，添加或不添加其他原料、食品添加剂和营养强化剂，经加工制成的脂肪含量10%～80%的产品。

②无水奶油(无水黄油)(anhydrous milk fat)　以乳和(或)奶油或稀奶油(经发酵或不发酵)为原料，添加或不添加其他原料、食品添加剂和营养强化剂，经加工制成的脂肪含量不小于99.8%的产品。

③奶油(黄油)(butter)　以乳和(或)稀奶油(经发酵或不发酵)为原料，添加或不添加其他原料、食品添加剂和营养强化剂，经加工制成的脂肪含量不小于80%的产品。

6.3.5 蛋类的营养价值

禽蛋是一个完整的、具有生命的活卵细胞，包含着自胚发育到生长成幼雏的全部营养成分，同时还具有保护这些营养成分的物质。常见的蛋类有鸡蛋、鸭蛋、鹅蛋和鹌鹑蛋等。其中产量最大、食用最普遍、食品加工工业中使用最广泛的是鸡蛋。

1. 蛋的结构及营养素分布

各种禽蛋的结构都很相似，主要由蛋壳、蛋白、蛋黄三部分组成。其中蛋壳及蛋壳膜中浓蛋白重量占全蛋的 12%～13%，蛋白占 55%～66%，蛋黄占 32%～35%。蛋的结构见图 6-2。

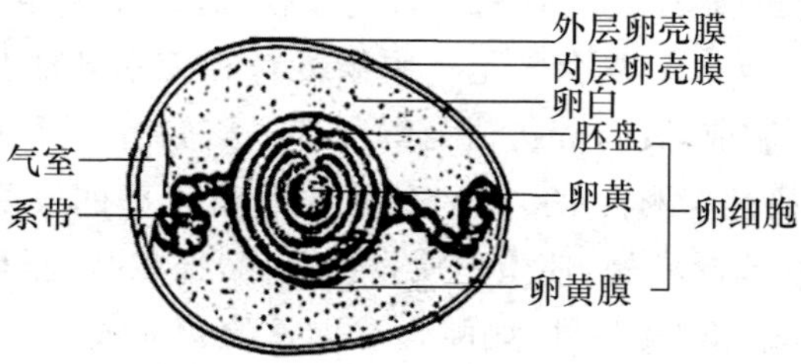

图 6-2 蛋的结构

以鸡蛋为例，每只鸡蛋平均重约 50 g，蛋壳重量占全蛋的 11%～13%，其主要成分是碳酸钙(96%)，其余为碳酸镁和蛋白质。蛋壳的颜色由白到棕色，深度因鸡的品种而异。颜色是由于卟啉的存在，与蛋的营养价值无关。蛋白包括两部分，外层为中等黏度的稀蛋白，内层包围在蛋黄周围的为角质冻样的稠蛋白。蛋黄表面包有蛋黄膜，有两条韧带将蛋黄固定在蛋的中央。

2. 蛋的营养素种类及特点

蛋类的微量营养素含量受品种、饲料、季节等多方面的影响，而宏量营养素的含量基本稳定。蛋类含蛋白质一般都在 10%以上。全鸡蛋蛋白质含量为 12.8%，蛋黄中较蛋白中高 4%左右。加工成咸蛋或皮蛋后蛋白质含量变化不大。

(1)蛋白质　蛋白中的蛋白质种类主要有卵清蛋白、卵伴清蛋白、卵黏蛋白、卵胶黏蛋白、卵类黏蛋白、卵球蛋白等。蛋黄中蛋白质主要是卵黄磷蛋白和卵黄球蛋白。无论蛋白还是蛋黄中的蛋白质，均含有人体所需要的必需氨基酸，且氨基酸组成与人体组成模式接近，生物学价值达 95 以上。全蛋蛋白质几乎能被人体完全吸收利用，是食物中最理想的优质蛋白质。在进行各种食物蛋白质的营养质量评价时，常以全蛋蛋白质作为参考蛋白。

(2)脂肪　蛋白中含脂肪极少，主要集中在蛋黄(98%)，呈乳化状，分散成细小颗粒，故易消化吸收。蛋黄中中性脂肪占 62%～65%，磷脂占 30%～33%，固醇占 4%～5%，还有微量脑苷脂类。中性脂肪的脂肪酸主要是油酸(50%)和亚油酸(10%)。蛋黄中含磷脂较多，还含有较多的胆固醇，如鸡蛋中胆固醇约 1 500 mg/100 g。

(3)碳水化合物　蛋类中碳水化合物含量较少，蛋白中主要是甘露糖和半乳糖，蛋黄中主要是葡萄糖，大部分以与蛋白质结合的形式存在。

(4)矿物质　主要存在于蛋黄内，蛋白中含量极低。其中以磷、钙、钾、钠含量较多，如磷为 210 mg/100 g，钙为 112 mg/100 g。蛋黄中铁的含量虽然较高，但以非血红素铁的形式存在，且因卵黄高磷蛋白的干扰，生物利用率仅为 3%左右。蛋中的矿物质受饲料影响较大。

(5)维生素　蛋类维生素含量较为丰富，且种类较为齐全。大部分维生素都集中在蛋黄内，如维生素 A、维生素 D、维生素 B_1 和维生素 B_2。维生素 D 的含量随季节、饲料组成和光照时间不同而有一定变化。

6.4 其他食物的营养价值

6.4.1 食用油脂

根据来源可分为植物油和动物油。油脂是甘油和高级脂肪酸组成的酯。植物油含不饱和脂肪酸多，熔点低，常态下呈液态，消化吸收率高；动物油以饱和脂肪酸多，熔点较高，常温下呈固态，消化吸收率不如植物油。鱼油多含不饱和脂肪酸，油脂呈液态，椰子和棕榈油饱和脂肪酸多，常温为固态。油脂加氢可改变本来形态，如氢化技术可提高油脂的饱和度，从而提高油脂稳定性，但不健康。植物油脂肪含量通常在 99%以上，富含维生素 E。

植物油是必需脂肪酸的重要来源，为了满足人体的需要，在膳食中不应低于总脂肪来源的 50%。植物油因含有较多不饱和脂肪酸，易发生酸败，不宜长时间储存。动物油脂一般储存温度在 0℃时，可保存 2 个月。

(1)菜籽油　取自油菜籽，其脂肪酸的组成受气候、品种等的影响较大，如一般寒带地区芥酸含量较低，亚油酸含量相对较高，气温较高的地区相反。由于芥酸大量存在，曾引起营养学领域的极大争议。有研究发现，用占膳食能量 5%菜籽油(含芥酸 45%)的食物喂养幼鼠，发现其心肌出现脂肪沉积和纤维组织形成。

(2)花生油　花生油具有良好的氧化稳定性，是良好的煎炸油。但花生油中含有少量的磷脂，若不将其除去，在煎炸食品时易起泡沫而溢锅，因此必须将其中的大部分磷脂去除才能用于煎炸食品。

(3)棉籽油　棉籽油的主要脂肪酸组成为棕榈酸 22%、油酸 18%、亚油酸 56%，与花生油的主要脂肪酸相似，与其他油不同的是棉籽油中含有 0.1%～0.3%的环丙烯酸，一般认为对生物体有不利作用。制作棉籽油必须经过冬化处理，冬化后分出的固态脂是制造人造奶油及起酥油的很好原料。

(4)玉米油　玉米油的亚油酸含量高，其降低血清胆固醇的效能优于其他油脂。玉米油富含维生素 E，虽然不饱和程度高，但热稳定性较好。

(5)向日葵油　向日葵油富含维生素 E，还含有绿原酸(水解可生成咖啡酸)，具有抗氧化作用，因此向日葵油的氧化稳定性很好。

(6)芝麻油　芝麻油的维生素 E 含量不高，但它的稳定性很高，保质期也很长。这是由于芝麻粗油中含有 1%左右的芝麻酚、芝麻素等天然抗氧化剂。

(7)猪脂　猪油中的饱和脂肪酸含量很高,通过酯交换后的改性猪油是一种性能良好的起酥油,广泛应用于食品工业。猪油中的天然抗氧化剂的含量很低,致使其保质期很短,但是可以通过添加抗氧化剂来延长它的储存期。

6.4.2 调味品

调味品指以粮食、蔬菜等为原料,经发酵、腌渍、水解、混合等工艺制成的各种用于烹饪调味和食品加工的物质。可分为发酵调味品、酱腌菜类、香辛料类、复合类调味品以及盐、糖等。

1. 调味品的分类

目前我国调味品大致可以分为如下六个大类。

(1)发酵调味品　包括酱油类、食醋类、酱类、腐乳类、豆豉类、料酒等多个门类。

(2)酱腌菜类　包括酱渍、糖渍、糖醋渍、糟渍、盐渍等各类制品。

(3)香辛料类　包括辣椒制品、胡椒制品、大蒜、葱、洋葱、香菜等。

(4)复合调味品类　酱类、风味调料类、方便调料类、增鲜调料类等。

(5)其他调味品　包括盐、糖、调味油以及水解植物蛋白、鲣鱼汁、海带浸出物、酵母浸膏、香菇浸出物等。

(6)各种食品添加剂　味精、酶制剂、柠檬酸、甜味剂、酵母、香精香料、乳化增稠剂、品质改良剂、防腐剂等。

2. 主要调味品的营养价值

(1)酱油和酱类调味剂　酱油和酱是以小麦、大豆及其制品为主要原料,接种曲霉菌种,经发酵酿制而成,其营养成分与原料有很大关系,以大豆为原料制作的酱类蛋白质含量高。酱油和酱的鲜味主要来自含氮化合物,所以蛋白质和氨基酸的含量高低是其品质的重要标志。酱油中含有少量还原糖以及少量糊精,他们也是构成酱油浓稠度的重要成分。酱类中的维生素 B_1 含量与原料含量相当,而维生素 B_2 含量在发酵之后显著提高。酱油和酱中的咸味来自氯化钠。酱油的香气成分主体为酯类物质,包括醋酸已酯、乳酸乙酯、乙酸丙酯、苯甲酸丙酯、琥珀酸乙酯等约 40 种酯类,此外,醛类也是酱香气的主要来源。

(2)醋类　醋类按原料可分为粮食醋和水果醋,按生产工艺可分为酿造醋、配制醋和调味醋,按颜色可分为黑醋和白醋。目前大多数食醋都属于以酿造醋为基础调味制成的复合调味酿造醋。与酱油相比,醋中蛋白质、脂肪和碳水化合物的含量都不高,但却含有较为丰富的钙和铁。

(3)味精和鸡精　食品中鲜味的主要来源是氨基酸、肽类、核苷酸和有机酸及其盐类。其中味精是最主要的鲜味调味剂,它是咸味的助味剂,也有调和其他味道、掩盖不良味道的作用。味精是谷氨酸单钠结晶而成的晶体,是以粮食为原料,经谷氨酸细菌发酵产生出来的天然物质。味精在以谷氨酸单钠形式存在时鲜味最强,二钠盐形式完全失去鲜味。在 pH 为 6.0 时最鲜。鸡精等复合鲜味调味品中含有的核苷酸类物质容易被食品中的磷酸酯酶分解,最好在菜肴加热完成之后再加入这类含有鲜味核苷酸的调味品。

(4)盐　咸味是食物中最基本的味道,而膳食中咸味的来源是食盐,也就是氯化钠。低钠食盐当中加入 1/3 左右钾盐，包括氯化钾和谷氨酸钾等，可以在基本不影响调味效果的同时减少钠的摄入量。

(5)糖和甜味剂　日常食用的食糖主要成分为蔗糖、木糖醇、山梨醇、甘露醇等，分为白糖和红糖，白糖又分为白砂糖(纯度 99%)和绵白糖(96%)。红糖的褐色来自羰氨反应和酶促褐变所产生的类黑素。日常使用的食糖主要成分为蔗糖，属于纯能量食品。木糖醇、山梨醇、甘露醇等糖醇类物质为糖类加氢制成，为保健型甜味剂，进食后不升高血糖，不引起龋齿，然而保持了糖类的基本物理性质，已经广泛应用于糖尿病病人、减肥者食用的甜食，以及口香糖、糖果等食品当中。

6.4.3　酒

根据酒类制作工艺不同，可分为酿造酒(也称发酵酒，如黄酒、糯米酒、果酒、啤酒等)、蒸馏酒(各类白酒)和配制酒(鸡尾酒、药酒等)。主要以活血化瘀、祛寒为目的。

(1)酿造酒　酿造酒指以粮谷、水果、乳类等为原料，主要经酵母发酵等工艺制成的酒精含量小于 24%(V/V)的饮料酒，含有多种氨基酸、微量脂类和糖类物质、B 族维生素和微量元素等，还有促进血液循环、软化血管等药用价值。

(2)蒸馏酒　蒸馏酒指以粮谷、薯类、水果等为主要原料，经发酵、蒸馏、陈酿、勾兑制成的、酒精度在 18%～60%(V/V)的饮料酒，具有较高的酒精度，能供给机体一定的能量，还能祛寒、促进血液循环。此外，没有其他营养学意义，相反，过多饮用，蒸馏酒中的甲醇、醛类等对人体神经系统、生殖系统、肝脏、心脏等有损坏作用。

(3)配制酒　配制酒(露酒)指以发酵酒、蒸馏酒或食用酒精为酒基，加入可食用的辅料或食品添加剂，进行调配、混合或再加工制成的、已改变了其原酒基风格的饮料酒。除药酒具有一定药用价值外，配制酒的营养意义不大。

酒提供能量主要取决于酒所含乙醇的量，酒类的能量来源都是一些小分子物质，极易被机体吸收利用，因此酒提供的能量高效而且迅速。运动员经过较长时间的比赛和训练之后，可适当饮用一些啤酒，就是这个道理。肥胖者过多地饮用啤酒、葡萄酒、黄酒等可能对维持体重或减肥不利。酒中的蛋白质主要以其降解产物(如氨基酸和短肽)的形式存在。由于酒的配料和酿造方法不同，氨基酸、短肽、乙醇含量相差较大。黄酒、葡萄酒、啤酒等发酵酒类中，氨基酸和短肽的含量较多，而在葡萄酒等果酒中含量则较少，蒸馏酒类几乎不含氨基酸。矿物质的含量与酿酒的原料、水质和工艺有着密切的关系。葡萄酒、黄酒和啤酒中矿物质含量最多，其中钾的含量较为丰富，一般为 0.3～0.8 g/L；其他矿物质(如钠、镁、钙、锌等)都有不同程度的存在。在啤酒和葡萄酒中还含有各种维生素，国内外食物成分数据资料表明，啤酒和葡萄酒内含有多种 B 族维生素，如维生素 B_1、维生素 B_2、维生素 B_6 等。但无论如何，酒以“乙醇”为主，多喝有害健康。

6.4.4　茶叶

1. 茶叶的分类

以茶叶加工过程中发酵程度的不同，分为发酵茶、半发酵茶和不发酵茶；以茶叶的色泽不同分为红茶、绿茶、青茶、黄茶、白茶和黑茶；以茶叶商品形式分为条茶、碎茶、包装茶、速溶茶和液体茶；也有以采制工艺和茶叶品质特点为主，结合其他条件划分为绿茶、红茶、乌龙茶、白茶、黄茶、黑茶和再加工茶共七大类。

(1)绿茶　绿茶属不发酵茶，制造过程主要采用高温杀青以钝化酶的活性，在短时间内阻止茶叶内含化学物质的酶促氧化、分解，将有效成分迅速固定下来，构成了绿茶的特征，即香醇、清汤、绿叶。我国主要有炒绿茶、晒青绿茶(滇青、川青、陕青等)和蒸青绿茶(煎茶、玉露)等品种。

(2)红茶　红茶属发酵茶，是酶性氧化最充分的茶叶，发酵过程中水溶性茶多酚的保留量一般在50%～55%。茶叶中茶多酚类物质经过酶促氧化聚合和其他一系列的特质转化，形成了有色的茶黄素、茶红素和茶褐素。我国红茶主要有小种红茶(正山小种、烟小种)、工夫红茶和红碎茶(叶茶、碎茶、片茶、末茶)等品种。

(3)乌龙茶　乌龙茶属半发酵茶，乌龙茶品质的形成是经晒青、凉青、和青等工序逐步完成的。我国乌龙茶主要有闽北乌龙(武夷岩茶、水仙、大红袍、肉桂)、闽南乌龙(铁观音、奇兰、水仙、黄金桂)、广东乌龙(凤凰单枞、凤凰水仙、岭头单枞)和台湾乌龙(冻顶乌龙、包种、乌龙)等品种。

(4)黑茶　黑茶类是我国边疆少数民族日常生活中不可缺少的饮料。初加工包括杀青、揉捻、渥堆、干燥四道工序，鲜叶中原料较为粗老，多为立夏前后采摘。我国主要有湖南黑茶(安化黑茶)、湖北老青茶(蒲圻老青茶)、四川边茶(南路边茶、西路边茶)和滇桂黑茶(普洱茶、六堡茶)等品种。

(5)黄茶　黄茶按鲜叶老嫩分为黄芽茶、黄小茶和黄大茶，是经绿茶发展而来的。初加工有杀青、闷黄、干燥三道基本工序。品质特点是黄叶、黄汤、香气清悦、味厚爽口。我国主要有黄芽茶(君山银针、蒙顶黄芽)、黄小茶(北港毛尖、沩山毛尖、温州黄汤)和黄大茶(霍山黄大茶、广东大叶青)等品种。

(6)白茶　白茶按茶树品种不同可分为大白、水仙白和小白；按采摘标准不同可分为白毫亮银针、白牡丹、贡眉和寿眉。我国主要有白芽茶(银针)和白叶茶(白牡丹、贡眉)等品种。

(7)再加工茶　再加工茶包括花茶类、茶饮料和药用保健茶等。花茶是配以香花窨制而成，既保持了纯正的茶香，又兼备鲜花馥郁的香气。所用的香花有茉莉花、白兰花、珠兰花、代代花、栀子花、桂花、玫瑰花等，其中以茉莉花茶最为常见。茶饮料是茶叶的新型加工品种，包括固体和液体茶饮料制品，如罐装饮料茶、浓缩茶和速溶茶。药用保健茶是茶和某些中草药或食品拼和调配后制成各种保健茶。保健茶种类繁多，功效也有不同。

2. 茶叶的营养价值

茶叶中的营养成分包括蛋白质、脂肪、碳水化合物、多种维生素和矿物质。蛋白质含量一般为20%～30%，但能溶于水的只有1%～2%；所含的多种游离氨基酸为2%～4%，易溶于水而被吸收利用。脂肪含量为2%～3%，包括磷脂、硫脂、糖脂和各种脂肪酸，其中亚油酸和亚麻酸含量较多，部分可为人体所利用。碳水化合物含量为20%～25%，多数是不溶于水的多糖，能溶于水可为机体所利用的糖类仅占4%～5%。维生素含量丰富，以一般绿茶为例，每100 g中含胡萝卜素5 800 μg、维生素 B_1 0.02 mg、维生素 B_2 0.35 mg、烟酸8.0 mg、维生素 C 19 mg、维生素 E 9.6 mg。矿物质有 30 多种，含量为 4%～6%，每 100 g 中含钾 1 661 mg、钠 28.2 mg、钙 325 mg、镁 196 mg、铁 14.4 mg、锰 32.6 mg、锌 4.3 mg、铜 1.7 mg、磷 191 mg、硒 3.2 μg。

茶叶中的非营养成分较多，主要包括多酚类、色素、茶氨酸、生物碱、芳香物质、皂苷等，这些物质是茶叶的功效成分，具有重要的保健作用。茶叶中多酚类的含量一般在 18%～36%(干重)，包括儿茶素、黄酮及黄酮苷类、花青素和无色花青素类、酚酸和缩酚酸类等。色素是一类存在于茶树鲜叶或成品茶中的有色物质，是构成茶叶外形、色泽、汤色及叶底色泽的成分，其含量及变化对茶叶品质起着重要作用。茶叶中含有嘌呤碱类衍生物，这类化合物主要有咖啡碱、可可碱和茶叶碱。咖啡碱是茶叶生物碱中含量最多的，一般含量为 2%～4%，夏茶比春茶含量高。茶中含有的芳香气物质，大部分是在茶叶加工过程中形成的，包括碳氢化合物、醇类、酮类、醛类、酯类、内酯类、酚类、过氧化物类、含硫化合物类、吡啶类、吡嗪类、喹啉类、芳胺类等。

茶叶的保健作用：预防肿瘤；预防心血管病；抑菌、消炎、解毒和抗过敏。

本章小结

本章主要介绍了食品营养价值评价的重要意义、各类食物的营养特点，要求同学们掌握各类食物中主要营养素的种类、含量和质量等营养特点与其在人类生活中的作用；熟悉提高各类食物营养价值的方法；了解提高膳食营养的有效措施。

思考题

1. 食品可划分为哪些类型?
2. 食品营养价值评定的意义是什么?
3. 简述储藏对食品营养价值的影响。
4. 如何提高谷类蛋白质的营养价值?
5. 蔬菜、水果的营养价值有哪些?

HAPTER 7

第7章 加工储藏对食物营养价值的影响

【启发提问】

1. 日常生活中，我们经常见到不同的食品在加工过程中会有不同的色泽、形态、质地和营养方面的变化，你知道都有哪些变化会影响食物的营养价值吗？

2. 烹饪过程中哪些烹调方法会影响食物的营养价值？

3. 不同储藏方式对食品营养价值有哪些影响？

【学习目的与要求】

1. 了解不同加工方式对食品营养价值的影响。

2. 了解烹饪过程中食品营养价值的变化。

3. 了解不同储藏方式对食品营养价值的影响。

4. 可以利用食品营养价值在加工过程中变化的相关知识指导科学加工食品。

5. 可以利用食品营养价值在烹饪过程中变化的相关知识指导科学烹饪。

6. 可以利用食品营养价值在储藏过程中变化的相关知识指导科学储藏食品。

【学习重点】

食品营养价值在加工烹饪中的变化。

【学习难点】

现代食品加工技术对食物营养价值的影响。

7.1 食品营养价值在加工烹饪中的变化

无论是动物性食品还是植物性食品，一般都需要经过加工才可食用。食品加工的目的通常是为了杀灭微生物或钝化酶以保护和保存食物、破坏某些营养抑制剂和毒性物质、提高消化率和营养价值、增加方便性以及维持和改善感官性状等。

7.1.1 氧化与酸败对食品营养价值的影响

1. 氧化对蛋白质的影响

氧化是指物质与氧气发生的化学反应。包括与空气中的氧反应、光氧化反应、受氧化剂和氧化性脂类的作用等。

高温下，氧化剂、过氧化脂质能和蛋白质的氨基酸残基反应，由此降低蛋白质的营养作用，甚至失去食用价值。氨基酸中以色氨酸、蛋氨酸、组氨酸和赖氨酸等比较容易受到破坏。

在日光长期照射下，食品蛋白质会发生变化，这是蛋白质的光氧化反应。光氧化反应能够降低蛋白质的营养价值。有巯基的氨基酸容易被光氧化，与其相反，天门冬氨酸和缬氨酸对光氧化很稳定。

2. 酸败对脂类的影响

酸败是指天然油脂长时间暴露在空气中会引起变质的现象。这是由于油脂的不饱和成分受空气中氧、水分或霉菌的作用发生自动氧化，生成过氧化物进而降解为挥发性醛、酮、羧酸等复杂混合物，并产生难闻的气味。酸败分为水解酸败和氧化酸败。

(1)水解酸败　水解酸败是指脂肪在高温下加工或在酸、碱、酶的作用下，水解生成甘油和脂肪酸等。游离脂肪酸的生成是脂肪酸败的前提，它可以产生不良气味，当游离脂肪酸含量在2%以上时，油脂会产生哈喇味。

(2)氧化酸败　油脂长期暴露在空气中会自发进行氧化。氧化过程可以发生在油脂的不饱和键上，更容易发生在游离的不饱和脂肪酸中。油脂氧化生成醛、酮、酸等混合物，使油脂的性质和风味发生改变。

7.1.2 碾磨对食品营养价值的影响

1. 碾磨对蛋白质、氨基酸的影响

碾磨对米粒中的蛋白质、氨基酸的含量有影响。种皮、糊粉层、胚和吸收层虽只占米粒重量的7.27%～8.24%，但其中蛋白质、赖氨酸、蛋氨酸、缬氨酸和苏氨酸分别占总量的14.05%～15.77%、29.0%～30.5%、11.83%、16.75%和18.4%。碾磨后各成分改变，成品蛋白质中的氨基酸含量已经较砻谷机脱壳米下降11.8%，出糠量为7.74%(九二米)时氨基酸下降14.1%；去糠量为11.38%(中白米)时，氨基酸下降达到16.7%。

2. 碾磨对维生素的影响

碾磨本身对整个谷物颗粒的影响主要是损失糠和胚芽，谷物碾磨时维生素的损失程度

受碾磨分离出去的糠和胚芽的量的影响。由于谷类的维生素大多分布在谷胚和糊粉层，所以碾磨越精细，损失越多，如大米中的维生素 B_1 的损失率标准米为 41.6%，中白米为 57.6%，上白米为 62.8%。

3. 碾磨对矿物质的影响

谷类中的矿物质主要分布在糊粉层和胚中，碾磨可以减少矿物质的含量，碾磨越精，其矿物质的损失越多。矿物质不同，其损失率也不同。例如，小麦碾磨成粉后，锰的损失率为 85.8%，铁的损失率为 75.6%，钴的损失率 88.5 为%，铜的损失率为 67.9%，锌的损失率为 77.7%，钼的损失率为 48.0%，铬的损失率为 40.0%，硒的损失率为 15.9%。镉在碾磨中的损失较小可以忽略不计。

7.1.3　清洗与整理对食品营养价值的影响

1. 清洗与整理对碳水化合物、蛋白质、脂肪的影响

粮谷类富含淀粉，烹调前的洗涤、沥滤可使单糖、双糖和某些多糖受到损失，但此种损失对其所含总糖来说，一般并不重要。粮谷类所含 B 族维生素及无机盐易溶于水，如果洗涤方法不合理，营养素损失会很大。例如，日常家庭淘米维生素 B_1 损失可达 26%～29%、维生素 B_2 和烟酸损失可达 23%～25%，无机盐损失 70%，蛋白质、脂肪和碳水化合物损失分别为 15.7%、42.6%和 2.0%。因此，淘米时要避免过分搓揉、减少淘米次数和米在水中浸泡的时间，更不要用热水浸泡。

2. 清洗与整理对维生素的影响

蔬菜、水果在没有受到任何机械性损伤时，在清洗过程中维生素的损失很少，但在经过修整、剪切等前处理后再清洗，可引起酶促褐变反应及促进水溶性营养素的大量丢失。如蔬菜在修整和浸泡中，水溶性维生素损失可达 60%，这取决于浸泡时间和浸泡水温。蔬菜、水果切片或切碎后在空气中放置，维生素损失较大，如苹果、桃子和黄瓜切片后放置 1 h 维生素 C 损失率分别为 32%、34%和 35%，但对胡萝卜素和烟酸基本没有影响。

7.1.4　烫漂与沥滤对食品营养价值的影响

蔬菜、水果在装罐、冷冻和脱水前大多要烫漂，以钝化引起质量下降的酶或驱除组织中的气体，防止杀菌时鼓罐。烫漂会使食品中的一些营养素受到损失。

1. 烫漂对维生素的影响

食品单位质量表面积越大，烫漂时维生素损失越多。如菠菜表面积大，在热烫后各种维生素损失率均比青豆高，如维生素 B_1 高 9%，维生素 B_2 高 5%，烟酸高 7%，维生素 C 高 26%。维生素 C 和维生素 B_1 对热不稳定，损失相对大；而维生素 K、维生素 B_2、烟酸和生物素等通常较稳定。

食品营养素保存率与烫漂时间和温度有关，烫漂时间越长，损失越大。通常短时高温比长时低温所致营养素的损失少。如青豆在 71℃ 和 99℃ 分别烫漂 6 min 和 2 min，维生素 C 以 99℃、2 min 烫漂处理保存最多，因为高温可迅速驱除氧气并钝化酶活性。

2. 烫漂和沥滤对矿物质影响

烫漂和沥滤对矿物质影响很大，这主要与它们的溶解度有关。如菠菜在烫漂时钾的损失率为56%、钠为43%、镁和磷为36%、硝酸盐为70%。

7.1.5 加碱对食品营养价值的影响

1. 加碱对蛋白质的影响

在加热条件下，食品加碱处理，可使蛋白质发生异构化，并在分子间或分子内形成交联键。能发生变化的氨基酸有丝氨酸、赖氨酸、胱氨酸和精氨酸，在碱处理时还可使色氨酸、赖氨酸等发生构型变化，从而降低蛋白质的营养价值。

2. 加碱对维生素的影响

维生素C、维生素 B_1、维生素 B_2 等维生素在碱性条件下损失较多。熬粥时加碱，其中的维生素 B_1 和维生素 B_2 会受到损失。

7.1.6 加热对食品营养价值的影响

加热是食品加工中最常用的加工方式，包括烫漂、巴氏消毒、高温杀菌和烹饪等。热加工可延长食品的保存期、改善食品的感官性状（如色、香、味、形）、杀灭微生物、钝化酶活性、提高营养素的利用性（淀粉糊化、蛋白质热变性等）以及破坏某些对人体有害的成分（如豆类中的胰蛋白酶抑制剂等抗营养因子）等。

1. 加热对蛋白质的影响

食品加工中，加热可提高蛋白质消化率，原因是食物蛋白质加热变性后原来被包裹有序的结构显露出来，便于蛋白酶作用；生鸡蛋、胶原蛋白及某些来自豆类和油料种子的植物蛋白等，若不先经加热使蛋白质变性则难于消化，如生鸡蛋蛋白质消化率仅50%，而熟鸡蛋消化率几乎为100%；蔬菜和谷类的热加工，除了软化纤维素、改善口感外，也提高了蛋白质的消化率。

加热可破坏食品中的天然有毒蛋白质，如某些毒性物质、酶抑制剂和抗维生素因子等而使其营养价值大为提高，如加热可破坏生鸡蛋清中的抗生物素、生大豆的胰蛋白酶抑制剂和植物血球凝集素。

2. 加热对脂类的影响

油脂长时间加热，营养价值下降。热处理对脂肪含量及脂肪酸组成有一定影响。在高温下，脂肪先发生部分水解，生成甘油和脂肪酸。当温度升高到300℃以上时，分子间开始脱水，缩合成相对分子质量较大的醚型化合物。当油温达到350～360℃时，则可分解成酮类或醛类物质，同时生成多种形式的聚合物，如己二烯环状单聚体、二聚体、三聚体和多聚体，它们都有一定毒性。

甘油在高温下脱水生成丙烯醛。丙烯醛是具有挥发性和强烈辛辣气味的物质，对人的鼻、眼黏膜有强烈的刺激作用。油在达到发烟点温度时，会冒出油烟，油烟中很重要的成分就是丙烯醛。长时间使用质量差的油来炸食物，有较多的丙烯醛随同油烟一起冒出，应安装排烟设备。

油脂在高温条件下，脂溶性维生素和必需脂肪酸易被氧化破坏，使油脂的营养价值降低。因此，在使用油脂时，应尽量避免持续过高的温度。用于煎炸菜点的油脂，温度最好控制在180～220℃，以减少有害物质的生成。对必须反复使用的油脂，应该随时加入适量的新油。对已变色变味的油脂，不能再使用。

3. 加热对碳水化合物的影响

(1)焦糖化反应　碳水化合物在无氨基化合物存在时，加热到150～200℃，生成黑褐色物质，此过程称为焦糖化反应。焦糖化反应在酸性或碱性条件下都能进行，焦糖化反应在烹饪中可用来使食品上色，在工业上用来生产焦糖色素。

(2)美拉德反应　又称羰氨反应，它是碳水化合物在加热或长期储存时，还原糖与氨基化合物发生的褐变反应。它经过系列变化生成的褐色聚合物称为类黑色素，因其在消化道不能水解，故无营养价值。美拉德反应因与酶无关，人们也称为非酶褐变。该反应的发生不仅影响食品的色泽和风味，也造成必需氨基酸的损失，在反应中形成的降解产物还可能具有毒性。

4. 加热对维生素的影响

热处理温度越高、加热时间越长，维生素 B_1、维生素 B_{12} 和维生素C的损失也越大，其他维生素如维生素 B_6、烟酸、生物素、维生素A和维生素D等在一般加热条件下影响较小。

5. 加热对矿物质的影响

热处理对矿物质的影响很小，在各种热处理下，矿物质成分没有显著变化。如牛乳巴氏灭菌加热后可溶性钙和磷酸盐有所减少，但加热时向胶体相转移的钙和磷酸盐，在加热后冷却过程中又逐渐恢复原来的状态。

7.1.7　食品添加剂对食品营养价值的影响

食品加工中为了防止食品的腐败变质和提高其感官性状等，常常添加一定的食品添加剂，其中有的对维生素也有一定影响。例如，氧化剂通常对维生素A、维生素C、维生素E有破坏作用。亚硝酸盐可迅速与维生素C反应，也能引起类胡萝卜素、维生素 B_1、叶酸的损失。亚硫酸盐(或 SO_2)常用来防止水果、蔬菜的酶促褐变和非酶褐变，作为还原剂虽可以保护维生素C，但却能破坏维生素 B_1。

7.1.8　脱水干燥对食品营养价值的影响

脱水是食品加工保藏的主要方法，脱水可减少食品的重量和体积，并可抑制微生物的腐败作用。应用脱水处理的食品有水果、蔬菜、肉、鱼、奶、蛋等。工业上有许多不同的食品脱水或干燥方法，如烘房干燥、隧道干燥、滚筒干燥、喷雾干燥、日光干燥及冷冻干燥等。

1. 脱水干燥对蛋白质、氨基酸的影响

食品脱水干燥时，如温度过高，时间过长，蛋白质中的结合水受到破坏，则导致蛋白质之间相互作用，使蛋白质变性，因而食品的复水性降低，硬度增加，风味变劣。

奶粉和鱼粉的蛋白质、氨基酸在热干燥中会受一定影响。如喷雾干燥的全脂奶粉赖氨酸损失率为 3.6%，蛋氨酸几乎无损失；而二者滚筒干燥的损失则分别达 18%～33% 和 0.5%～11%。

烘焙加工由于强热可使水分含量迅速降低，某些氨基酸也会损失。如面包在烘烤过程中赖氨酸损失率为 10%～15%；饼干 170℃ 焙烤 5 min，蛋氨酸、色氨酸、赖氨酸分别损失 18%、10% 和 32%。

2. 脱水干燥对维生素的影响

脱水干燥能够造成维生素损失。脱水时最不稳定的是维生素 C，常规的脱水过程其损失率为 10%～15%，在冷冻干燥时对维生素 C 无不良作用。维生素 B_1 在蔬菜烫漂后干燥时的损失率豆类为 5%、马铃薯为 25%、胡萝卜为 25%。维生素 A、维生素 E 和胡萝卜素也都不同程度地受脱水影响，但维生素 A、维生素 D 在乳的干燥或蒸发浓缩时损失很小或无损失。

(1)晒干、风干脱水　利用阳光或自然风使食物脱水干燥是一种古老的脱水干燥方法。由于长时间与空气接触，一些不稳定的维生素损失率大于人工脱水。如杏子用晒干、阴干和人工脱水法制成杏干，其维生素 C 损失率分别为 29%、19% 和 12%；β-胡萝卜素损失率分别为 30%、10.1% 和 9.2%。

(2)人工加热干燥　常用的有空气对流干燥、滚筒干燥和真空干燥等。维生素类在人工加热干燥中损失率一般在 16%～37%，食品黏度大损失率可降低。牛乳干燥时维生素 B_1 损失率为 14%～27%。蔬菜干燥时维生素 B_1、维生素 B_2、烟酸和泛酸的损失率都低于 10%。乳类和蛋类在喷雾干燥时比滚筒干燥过程中维生素 A 和维生素 D 损失小，如牛奶喷雾干燥中维生素 A、维生素 B_1 损失 10%，用传统滚筒干燥法损失约 15%。若在干燥过程中利用氮气或二氧化碳进行气体调节，降低干燥过程中的氧气含量，可明显降低干燥过程中维生素 C 的损失量。

7.1.9　生物加工技术对食品营养价值的影响

酒类和调味品的酿造、豆类发芽及使用酶制剂改善食品质量等均属常见的生物发酵加工方法，生物发酵加工通常可提高食品的营养价值，提高植物蛋白质的生物利用率，而且由于一些游离的呈味氨基酸释出而具有特殊风味。

酱油、食醋和酱类的原料主要是豆类和谷物，通过微生物作用产生复杂的酶解与合成，原料中的蛋白质、碳水化合物和油脂等在各种微生物酶的催化作用下水解，生成氨基酸、低分子糖、甘油和有机酸等呈味物，以及醇、酯、酮等挥发性成分，形成了酿造食品特有的风味，易消化吸收。在豆类发酵制成腐乳、豆豉、黄酱和酱油的过程中，维生素 B_2、维生素 B_6 和烟酸含量可增加到未发酵大豆的 4～8 倍，同时蛋白质水解为肽和氨基酸，豆类发酵对营养价值的最大贡献是提高了维生素 B_{12} 的量。

干豆中不含维生素 C，黄豆发芽到根长 1.5～6.5 cm 时，绿豆芽长 4～6 cm 时，每 100 g 可食部分维生素 C 最高可达 15.6 mg 和 19.5 mg(豆芽很短时维生素 C 不高)，高寒地区冬季可把豆芽作为维生素 C 的良好来源。黄豆发芽成黄豆芽后，胡萝卜素增加 2 倍、维生素

B_2 增加 3 倍、烟酸增加 2 倍、维生素 B_{12} 则达 10 倍。

7.1.10 烹饪对食品营养价值的影响

1. 烹饪对谷物食品中营养素的影响

烹饪使谷物中的淀粉糊化以利于消化吸收，可使蛋白质通过加热变性有利于消化。烹饪加热受损失的主要是 B 族维生素和维生素 C 等。不同的烹制方法维生素损失不同。例如，标准粉制成馒头、烙饼，其中维生素 B_1 的保存率各为 70.3%和 45.2%；炸油条时，由于高温，维生素 B_1 几乎破坏殆尽，维生素 B_2 和烟酸也损失近半；煮面条时，维生素 B_1 和维生素 B_2 损失近半。

2. 烹饪对蔬菜中营养素的影响

蔬菜是维生素、无机盐和膳食纤维的主要来源。蔬菜的洗涤、搭配及烹饪方法不当，均可使某些营养素损失和破坏。蔬菜烹饪一般采用炒、煮、蒸、炸等方式，易流失破坏的是水溶性维生素和无机盐。维生素 C 损失约在 50%，钙、磷、铁损失率约在 25%以下。

不同的烹饪方法，营养素损失不同。用蒸法加热 30 min，洋山芋和四季豆维生素 C 损失分别约为 37%和 28%；用煮法分别加 250 g 水和 600 g 水加热 20 min，洋山芋和四季豆中维生素 C 分别损失约为 14%和 32%。在相同的加热烹饪条件下，各种维生素的损失程度由高到低依次为维生素 C、维生素 B_1、维生素 B_2，其他水溶性维生素和脂溶性维生素。蔬菜较好的烹饪方式是凉拌、急火快炒和快速蒸煮。

3. 烹饪对肉类中营养素的影响

畜、禽、鱼等肉类的烹饪方法多种多样，常用的有煎、炸、蒸、煮、焖、烤等。中式的炒肉常将肉丝或肉片加少许水和淀粉拌匀后再下锅炒，加热时会在表面迅速形成保护层，可减少原料中水分和营养素的溢出，还可避免物料与空气过多接触而产生氧化作用，蛋白质也不致过分变性，维生素的破坏流失相对小，入口鲜嫩，易于消化吸收。

蒸、煮、炖是把原料放入适量水中加热或用热蒸汽使食物加热，随温度逐渐升高，结缔组织收缩使瘦肉块收缩，肉汁逸出。结缔组织的胶原蛋白蒸煮后软化，变成溶于水的白明胶，使汤汁变黏；白明胶含数种氨基酸，特别是赖氨酸和精氨酸较高，可被人体消化利用。若温度保持 100℃持续 30 min，瘦肉中约有 4%的蛋白质和部分含氮浸出物、40%～50%的游离无机盐、20%以上的 B 族维生素流入汤中。因此，肉汤味道鲜美，具有一定的营养价值。

熏烤是把食物放在烤炉上或用火直接熏烤，肉汁溢出，其中水分蒸发，大部分肉汁在肉表面浓缩，烤肉香味更浓。但烤炉温度多在 200℃以上，表层蛋白质结成硬壳，不易消化，约 30%的 B 族维生素被破坏。

很多人特别喜欢吃熏烤食品，比如烤香肠、烤鸡腿。熏烤后的食物，其表面常常具有一些独特的风味。但肉、鱼等原料经熏烤后可产生对人体有害的物质，如 3,4-苯并芘等致癌物质。所以，在熏烤肉、鱼、肉肠类时不应当用明火直接熏烤，可用管道干热蒸汽烤，最好不要加糖熏烤，如果一定要加糖时，温度也应控制在 200℃以下。

煎炸肉时，油温通常在 180～200℃，肉块在煎炸时表面温度可很快达到 115～200℃，使表面的蛋白质迅速结成硬壳,内部可溶物不易流出,因此味美多汁。煎炸时油温不宜超过250℃,否则,甘油三酯的脂肪酸之间会发生聚合,使油脂黏稠度增大,同时形成环状单聚体、二聚体及多聚体。环状单聚体可被机体吸收,并有毒性。

肉类在烹饪时要注意控制温度,如过度受热,易产生对胃黏膜有刺激作用的酯类、醛类和具有致癌作用的物质。肉中蛋白质过度受热可分解产生硫氢基或生成类黑色素,使菜肴呈现褐色,风味变劣,营养价值下降,如烤焦的牛肉、油炸过度的猪肉和煎煳的鱼等。因此,肉类烹饪温度过高时要注意安全性问题给人们健康带来的危害。

4. 烹饪对蛋类营养素的影响

蛋类烹调一般采用油炸、炒、蒸或带壳水煮。在烹调过程中,仅维生素 B_1 和维生素 B_2 损失 8%～15%,其他营养素损失不大。蛋类熟制后易消化,煮熟的嫩鸡蛋蛋白质消化率可达 90%以上,炒蛋 87%,生蛋消化率仅约 60%。

7.1.11 现代食品加工技术对食品营养价值的影响

随着食品工业的快速发展,一些现代食品加工高新技术不断应用到食品加工中,包括超低温粉碎技术、挤压膨化技术、超高压加工技术、膜分离技术、真空技术、微胶囊技术和超高温杀菌技术等,这些技术可以降低对食品营养素的不良影响。

1. 超微粉碎技术

超微粉碎一般指将直径为 3 mm 以上的物料颗粒粉碎至微米(10～25 μm)甚至纳米级微粉的过程,主要通过对物料的冲击、碰撞、剪切、研磨和分散等手段而实现。由于颗粒微细化,导致物料表面积和孔隙率增大,使超微粉体具有独特的理化性质,包括良好的溶解性、分散性、吸附性和化学活性等而应用广泛。超低温粉碎技术则是将食品在－80～－160℃的超低温状态下,瞬时粉碎成微米级超微细粉的技术。由于将材料冷却冻结到脆点以下,在处理过程中原料处在低温状态和惰性介质中,有效抑制了芳香成分的挥发和物质的氧化变质,最大限度地保持了食品的营养素及活性物质。这种技术主要应用于蔬菜、水果、花粉、参茸、龟鳖、乌鸡等食品加工中。

将食品原料加工成超微粉,有利于营养物质的消化吸收;经过超微粉碎处理的物料,其空隙增加,微粉孔腔中容纳的 N_2 和 CO_2 可延长食品保鲜期;超微粉碎技术可最大限度地保留物料原有的生物活性物质及营养成分,改善食品口感;经过超微粉碎处理,原来不能充分吸收利用的原料被重新利用,节约了资源;另外,利用超微粉碎技术可开发新型软饮料,制造新型添加剂和功能食品。超微粉碎技术应用于软饮料的加工,可开发出粉茶、豆类固体饮料及超微骨粉配制的富钙饮料等新型产品;在果蔬加工领域的应用,不仅可提高果蔬的适口性,还可变废为宝,例如人们视为废物的柿树叶富含胡萝卜素、胆碱、多糖、芦丁、氨基酸、维生素 C 及多种微量元素,制成超微粉后可作为食品添加剂应用于保健品中;应用于调味品加工中,使其香味更加浓郁,更易分散和溶解;应用于粮油加工,制得的产品包括麦麸粉、大豆微粉、稻米微粉和小麦微粉等,其中稻米微粉和小麦微粉由于其表面淀粉受到活化,制成的食品具有优良的加工性能,风味、口感好,且易于熟化;应用于畜禽制品加工,生产绿色肉类粉体食品,可充分利用资源,减少浪费,如鲜骨具有较高的营养价值,若将其煮、熬之后食用,不能充分利用营养，造成资源浪费，经过超微粉碎处理的骨粉，既能保留 95%以上的营养素，又能提高吸收率。

2. 挤压膨化技术

挤压膨化技术是按设计目标将调配均匀的食品原料由螺旋挤压机来完成输送、混合、加热、质构重组、熟制、杀菌、成型等多单元加工，属于高温高压短时加工过程，物料受热时间短，营养素损失少，杀菌效果好。因此，膨化食品具有较长的货架期。该技术已广泛用于豆类、薯类、谷物类原料及其产品的加工。

挤压膨化技术对谷物营养成分的影响较大，挤压过程因其高温高压的特性，可破坏谷物中的有害因子。大豆制品的豆腥味是由于大豆中含有脂肪氧化酶催化脂肪发生氧化反应，产生不愉快的味道，高温挤压过程可以将脂肪氧化酶破坏，从而避免了不良风味的产生。另外，谷物中的一些天然毒性物质（如胰蛋白酶抑制因子等）在挤压过程中也同样可以被破坏掉，大豆原料经过高湿挤压后，蛋白质的体外消化率提高了 12.1%，达到 94.6%。除此之外，谷物在挤压机内经过混合、搅拌、摩擦，积累能量达到高温高压，原料受到热能、机械剪切和压力等综合作用，促使营养成分发生变化，可提高谷物的消化吸收率。

(1)挤压膨化技术对淀粉的影响　淀粉是一种天然的植物多糖，在各类挤压膨化食品中，淀粉质食品占最主要部分。淀粉是谷物中的主要成分，在挤压过程中，淀粉受到高温高剪切作用，淀粉链被切断，形成小分子的寡糖，淀粉得到一定程度的降解。

(2)挤压膨化技术对脂肪的影响　挤压膨化过程中，脂肪会与淀粉和蛋白质形成组织紧密、难被水解的复合物，从而使脂肪含量减少；不饱和脂肪酸与饱和脂肪酸之间的比例降低，反式脂肪酸会有所增加，膨化后谷物中总脂肪含量降低。脂肪复合体的生成，使脂肪受到淀粉和蛋白质的保护，有利于防止脂肪的氧化，延长谷物食品的货架期。

(3)挤压膨化技术对蛋白质的影响　在挤压过程中，蛋白质分子结构由折叠状伸展为直线状，发生变性。研究发现，蛋白质变性程度随挤压机套筒温度降低、喂料水分增大、螺杆转速升高而降低。挤压膨化过程中蛋白质分子发生变性，更容易受到酶的作用，蛋白质分子降解，从而提高了蛋白质的消化率。

(4)挤压膨化技术对维生素的影响　膨化加工对部分维生素的影响较大，研究表明，随着挤压温度的升高、螺杆转速的降低、挤压原料含水量的降低及模头孔径的减小，维生素的损失量增大。研究发现，维生素 A、维生素 E、维生素 C、维生素 B_1 和叶酸对膨化加工敏感；与此相反，其他 B 族维生素，如维生素 B_2、维生素 B_6、维生素 B_{12}，泛酸和生物素等在挤压过程中变化不明显。

(5)挤压膨化技术对矿物质的影响　挤压膨化过程对矿物质的影响较小，矿物质含量基本没有损失，但是铁强化挤压膨化食品会影响食品色泽的劣变，还会加快脂肪氧化。

3. 超高压技术

食品超高压技术(UHP)是利用帕斯卡定律，在常温或较低温度下，以液压作为压力传递介质对密闭容器内的食品进行加压处理的一种技术。其原理为在超高压下食品中的小分子(如水分子)之间的距离将缩小，而蛋白质等大分子团组成的物质仍保持原状，这时水分子会产生渗透和填充效果，进入并黏附在蛋白质等大分子团内的氨基酸周围，从而改变蛋白质的性质，这种“变性”的大分子链在压力下降为常压后被拉长，而导致其立体结构被破坏，从而使蛋白质凝固、淀粉变性、酶失活或激活，细菌等微生物被杀死，食品的组织结构改善，促成新型食品生成。只作用于非共价键是超高压技术的一个独特性质，它对维生素、色素和风味物质等低分子物质的共价键无明显影响。因此，可较好地保持食品原有的营养价值、色泽和天然风味。

食品超高压技术是纯物理的冷加工技术。与传统热加工技术相比，不会破坏食品原有的营养、风味及色泽等有效成分；可以在保持食品原有风味下“冷杀菌”，经简单加热后再食用而扩大半调理食品的用途；还可以改善某些食品物料的内部组织结构而获得具有新物性的食品；同时由于处理过程为液体介质的瞬间压缩过程，灭菌效率高，能耗低。因此，超高压加工技术已被广泛应用于水果、蔬菜、肉制品、水产品及乳制品的加工。

4. 微波技术

微波是指波长 1 mm 至 1 m 范围的电磁波。微波技术是利用微波产生高频电磁场来对食品进行加热、干燥、灭菌、膨化和灭酶等加工处理的技术，在食品中常用频率 915 MHz 和 2 450 MHz。微波可保持食品原有性状和提高产品质量，具有加热速度快而均匀、易于控制等优点而被广泛应用于食品工业。微波技术在食品的加工过程中会影响食品的营养价值，表现在以下几个方面：

(1)使糖类焦糖化　糖类是食品中的重要营养成分。蔗糖、葡萄糖可因为吸收微波而融化，经大剂量的微波辐射后可脱水变为焦糖。低聚糖在微波条件下可快速升温，达到一定温度时，可生成焦糖等褐色物质而失去营养价值。

(2)使蛋白质结构变化　微波烹调能影响食物中蛋白质的存在形式和结构，从而影响其营养价值。如微波烹调鱼肉过程中，可溶性蛋白通过二硫键构成二聚体或多聚体，出现了 2 种高分子量的新型可溶性蛋白质。

(3)使维生素氧化　微波是利用热辐射来传递热量，但不同的是热量传递的顺序是由里及表。微波烹制面食时，温度越高，维生素损失越多。微波烹制加热时间短，可减少对 B 族维生素的破坏。

(4)使脂肪劣变　在微波加工过程中，脂肪易水解生成甘油和脂肪酸，而脂肪酸的氧化降解能产生不同碳链的不饱和醛类。这些物质可与氨基酸、蛋白质、糖原以及其他成分反应，生成活性褐变中间体，能产生许多异味物质。

(5)破坏抗氧化物质　新鲜的蔬菜、水果和坚果中富含维生素 E、维生素 C、胡萝卜素、谷胱甘肽、超氧化物歧化酶、番茄红素、类黄酮等大量天然抗氧化物质，能阻遏或减轻自由基对人体细胞的氧化，是人体源源不断补充抗氧化物质的来源。微波加热可破坏食品中的抗氧化物质，进而使食用者细胞氧化而出现病态。

5. 辐照技术

食品辐照技术是利用原子能射线对食品原料及制品进行灭菌、杀虫、抑制发芽和延期后熟等以延长食品保存期的加工技术，包括非电离辐射的紫外线和电离辐射的 X 射线、γ 射线。所有食品成分中，维生素对辐射最敏感，并取决于辐射温度、辐射剂量和辐射率，还受其所处介质的影响。

辐射对脂肪的影响取决于脂肪类型、不饱和度、照射剂量、温度及氧的存在与否。食物脂肪经辐照后，可能的产物包括脂肪酸和醛、丙二醇双酯类及甘油二酯等，产物数量与剂量有关，但通常很少。辐照处理可引起食物蛋白质的破坏，蛋白质在辐照处理后的降解产物有氨、游离氨基酸、过氧化氢及有机过氧化物等。

辐照可在包装完好的情况下一次性大量处理，而且杀菌时食品温度几乎不升高，对生鲜食品特别有利。目前，射线辐照主要用于肉类食品的杀菌防腐和蔬菜水果的保藏。已有的研究表明，在食品辐照所用剂量范围内，食品主要营养成分变化较小，不会影响食品的营养价值。

7.2　食品营养价值在储藏中的变化

食品在储藏过程中营养素含量的变化可影响其营养价值。食品中营养素含量的变化与储藏条件如温度、湿度、氧气、光照、储藏方法及时间长短有关。

目前常用的食品保藏方法有干制、高温杀菌、低温冷藏、辐照和加防腐剂。

7.2.1　常温储藏对食品营养价值的影响

大多数食品在常温下保藏，储存中影响食品感官性状或营养价值最重要的条件是温度。

1. 粮谷

谷类储藏期间，由于呼吸、氧化、酶的作用可发生许多物理、化学变化，其程度大小、快慢与储藏条件有关。正常的储藏条件下，其蛋白质、维生素、矿物质的含量变化不大。储藏条件改变，可引起蛋白质、脂肪、碳水化合物分解产物堆积，发生霉变，不仅改变谷类的感官性状、降低其营养价值，而且使其失去食用价值。如谷类水分为 17%，储存 5 个月，维生素 B_1 损失 30%；水分为 12%时，损失减少至 12%；谷类不去壳储存 2 年，维生素 B_1 几乎无损失。

2. 蔬菜、水果

(1)蔬菜、水果的呼吸作用　新鲜植物性食品在采收和储藏中会发生蒸腾和呼吸作用，呼吸作用是蔬菜、水果生命活动必不可少的，实质上是酶参与的缓慢氧化过程。旺盛的有氧呼吸会使蔬菜、水果中的碳水化合物、有机酸、糖苷、鞣质等有机物分解，使粗纤维增加从而降低蔬菜、水果的风味和营养价值。

新鲜果蔬在储存中损失最多的是维生素，特别是维生素 C，损失率与其存放时间、温度有关。土豆在室温下储藏 3 个月维生素 C 损失约 1/3，7 个月后损失约 2/3。芦笋青茎在 20℃储存 7 d，维生素 C 损失约 80%；但若在 0～4℃储存，损失率仅 20%。绿色蔬菜在室温下数天维生素损失殆尽，在－4～0℃则可保存 50%。苹果储存 2～3 个月后，维生素 C 仅存 1/3；而柠檬、葡萄柚储存在 2～15℃下，维生素 C 保存率几乎 100%；橙和红皮柚长时间储存维生素 C 保存率可达 90%。

(2)蔬菜的春化作用　春化作用是指蔬菜打破休眠期而发生的发芽或抽薹变化，如马铃薯发芽、洋葱和大蒜抽薹等。许多蔬菜发芽后，因其把自身的营养给了“新的生命”，其蛋白质、脂肪、维生素等营养物质的含量有所降低，其食用性也随之降低，甚至会产生毒性。如马铃薯发芽后会有一种叫龙葵素的物质增加，它是一种有毒生物碱，人吃了中毒轻则恶心、呕吐、腹泻，严重则为心脏衰竭、呼吸中枢麻痹导致死亡。正常的马铃薯含有龙葵素，只是含量很低，不会对人体造成危害。当马铃薯发芽、变绿，会产生大量龙葵素，其含量是正常土豆中的 50 倍，如果一次吃进 200 mg 龙葵素，约吃 30 g 已经变青、发芽的土豆，15 min 至 3 h 就可出现中毒症状。

有些蔬菜发芽后，其蔬菜芽的营养价值和可食性随之增加，如大蒜、姜、葱、萝卜、白菜、西兰花等。大蒜发芽，会长成翠绿的蒜苗，含有丰富的维生素 C、胡萝卜素等营养成分；绿菜花的"新芽"中富含胡萝卜素、维生素 E、萝卜硫素等；萝卜苗的营养也非常丰富，含有大量的维生素 K 和叶酸等。在没有腐烂的前提下，这类食物发芽不会产生毒素，可以正常食用。

(3)水果的后熟　后熟是指水果被采摘脱离果树后的成熟过程。大多数水果从树上采摘后可以直接食用，但有些水果从树上采摘下来时不能直接食用，需要经过后熟过程才能食用，经过后熟的水果其营养价值和风味有所增加。水果经过后熟进一步增加芳香和风味，果肉软化宜食用，对改善水果质量有重要意义。香蕉、鸭梨等水果只有经过后熟才有较高的食用价值。但后熟以后的水果不耐储藏。因此，水果储藏时应在未完全成熟前采收，储藏在适宜温度和条件下，延缓其后熟过程，便于储藏和运输。

3. 肉类

牲畜屠宰后会发生一系列变化，肉由僵直、解僵到自溶。刚屠宰的热畜肉呈中性或弱碱性，虽然肉的弹性好，但鲜嫩度和消化率均低。僵直状态的肉虽然新鲜，但肌纤维硬化、肌蛋白凝固、弹性差、持水性低，无鲜肉的自然芳香气味，烹饪时不易熟烂，风味不佳，且影响消化吸收。肉类僵直期营养价值的变化表现为糖原进行无氧酵解、肌肉中的 ATP 减少，形成肌动球蛋白，细胞组织的硬度增加；当僵直达到最高点后进入成熟期，肉质逐渐变软，弹性恢复并有肉的芳香气味，成熟后的肉风味、营养价值都得到提高。肉类成熟期营养价值的变化表现为肌肉中的蛋白质被逐渐分解成游离氨基酸，增强肉的滋味和鲜味，高分子磷酸腺苷类开始分解，形成大量的游离次黄嘌呤，使肉类具有特殊的芳香气味，肌肉内残余的糖原酵解生成乳酸，促成肌肉组织的软化和营养成分的降解，使肉类变得易于消化吸收。成熟后的肉继续变化则进入自溶期，肉中所含复杂有机物进一步分解为分子量较低的物质，肉的弹性逐渐消失，质地柔软而松弛，颜色发暗并产生不快气味，虽尚可食用，但营养价值降低，风味下降；再进一步变化即导致腐败，产生恶臭和毒性产物如氨、硫化氢、醛类、酮类及有毒的尸胺等，不能食用。

4. 蛋类

蛋类储藏中浓厚蛋白稀化，卵黏蛋白变性，蛋白 pH 由 8 升到 9，蛋黄 pH 由 6 升到 7，含氨量和游离脂肪酸增加，长期储存中苏氨酸和维生素 A 损失最多。蛋类常温下只能储存 20～30 d。

5. 牛奶

牛奶常温储存中损失较多的是维生素 B_2，室内光线下 1 h，维生素 B_2 损失 30%；室外阴天下 2 h，维生素 B_2 损失 45%；牛奶常温储存中维生素 B_6 损失也较多，室内光线下 1 h，维生

素 B_6 损失 20%；维生素 B_6 对光也敏感，阳光下 8 h 损失 21%。另外，紫外线照射可使奶中麦角固醇转化为维生素 D_3。

7.2.2 冷冻储藏对食品营养价值的影响

冷冻是常用的食品储藏方法。通常的冻藏是指在－18℃下储藏，在此温度下，微生物生长受抑制，某些酶或非酶变化很慢。一般来说，冷冻食品所含营养物质与新鲜食品中相似。

冷冻储藏在工艺上包括预冻结、冻藏和解冻。冷冻本身一般对维生素的损失影响较小。某些食品在冷冻过程中有大量的维生素损失，与食品原料在冷冻前的修整、磨碎、烫漂、包装类型、包装材料、冷冻速率、冻藏温度、解冻操作等因素有关。一是来自物理分离，如预冻结的去皮、修整和解冻时的汁液渗出等；二是由于沥滤，特别是烫漂时的沥滤或化学降解。蔬菜类经冷冻后会损失 37%～56%的维生素 B_6，肉类食品经冷冻后泛酸的损失为 21%～70%。冻藏温度对维生素 C 影响很大，如青豆、花椰菜、菠菜在温度为－18～－7℃范围内，每上升 10℃其维生素 C 的降解速度以 6～20 倍变化，通常在－18℃以下才能较好地保持食品的质量，肉类在解冻时的汁液流失可造成水溶性维生素损失最多达 30%。

冻藏通常被认为是保持食品感官性状、营养质量及长期保藏食品的最好方法。大多数食品在冷冻状态下储存可降低营养素损失，食品中维生素 A、维生素 B 族、矿物质及产能营养素损失很少。

冻藏是肉类保藏最好的方法，只是在解冻时有少量水溶性物质流失，如牛排在－18℃储藏半年，维生素 B_1 和维生素 B_2 及烟酸几乎无损失，维生素 B_6 损失低于 10%。在牛肉中注入用盐水稀释的 10%以下的植物蛋白在－10℃、－20℃和－30℃储藏 18 个月，蛋白质功效比值在 2.58～2.75，与对照酪蛋白 2.5 接近，说明冻藏对蛋白质营养价值有良好的保护作用。

(1)预冻结期　果蔬采收到冻结之前的储存时间短其维生素的损失较少，有些蔬菜冻结前需要漂烫，漂烫会使水溶性维生素有一定的损失，这和漂烫的时间和温度有关。刚采摘的新鲜蔬菜组织细胞中含有大量的酶类，在采摘后的过程中仍可以进行不断地生理生化反应，容易造成成熟过度或是品质的损失。热烫可以全部或大部分地破坏原料中的氧化酶、过氧化物酶及其他酶类并杀死微生物，保持蔬菜原有的色泽，同时排出细胞中的各种气体尤其是氧气，利于维生素营养素的保存。

(2)冻藏期　冻藏期维生素可有大量损失，其损失取决于制品种类、包装类型、包装材料和储藏条件等。在－18～－7℃，温度每升高 10℃，可引起青豆、菠菜等的维生素 C 以 6～20 倍加速降解，桃和草莓等的维生素 C 以 30～70 倍的速度降解，所以通常将食品冻结到－18℃以下，可较好地保持食品的原始品质。

(3)解冻　解冻对维生素损失的影响较大，解冻时有水溶性维生素随解冻时的渗出物流失。动物性食品在解冻时会流失较多维生素和矿物质，可带走食品中 10%的可溶性营养素。如猪肉的营养成分有水分、蛋白质、脂肪、灰分、钙、磷、铁、硫胺素、核黄素等。解冻后大量营养物质随液体流失，重量减轻，肌肉变形。如果二次冷冻解冻后将同样损失大量营养成分，并且微生物也容易在肉体上迅速繁殖起来，从而产生肉毒杆菌、沙门氏菌、大肠杆菌等，极易使猪肉发生脂肪酸败，人吃了这些猪肉，对健康有害。

本章小结

本章主要介绍了食品营养价值在加工烹饪中的变化、食品营养价值在储藏中的变化两部分的实用知识。了解食品营养价值在加工、烹饪和储藏中的变化可以更好地指导食品加工储藏的过程。

思考题

1. 什么是氧化？氧化对食品营养价值有哪些影响？
2. 什么是酸败？酸败对食品营养价值有哪些影响？
3. 碾磨对食品营养价值有哪些影响？
4. 清洗与整理对食品营养价值有哪些影响？
5. 烫漂与沥滤对食品营养价值有哪些影响？
6. 加碱对食品营养价值有哪些影响？
7. 食品在热处理加工时，其营养价值会发生哪些变化？
8. 食品添加剂对食品营养价值有哪些影响？
9. 脱水干燥对食品营养价值有哪些影响？
10. 生物加工技术对食品营养价值有哪些影响？
11. 烹饪对食品营养价值有哪些影响？
12. 常温储藏对食品营养价值有哪些影响？
13. 冷冻储藏对食品营养价值有哪些影响？

HAPTER 8

第8章 各类人群的营养

【启发提问】

1.你知道孕妇容易出现哪些营养疾病？如何做到孕妇的合理膳食？

2.青少年成长的过程中容易出现哪些营养性疾病？如何做到青少年的合理膳食？

3.你知道学龄儿童怎样合理膳食吗？

4.你知道老年人怎样合理膳食吗？

【学习目的与要求】

1.了解不同人群的生理特点。

2.了解不同人群的营养需要。

3.掌握和指导孕妇、乳母、婴儿、幼儿、学龄前儿童、学龄儿童、青少年及老年人群的合理膳食，培养学生正确学习知识、使用知识和运用知识的能力。

4.培养学生勤于思考、严谨求学的学习态度。

【学习重点】

1.各类人群对营养的需要。

2.孕妇容易发生的营养疾病。

3.学龄儿童营养性疾病。

【学习难点】

1.孕妇的生理特点、孕妇的营养需要。

2.婴儿生理特点、婴儿营养需要、婴儿膳食指导。

8.1 孕妇营养

妇女自受孕后,体内的正常代谢过程发生了一系列变化。胎儿生长发育所需的各种营养主要来自母体,孕妇本身还需要为分娩和泌乳储存一定的营养素,所以,孕妇需要比平时更多的营养素。如果孕妇营养失调或不足,对母体健康和胎儿的正常发育都将产生不良影响。因此,必须调整孕妇的营养与膳食,以适应妊娠期母体的特殊生理和充分满足胎儿生长发育的各种营养素需要,保证母婴健康。

8.1.1 孕妇生理特点

1. 代谢的改变

孕期母体合成代谢增加,基础代谢率升高。

(1)孕早期能量参考摄入量根据孕妇身体活动水平分为轻度身体活动水平,能量需要约为 7.53 MJ/d(1 800 kcal/d);中度身体活动水平,能量需要约为 8.79 MJ/d(2 100 kcal/d);重度身体活动水平,能量需要约为 10.04 MJ/d(2 400 kcal/d)。

(2)孕中期能量参考摄入量根据孕妇身体活动水平分为轻度身体活动水平,能量需要约为 8.79 MJ/d(2 100 kcal/d);中度身体活动水平,能量需要约为 10.05 MJ/d(2 400 kcal/d);重度身体活动水平,能量需要约为 11.30 MJ/d(2 700 kcal/d)。

(3)孕晚期能量参考摄入量根据孕妇身体活动水平分为轻度身体活动水平,能量需要约为 9.41 MJ/d(2 250 kcal/d);中度身体活动水平,能量需要约为 10.67 MJ/d(2 550 kcal/d);重度身体活动水平,能量需要约为 11.92 MJ/d(2 850 kcal/d)。

孕期碳水化合物、脂肪和蛋白质的利用也有改变。孕期因胰岛功能旺盛,胰岛素分泌增多,使血胰岛素增加,糖耐量增高幅度大且恢复慢。妊娠期肠内吸收脂肪能力增强,血脂增加,脂肪积存较多。孕末期蛋白质分解产物排出减少,以利于合成组织所需的氮储存。

2. 消化系统功能改变

孕妇因胃肠平滑肌张力降低,胃酸分泌减少,肠蠕动减弱,常出现恶心呕吐、胃肠胀气及便秘。尤其是孕早期常有恶心、呕吐等妊娠反应。

3. 肾功能改变

妊娠期孕妇由于自身及胎儿代谢废物的增加,致使肾脏负担加重,代谢产物尿素、肌酐等排泄增多。孕妇饭后易出现糖尿,主要是肾小管对葡萄糖再吸收能力不能随着肾小球滤过率的增加而相应增加,导致尿中葡萄糖、氨基酸、水溶性维生素排出明显增加。叶酸排出量较正常增加 1 倍。另外,妊娠期体内水分潴留增加,特别是孕后期下肢常会出现水肿,若血压正常而仅有下肢凹陷性水肿者属生理现象。

4. 内分泌系统变化

为满足胎儿生长的需要,孕期与妊娠相关的激素水平,如雌激素、孕激素及胎盘激素会随妊娠周期明显增加,特别表现在甲状腺功能旺盛、碘的需要量增加。母体主动对营养素的代谢进行调节，提高营养素的利用率，便于胎儿吸收和利用。

5. 血液系统变化

妊娠期母体血容量增加，血红蛋白下降，至妊娠 32～34 周达高峰，整个妊娠期间血容量增加 30%～45%，平均约增加 1 500 mL。血容量的增加，有利于营养物质向胎儿的运送和废物的排出，对营养物质在肾脏的重吸收也有利。血容量增加包括血浆与红细胞的增多，血浆增加较早且较多，平均约 1 075 mL；红细胞容量约增加 500 mL，故血液稀释，血红蛋白浓度下降，出现生理性贫血。由于血液稀释，血浆总蛋白自孕早期就开始下降，至孕晚期时可降至 60 g/L。但血液中白细胞数量却从妊娠第 7 周开始升高，到 30 周达到顶峰。红细胞增加量的多少与孕妇补铁是否充足有关，补铁充足者红细胞可增加 30%。

6. 体重增长

妊娠期母体最明显变化是体重增加，孕期平均增加体重 10.0～12.5 kg，包括 6～7 kg 水分、3 kg 脂肪和 1 kg 蛋白质。孕早期增重较少，而孕中后期则每周增加 350～400 g。妊娠期体重增加过多或过少均不利，若孕妇体重增长过快，可能致胎儿生长过大，增加难产机会，或使孕妇体内脂肪沉积过度致肥胖，使大量水钠滞留，妊娠高血压综合征发生率增加，还会有妊娠糖尿病、肾盂肾炎、血栓症、过期妊娠的危险；若孕妇体重增加缓慢，会导致胎儿生长发育迟缓，早产儿、低体重儿及新生儿的死亡率也相对增加。

8.1.2　孕妇营养需要

由于早孕反应、胃肠道排空缓慢、便秘等因素的制约，孕妇的营养摄入会受到影响。因此，需要加强孕妇的营养指导，最大限度地提高孕妇的营养状况。同时，还需考虑到新生儿的体重不能超过 3 500 g。

1. 能量

妊娠期母体总能量需求增加，包括胎儿生长，胎盘、母体组织增长，并以孕中晚期需求更多。热量主要来源于膳食蛋白质、脂肪和碳水化合物。能量摄入以保持平衡为宜，密切监测孕期每周体重的变化，以每周增重 0.5 kg 左右比较适宜。我国营养学会推荐妊娠中、晚期孕妇每日摄入的碳水化合物占能量的百分比为 50%～65%。如孕妇摄入的热量过多，可能使孕妇和胎儿的体重超重而成为今后代谢性疾病的隐患。

2. 蛋白质

蛋白质是细胞的重要组成部分。孕妇如果蛋白质摄入不足，可能会影响胎盘的正常代谢，使胎盘体积和重量降低，从而出现流产、早产、死胎和出生体重低的现象。

在妊娠期间需要足够的蛋白质供母体形成新组织和胎儿生长发育时的需要。这些蛋白质均需要孕妇在妊娠期间不断从食物中获得。中国营养学会建议，在孕早期、孕中期、孕晚期，孕妇蛋白质的推荐摄入量（RNI）分别为 55 g/d、70 g/d 及 85 g/d，可基本满足所有健康妇女在孕期的需要，膳食中优质蛋白质应占蛋白质总量的 1/2 以上。

3. 必需脂肪酸

脂类是脑及神经系统的重要组分，占胎儿脑固体物质的 35%～60%。胎儿脑脂肪酸约

33%为长链多不饱和脂肪酸，尤以二十二碳六烯酸(DHA)和花生四烯酸(AA)丰富。DHA可通过α-亚麻酸转化而来，鱼类富含DHA，尤其是深海鱼类，所以孕妇可多食用鱼虾和贝蛤等。花生四烯酸(AA)可由亚油酸转化而来，常见植物油中如豆油、玉米油、芝麻油、花生油含亚油酸丰富，其次如核桃、松子等硬果含量也很高。

4. 碳水化合物

胎儿组织中的脂肪酸氧化酶活力很低，较少利用脂肪供能，葡萄糖几乎是提供胎儿能量的唯一形式。妊娠期糖代谢改变，使孕妇平时血糖低于非妊娠妇女，为节省葡萄糖以满足胎儿能量需要，母体不得不以氧化脂肪和蛋白质来供能。当孕妇碳水化合物摄入不足时，脂肪动员过快，氧化不完全，易出现酮症或酮症酸中毒。由碳水化合物所提供能量以占总能量60%左右为宜。孕妇为避免便秘，应适当摄入膳食纤维，多吃些蔬菜和水果。

5. 矿物质

矿物质在机体中的含量非常少，必须从食物中摄取。矿物质有助于肌肉和神经的调节、骨骼和牙齿的形成。与孕妇和胎儿有关的矿物质主要是钙、铁、锌和碘。

(1)钙　妊娠期间母体对钙的需求主要用于胎儿骨骼和牙齿发育，同时还要为自身泌乳做准备。成年妇女体内含钙约1 000 g，孕期需增加储存钙约30 g。因我国居民饮食中钙普遍不足，母体平时储存钙不多，故妊娠全过程都要补充钙。饮食钙摄入不足，致母体血钙下降，同时胎儿需从母体内获取大量钙，若不能满足，则会夺取母体骨骼中的钙质，导致母体骨质疏松，母体发生手足抽搐及产生骨质软化症，胎儿也可能出现先天性佝偻病或缺钙抽搐症状。中国营养学会建议孕妇钙的推荐摄入量(RNI)孕早期、中期和晚期分别800 mg/d、1 000 mg/d和1 500 mg/d。富含钙的食物主要有奶、肉类、海带、紫菜、虾皮、豆类、蛋、木耳、芝麻酱和绿叶蔬菜等。

(2)铁　妊娠期总铁消耗量估计1 000 mg，其中350 mg满足胎儿和胎盘需要，450 mg为孕期红细胞增加需要，其余约200 mg用于补偿分娩时所丢失铁。孕期肠内铁吸收率增高2～3倍，母体铁储存被动用以满足胎儿对铁的需要。胎儿出生时体内储存铁约300 mg，可满足出生后4～5个月的铁需求。孕早期铁缺乏与早产和低出生体重相关。缺铁性贫血与孕期体重增长不足有关。中国营养学会建议孕妇铁推荐摄入量(RNI)孕早期、中期和晚期分别为20 mg/d、24 mg/d和29 mg/d。富含铁的食物主要有动物肝脏、瘦肉、动物血、蛋黄、豆类、贝类、海带、紫菜、虾皮、木耳、芝麻酱、芹菜和黄花菜等。铁是造血的主要物质，孕妇缺铁可能导致胎儿宫内生长迟缓。

(3)锌　锌是人体必需微量元素。缺锌可致孕妇味觉及嗅觉异常，造成妊娠剧吐，并可能是低体重儿发生的原因。锌缺乏会增加胎儿对致畸原的敏感性，导致胎儿生长发育迟缓、畸形、死胎及早产等。食物中含量丰富又易吸收的锌的来源是瘦肉类、鱼、牡蛎，植物性食物以硬壳果类如核桃仁等含锌丰富。据估计孕期储留在母体及胎儿组织中总锌量为100 mg，其中60 mg在胎儿成熟期间被利用。中国营养学会建议锌推荐摄入量(RNI)孕早期、孕中期、孕晚期均为9.5 mg/d。

(4)碘　碘是合成甲状腺素所必需的营养素，而甲状腺素可促进蛋白质合成，并促进胎儿生长发育，对于大脑正常发育和成熟均非常重要。孕妇碘缺乏可发生甲状腺肿大，可致胎儿甲状腺功能低下，导致以严重智力发育迟缓及生长发育迟缓为主要表现的呆小症。中国营养学会建议孕妇碘推荐摄入量（RNI）孕早期、孕中期、孕晚期均为230 μg/d。富含碘的食物主要有海带、紫菜等海产品。

6. 维生素

维生素是维持生命和生长需要的有机物，在孕育胎儿期对维生素的需要量增加。维生素在人体内不能合成，必须由食物供给。

（1）叶酸　叶酸能促进胎儿的DNA合成及胎盘、母体组织和红细胞的增加。孕早期叶酸缺乏可引起孕妇巨幼红细胞贫血而可能导致流产和新生儿死亡、胎儿神经管畸形。有研究表明80%的亚洲妇女体内缺乏足够的叶酸，增加日常的叶酸摄入量，可预防50%～70%的神经管缺陷（NTD）。叶酸缺乏还可使组氨酸代谢产物亚胺甲基谷氨酸排出量增加，致胎盘早剥或新生儿低出生体重。因畸形发生是在胎儿神经管形成闭合期（妊娠头28 d内），故叶酸补充时间应从孕前至少1个月至怀孕后3个月。绿叶蔬菜、蘑菇、瓜子、蛋类及豆类食品等富含叶酸，也可采用叶酸补充剂。中国营养学会建议孕妇叶酸推荐摄入量（RNI）孕早期、孕中期、孕晚期均为600 μg DFE/d。

（2）维生素A　维生素A与胎盘生长、胎儿骨骼发育、免疫系统形成及孕妇的视力都有密切关系，是胎儿所必需的，但孕早期过量摄入可致中毒，还可导致先天畸形。中国营养学会建议孕妇推荐摄入量（RNI）孕早期为700 μg RAE/d，孕中、晚期为770 μg RAE/d，维生素A的主要食物来源是动物肝脏、奶蛋类、深绿色及黄红色蔬菜水果。

（3）维生素D　维生素D对维持妊娠期钙平衡、调节孕妇及胎儿机体的免疫反应都有重要作用。孕期维生素D缺乏影响胎儿骨骼发育，可导致新生儿低钙血症、手足抽搐、婴儿牙釉质发育不良及母体骨质软化症。过量摄入维生素D也可致中毒，故孕期补充维生素D也应慎重。中国营养学会建议孕妇维生素D推荐摄入量（RNI）为孕早期、孕中期、孕晚期均10 μg/d。富含维生素D的食物主要有鸡蛋、动物肝脏和鱼，另外还有强化牛奶以及强化人造黄油。此外，皮肤暴露于阳光能增加维生素D的合成，有利于胎儿牙齿和骨骼的发育。

（4）维生素C　维生素C能促进蛋白质合成及伤口愈合，能促进铁的吸收，防止贫血。维生素C对胎儿骨骼和牙齿的正常发育、造血系统的健全及机体抵抗力等都有促进作用。孕妇缺乏维生素C时易患贫血、出血，可致早产、流产，新生儿有出血倾向。孕期母体血维生素C水平较正常下降50%左右。为保证胎儿需要，中国营养学会建议孕妇维生素C推荐摄入量（RNI）为孕早期100 mg/d、孕中期、孕晚期均为105 mg/d。富含维生素C的食物主要有各种新鲜水果和蔬菜，如绿叶菜、西红柿、山楂、草莓等。

（5）维生素B_1　维生素B_1能增进食欲，保持良好的消化功能，缺乏维生素B_1可能导致便秘、呕吐和倦怠等。中国营养学会建议孕妇维生素B_1推荐摄入量（RNI）为孕早期1.2 mg/d、孕中期1.4 mg/d、孕晚期1.5 mg/d。富含维生素B_1的食物主要有猪肉和火腿、酵母片、肝、全营养谷物、葵花子、豆类、西瓜、牡蛎、燕麦片和小麦胚芽。

（6）维生素B_2　维生素B_2在协助能量代谢方面起着重要作用，缺乏维生素B_2可引起口角溃疡、舌炎和外阴炎等。中国营养学会建议孕妇维生素B_2推荐摄入量（RNI）为孕早期

1.2 mg/d、孕中期 1.4 mg/d、孕晚期 1.5 mg/d。富含维生素 B_2 的食物主要有奶、奶酪、花椰菜、芦笋、菠菜、干果、菌藻类、蛋黄和谷物等。

(7)维生素 B_6　妊娠糖尿病患者可通过补充维生素 B_6，恢复胰岛素活力，改善葡萄糖耐量。同时，也有人提出妊娠抑郁症发生率与血清维生素 B_6 呈负相关。缺乏维生素 B_6 还可引起脂肪肝和脂溢性皮炎等。中国营养学会建议孕妇维生素 B_6 推荐摄入量(RNI)孕早期、孕中期、孕晚期均为 2.2 mg/d。

(8)维生素 B_{12}　维生素 B_{12} 可辅助叶酸发挥作用，对维持和刺激神经鞘的生长也起一定的作用。缺乏维生素 B_{12} 可引起孕妇或新生儿的贫血，维生素 B_{12} 不足可引起早产。中国营养学会建议孕妇维生素 B_{12} 推荐摄入量(RNI)孕早期、孕中期、孕晚期均为 2.9 μg/d。孕妇必须摄入适量动物性食品，以保证维生素 B_{12} 的摄入量。富含维生素 B_{12} 的食物主要有动物肉、动物肉制品和发酵食品。

8.1.3　孕妇容易发生的营养疾病

1. 营养不良性水肿

营养不良性水肿又称低蛋白血症，是由于长时间的负氮平衡，导致血浆蛋白减少，胶体渗透压降低，出现下身或全身性水肿。此时要进行合理的饮食调理，进食富含优质蛋白质的食物如畜、禽、鱼、虾、蛋、奶等动物类食物及豆类食物；同时要多选择冬瓜、西瓜、赤豆、荸荠、白菜、莴苣、荠菜、绿豆、黄瓜、甘蔗、鲤鱼、鲫鱼、玉米等食物以利水消肿；不吃过咸的食物；适当控制水分摄入；少吃难消化和易胀气的食物如白薯、洋葱、土豆等以免引起腹胀，使血液回流不畅，加重水肿。

2. 妊娠体重不足

妊娠期如饮食不合理，出现体重增长不足对胎儿不利。妊娠体重增加不足会导致妊娠贫血的发生，造成胎儿宫内生长发育迟缓，还易出现低体重儿(出生体重低于 2 500 g 的新生儿)，低体重新生儿皮下脂肪少，保温能力差，呼吸机能和代谢机能都比较弱，特别容易感染疾病，死亡率较正常新生儿高，智力发育也会受到一定的影响。孕早期恶心呕吐时，应采用少食多餐及清淡饮食，并适当选择富含维生素和优质蛋白质的食物，可采用流质或半流质食物。

3. 营养不良性贫血

营养不良性贫血主要是指铁、叶酸和维生素 B_{12} 缺乏引起的贫血。妊娠期间孕妇对铁、叶酸和维生素 B_{12} 的需求量增大，如果饮食单一，盲目控制饮食、素食和偏食，同时受到妊娠反应强烈、胃肠道疾病、消化吸收不良、饮酒和某些药物(如抗惊厥药)等因素影响，就有可能引起营养不良性贫血，以缺铁性贫血多见，其中多数为生理性贫血。

4. 骨质软化症

胎儿生长发育需要大量的钙质和维生素 D，孕期母体若摄入钙质不足就会从自身骨骼中脱钙，造成母体骨骼因缺钙而出现骨质软化症，临床表现为肌肉乏力，尤其是双下肢，继而腰部及背部酸痛，骨骼渐渐出现畸形，最明显的部位为脊柱、骨盆及下肢。其中以骨盆畸形危害最大，易造成难产。故孕妇应增强营养、补充维生素D和钙，适当晒太阳。

5. 超重、妊娠糖尿病及巨型儿

孕妇体重增加过多则可能导致妊娠糖尿病或巨型儿。妊娠糖尿病是指在怀孕时才出现的高血糖现象，发生率1%～3%，可能引起胎儿先天性畸形、新生儿血糖过低及呼吸窘迫症、死胎、羊水过多、早产、孕妇泌尿道感染及头痛等，不但影响胎儿发育，也危害母体健康，因此孕期应定期监测血糖，并合理膳食维持血糖平衡。巨型儿是指出生体重≥4 000 g的新生儿，巨型儿会造成分娩困难。剖宫产术后的巨型儿易发生低血糖、红细胞增多症、高胆红素血症和其他疾病；同时，孕妇体重增加过多还易造成慢性高血压、先兆子痫、血栓症、过期妊娠和难产等，甚至产下先天性异常儿。

8.1.4 孕妇膳食指导

1. 妊娠早期的合理膳食

妊娠早期饮食的主要方针是根据自己的胃口选择，均衡营养，不必刻意多吃或少吃。早孕反应剧烈者可少食多餐，保证正常营养供给。此阶段孕妇膳食应遵循以下原则：

(1)清淡膳食、少量多餐，选择易消化吸收食物。

(2)适当补充奶类、蛋类、豆类及硬果类食物，保证蛋白质摄入量。

(3)注意摄入叶酸，宜食用绿色蔬菜、大麦、豆类、水果(香蕉、草莓、橙子等)，亦可食用动物肝肾。

(4)维生素供给要充足，早孕反应剧烈者，可在医生建议下适当补充复合维生素片。

2. 妊娠中期的合理膳食

到妊娠中期时，早孕反应停止，胎儿生长发育增快，母体体重增加，要注意能量及营养素的补充。此阶段应增加主食摄入量，以保证热能供给；增加动物性食品以保证优质蛋白质及其他营养素补充及储备；适当食用花生仁和核桃等，以满足机体对必需脂肪酸的需要。妊娠中期的膳食应遵循以下原则：

(1)荤素搭配、粗细兼备，食物品种多样化。

(2)避免挑食、偏食，防止矿物质及微量元素的缺乏。

(3)避免进食过多的油炸、油腻的食物和甜食(包括含糖量较高的水果)。

(4)注意盐的摄入量，以免发生浮肿和其他相关并发症。

(5)适当补铁，预防缺铁性贫血，同时补充维生素C增加铁的吸收。

(6)多食用含钙较多的食物，如奶类、豆制品、虾皮和海带等。

3. 妊娠后期的合理膳食

妊娠后期，胎儿组织器官增长迅速，特别是胎儿大脑的增殖、骨骼的钙化达到高峰，同时孕妇子宫增大、乳腺发育增快，孕妇对能量、蛋白质、维生素及矿物质的需要量明显增加。膳食上要注意多补充一些富含长链多不饱和脂肪酸的食物，同时增加钙的摄入量。进入妊娠后期，孕妇胃部受压迫，孕妇每餐的进食量减少，可采用少量多餐的方式来满足营养需要。此阶段孕妇膳食应遵循以下原则：

(1)适当增加热能、蛋白质和必需脂肪酸摄入量(多吃富含 DHA 的鱼类),适当限制碳水化合物和脂肪的摄入。

(2)增加钙和铁的摄入,经常摄取奶类、鱼、豆制品、虾皮、动物肝脏和动物血。

(3)注意控制盐分和水分的摄入量。

(4)注意控制白砂糖、蜂蜜等一些能量较高甜食的摄入。

中国备孕妇女平衡膳食宝塔见二维码 8-1。中国孕期妇女平衡膳食宝塔见二维码 8-2。

二维码 8-1　中国备孕妇女平衡膳食宝塔

二维码 8-2　中国孕期妇女平衡膳食宝塔

8.2　乳母营养

8.2.1　乳母生理特点

母乳是出生至 4～6 个月婴儿最理想的食物。泌乳过程是一种复杂的神经反射,受神经和内分泌因素的影响。乳腺在孕晚期主要受雌激素和孕酮的影响,前者作用于乳腺的导管系统,而后者使乳腺囊泡增生。分娩后孕酮消退,催乳激素升高,导致乳汁的分泌。乳汁的分泌受两个反射的控制,一个是产奶反射,婴儿吸吮乳头可刺激乳母垂体产生催乳素,引起乳腺腺泡分泌乳汁,并储存在乳腺导管内;另一个反射是下奶反射,婴儿吸吮乳头可引起乳母垂体后叶释放催产素,引起乳腺周围肌肉收缩而出现排乳。

母乳分为三期:产后第 1 周分泌的乳汁为初乳,呈淡黄色或黄白色,富含免疫球蛋白(尤其是分泌型免疫球蛋白 A)和乳铁蛋白等,但乳糖和脂肪较成熟乳少;第 2 周分泌的乳汁称为过渡乳,过渡乳中的乳糖和脂肪含量逐渐增多;第 2 周以后分泌的乳汁为成熟乳,呈乳白色,富含蛋白质、乳糖、脂肪等多种营养素。

乳母的营养状况可影响泌乳量。乳母对营养的需求主要用于两个方面:满足母体恢复健康的需要,更重要的是构成乳汁中的各种营养成分。产后第 1 天的泌乳量约为 50 mL,第 2 天约分泌 100 mL,到第 2 周增加到 500 mL/d 左右,以后正常乳汁分泌量为 750～850 mL/d。泌乳量少是乳母营养不良的一个指征。通常将婴儿体重增长率作为奶量是否充足的指标。

乳母营养状况的好坏还直接影响乳汁的营养素含量,从而影响婴儿的健康状况。乳母膳食蛋白质质量差且摄入量严重不足时将会影响乳汁中蛋白质的含量和组成。母乳中脂肪酸、磷脂和脂溶性维生素含量也受乳母膳食营养素摄入量的影响。

8.2.2　乳母营养需要

母乳是婴儿最好的食物，良好的乳母营养供给对保证乳汁正常分泌并对恒定乳汁质量起到至关重要的作用。

1. 能量

乳母在孕期、分娩、哺乳期间都要消耗能量，所需能量都远高于非孕妇女。中国营养学会建议乳母能量参考摄入量根据孕妇身体活动水平分为轻度身体活动水平，能量需要约为9.62 MJ/d(2 300 kcal/d)；中度身体活动水平，能量需要约为10.88 MJ/d(2 600 kcal/d)；重度身体活动水平，能量需要约为12.83 MJ/d(2 900 kcal/d)。

2. 蛋白质

蛋白质摄入量对乳汁分泌影响最为明显。人乳蛋白质平均含量1.2 g/100 mL，膳食蛋白质转变为乳汁蛋白质的有效率为70%，故产生750 mL乳汁需消耗膳食蛋白质13 g左右。如果膳食蛋白质的生理价值不高，则转变率更低。中国营养学会推荐乳母膳食蛋白质参考摄入量(RNI)为80 mg/d，其中一部分应为优质蛋白质。

3. 脂肪

脂肪能够提供婴儿生长较多的能量，而且必需脂肪酸可促进乳汁的分泌，同时对婴儿中枢神经系统的发育和脂溶性维生素吸收都有促进作用。人乳中的脂肪含量并不是固定不变的，在一天之内和每次哺乳期间均有变化，而当每次哺乳临近结束时，乳中脂肪含量较高，有利于控制婴儿食欲，中国营养学会推荐乳母每天膳食脂肪的供给量占总能量20%～30%。

4. 矿物质

(1)钙　乳汁中钙含量较稳定，约为34 mg/100 mL，当乳母膳食钙不足或不能有效吸收时，会动用母体钙来稳定乳汁中的钙，长期下去母体会因缺钙患骨质软化症。若膳食不能满足，可在医生建议下采用钙剂补充。中国营养学会推荐乳母钙参考摄入量(RNI)为1 000 mg/d。

(2)铁　铁不能通过乳腺输送到乳汁，人乳铁含量极少，仅0.05 mg/100 mL，每天乳汁分泌铁总量为0.3～0.4 mg。膳食铁的吸收率仅10%，每日从膳食中额外供给的量至少4 mg。乳母可选用含铁较高的食物，如动物肝脏、红肉类、大豆及制品、油菜等。虽然膳食铁的增加对乳汁铁的增加并不明显，但可通过增加乳母铁的摄入补充母体分娩时铁的消耗，预防乳母的贫血，中国营养学会推荐乳母铁参考摄入量(RNI)为24 mg/d。

(3)碘和锌　乳汁中碘和锌的含量受乳母膳食的影响，这两种微量元素与婴儿神经的生长发育和免疫功能关系较为密切，中国营养学会提出的乳母碘和锌的推荐摄入量(RNI)分别为240 μg/d和12 mg/d。

5. 维生素

当乳母膳食维生素较长时间供给不足时，将导致乳汁中的含量下降。因此，哺乳期母亲膳食中各种维生素必须相应增加，以维持乳母健康，并满足婴儿生长发育的需要。

(1)脂溶性维生素　维生素A能少量通过乳腺进入母乳中，可通过膳食调配保证乳汁中维生素A的含量，中国营养学会推荐乳母维生素A参考摄入量(RNI)为1 300 μg RAE/d。维生素D几乎不能通过乳腺进入乳中，故母乳中维生素D的含量很低，但乳母仍需要充足的维生素D才能维持钙平衡，维生素D有促进钙转化和吸收的功能，乳母应食用动物肝脏、蛋黄等食物，并多晒太阳以增加体内维生素D的合成，中国营养学会推荐乳母参考摄入量(RNI)为10 μg/d。维生素E有促进乳汁分泌的作用，其含量与亚油酸含量呈正相关，多食用植物油可增加维生素E的量，中国营养学会推荐乳母维生素E参考摄入量(RNI)为17 mg α-TE/d(AI)。

(2)水溶性维生素　大多数水溶性维生素能通过乳腺从乳汁中分泌，且能自动调节其在乳中的浓度，故其含量可通过乳母的膳食进行调节。维生素B_1能够改善乳母的食欲促进乳汁分泌，乳母膳食中严重缺乏时可导致婴儿患脚气病，乳母可多食粗杂粮和豆类。乳中维生素B_2与乳母蛋白质摄入量呈正相关。中国营养学会推荐乳母维生素B_1、维生素B_2、烟酸和维生素C的参考摄入量(RNI)分别为1.5 mg/d、1.5 mg/d、15 mg NE/d和150 mg/d。

8.2.3 乳母膳食指导

中国营养学会在《中国居民膳食指南(2016年)》中关于乳母的膳食指南特别强调：要保证供给充足的能量，增加鱼、肉、蛋、奶和海产品的摄入。

1. 供给充足的能量

充足的能量是保证母体健康和乳汁分泌的必要条件。合理搭配脂肪类、蛋白质类及碳水化合物类食物，保证乳母能量供应充足。能量主要来自主食，乳母一日膳食组成中应有400～500 g主食，包括大米、面粉、小米、玉米面等。

2. 保证优质蛋白质的摄入

动物性食物如蛋类、肉类、鱼类等蛋白质含量高且质量优良，宜多食用。每日膳食中鱼类、禽类、肉类及动物内脏等应达200 g，蛋类150 g。大豆及其制品也能提供优质蛋白质并含丰富的钙质，膳食中应供给50～100 g。

3. 膳食多样化，粗细粮搭配

乳母的膳食应尽量做到种类齐全，主食粗细搭配，副食尽量多样化，每日膳食中应包括粮谷类、蔬菜水果类、鱼禽畜肉类、蛋类、乳类、大豆类等各种食物，并适当调配些杂粮、燕麦、小米、赤小豆、绿豆等。

4. 重视蔬菜和水果的摄入

新鲜的蔬菜、水果含有多种维生素、无机盐、纤维素、果胶、有机酸等成分，还可增进食欲，补充水分，促进泌乳，防止便秘。每日要保证供应水果200 g、蔬菜500 g，并多选用绿叶蔬菜和其他有色蔬菜。

5. 多食含钙、铁丰富的食品

动物乳汁及乳制品的钙含量高，易于吸收利用，乳母应每天供给一定数量。小鱼、小虾含钙丰富，可连骨带壳食用。深绿色蔬菜、豆类也可提供一定数量的钙。为预防乳母贫血，应多摄入含铁高的食物，如动物肝脏、肉类、某些蔬菜(如油菜、芹菜等)、大豆及其制品等。

6. 少吃盐、腌制品和刺激性食物

避免进食较多的盐、腌制品和刺激性食物。母亲吸烟、饮酒、喝咖啡或长期服用某些药物,可通过乳汁影响婴儿的健康,哺乳期间母亲要特别加以注意。

7. 合理烹调

动物性食品如畜、禽、鱼类的烹调方法以炖、煮或烧为好,少油炸。鸡、鸭、鱼、肉或豆类及其制品和蔬菜宜制成汤类,既可增加营养,还可较好地补充水分,促进乳汁分泌。烹调蔬菜时,注意尽量减少维生素 C 等水溶性维生素的损失。

中国哺乳期妇女平衡膳食宝塔见二维码 8-3。

二维码 8-3 中国哺乳期妇女平衡膳食宝塔

8.3 婴儿营养

8.3.1 婴儿生理特点

从出生到 12 个月为婴儿期。婴儿期生长发育迅速,代谢旺盛,不仅是身高体重的增长,组织的组成也发生巨大变化,如体组织的氮、脂肪含量增加,水含量降低。婴儿脑细胞数目不断增加,到 1 岁时脑重量可达 900～1 000 g,接近成人脑重的 2/3。这种高速的生长发育使婴儿需要的营养素比成人高,但其消化吸收能力、肾脏排泄功能等尚未发育成熟,因此,婴儿时期如喂养不当,极易造成营养不良,影响健康和生长。

8.3.2 婴儿营养需要

1. 能量

能量是婴儿生长发育的动力和源泉,能量供给不足,使生长发育滞后,错过最佳发育时机,会导致重要器官永久发育不良等严重后果;能量供给过多又可引起婴儿肥胖症及其相关健康问题。婴儿的能量摄入量需与消耗及正常储存相平衡。婴儿的能量需要包括:

(1)基础代谢　占总能量的 50%～60%,1 岁以内为 230.1 kJ/d。

(2)食物特殊动力作用　由于进食而额外消耗部分热能,占能量消耗 7%～8%。

(3)活动　1 岁以内婴儿肌肉活动较少,此部分消耗热能相对较低。婴儿在活动方面也存在个体差异,平均所需能量为 62.8～83.7 kJ/d。爱哭、好动的能量消耗高 3～4 倍。

(4)生长　生长速率影响热能需要,每增加 1 g 新组织需要 18.4 kJ。4 月龄以下时,体重增加迅速,用于生长需要的热能占总热能的 30%左右;4 月龄以后,体重增加稍缓,合成体内脂肪的比例也减少,生长所需热能占比相应降低;9～12 月龄时下降为总热能的 5%～6%。

(5)排泄　指部分未被消化吸收的食物随粪便排出,约为摄入总热能的 10%。

2. 蛋白质

婴儿生长迅速,必须有足够蛋白质。婴儿出生后 2 个月内,约 50%蛋白质用于生长;出生后6个月内，是大脑发育关键时期，需要足够的蛋白质。一般婴儿每日摄入人乳量150～200 mL/kg BW，相当于蛋白质摄入量1.8 g/kg BW左右。中国营养学会推荐婴儿蛋白质适宜摄入量(AI)0～6月龄为9 g，7～12月龄15 g(EAR)/20 g(RNI)。

3. 脂类

亚油酸是婴儿生长必需的物质。缺乏亚油酸会使婴儿体重下降、皮肤干燥及发生皮疹等。婴儿所需亚油酸的供热约占总热能的3%。人乳为婴儿必需脂肪酸的最佳来源，人乳亚油酸的供热为总热能的5%，牛乳则为1%～2%。

4. 碳水化合物

婴儿期碳水化合物供热比为30%～60%，主要由乳糖提供。由于婴儿乳糖酶活性高，故乳中所含乳糖极易消化吸收。婴儿在2月龄前，因缺少唾液淀粉酶，对淀粉不能消化，随后逐渐分泌淀粉酶，此时可适当添加淀粉类食物以促进淀粉酶的产生。碳水化合物不能摄入过多，否则会在肠内发酵、刺激肠蠕动引起腹泻。

5. 矿物质

(1)钙　足月产新生儿体内含钙约27 g，含钙量随年龄而增加。初生婴儿钙存留量高，每日可高达450 mg，满1周岁时即降到123 mg。中国营养学会推荐钙供给量0～6月龄为200 mg(AI)/1 000 mg(UL)，7～12月龄为250 mg(AI)/1 500 mg(UL)。人乳含钙量低于牛乳，但2/3左右存留于体内；牛乳钙含量高，但只能存留25%～30%。

(2)铁　6月龄婴儿至2岁左右幼儿的缺铁性贫血发病率高。乳汁铁含量低至约1 mg/L，但人乳铁生物利用率可达49%，因此母乳喂养儿的缺铁性贫血低于人工喂养儿。足月出生婴儿体内储存铁量约300 mg，足以满足婴儿4～6月龄时所需。对婴儿过早补铁不仅不必要，还会干扰乳铁蛋白的抗病能力。4～6月龄后，因体内储存铁用尽，同时生长迅速，血容量增加，铁需要量多，此时不论是人工或母乳喂养均需添加含铁食物。对早产儿或低出生体重儿尤应注意铁营养状况。中国营养学会推荐铁供给量(AI)每日0～6月龄为0.3 mg，7～12月龄为7 mg(EAR)/10 mg(RNI)。

(3)锌　锌与生长发育关系密切。新生儿体内无储存的锌，但其组织中锌含量近似成年人，约20 mg/kg，故婴儿一出生即需提供数量适宜、生物利用率高的锌。人乳及牛乳均可满足婴儿的需要，其含量为3～5 mg/L。初乳含锌量高，为成熟乳的3～5倍。人乳锌生物利用率可达59.2%，牛乳为43%～53.9%。中国营养学会推荐0～6月龄婴儿的锌供给量(AI)每日为2 mg，7～12月龄婴儿的锌供给量每日为2.8 mg(EAR)/3.5 mg(RNI)。

(4)碘　碘缺乏引起甲状腺功能不全，使生长发育阻滞，并影响脑发育。乳汁碘含量取决于乳母或乳牛饮食中碘含量。中国营养学会推荐0～6月龄以前婴儿的碘供给量(AI)为85 μg/d，7～12月龄为115 μg/d。

6. 维生素

正常母乳含有婴儿所需的各种维生素，只有维生素D稍低。人乳维生素D含量仅1～1.25 μg/L，鲜牛乳含量也不高，并随季节波动。婴儿维生素D的供给量(RNI)为10 μg/d，因此婴儿要注意多晒太阳及补充维生素D。人乳维生素E水平为2～5 mg/L，牛乳含量仅为人乳的 1/10～1/2，因此人工喂养时要注意维生素 E 的摄入。中国营养学会推荐 0～6 月龄婴儿维生素 E 供给量(AI)为 3 mg α-TE/d，7～12 月龄(AI)为 4 mg α-TE/d。人乳维生素 K 含量为 15～30 μg/L，显著低于牛乳和配方乳。婴儿出生头几天肠道内无细菌，不能合成维生素 K，若为母乳喂养，由于母乳维生素 K 含量低，新生儿摄入乳量又不多，可致使婴儿维生素 K 水平不高。

8.3.3　婴儿膳食指导

辅助食品的添加应根据婴儿生长发育营养需要及消化机能成熟情况，遵循由少到多、由稀到稠、由细到粗的原则。在断乳过渡中要观察婴儿大便情况，在大便正常约 1 周后才考虑增加品种或数量。菜水、果汁、蛋黄、面糊、稀粥、肉泥、菜泥等都是常用家庭自备的婴儿辅助食品。一般新生儿自 2～4 周开始按医嘱用鱼肝油补充维生素 A 和维生素 D。约 2 月龄时用菜水、果汁供给维生素 C。4 月龄时应加铁，蛋黄所含铁吸收率虽不高但便于婴儿食用，仍为婴儿补铁的好辅食，待 6 个月时可给全蛋。淀粉类食物也于 4 月龄时添加。5 个月后可给果泥、菜泥及鱼泥。7 个月后可给饼干、烤面包片等以利于婴儿出牙，同时逐渐给肉末、肝泥、碎菜、豆腐等。10 个月后即可食用软饭、挂面、碎肉及带馅食品。

中国 6 月龄内婴儿母乳喂养关键推荐示意图见二维码 8-4。中国 7～24 月龄婴幼儿平衡膳食宝塔见二维码 8-5。

二维码 8-4　中国 6 月龄内婴儿母乳喂养关键推荐示意图

二维码 8-5　中国 7～24 月龄婴幼儿平衡膳食宝塔

8.4　幼儿营养

幼儿期为 1～3 周岁。1～3 岁的幼儿生长发育速度虽然比婴儿期要慢一些，但也是快速生长发育的时期。幼儿期饮食的主要特点是从婴儿期以乳类为主、食物为辅，转变为以食物为主、乳类为辅。

8.4.1　幼儿生理特点

1. 体格发育

幼儿体格发育不及婴儿迅猛，体重增加每年约 2 kg；身长增加 1～2 岁约 10 cm，2～3 岁约 5 cm。

2. 脑和神经系统的发育

婴儿出生时，脑重约 370 g；6 个月脑重 600～700 g；2 岁脑重 900～1 000 g；7 岁脑重约接近成人的 1 500 g。出生后头 6 个月，脑细胞数目的增加出现第二个高峰，以后增加逐渐缓慢，可持续到 2 岁。

3. 消化系统的发育

幼儿牙齿发育变化大，1 岁时萌出第一颗乳磨牙，1.5 岁出尖牙，2 岁出现第二颗乳磨牙，全部 18～20 颗乳牙出齐应不迟于 2.5 岁。若两岁半仍未出齐，属异常，如克汀病、佝偻病、营养不良等患儿出牙较晚。

幼儿的牙齿还处于生长过程，咀嚼食物的功能尚未完善，这个时期的幼儿容易发生消化不良及某些营养缺乏病。幼儿的咀嚼效率随年龄的增长而逐渐增加，6 岁时达到成年人的 40%，10 岁达到 70%。18 月龄时胃蛋白酶的分泌已经达到成人水平，1 岁后胰蛋白酶、糜蛋白酶、脂酶的活性接近成人水平。

8.4.2 幼儿营养需要

1. 能量

幼儿的能量需要包括基础代谢、身体活动、食物的特殊动力作用以及生长发育所需。中国营养学会推荐 1 岁、2 岁和 3 岁幼儿能量需要量(RNI)：男童分别为 3.77 MJ/d、4.60 MJ/d 和 5.237 MJ/d；女童分别为 3.357 MJ/d、4.187 MJ/d 和 5.027 MJ/d。幼儿期每日能量的需求较高，各种营养素之间的摄取量要保持平衡。

2. 蛋白质

幼儿需要的蛋白质相对比成人多，而且要求有较多的优质蛋白质摄取，因为幼儿需要用蛋白质构成新的组织，所以蛋白质是幼儿生长发育的重要营养素。中国营养学会推荐 1 岁、2 岁和 3 岁幼儿蛋白质需要量(RNI)：1 岁为 25 g/d、2 岁为 25 g/d、3 岁为 30 g/d。

3. 脂肪

脂肪是人体内重要的供能物质，摄取合理的脂肪量有利于脂溶性维生素的吸收。幼儿期脂肪代谢很不稳定，体内储存的脂肪容易消耗，如果脂肪供给不足，就会发生营养不良，导致生长迟缓和各种脂溶性维生素缺乏症。

4. 矿物质

幼儿期必需而又容易缺乏的矿物质主要有钙、铁、锌。中国营养学会推荐幼儿钙供给量(RNI)为 600 mg/d。可以食用奶及其制品、大豆制品、牛乳粉、蛋类、虾皮、绿叶蔬菜等富含钙的食物。幼儿期缺铁性贫血很常见，如缺铁可致婴幼儿大脑发育迟缓及结构受损，幼儿膳食中应提高富铁食物的摄入，1～3 岁幼儿铁的供给量(RNI)为 9 mg/d，幼儿应补充含铁食物，如蛋黄、猪肝、猪肉、牛肉和豆类等。我国对 1～3 岁幼儿锌的供给量(RNI)为 4.0 mg/d，缺锌会使幼儿生长发育缓慢、味觉减退、食欲不振、免疫功能低下等。贝蛤类、动物内脏、蘑菇、坚果类、豆类、肉、蛋等是锌的良好食物来源。

5. 维生素

幼儿生长发育过程离不开各类维生素的摄取。其中维生素 A、维生素 D 的摄入较为关键。中国营养学会推荐 1～3 岁幼儿维生素 A 的供给量(RNI)为 310 μg RAE/d,许多动物性食物如肝、肾、蛋类和奶油等,以及胡萝卜、甘薯、黄瓜、番茄、菠菜、橘子、香蕉等维生素 A 原的含量较丰富。但是要避免维生素 A 过量引发中毒。幼儿是维生素 D 缺乏的易感人群。维生素 D 的膳食来源较少,主要来源于户外阳光照射皮肤,由 7-脱氢胆固醇转变为维生素 D。中国营养学会推荐幼儿维生素 D 的供给量(RNI)为 10 μg/d,为了防止维生素 D 缺乏,幼儿也可适量补充含维生素 D 的鱼肝油。

8.4.3 幼儿膳食指导

1. 平衡膳食

幼儿膳食从乳类为主过渡到以谷类为主,以奶类、蛋类、鱼类、畜禽肉类、蔬菜、水果为辅的混合饮食,要求食物种类多样,营养全面,利于幼儿保持对进食的兴趣。

幼儿饮食中蛋白质、脂肪与碳水化合物供给量的比例要保持 1∶1.2∶4,不能失调。如断乳后只给幼儿白粥或白饭泡菜汤,则蛋白质、脂肪供应不足,生长发育迟缓,抗病力也低。如只注意多供给幼儿蛋、乳、肉类等高蛋白食物,则碳水化合物供应不足,往往不能保证能量需要。有些幼儿很少吃蔬菜、水果,则会引起钙、铁等矿物质和维生素缺乏。总之,幼儿饮食构成应做到数量足、质量高、品种多、营养全、品质高。

2. 合理加工与烹调

幼儿膳食应单独加工烹制,食物应切碎煮烂,易于幼儿咀嚼、吞咽和消化,特别注意要完全去除皮、骨、刺、核等;大豆、花生等硬果类食物,应先磨碎,制成泥糊状进食。烹调方式上,宜采用蒸、煮、炖、煨等,不宜采用油炸、烤、烙等方式。口味以清淡为好,不宜辛辣刺激,不用含味精、鸡精、色素及糖精等的调味品。

3. 培养良好的饮食习惯

幼儿饮食要定时、定量,幼儿胃容量小,且肝脏储备的糖原不多,加上幼儿活泼好动,容易饥饿,每日进食 5～6 次;随着年龄增长,可适当减少,控制在 4 次为宜。3 岁以上幼儿,一般可安排早、中、晚三餐,在两次正餐之间应有加餐,加餐可以是奶类、豆浆、点心、水果、水果汁、碎果仁等小食品。

幼儿在清晨胃内已基本排空,食欲正旺,应当用热量充足、营养丰富的早饭,而不是早点。午餐比早餐和晚餐更丰富一些。晚餐则宜少用高糖和肥厚的动物性食品,以免热量蓄积导致肥胖或蛋白质过量刺激神经系统使睡眠失常,而应多用些植物性食品,特别是多吃些蔬菜、水果。每晚应让婴儿喝一杯牛奶,有助于睡眠。

8.5 学龄前儿童营养

学龄前儿童指的是 4～6 岁的年龄,该期处于快速发育的阶段,活动能力加强,智力发育迅速，是逐渐形成个性和培养良好习惯、品德的重要时期。

8.5.1 学龄前儿童生理特点

1. 身高、体重稳步增长

4～6岁的学龄前儿童体格发育速度减慢，每年身高增长5～7 cm，体重增长约2 kg，神经细胞的分化已基本完成，但脑细胞体积的增大及神经纤维的髓鞘化仍继续进行。足够的能量和营养素供给是其生长发育的物质基础。

2. 消化功能发育不完善

4～6岁儿童咀嚼及消化功能仍有限，不能与成人相比，其膳食应特别烹制，不能过早进食成人膳食。如家长或托幼机构不能适宜地供给质地柔软、营养素含量丰富的食物，会导致营养素摄入不足。

3. 肝糖原储存较少，活泼好动，易于饥饿

这一时期主要的营养问题是缺铁性贫血、维生素A和锌的缺乏，以及农村地区的蛋白质、能量摄入不足。

8.5.2 学龄前儿童营养需要

1. 热能、蛋白质

学龄前儿童正处在生长发育期，活动能力和活动量均增大，热能消耗增多，其需要量仍相对高于成人。中国营养学会推荐4岁、5岁和6岁学龄前儿童能量需要量(RNI)：男童分别为5.44 MJ/d、5.86 MJ/d和6.69 MJ/d；女童分别为5.23 MJ/d、5.44 MJ/d和6.07 MJ/d。与幼儿相似，也应注意到热能需要的个体差异，既要防止热能摄入不足，也要防止摄入过多发生肥胖症。学龄前儿童的肌肉发育较快，再加上内脏器官增长、酶和激素等合成机能的成熟，均需要大量蛋白质，中国营养学会推荐4岁、5岁和6岁学龄前儿童蛋白质需要量(RNI)：4岁为30 g/d、5岁为30 g/d、6岁为35 g/d。

2. 矿物质、维生素

充足的钙与维生素D的供给不仅能影响学龄前儿童骨骼增长和骨骼硬度的增加，而且与恒牙的健康有关。因为此阶段的儿童虽乳牙已出齐，恒牙要在6岁左右开始长出，但其钙化过程却早在出牙前开始，所以钙和维生素D的营养状况是很重要的。我国学龄前儿童的钙供给量为800 mg/d，已与成人的要求一致。在铁和锌的营养方面主要是注意选择含量高、吸收利用好的食物来供给。儿童维生素A及核黄素往往因食物关系而易摄入偏低，应予以注意。中国营养学会推荐钙摄入量(RNI)为800 mg/d、铁为10 mg/d、锌为5.5 mg/d、维生素A的RNI为310 μg RAE/d。

8.5.3 学龄前儿童膳食指导

1. 学龄前儿童饮食特点

学龄前儿童进餐时常常注意力分散，边吃边玩，进餐时间延长，并由此引起食物摄入不足而致营养素缺乏，并可因卫生习惯不好而引起肠道寄生虫或肠道传染病，进而导致营养不良。

2. 学龄前儿童的营养问题

农村学龄前儿童中除蛋白质、能量摄入不足是突出的营养问题外，缺铁性贫血、维生素A缺乏、锌缺乏也是不可忽视的营养问题；在城镇，由于经济发展、物质丰富，儿童的蛋白质、热能营养不良发生率已逐渐下降，但因精制食品、西式快餐及儿童不良饮食习惯等原因，微量元素如铁、锌及维生素的缺乏尤其是亚临床缺乏则越来越突出。

3. 学龄前儿童的膳食原则

(1)食物多样，合理搭配　各种食物所含营养素的种类及数量各不相同，只有摄取多种食物，才有可能获得机体所需的各种营养素。从小培养儿童不挑食、不偏食的习惯非常重要。每日除主食外，应保证一定量乳制品的摄入，同时供给一定量的优质蛋白质，如鱼、肉、蛋等，还应摄取适量的蔬菜及水果。

(2)合理烹调　学龄前儿童的咀嚼功能及胃肠道的消化功能均不完善，故不宜进食与成人相同的食物，需单独烹制。食物加工应切细、煮软，并注意色香味，烹制中应避免过咸、避免使用辛辣调味品等。

(3)合理安排餐次　由于胃容量小，一日三餐不能满足机体对能量及各种营养素的需要，可在两餐之间增加点心。但应避免因零食、甜食摄入过多而影响正餐。建议每日供给200～300 mL牛奶，一个鸡蛋，100 g无骨鱼肉或禽肉、瘦猪肉及适量的豆制品，150 g蔬菜和适量水果，谷类已取代乳类成为主食，每日需150～200 g，精白米软饭逐渐转变成普通米饭。建议每周进食一次富含铁的猪肝或猪血，每周进食一次富含碘、锌的海产品。为调整其营养需要和消化能力有限的矛盾，建议每日的食物通过三餐二点制供给。在贫困地区要充分利用大豆资源来解决儿童的蛋白质营养问题，每日至少供给25～50 g大豆制品，以提供约20 g蛋白质。

(4)培养良好的饮食习惯　学龄前儿童活泼好动，模仿能力强，是形成各种生活习惯的关键时期，故应注意培养良好的饮食和卫生习惯。

二维码 8-6　中国学龄前儿童平衡膳食宝塔

中国学龄前儿童平衡膳食宝塔见二维码8-6。

8.6　学龄儿童营养

学龄儿童期一般为7～10岁。该期处于快速发育的阶段，活动能力加强，智力发育迅速，是逐渐形成个性和培养良好习惯、品德的重要时期。

8.6.1　学龄儿童生理特点

学龄儿童生长发育旺盛，活泼好动，肌肉系统发育特别快，对能量、蛋白质的需要量很大。儿童生长发育是快慢交替的，一般2岁以后，保持相对平稳，每年身高增长4～5 cm，体重增加1.5～2.0 kg。当女孩到10岁、男孩到12岁时，生长发育突然增快，身高年增长率为3%～5%，体重年增长率为10%～14%，年增值4～5 kg，个别达8～10 kg。约3年之后，生长速度又减慢。因为学龄儿童的后期正是处于生长发育的高峰期，故对各种营养素的需要量大大增加。

8.6.2 学龄儿童营养需要

1. 热能

学龄儿童的热能需要明显相对高于成年人。中国营养学会推荐 7 岁、8 岁、9 岁、10 岁学龄儿童能量需要量(RNI)：男童分别为 7.11 MJ/d、7.74 MJ/d、8.37 MJ/d、8.58 MJ/d；女童分别为 6.49 MJ/d、7.11 MJ/d、7.53 MJ/d、7.95 MJ/d。

2. 蛋白质

学龄儿童正处于生长发育旺盛时期，所需蛋白质最多，对各种氨基酸的需要量(按单位体重计)较成人高。中国营养学会推荐 7 岁、8 岁、9 岁、10 岁学龄儿童蛋白质需要量(RNI)男童和女童均为：7 岁 40 g/d、8 岁 40 g/d、9 岁 45 g/d、10 岁 50 g/d。

3. 矿物质

生长发育期的儿童合成蛋白质和骨骼生长都需要大量的矿物质，如钙、磷对骨骼和牙齿的发育及钙化是必需的。另外，铁、碘、锌、铜、铬、氟等微量元素也与生长发育有极大关系。中国营养学会推荐儿童钙供给量(RNI)7～10 岁为 1 000 mg/d。铁供应量(RNI)7～10 岁儿童为 13 mg/d，锌的供应量(RNI)7～10 岁儿童为 7.0 mg/d，若从食物中摄入不足时，可用含铁的强化食品或铁制剂来补充，以满足生理需要。一般来说，谷物及蔬菜中植酸、草酸、膳食纤维含量多，会影响锌的吸收，因此最好选用含锌比较丰富的海产品或肉、内脏等食品。

4. 维生素

(1)维生素 A　我国儿童膳食中含丰富维生素 A 的食品不多，主要靠各种蔬菜中的胡萝卜素供给。胡萝卜素在体内利用率较差，因此 5 岁以上的儿童应多吃奶油、动物肝脏等维生素 A 含量高的食品或口服维生素 A 制剂。我国 7～10 岁儿童维生素 A 的供给量(RNI)为 500 μg RAE/d。

(2)维生素 D　学龄儿童骨骼发育虽较婴儿慢，但缺乏维生素 D 仍可出现晚期佝偻病。含维生素 D 的食物有限，而且含量也不能满足儿童生长发育的需要，因此应给予维生素 D 制剂进行补充，另外，学龄儿童还可通过晒太阳进行补充。中国营养学会推荐 7～10 岁儿童维生素 D 的供给量(RNI)为 10 μg/d。

(3)维生素 C　世界各国对维生素 C 的供给量意见不一，中国营养学会推荐 7～10 岁儿童维生素 C 供给量(RNI)为 65 mg/d，这已考虑到食物烹调过程中的损失，而摄入量略高有助于增强健康，提高机体对疾病的抵抗力。

(4)B 族维生素　B 族维生素的需要量与热能成正比。我国膳食中硫胺素和尼克酸一般不缺乏，但若以精白米面及以玉米为主食，又不能补充适当副食，即可能出现缺乏症状。中国营养学会推荐 7～10 岁儿童维生素 B_1、维生素 B_2 和烟酸的供给量(RNI)分别为 1.0 mg NE/d、1.0 mg NE/d 和 10～11 mg NE/d。核黄素的需要量往往不能满足，应尽量选用动物肝、肾等内脏、蛋类、豆酱、豆腐乳、花生、芝麻酱及新鲜绿叶蔬菜，以提高供应量。

8.6.3 学龄儿童容易出现的营养性疾病

1. 营养不良

营养不良是由于摄入食物不足、不当，或食物吸收不良、不能充分吸收利用，或疾病等影响，以致不能维持正常代谢所引起的疾病。轻度营养不良导致的低体重和生长发育迟缓在农村和经济欠发达的城市仍然存在。在城市，儿童的低体重和生长发育迟缓与不良饮食行为，尤其是挑食、偏食有关，解决办法是行为纠正。解决农村儿童低体重和生长发育迟缓的关键是关注贫穷地区儿童的食物供给，尤其是蛋白质类食物，大豆或大豆制品是改善儿童蛋白质营养状况最经济有效的办法。

2. 肥胖

肥胖是一种由多因素引起的慢性代谢性疾病，除遗传因素及体力活动外，不合理的饮食也是导致肥胖的重要原因。膳食结构不合理、摄入过多能量、不健康的饮食习惯、对西式快餐和零食的喜爱均增加了肥胖发生的危险。

3. 缺铁性贫血

儿童铁缺乏的主要原因是饮食不当，尤其是缺乏动物性食物，这是因为植物性食物中的铁是非血红素铁，且植物性食物中存在植酸、磷酸等影响铁吸收的因素。缺铁影响儿童的生长发育、活动能力，免疫功能以及智力发育。

4. 营养性锌缺乏

锌对学龄儿童智力发育有明显的促进作用。缺锌时孩子会表现为生长缓慢、厌食、异食癖、伤口愈合缓慢、皮肤损害等。

5. 碘缺乏症

学龄儿童对碘缺乏较敏感，突出表现为甲状腺肿大。临床表现还有青春期甲状腺功能减退、亚临床性克汀病、智力发育障碍、体格发育障碍、单纯性聋哑等。智力损害是碘缺乏症对健康最大的危害，尤其是轻度碘缺乏造成的智力不足和智商低下，往往不易察觉，而且是不可逆的。对由于膳食因素导致的碘缺乏病可以通过食用碘盐和富含碘的食物，如海产品和富碘土壤生长的食物进行补充，偏远地区和有土盐干扰的地区可通过注射碘油或服用碘油胶丸进行补充。

8.6.4 学龄儿童膳食指导

学龄儿童最突出的问题是早餐摄入不足，导致因饥饿而注意力不能集中，学习效率降低和影响生长发育。在膳食安排上应注意以下几点：

1. 供给合理平衡膳食

在热能充分供给的前提下，应注意蛋白质的质量及其他营养素的供给。做好荤素、粗细搭配，防止过度食用零食、甜食，培养良好饮食习惯。在日常膳食中，多搭配进食不同的食物种类，有助于各类营养素的均衡补充，维持儿童的健康。

2. 合理安排一日三餐膳食

小学生一般上午学习比较紧张，应注意早餐的数量和质量，尽可能吃饱吃好。除主食外，可适当增加乳类、蛋类或豆制品、肉类、青菜等富含蛋白质及维生素的食品，以保证儿童上午充足的营养与充沛的精力。早晨刚起床食欲一般不高，可采用干稀搭配的方式，如面包或包子加牛乳、豆浆或稀饭，再吃一个鸡蛋、一些肉松或豆制品等以补充蛋白质。若早餐不能达到营养要求，也可在上午第二节课后增加一次点心，即课间餐。课间餐的目的是补充早餐能量和营养素的不足，课间餐可由一个小面包或糕点加一杯牛乳组成，这样既可补充水分，又可供给能量、优质蛋白质和钙。

3. 培养良好的饮食习惯

饮食要定时定量；进食要细嚼慢咽，注意力集中，不要边吃边看电视、玩游戏；不挑食、不偏食、不厌食，不吃零食。

8.7 青少年营养

青少年期一般指年龄 11～17 岁时期。该期包括少年期和青春发育期，年龄跨度分为 11～13 岁和 14～17 岁两个时期。

8.7.1 青少年生理特点

青少年在青春期，身高、体重的突发性增长是其重要特征，青春发育期被称为生长发育的第二高峰期。以 10 岁少儿与 18 岁青少年相比，其身高平均增加 28～30 cm，体重平均增加 20～30 kg。除体格发育外，此期生殖系统迅速发育，第二性征表现逐渐明显。在这一时期，孩子在心理和生理上都会发生一系列变化，各个器官逐渐发育成熟，思维能力活跃，记忆力最强，是人的一生中长身体、长知识的最重要时期，其生长速度、性成熟程度、学习能力、运动成绩和劳动效果都受营养状况的影响。

8.7.2 青少年营养需要

1. 能量

青少年生长发育速度很快，活动量较大，所需的能量也相应增加。青春期不同性别、年龄的能量需求不同。一般男性能量需求要高于女性；年龄越大，所需能量越多。中国营养学会推荐青少年能量摄入量(RNI)为：11～13 岁女生 7.53～9.62 MJ/d、男生 8.58～10.88 MJ/d；14～17 岁女生 8.37～10.67 MJ/d、男生 10.46～13.39 MJ/d。

2. 蛋白质

青少年摄入蛋白质的目的是用于合成自身的蛋白质以满足迅速生长发育的需要，蛋白质的摄入不足，可能导致青少年发育迟缓、消瘦。然而，摄入过多对于青少年也有不利影响，尤其是动物性蛋白摄入过多可能导致体内胆固醇水平的升高，也会增加肾脏的负担。中国营养学会建议青少年蛋白质推荐摄入量(RNI)为：11～13 岁男生 60 g/d、女生 55 g/d；14～

17 岁男生 75 g/d、女生 60 g/d。供给的蛋白质中来源于动物性食物和大豆的优质蛋白质应达 50%，以提供较丰富的必需氨基酸，提高食物蛋白质的利用率，满足其生长发育的需要。

3. 脂类

青少年处于生长发育的高峰期，脂类可以提供能量和必需脂肪酸。但脂肪摄入过多会增加肥胖、心血管疾病、高血压发生的风险。

4. 碳水化合物

青春期所需热量较成人多 25%～50%，这是因为青少年活动量大，生长发育又需要额外的营养。碳水化合物的适当摄入将能保证稳定的血糖水平和能量供应。但应避免摄入过多精糖。

5. 矿物质

钙是骨骼和牙齿的主要成分，青少年骨骼生长发育非常迅速，因此青少年需钙量明显超过成年人。如果此时期钙供给不足或钙、磷比例不适当，仍可发生佝偻病和骨质疏松症。中国营养学会推荐 11～13 岁青少年钙摄入量(RNI)为 1 200 mg/d、14～17 岁青少年钙摄入量(RNI)为 1 000 mg/d。

青少年生长发育快，肌肉组织细胞数量直线增加，血容量增大，女性还有月经失血等因素，使青少年对铁的需要量增加。11～13 岁男性铁摄入量(RNI)为 15 mg/d、女性为 18 mg/d；14～17 岁男性铁摄入量(RNI)为 16 mg/d、女性为 18 mg/d。

锌参与 DNA、蛋白质的合成，有助于机体细胞分裂，促进生长发育和性腺器官的成熟。因此，对于生长发育和性器官发育最旺盛的青少年，锌的摄入显得格外重要，每日应保证锌的供给。11～13 岁男性青少年的锌摄入量(RNI)为 10.0 mg/d、女性为 9.0 mg/d；14～17 岁男性青少年的锌摄入量(RNI)为 11.5 mg/d、女性为 8.5 mg/d。

青少年甲状腺机能增强，需要更多的碘合成甲状腺激素，以调节体内代谢并促进生长发育。11～13 岁青少年碘摄入量(RNI)为 110 μg/d，14～17 岁青少年碘摄入量(RNI)为 120 μg/d。

6. 维生素

维生素 A、维生素 D、B 族维生素和维生素 C 对青少年生长发育均有重要作用。中国营养学会建议维生素 A 摄入量(RNI)11～13 岁男为 670 μg RAE/d 和女为 630 μg RAE/d；14～17 岁男为 820 μg RAE/d 和女为 630 μg RAE/d；11～17 岁维生素 D 摄入量(RNI)男和女均为 10 μg/d；11～13 岁维生素 C 摄入量(RNI)男和女均为 90 mg/d；14～17 岁维生素 C 摄入量(RNI)男和女均为 100 mg/d；11～13 岁维生素 B_1、维生素 B_2 和烟酸摄入量(RNI)男性分别是 1.3 mg NE/d、1.3 mg NE/d 和 14 mg NE/d，女性分别是 1.1 mg NE/d、1.1 mg NE/d 和 12 mg NE/d；14～17 岁维生素 B_1、维生素 B_2 和烟酸摄入量(RNI)男性分别是 1.6 mg NE/d、1.5 mg NE/d 和 16 mg NE/d，女性分别是 1.3 mg NE/d、1.2 mg NE/d 和 13 mg NE/d。

8.7.3 青少年膳食指导

(1)谷类为主食，保证充足能量。多食粮谷类食物，少吃精加工谷类。主食推荐量为

400～500 g/d，可为青少年提供55%～60%的能量、约一半的维生素 B_1 和烟酸。

(2)保证鱼、肉、蛋、奶、豆类和蔬菜水果的摄入。鱼、肉、蛋、奶、豆类是优质蛋白质的主要来源，可提供必需氨基酸，同时还能提供维生素A、维生素 B_2 及卵磷脂等营养素。青少年每天鱼、肉、蛋、奶供给量应在200～250 g；每日乳类不低于300 mL；蔬菜、水果提供丰富的维生素、矿物质和膳食纤维，每天蔬菜水果总供给量不少于500 g，其中绿叶蔬菜不低于300 g。少吃肥肉、糖果和油炸食品，不能盲目减肥。

(3)养成良好的饮食习惯。进食要定时定量，不挑食、不偏食，吃零食要适度，不应影响进食和平衡膳食。摄入盐量要适当，每日控制食盐在6 g以下为宜。吃饭要细嚼慢咽，保证充分的进食时间。

(4)养成吃早餐的良好习惯。营养充足的早餐不仅保证青少年身体的正常发育，对其学习效率的提高也起不容忽视的作用，必要时课间加一杯牛奶或豆浆。

(5)参加体力活动，加强体育锻炼。适量运动和合理营养结合可促进青少年生长发育，改善心肺功能，提高耐久力，减少身体脂肪和改进心理状态等。

8.7.4 青少年容易出现的营养性疾病

1. 营养不良性贫血

青少年时期生长发育及物质代谢旺盛，机体对营养物质的需要量增多。若盲目节食或长期素食或嗜好吃零食和甜食，挑食偏食，使膳食营养得不到平衡供应，蛋白质、维生素、叶酸、铁等造血必需的原料得不到满足，便可导致营养不良性贫血。尤其青春期少女每月月经会流失一部分血液，如果补铁不及时，长期下去会造成缺铁性贫血。

2. 肥胖

近年来，随着生活水平的提高，尤其是经济发达城市，因能量摄入过多导致青少年肥胖的比例呈上升趋势。调查发现，中国内地大城市7～18岁的儿童青少年中，绝大多数肥胖青少年都是由于膳食能量摄入过高引起。同时青少年由于课业负担重，缺乏体育锻炼而且睡眠时间不足也导致肥胖发病率显著上升。此外，学业压力和其他心理问题会影响食欲，有些孩子会以贪吃、暴饮暴食排解压力，最终导致肥胖和营养问题。遗传、家庭饮食习惯和生活方式也是肥胖的影响因素。

8.8 老年人营养

中国传统老年人的年龄起点标准是60周岁，中国营养学会编著的中国居民膳食营养素参考摄入量(2013年版)中把中国老年人分为65～79岁和80岁以上两个阶段。老年人在生理机能上已有很显著的改变，在各方面的能力逐渐退化及老化。老年人与青年人比较，基础代谢率降低，活动量减少，从而能量消耗量下降。为保持能量平衡，摄入量应减少。老年人应注意节制饮食、务求清淡、少食多餐以及多补钙和铁。

8.8.1 老年人生理特点

1. 体重下降

由于基础代谢下降和体力活动减少，自 60 岁以后，能量摄入量较青壮年减少 20%，70 岁以后减少 30%，一般要求能量的摄入量以能维持较理想的体重为宜。老年人的理想体重一般是男性以身高(cm)减去 105、女性以身高(cm)减去 100 计算，在理想体重的±10%范围内均属正常，超出理想体重 10%或 20%以上为超重或肥胖，低于理想体重 10%或 20%以下则为消瘦或严重消瘦。

2. 代谢功能下降

随年龄的增长，老年人肌肉减少，脂肪组织相对增多，机体基础代谢与中年人相比降低 10%～20%。老年人的分解代谢大于合成代谢，蛋白质合成能力差，摄入的蛋白质利用率低。由于老年人的肝、肾功能降低，过高的蛋白质又会加重肝、肾负担。

3. 内脏器官功能减弱

内脏器官如脑、心、肺、肾、肝及肠道功能随年龄增长呈现不同程度的下降。脑细胞和肾细胞较青壮年大大减少，肾小球滤过率降低，肾小球重吸收功能下降；心率减慢，心搏输出量减少，血管逐渐硬化。

4. 消化系统功能减退

老年人消化器官功能逐渐减退。表现为牙齿脱落影响对食物的咀嚼；味蕾、舌乳头和神经末梢的改变使味觉和嗅觉功能减退；胃酸、内因子和胃蛋白酶分泌减少使矿物质、维生素和蛋白质的生物利用率下降；胃肠蠕动减慢，胃排空时间延长，易引起食物在胃中发酵，导致胃胀气；胆汁分泌减少，对脂肪的消化能力下降。

5. 体内氧化损伤加重

随着衰老的进程，体内有害的氧化产物不断增多，对细胞膜的损害加大。尤其是过氧化产物脂褐素在内脏和皮肤等细胞中大量堆积，老年人心肌和脑组织中脂褐素沉着明显高于青年人，过量沉积可引起神经功能障碍。

6. 免疫功能下降

老年人胸腺萎缩、重量减轻，T 淋巴细胞数量明显减少，导致机体免疫功能下降，易患各种疾病。在衰老的过程中，老年人对环境的伤害和刺激的应激能力下降，对各种传染性疾病更为敏感；自身免疫性疾病增加，如出现类风湿关节炎等疾病；肿瘤发病率和死亡率升高。

7. 造血功能减退

老年人对铁的吸收利用能力下降，造血功能减退，血红蛋白含量减少，常出现缺铁性贫血。造成贫血的原因除铁摄入量不足外，还可能与蛋白质合成减少，维生素 B_{12}、维生素 B_6 及叶酸等摄入不足有关。

8. 神经系统变化

老年人听力、视力、记忆力、体温调节能力等反应能力降低，神经系统反应能力降低，手脚动作不到位,导致老年人易发生意外伤害。老年人触觉、温度觉、痛觉降低使老年人易发生烫伤。

8.8.2 老年人营养需要

1. 能量

老年人由于脂肪细胞增加,肌肉减少,造成基础代谢率随年龄增长而逐渐下降,因此老年期对能量的需要量相对减少,适当降低每日膳食中总热能的摄入量,以免过剩的热能转变成脂肪堆积于体内而引起肥胖。中国营养学会建议老年人能量的摄入量(RNI)为 65～79 岁男性为 8.58～9.83 MJ/d、女性为 7.11～8.16 MJ/d;80 岁以上男性为 7.95～9.20 MJ/d、女性为 6.28～7.32 MJ/d。

2. 蛋白质

老年人由于消化系统功能减弱,对蛋白质的消化吸收及氮的利用率降低,当膳食摄入不足时,易出现负氮平衡。因此,老年人应有足量的蛋白质供应,每天每千克体重蛋白质摄入 1.0～1.2 g 为宜,蛋白质提供的能量占膳食总能量的 13%～14%较合适,应注意选择生理价值高的优质蛋白质。中国营养学会建议老年人蛋白质的摄入量(RNI)65～79 岁和 80 岁以上男性和女性均为 65 g/d。

3. 脂肪

老年人由于胆汁酸分泌减少,脂酶活性降低,对脂肪的消化功能下降。由于体内脂肪分解排泄迟缓,血浆脂质也升高,因此老年人脂肪的摄入不应过多,应多食用含不饱和脂肪酸高的植物油,增加亚油酸摄入量,以防脑细胞退化,老年人特别要限制高胆固醇、高饱和脂肪酸(SFA)的动物性脂肪及肝、脑、蛋黄等的摄入。

4. 碳水化合物

老年人胰岛素分泌减少,对血糖的调节作用减弱,葡萄糖耐受度降低,易发生血糖增高,糖过多易发生糖尿病及诱发糖源性高脂血症。所以,老年人碳水化合物摄入量占总能量的 55%～65%为宜。蔗糖、果糖、葡萄糖等简单碳水化合物在体内经代谢可转化为甘油三酯,引起血脂升高或储存于体内而发胖,所以老年人应控制精制糖的摄入量。

5. 膳食纤维

老年人消化系统功能减弱,肠胃蠕动缓慢,便秘的发病率增高。适量的膳食纤维可刺激肠蠕动,有效防治老年性便秘。因此,老年人的每日膳食中应安排一定数量的粗粮、蔬菜及水果。

6. 矿物质

(1)钙　老年人常因胃酸分泌减少、胃肠机能减退,使钙的吸收减少,加上代谢过程中对钙的储存及利用能力下降,常发生负钙平衡状况。随着年龄增长,常发生骨折、骨质疏松症。老年人每日膳食应注意摄入一些含钙丰富的食品,如牛奶、豆制品、芝麻酱、虾皮、海带、绿叶蔬菜。中国营养学会建议老年人膳食钙推荐摄入量(RNI)为 1 000 mg/d。

(2)铁　老年人对铁吸收利用能力下降,造血功能减退,血红蛋白减少,易出现缺铁性贫血,因此铁的摄入量也需充足,中国营养学会建议老年人铁的膳食推荐摄入量(RNI)为 12 mg/d。老人应多摄入含血红素铁的食物如动物血、肝脏、瘦肉、鱼类等。同时还应多食用富含维生素 C 的蔬菜水果，以利于铁的吸收。

(3)钠 老年人饮食中不能摄入过多钠盐，每天食盐摄入量应控制在 5～6 g。患冠心病和高血压者，以不超过 5 g 为宜。

(4)其他矿物质 老年人缺锌时可致味觉失灵，严重时可致心肌梗死、慢性肾炎等的发病率增高，故老年人应注意膳食锌的补充。铬是胰岛素的辅助因子，可增强胰岛素降血糖的效能，补充铬可使糖耐量改善。老年人铬缺乏会导致糖尿病；铬还可降低血清总胆固醇，增高高密度脂蛋白，预防动脉粥样硬化。硒与心肌代谢有关，缺硒会引起心肌损害及使某些肿瘤发病率增加；硒是谷胱甘肽过氧化物酶的组成成分，具有抗氧化作用；硒与维生素 E 协同保护细胞膜不受脂质过氧化，起到抗衰老的作用。

7. 维生素

老年人需要充足的各种维生素，老年人增加维生素的摄入有利于增进健康。

(1)维生素 A 维生素 A 能维护上皮组织健康，改善老人皮肤干燥、上皮角化，增强抗病能力，还能改善铁的吸收和转运，对于老年人保持健康十分重要。富含维生素 A 的食品如动物肝脏、蛋黄等同时也富含胆固醇，因此可选择一些含有胡萝卜素的绿色蔬菜或营养补充剂。中国营养学会对老年人维生素 A 的推荐摄入量(RNI)为男性 800 μg RAE/d、女性 700 μg RAE/d。

(2)维生素 D 维生素 D 缺乏可引起老年性骨质疏松症，提倡老年人适当增加户外光照时间。中国营养学建议老年人维生素 D 推荐摄入量(RNI)为 15 μg/d。

(3)维生素 E 维生素 E 是有效的抗氧化剂，能减少体内脂质过氧化物的产生，稳定生物膜结构，对机体具有保护作用。维生素 E 还可降低血胆固醇、增强机体免疫功能，各种植物油是维生素 E 最良好的来源。中国营养学会推荐老年人维生素 E 参考摄入量(RNI)为 14 mg α-TE/d。

(4)B 族维生素 老年膳食中容易缺乏维生素 B_2，长期缺乏可引起口角炎、唇炎、舌炎、脂溢性皮炎等，此外，对维生素 B_{12}、叶酸的供给也必须引起重视。

中国营养学会建议老年人维生素 B_1、维生素 B_2 和烟酸男性的供给量(RNI)分别是 1.4 mg DFE/d、1.4 mg DFE/d 和 400 μg DFE/d，女性的供给量分别是 1.2 mg DFE/d、1.2 mg DFE/d 和 400 μg DFE/d。

(5)维生素 C 维生素 C 具有解毒作用，能增强机体免疫力，促进铁的吸收，参与脂肪代谢调节功能；维生素 C 可促进组织胶原蛋白合成，保持毛细血管弹性，减少脆性，防止老年血管硬化，并可扩张冠状动脉，降低血浆胆固醇和防癌等。中国营养学会建议老年人膳食维生素 C 推荐摄入量(RNI)为 100 mg/d，故应经常进食足量的新鲜蔬菜及水果。

8.8.3 老年人膳食指导

老年人的饮食要注意色、香、味俱全，以刺激食欲；每餐进食的量要适当少一些，以七八分饱为宜，尤其是晚餐要少吃；每日膳食食盐摄入量控制在 6 g 以下；饭菜尽量要做得软烂一些；食物温度要适宜，注意不进食过凉的食品以免引发胃肠疾病；进食时细嚼慢咽，既有助于胃肠消化吸收，又可预防因进食不当而发生的意外。

1. 老年人膳食原则

(1)少食多餐、营养充足。随着年龄的增长，老年人胃肠功能减退，一次进食量过多会造成消化不良，但进食量少，又会导致营养素供应不足，出现能量和蛋白质的负平衡现象。建议正餐之间，添加点心、水果和乳制品。

(2)饮食清淡、柔软。老人膳食需制作柔软，便于咀嚼、吞咽和消化吸收。每日膳食盐用量建议为 3～6 g，减轻肾脏负担，也减少水钠潴留和减轻下肢水肿。建议相对减少食用油用量和动物脂肪摄入，以适应老年人减弱的脂质代谢能力，减少高血脂高胆固醇发生率。

(3)粗细搭配、易于消化。主食品种多样化，粗细粮合理搭配，可以改善蛋白质的生物学利用率，增加膳食纤维摄入量。副食可增加豆制品、乳制品的摄入。老年人为了减少脂肪摄入，可以饮用脱脂牛奶；如果有乳糖不耐症可改饮酸奶或豆浆。

(4)餐后水果。老人餐后进食水果，可增加果胶、果酸、半纤维素等膳食纤维的摄入，可以改善老人胃肠道运动，帮助排便。

(5)适量活动。老年人应该积极参加适宜的体力活动或运动，合理调整进食量并与体力活动保持平衡，维持理想的体重。健康老人，每周慢跑或步行 3 次或隔天 1 次，每次持续 20～30 min；也可每天做体操或打太极拳等 10～15 min。

2. 老年人每日膳食构成

老年人一日的合理膳食组成应包括：谷类 250 g；瘦肉、禽类及鱼类 50～100 g；蛋 40 g；豆类及其制品适量；新鲜蔬菜 250～300 g；烹调用油 20～30 g；有条件者还可选用鲜乳、新鲜水果等。此外，经常食用花生、核桃、芝麻、海鱼、紫菜、贝类等，对预防血管硬化和血栓形成有益。

本章小结

本章主要介绍了孕妇、乳母、婴儿、幼儿、学龄前儿童、学龄儿童、青少年及老年人群的生理特点、营养需要、营养性疾病的理论知识和合理膳食的实用知识。根据不同人群的生理特点和营养需要，可以更好地指导孕妇和乳母的营养、婴幼儿科学合理的喂食和辅食添加、儿童青少年生长发育快速增长时期的合理饮食、老年人的膳食安排。

思考题

1. 孕妇容易产生哪些营养疾病？
2. 青少年容易出现哪些营养性疾病？
3. 如何做到孕妇的合理膳食？
4. 如何做到乳母的合理膳食？
5. 如何做到幼儿的合理膳食？
6. 学龄儿童怎样合理膳食？
7. 如何做到青少年的合理膳食？
8. 老年人怎样合理膳食？
9. 请观察你的爷爷、奶奶的生理特点，为他们宣传老年人的营养知识，利用所学习的老年人的营养知识为他们设计合理的营养膳食。

第 9 章 营养与慢性非传染性疾病

【启发提问】

1. 你知道常见的慢性非传染性疾病包括哪些吗？这些疾病的发生是否与饮食和生活习惯有关呢？
2. 你了解我国慢性非传染性疾病的发生情况吗？想了解更多见二维码 9-1。
3. 我们如何才能防止或减少慢性病的发生？慢性病患者又该注意哪些饮食原则呢？想了解就好好学习下面的内容吧！

二维码 9-1 中国居民营养与慢性病状况报告（2020 年）

【学习目的与要求】

1. 理解肥胖症、心血管病、糖尿病、痛风、肿瘤等主要慢性非传染性疾病的发病原因、发病机制和影响因素。
2. 掌握上述各疾病与膳食营养的关系和膳食营养防治原则。
3. 建立健全的食品营养学知识体系，能够在食品生产、加工、经营活动和日常生活中科学运用营养学知识，促进人民群众和自身的身体健康。

【学习重点】

1. 肥胖症、糖尿病、高尿酸血症、肿瘤、高血压、高脂血症、动脉硬化等疾病的发病原因和机理。
2. 肥胖的评价，糖尿病、高尿酸血症、痛风病、高血压、高脂血症的诊断标准。
3. 上述疾病的营养防治原则。

【学习难点】

1. 人体在不同情况下三大产能营养素代谢和对肥胖症、糖尿病、心血管病等的影响。
2. 血浆脂蛋白的种类和功能，不同血脂指标在临床诊断中的意义。
3. 糖尿病发生并发症的原因，糖尿病患者对不同升糖指数食物的选择。
4. 痛风病的发病原因和食物的选择。
5. 上述各种疾病营养防治具体原则的原因分析。

9.1 营养与肥胖

肥胖，也称肥胖症或肥胖病，是能量摄入超过能量消耗而导致体内脂肪积聚过多达到危害程度的一种慢性代谢性疾病。在全球范围内肥胖广泛流行，在我国肥胖人数也日益增多，成为严重威胁国民健康的不可忽视的因素。要想有效预防和控制肥胖，首先要清楚发生肥胖的原因。

9.1.1 肥胖的影响因素

人体的一切活动都需要消耗能量，在糖类、脂肪和蛋白质三大产能营养素中，糖类优先为人体提供能量，当糖类供能不足时，人体才动员蛋白质和脂肪。当能量过剩时，蛋白质并不是能量储存的主要形式；糖类只能以糖原形式储存少量的能量，过多剩余的能量最终会以脂肪的形式储存起来。

人体之所以会发生肥胖，正是人体在一定时期内能量的摄入量大于消耗量导致能量失衡所致。造成这种变化的因素极为复杂，可以将其分为内因和外因。内因如遗传因素、神经或内分泌系统异常、代谢疾病、精神和心理因素等；外因如膳食因素、体力活动、社会因素与经济发展水平、生活习惯等。但根本原因最终仍可归结为饮食摄入能量相对过多和体力活动消耗能量相对过少导致的能量不平衡。现就主要因素分述如下。

1. 不合理的膳食结构

发生肥胖的直接因素是摄入能量长期过剩，高能的膳食结构是其主要原因。肥胖是脂肪组织的过度积聚，膳食脂肪在三大产能营养素中的能量密度最高，高脂膳食的确是造成肥胖的原因之一。但膳食脂肪并不等于肥胖，膳食脂肪转化为组织脂肪过程比较复杂。即使膳食中脂肪不足而糖类过多，也可以造成肥胖的发生。肥胖的发生不仅仅与营养素摄入过量有关。有研究发现维生素 B_2、维生素 B_6、烟酸等 B 族维生素的缺乏也是发生肥胖的原因，因其是构成脂肪分解代谢时所需要辅酶的成分。

2. 遗传因素

遗传与肥胖的关系早已引起医学界重视，遗传可影响机体热能摄入、基础代谢率、体力活动习惯及营养素利用等。遗传因素的作用不仅表现在全身脂肪量的多少，也影响脂肪在体内的分布。有流行病学资料表明，60%～80%的严重肥胖患者有家族发病史；父母双方均肥胖或一方肥胖时，其子女肥胖发生率明显增高。

3. 神经因素

人类下丘脑内有食欲调节中枢，其腹内侧核为饱觉中枢，受控于交感神经，当其兴奋时便发生饱感而拒食，其受破坏时会增加食欲；腹外侧核为食欲中枢，受控于副交感神经，当其兴奋时食欲亢进，而其受到破坏时便会厌食；两个中枢互相调节、相互制约，在正常生理条件下处于动态平衡，从而维持正常体重。当下丘脑发生病变时便会造成食欲紊乱而影响体重。

4. 精神心理因素

人们进食不全是为了解决饥饿和享受美味，有些人长期处于恶劣的工作环境、精神压抑、感情冲动、伤心难过、生气、寂寞空虚等状况时会出现食欲增加而导致能量摄入过高。当然精神和心理因素与机体的关系极其微妙，也可使人食欲减退。

5. 内分泌及代谢异常

脂肪细胞不仅作为脂肪的储存库，而且可以作为内分泌细胞生成某些激素，也是许多激素的靶细胞。许多内分泌改变都可以促进肥胖的发生，如胰岛素抵抗，因胰岛素可促进脂肪细胞摄取葡萄糖合成脂肪、抑制脂肪分解，当脂肪细胞膜上的胰岛素受体对胰岛素不敏感时，引起胰岛素分泌过多，而促进食欲，表现为高胰岛素血症；其他如垂体前叶功能低下、肾上腺皮质激素功能亢进、性腺功能减退等，均容易导致肥胖的发生。

6. 不良饮食习惯

不是所有的不良饮食习惯都会造成肥胖，下面主要讨论一些容易造成能量摄入超标的饮食习惯。

(1)喜吃零食　有些零食，如软饮料、糖果、糕点、巧克力、葵花子、花生米等高糖或高油的食物，经常在人们休闲时不知不觉摄入过量。有些减肥失败者经常宣称自己吃饭不多，但往往零食被忽视没有计算在内。

(2)进餐速度过快　人体下丘脑饱觉中枢的饱觉信号主要可来源于两种途径：一是腹部的充盈程度，二是来源于血糖水平。当进餐速度过快时，信号优先来源于腹部；进餐速度减慢时，食物边消化边吸收，在胃里还没有充满时，信号可优先来源于血糖水平。其实进餐速度过快会在不知不觉中影响进食量，当腹部感到饱胀时，能量早已超过正常需求。而且胰岛素受血糖水平调节，其分泌有一定延迟，过多的糖类消化吸收进入血液会导致更多胰岛素分泌，进而促进更多葡萄糖进入脂肪细胞合成脂肪。

(3)夜晚睡前进餐　人体在长期进化过程中形成的内在的生理和代谢节律，通常晚上副交感神经的兴奋性和胰岛素的分泌要高于白天；另外，睡前一般体力活动较少，从而比白天进餐更加有利于体脂的积聚。

9.1.2 肥胖的类型

肥胖的分类方法有多种，根据有无明显内分泌、代谢性疾病病因可分为单纯性肥胖和继发性肥胖。

1. 单纯性肥胖

该类型无明显的内分泌与代谢性疾病和特殊症状，无明显神经、内分泌系统形态和功能改变。其发生与年龄、遗传、生活习惯等有关，常见肥胖人群中大多属于此类，又可分为如下两种。

(1)体质性肥胖　又称脂肪细胞增生肥大型，主要自幼年起病，多伴有家族性遗传史。由于遗传因素或长期营养过度，引起全身脂肪细胞增生肥大而造成，该类型对胰岛素敏感性较低。

(2)获得性肥胖　又称脂肪细胞单纯肥大型，也称营养性肥胖。多因成年以后营养过度，摄取能量超过机体各种新陈代谢活动过程需要；或由于体力活动过少、能量消耗低而引起。主要导致躯干脂肪细胞肥大而无明显数量上的增生，该类型对胰岛素较为敏感，减肥治疗效果明显。

2. 继发性肥胖

由内分泌与代谢性疾病引起，该类型肥胖者大都呈特殊体态，临床症状较单纯性肥胖明显，属病理性肥胖。常见类型有：肾上腺性、垂体性、胰源性、性腺功能减退性、甲状腺功能减退性、下丘脑性及药源性肥胖等。常见的继发性肥胖类型及特征见二维码 9-2。

二维码 9-2　常见的继发性肥胖类型及特征

9.1.3　肥胖的危害

1. 心血管疾病

长期肥胖可出现脂代谢异常导致高脂血症，是造成心血管病的主要危险因素。重度以上肥胖还常出现有效循环血量、心脏每搏和每分输出量增大使心脏长期负荷过重、心肌负担相应增加导致心肌劳损。

2. 肺泡低换气综合征

也称通气不良综合征。主要是由于腹腔、膈、胸壁和心脏周围大量脂肪堆积，造成腹壁增厚、腹压上升、膈肌抬高，使肺活量、储备呼气量及全肺容量减少，显著地影响心肺功能、呼吸运动和血液循环，导致肺部经常通气不良，肺泡换气不足。再加上体脂多、体重大，活动时耗氧量增加，致使二氧化碳滞留，血二氧化碳结合力超常，呈呼吸性酸中毒。由于血二氧化碳分压升高、氧分压下降，致使患者呼吸短促、易感疲劳，不能耐受较重的体力活动，后者又进一步促进了肥胖，形成恶性循环。严重者可继发红细胞增多症、肺动脉高压、慢性肺心病和心力衰竭。

3. 内分泌代谢紊乱

内分泌异常既可以是引起肥胖的原因，也可以是肥胖的结果。例如，肥胖导致性激素的改变，男性雄激素明显减少而雌激素显著增多，表现为轻度性机能低下、阳萎和性欲减退；女性亦出现雌激素持续偏高，导致卵巢功能的异常，还可刺激乳腺和子宫的异常增生，从而导致乳腺癌和子宫内膜癌的发病率明显增加；重度以上肥胖的女性，还可有雄激素的增加，其他激素的改变，如胰岛素升高、血清甲状旁腺激素升高、生长激素降低等。

4. 其他并发症

肥胖患者还经常发生高血压、糖尿病、脂肪肝、胆石症、增生性关节炎、痛风等。对儿童的危害主要表现为肥胖脑、缺钙和性早熟等。

9.1.4　肥胖的评价

肥胖的危害毋庸置疑，超重和肥胖者控制体重对健康非常必要，但有些青少年体重正常却盲目加入“减肥大军”大可不必，且可能对身体造成危害。所以要明确肥胖的评价方法。

肥胖评价方法一般都是根据经验获得，主要评价指标有如下几种。

1. 标准体重(也称理想体重)

(1)普通成年人标准体重的计算

$$\text{标准体重(kg)}=\text{身高(cm)}-105$$

$$\text{标准体重(kg)}=[\text{身高(cm)}-100]\times 0.9$$

(2)幼儿标准体重的估算

$$1\sim6\text{ 个月:标准体重(kg)}=\text{出生体重(kg)}+\text{月龄}\times 0.6$$

$$7\sim12\text{ 个月:标准体重(kg)}=\text{出生体重(kg)}+\text{月龄}\times 0.5$$

$$1\text{ 岁以上:标准体重(kg)}=8+\text{年龄}\times 2$$

(3)肥胖的判定(表 9-1)

$$\text{标准体重评价指标}=\frac{\text{实际体重}-\text{标准体重}}{\text{标准体重}}\times 100\%$$

表 9-1　标准体重评价状况指标

标准体重	≤−20%	≤−10%	−10%～10%	≥10%	≥20%	20%～30%	30%～50%	≥50%
评价状况	消瘦	偏瘦	正常	超重	肥胖	轻度肥胖	中度肥胖	重度肥胖

2. 体质指数(BMI, body mass index)

计算方法如下,评价标准见表 9-2。

$$\text{BMI}=\frac{\text{体重(kg)}}{[\text{身高(m)}]^2}$$

表 9-2　体质指数评价标准

BMI 值	18.5～23.9	< 18.5	24.0～ 27.9	≥28.0
评价状况	正常	体重过低	超重	肥胖

标准体重和体质指数都是以身高和体重为测量指标来评价体重是否正常,其作为肥胖评价指标都有一个缺陷,就是不能评价过多的体重来源于脂肪还是肌肉。但对于绝大多数人来讲,多出来的体重都是人体储存的脂肪,所以这两个指标在目前仍被广泛采用。

3. 腰臀比

腰臀比即腰围和臀围的比值,正常人群为 0.792 6±0.070 5。腰围与身高无关,但与 BMI 有关,可用于估计腹内脂肪和身体总脂肪量。一般认为男性超过 0.90、女性超过 0.85 可评价为向心型肥胖。

除上述指标外,还可以通过身高、体重或皮褶厚度估算体脂率的方法评价肥胖。体脂率的估算和皮褶厚度的测量见二维码 9-3。

二维码 9-3　体脂率的估算和皮褶厚度的测量

9.1.5　肥胖的营养防治

对于不同类型的肥胖人群,可采取多种减肥手段。对于继发性肥胖要首先治疗原发病;

手术等极端减肥方法主要适用于极度或病态肥胖病人；一些减肥药物确实可以起到明显效果，但对于单纯性肥胖病人不列为首选，即使选择国家批准使用的减肥药物，也会存在一定的副作用，容易对身体造成损害。常见减肥药种类及作用机理见二维码9-4。下面重点讨论常见的单纯性肥胖人群的减肥方法。

二维码 9-4 常见减肥药种类及作用机理

1. 减少总能量摄入

能量供应必须低于机体实际消耗，以造成能量的负平衡，促使长期入超的能量被代谢掉，直至体重恢复到正常水平，再控制摄入与消耗的平衡。对能量的控制，一定要循序渐进，逐步降低，并适可而止；切忌骤然猛降或降至最低安全水平以下。建议轻度肥胖者每月减0.5～1.0 kg，中度以上肥胖者可从每月减0.5～1.0 kg逐渐过渡到每周减0.5～1.0 kg。

2. 保持平衡膳食结构

在减少总能量前提下，要保持平衡膳食，避免出现营养缺乏病。蛋白质、脂肪、糖类三大产能营养素占比可分别控制在15%、25%～35%、50%～60%范围内，也可根据具体情况适当提高蛋白质和降低脂肪比例。矿物质、维生素要保证需要。上述建议蛋白质和脂肪占膳食总能量的百分比高于普通人群，不是指减肥期间增加其供应量，而是总能量的降低以减少富含糖类的主食为主，同时要保证蛋白质和必需脂肪酸及脂溶性维生素供应充足，使其供能比相对提高。其中优质蛋白应占总蛋白的一半左右，注意各种来源蛋白质的互补；脂肪供应多选择植物油，全日烹调油用量掌握在20 g左右；糖类供应以主食为主，对食糖、甜点、糖果、含糖饮料等要加以限制。

3. 养成良好饮食习惯

要控制零食，克服嗜食的心理因素；夜晚加餐选择清淡的食物；细嚼慢咽，控制进食速度，避免不知不觉中摄食过量。

4. 少食多餐

每天摄入能量一定时，采用“少食多餐”的原则，可避免血糖和血胰岛素水平波动过大。反之，餐间隔时间过长时导致的饥饿不仅消耗身体脂肪，也同时消耗机体蛋白质；且饥饿也容易使下一次进食量过大，导致短期能量过剩、胰岛素大量分泌、大量糖被吸收并剩余而合成脂肪增多。这也是许多减肥者宣称每天晚上不吃饭且减肥效果不理想的原因之一。

5. 控制饮酒量

膳食治疗减肥时，最好禁酒。因每克酒精可产能量7 kcal，并且酒精能诱发肝脂肪变性，影响对胰岛素的摄取和利用，致使糖耐量降低。

6. 足量饮水

水是人体主要成分，也是各种生化反应的溶剂。脂肪酸β-氧化和TCA循环均需要水分子参与，当机体缺水时也会影响脂肪代谢。而且水不为人体提供能量，对减肥者是最合适的饮料。

对于单纯性肥胖患者，通过饮食控制减少能量摄入的同时，再结合适量运动增加能量消耗，只要持之以恒，可以达到更好的效果。运动方式应选择有氧运动，如慢跑、快走、跑走结合、体操、打太极拳、游泳、爬山、打乒乓球、羽毛球等。持续时间不低于 30 min。

9.2　营养与心血管疾病

心血管系统由心脏和全身的动脉、静脉、毛细血管组成。心血管疾病是以心脏和大动脉为主的循环系统疾病的总称，包括高脂血症、高血压、动脉粥样硬化与冠心病、脑血管病等。

9.2.1　血脂和血浆脂蛋白

血脂指血液中脂类的总称，包括甘油三酯、磷脂、胆固醇酯、游离胆固醇、游离脂肪酸、少量的脂溶性维生素和固醇类激素等。其中甘油三酯、胆固醇酯等疏水性物质不能在血液中直接转运，必须与特殊的载脂蛋白和有极性的磷脂等通过疏水作用、范德华力和静电引力等非共价键组成球状的复合物——血浆脂蛋白（图 9-1），才能在血液中转运。其中甘油三酯的转运速率最快，平均每天的转换率为 100～150 g，而胆固醇和磷脂则相当缓慢，每天的转换率仅有 1～2 g。食物中的脂肪不能直接进入血液，需经胃肠消化成甘油和脂肪酸或 2-单酰甘油才能吸收。其中，长链脂肪酸经小肠黏膜细胞转化成三酰甘油并进一步组装成血浆脂蛋白继续转运（图 9-2）；中、短链脂肪酸可直接经门静脉吸收进入肝脏转化。

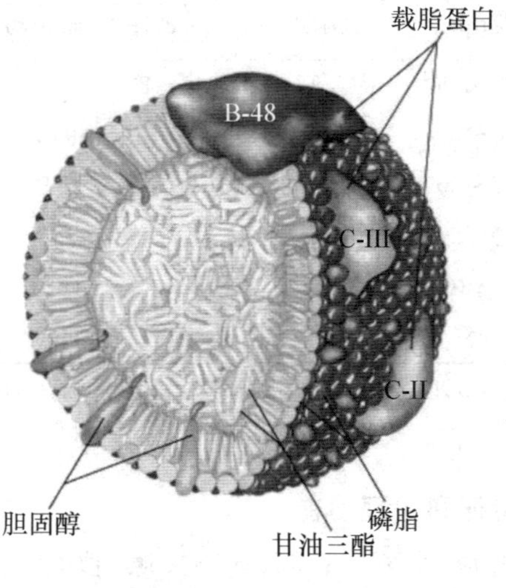

图 9-1　血浆脂蛋白示意图

1. 血浆脂蛋白的种类及组成

血浆脂蛋白绝大多数在肝脏和小肠合成，主要经肝脏分解代谢。其具有相同的结构，均包括磷脂、游离胆固醇、载脂蛋白组成的极性外壳层与疏水的三酰甘油、胆固醇酯组成的核心（图 9-1）。根据在琼脂糖凝胶电泳时迁移速率不同，分为乳糜微粒（CM，chylomicron）、β-脂蛋白、前 β-脂蛋白和 α-脂蛋白 4 种。其中乳糜微粒约 98％是脂类，几乎不带电荷，电泳时停留在原点；α-脂蛋白蛋白质含量最高、电荷量大、分子量小，电泳速度最快。根据超速离

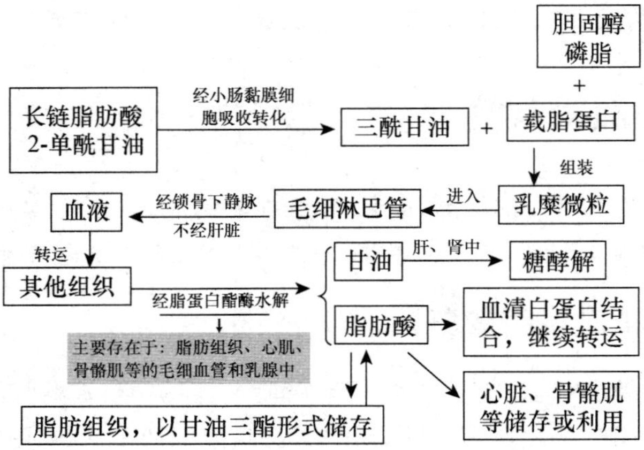

图 9-2　长链脂肪酸和 2-单酰甘油的吸收转运

心法分为乳糜微粒、极低密度脂蛋白(VLDL)、中间密度脂蛋白(IDL)、低密度脂蛋白(LDL)、高密度脂蛋白(HDL)五大类，其具体成分和性质见表 9-3。此外还有一类利用免疫方法发现的特殊脂蛋白，称脂蛋白(a)[Lp(a)]。

表 9-3　血浆脂蛋白的种类、组成和性质

脂蛋白类别	水合密度/(g/mL)	颗粒直径/nm	主要载脂蛋白	组成(干重)/%				
				蛋白质	胆固醇	胆固醇酯	磷脂	三酰甘油
CM	<0.95	80～500	B_{48},A1,A2	1～2	2	4	8	84～85
VLDL	0.950～1.006	30～80	B_{100},E, Cs	10	8	14	18	50
IDL	1.006～1.019	27～30	B_{100},E	18	8	22	22	30
LDL	1.019～1.063	20～27	B_{100}	25	9	40	21	5
HDL	1.063～1.21	8～10	A1,A2,Cs	50	3	17	27	3
Lp(a)	1.055～1.085	26	B_{100},(a)	—	—	—	—	—

引自：中国成人血脂异常防治指南修订联合委员会. 中国成人血脂异常防治指南(2016 年). 2016；王镜岩等. 生物化学. 3 版. 2004.

2. 血浆脂蛋白的主要特征和生理功能

乳糜微粒(CM)：小肠合成，主要含外源(食物来源)甘油三酯，颗粒最大，密度最低。从小肠到其他组织转运外源(膳食中)胆固醇、甘油三酯，被脂蛋白酯酶(LPL)水解。当其在血浆中的含量增加时，可使血浆外观混浊，4℃静置过夜可上浮成奶油样盖。乳糜微粒的生物半衰期甚短，转换极快，正常人进食 100 g 脂肪后血浆中可见到乳糜微粒，并于 4 h 后达到高峰，8～12 h 后可被清除。故采血测定血脂一般宜于餐后 12～16 h 进行。

极低密度脂蛋白(VLDL)：肝脏合成，其中内源甘油三酯约占 60%，颗粒较乳糜微粒小，而密度则比它略高。从肝脏到其他组织转运内源胆固醇、甘油三酯。当其在血浆中的含量增高时，可使光发生散射而致血浆外观混浊，但不上浮成盖。空腹时如无乳糜微粒存在，则混浊的血浆常表示 VLDL 或甘油三酯含量增高。

中间密度脂蛋白(IDL)：是VLDL向LDL转化过程中的一种中间代谢物，生物半衰期极短，正常人血浆中未能发现，但在某种病理情况下血浆中可有此种脂蛋白的异常堆积。

低密度脂蛋白(LDL)：主要是VLDL和IDL降解产物，少量由肝脏直接合成。其颗粒较VLDL小，而密度则比它高。LDL主要从血浆转运内源胆固醇酯到肝脏或肝外组织(如肾上腺、脂肪组织等)水解、利用。血浆胆固醇的2/3左右存在其中。其含量再高也不引起血浆外观混浊。LDL和VLDL过高与动脉粥样硬化症发生有相关性，故也被称为致动脉粥样硬化脂蛋白。

高密度脂蛋白(HDL)：主要由肝脏和小肠合成，其颗粒最小而密度最高，蛋白质和脂质约各占一半。HDL转运血浆胆固醇酯、磷脂到肝脏水解或其他组织再分布，被认为具有抗动脉粥样硬化作用，可能与它能将周围组织包括动脉壁的胆固醇转运到肝脏进行代谢有关。

脂蛋白(a)[Lp(a)]：其脂质成分类似于LDL，但所含的载脂蛋白部分除一分子载脂蛋白B_{100}外，还含有另一分子载脂蛋白a，有关LP(a)合成和分解代谢的机制目前了解尚少。

9.2.2　常见的心血管疾病

1. 高脂血症

高脂血症指血液中一种或多种脂类成分的异常增加。由于血液中的脂类以脂蛋白形式进行转运，故高脂血症也表现为高脂蛋白血症。

(1)高脂血症的分型

①按血脂增高可分为：高胆固醇血症、高甘油三酯血症和二者同时升高的混合型高脂血症。

②按脂蛋白增高可分为五种类型。各型的名称、生化特点及临床表现见表9-4。

表9-4　高脂蛋白血症的类型、生化特点和主要临床表现

类型	名称	发生率	生化特点				主要临床表现
			血清外观	胆固醇	甘油三酯	胆/甘	
Ⅰ	高乳糜微粒血症	甚罕见	上层“奶油”样盖，下层澄清	正常～+	增加	0.1～0.2	偶见疹状黄色瘤，视网膜脂血症，肝脾常肿大，常有腹痛发作(急性胰腺炎)
Ⅱa Ⅱb	高β蛋白血症	常见	完全澄清 澄清或混浊	++～+++ ++～+++	正常 +～++	>1.5 可变	可见眼睑黄斑瘤，肌腱黄色瘤和皮下结节状黄色瘤；青年角膜弓；早发动脉粥样硬化
Ⅲ	“阔β”带型	相对不常见	混浊	++～+++	+～+++	≥1	扁平状黄色瘤，肌腱黄色瘤和皮下结节状黄色瘤；冠状动脉及周围动脉粥样硬化表现，进展迅速；常伴肥胖；可见血尿酸增高表现

续表 9-4

类型	名称	发生率	生化特点				主要临床表现
			血外清观	胆固醇	甘油三酯	胆/甘	
Ⅳ	高前-β脂蛋白血症	常见	混浊或澄清	正常～+	+～+++	<0.8 可变	疹状黄色瘤，肌腱黄色瘤，皮下结节状黄色瘤及眼睑黄斑瘤；视网膜脂血症；进展迅速的动脉粥样硬化 (4)血尿酸增高
Ⅴ	高前-β脂蛋白血症和乳糜微粒血症（混合型）	不常见	上层“奶油”样盖，下层混浊	+	++ ++	>0.15 和 <0.6	疹状黄色瘤，视网膜脂血症，进展快的动脉粥样硬化，肝、脾常肿大，急性腹痛发作，常伴肥胖和糖尿病

注：表中“+”越多表示胆固醇或甘油三酯水平越高。

(2)高脂血症的病因　基本上可分为两大类，即原发性和继发性。

原发性主要由于高脂高能膳食、药物等某些环境因素或遗传缺陷如脂蛋白酯酶、细胞表面 LDL 受体基因缺乏等所引起；还有一部分原发性高脂血症病因目前尚不清楚。

继发性主要由全身系统性疾病引起，如甲状腺机能减退、糖尿病、肾病综合征、肝病、胰腺炎等。

(3)临床诊断项目及参考值　主要依靠实验室检查，基本检测项目为血清总胆固醇(TC)、总甘油三酯(TG)、高密度脂蛋白胆固醇(HDL-C)、低密度脂蛋白胆固醇(LDL-C)。目前其他血脂检测项目如载脂蛋白 A1、载脂蛋白 B、LP(a)等，主要用于高脂蛋白血症分型，同时可参考放置 4℃过夜的血清外观，必要时可做脂蛋白电泳或超速离心分析。为了使测定结果能反映患者的稳定状态，要求采血前应维持原来规则的饮食至少两周，保持体重稳定，并停服任何降脂药物及激素。血脂水平参考值见表 9-5。

表 9-5　中国 ASCVD 一级预防人群血脂合适水平和异常分层标准　mmol/L(mg/dL)

分层	TG	TC	LDL-C	HDL-C	非-HDL-C
理想水平			<2.6(100)		<3.4(130)
合适水平	<1.7(150)	<5.2(200)	<3.4(130)		<4.1(160)
边缘升高	≥1.7(150)且<2.3(200)	≥5.2(200)且<6.2(240)	≥3.4(130)且<4.1(160)		≥4.1(160)且<4.9(190)
升高	≥2.3(200)	≥6.2(240)	≥4.1(160)		≥4.9(190)
降低				<1.0(40)	

注：ASCVD，动脉粥样硬化性心脏病；TG，总甘油三酯；TC，总胆固醇；LDL-C，低密度脂蛋白胆固醇；HDL-C，高密度脂蛋白胆固醇；非-HDL-C，非高密度脂蛋白胆固醇。

引自：中国成人血脂异常防治指南修订联合委员会. 中国成人血脂异常防治指南(2016). 2016.

2. 动脉粥样硬化和冠心病

由于高血脂、高血压、炎症、血管活性物质、机械损伤等一系列原因引起动脉血管内皮细胞受到损伤、收缩，继而引起血浆脂蛋白的浸润、胆固醇及其酯等脂类和纤维蛋白原、钙盐等沉积、结缔组织和基质成分合成增加、内膜平滑肌细胞的增生，使血管壁粗糙隆起、硬化，形如粥状，称动脉粥样硬化。其主要发生于主动脉、冠状动脉、脑动脉或肾动脉等大中动脉。当粥样硬化斑块中不同比例的脂类、纤维蛋白、血小板、红细胞等越积越厚时，容易从管壁脱落至血液中形成血栓。

当这种病变发生在心脏的冠状动脉时，常导致心肌供血不足、坏死，出现心律失常、心绞痛、心肌梗塞、心力衰竭等严重的临床症状，称冠状动脉粥样硬化性心脏病，简称冠心病。

心力衰竭指心功能改变、心排出量不能满足代谢需要的一种病理状态。可分为急性、慢性、左心及右心衰竭等各种类型。慢性心力衰竭由于其结果常发生异常的循环充血，因此也称充血性心力衰竭，此时血液常可从毛细血管转移到组织间隙。充血性心衰大多发病缓慢且伴有水钠潴留，在体循环可导致静脉充血、肝肿大及肺水肿等。

(1)动脉粥样硬化的病变程度　根据发生发展过程可分为以下类型。

①脂肪条纹　是一种可逆的早期病变，常见于青年人。其特点是少数脂质在血管内膜下沉积，使平滑肌和结缔组织围绕脂质积聚处增生，从而使血管壁增厚，严重时引起管腔狭窄。

②纤维斑块　是进展性的动脉粥样硬化的特征性病变。肉眼观察为一隆起于动脉管腔的白色至灰色的珠状物，主要由含类脂质的内膜平滑肌细胞及其他各种基质成分堆积而成，这种病变是造成动脉粥样硬化临床表现的最主要原因。当斑块增大时，可使动脉管腔逐渐狭窄，直至最后阻塞血液流入组织。

③复合病变　是指纤维斑块出血、钙化、细胞坏死和发生血栓等病变。

(2)发生动脉粥样硬化和冠心病的主要影响因素

①血脂异常　高胆固醇血症是本病的主要易患因素，许多前瞻性研究表明，高饱和脂肪和高胆固醇膳食模式显著增加上述血脂异常和缺血性心血管病危险；而进食蔬菜、水果、全谷类、不饱和脂肪酸较多的膳食心血管病危险较低。

②代谢综合征　是一组以肥胖、高血糖(糖调节受损或糖尿病)、高血压以及血脂异常(高 TG 血症和(或)低 HDL-C 血症)集结发病的临床症候群，特点是机体代谢上相互关联的危险因素在同一个体的组合。这些因素直接促进 ASCVD 的发生。目前国际上有关代谢综合征的高血糖、高血压及血脂异常的判断切点已基本达成共识；但作为代谢综合征的核心指标——肥胖，尤其是中心型肥胖的诊断标准各不相同。基于我国人群的研究证据所制定的代谢综合征诊断标准为具备以下 3 项或以上。中心型肥胖和(或)腹型肥胖，腰围男性≥90 cm，女性≥85 cm；高血糖，空腹血糖≥6.10 mmol/L(110 mg/dL)或糖负荷后 2 h 血糖≥7.80 mmol/L(140 mg/dL)及(或)已确诊为糖尿病并治疗者；高血压，血压≥130/85 mmHg 及(或)已确诊为高血压并治疗者；空腹 TG ≥1.7 mmol/L(150 mg/dL)；空腹 HDL-C<1.0 mmol/L(40 mg/dL)。

二维码 9-5　同型半胱氨酸致心血管病机理和影响因素

③高同型半胱氨酸血症　是发生心血管疾病的一项独立危险因

素。同型半胱氨酸致心血管病机理和影响因素见二维码 9-5。

3. 高血压

高血压是指以体循环动脉血压（收缩压和（或）舒张压）增高为主的临床综合征，是最常见的心血管病，也是全球范围内重大的公共卫生问题。其不仅患病率高、致残率高、死亡率高，而且可引起心、脑、肾并发症，是冠心病、脑卒中的主要危险因素。

（1）高血压的分类

原发性高血压：又称为高血压病，是以血压升高为主要临床表现而病因尚未明确的独立疾病，占所有高血压患者的 90%以上。

继发性高血压：又称为症状性高血压，病因明确，高血压是某种疾病的临床表现之一，血压可暂时性或持久性升高。

（2）血压的测量与分级　由于正常人的血压随内外环境变化在一定范围内波动，如情绪激动、体力活动等会引起一时性的血压升高，所以必须正确测量血压，做到“安静放松、位置规范、读数精准”三要点。每次测量时应以静息状态间隔 1～2 min 2 个测量的平均值计算，若 2 个读数相差 5 mmHg 以上，应测量第 3 个，取读数接近的 2 个平均值记录；并且三次非同日血压升高时方可诊断为高血压，仅一次血压升高者尚不能确诊，但需随访观察。仔细的体格检查有助于发现继发性高血压线索和靶器官损害情况。我国血压水平分级见表 9-6，2017 年美国高血压分类标准见二维码 9-6。

二维码 9-6　2017 年美国高血压分类标准

表 9-6　我国血压水平分级　mmHg

类别	收缩压	舒张压
理想血压	＜120	＜80
正常高值	120～139	80～89
高血压	≥140	≥90
1 级高血压（轻度）	140～159	90～99
2 级高血压（中度）	160～179	100～109
3 级高血压（重度）	≥180	≥110
单纯收缩期高血压	≥140	＜90

（3）高血压的影响因素

①遗传因素　目前认为是多基因遗传所致，60%左右的高血压病人均有家族史。

②精神和环境因素　长期的精神紧张、激动、焦虑，特殊职业、噪声、不良视觉刺激、气候改变等。

③饮食和生活习惯　过多的钠盐、能量、饱和脂肪酸、低钾饮食、大量饮酒等不良膳食结构，吸烟，缺少运动或体力活动等。

④年龄因素　发病率有随着年龄增长而增高的趋势，40 岁以上者发病率高。

⑤药物的影响　避孕药、激素、消炎止痛药等也可影响血压。

⑥其他疾病的影响　肥胖、糖尿病、睡眠呼吸暂停、低通气综合征、甲状腺疾病、肾动脉

狭窄、肾脏实质损害、肾上腺占位性病变、嗜铬细胞瘤、其他神经内分泌肿瘤等。

(4)高血压病的临床表现　根据高血压病起病的缓急和病程进展情况可分为急进型和缓进型两类。临床上最常见到的为缓进型，急进型仅占1%～5%。

①急进型高血压病　又称恶性高血压病，其特点为病程发展迅速，血压显著升高，舒张压常持续在130～140 mmHg或更高。症状明显，常于数月至1～2年内出现严重的心、脑、肾损害，发生高血压脑病、心力衰竭及尿毒症，并常有视力模糊和失眠。眼底检查可有出血、渗出及视神经乳头水肿，病人多死于尿毒症。

②缓进型高血压病　起病缓慢，早期仅在精神紧张、情绪波动或劳累后出现轻度而暂时的血压升高，去除原因或休息后即可恢复，这个阶段可持续相当长的时期。以后随着病情的发展，血压可逐渐升高并趋向持续性；部分病人可无任何症状，血压升高仅于体检时发现；有的病人可有头痛、头晕、头胀、耳鸣、眼花、健忘、注意力不集中、失眠、胸闷、乏力、心悸等症状。及至后期，由于高血压可能对眼底、心脏、肾脏、脑血管和下肢动脉等重要器官造成损害，因而部分病人可出现一系列严重的临床表现；例如，脑溢血、脑血栓形成、间歇性跛行、肾功能严重减退、尿毒症、心力衰竭，不少病人尚可合并心绞痛或心肌梗塞等。

4. 脑血管病

脑血管病是指脑供血动脉发生病变，从而引起颅内血液循环障碍，脑组织受损的一组疾病；也称脑卒中、脑中风、脑血管意外。临床上常以猝然昏倒、不省人事，或伴有口眼歪斜、言语不利和偏瘫为主要表现。

(1)脑血管病分类　通常分为缺血性脑血管病和出血性脑血管病。前者包括短暂性脑缺血发作、脑血栓形成、脑栓塞，占发病总人数的60%～70%；后者包括脑出血(也叫脑溢血)和蛛网膜下腔出血，占30%～40%。

(2)脑血管病特点　发病率高、死亡率高、致残率高、复发率高及并发症多。无论儿童、青少年或中老年均可发病。

(3)发生脑血管病的危险因素　包括高血压、心脏病、糖尿病、高脂血症、低胆固醇血症、吸烟、过量饮酒等。

9.2.3　心血管疾病的营养防治

1. 高脂血症和动脉粥样硬化的营养防治原则

(1)控制总能量摄入，保持适当强度体育活动，保持能量合理平衡，以达到和维持标准体重。

(2)合理调整饮食结构

①动、植物食品合理搭配，一般应控制产能营养素在总热量中的比例大致为：糖类55%～65%、脂肪20%～30%、蛋白质15%左右。

②限制食糖和甜食的摄入；多吃大豆及其制品，使植物蛋白占总蛋白质摄入量的50%左右，充分利用蛋白质的互补作用。

③控制脂肪摄入总量，降低胆固醇和饱和脂肪酸(S)摄入，适当增加植物固醇(2～3 g/d)。高胆固醇血症患者每日胆固醇摄入量小于300 mg；饱和脂肪酸占总能量小于7%，适当增加

多不饱和脂肪酸(*P*)的摄入量,使每日 *P*/*S* 值达到 1~1.5;反式脂肪酸摄入量应小于总能量的 1%。

④补充维生素和矿物质,常吃少量坚果、适量乳制品,多吃水果、蔬菜,适当增加一些对心血管具保护性的食物,如洋葱、大蒜、食用菌、木耳、海带、紫菜等。维生素和矿物质对高脂血症和动脉粥样硬化的作用见二维码 9-7。

二维码 9-7 维生素和矿物质对高脂血症和动脉粥样硬化的作用

⑤保证适量的膳食纤维,水溶性膳食纤维每日摄入量 10~25 g。膳食纤维可结合胆酸,降低胆固醇吸收。

(3)饮食清淡、少盐,尤其合并高血压患者。

(4)禁烟、限酒、足量饮水。足量饮水可降低血液黏度,改善血液循环。少量饮酒,尤其是葡萄酒可促进血液循环,提高血中高密度脂蛋白水平,减少低密度脂蛋白胆固醇氧化,保护心血管;但不可过量饮酒。

对于不同类型高脂蛋白血症的饮食控制要有针对性,其饮食治疗方案见表 9-7。

表 9-7 各型高脂蛋白血症的饮食治疗方案

项目	Ⅰ型	Ⅱ型	Ⅲ型	Ⅳ型	Ⅴ型
食谱	低脂,25~35 g	低胆固醇,增加多不饱和脂肪酸	低胆固醇,食物中蛋白质、脂肪、糖类各占总热量的 20%、40%、40%	控制糖类(占 40%~45%热量)限制胆固醇(中度)	限制脂肪(30%热量),控制糖类(50%热量),中度限制胆固醇
热量	不限制	不限制,但Ⅱb型常需降低体重	达到并维持至理想体重,必要时减少饮食	达到并维持至理想体重,必要时减少饮食	达到并维持至理想体重,必要时减少饮食
蛋白质	总蛋白摄入不限制	总蛋白摄入不限制	高蛋白	除需控制体重者外,不限制	高蛋白
脂肪	限制至 25~35 g,脂肪种类不重要	限制饱和脂肪增加多不饱和脂肪	控制在 40%左右,用多不饱和代替饱和脂肪	除控制体重外,不限制(用多不饱和代替饱和脂肪)	限制至 30%热量,(多不饱和代替饱和脂肪)
胆固醇	不限制	低于 300 mg 或尽量低,胆固醇唯一来源为肉	低于 300 mg,胆固醇的唯一来源为肉	中度限制胆固醇(300~500 mg)	中度限制胆固醇(300~500 mg)
糖类	不限制	不限制(Ⅱb型可能需限制)	控制,去除极甜食物	控制,去除极甜食物	控制,去除极甜食物
酒精	不推荐	不宜多	限制	限制	不推荐

2. 高血压的营养防治原则

治疗高血压的主要目的是降低心脑血管病并发症的发生和死亡风险,因此要达到合适的降压目标并保持血压平稳。《2017 国家基层高血压防治管理指南》建议的降压目标是:收缩压＜140 mmHg 且舒张压＜90 mmHg；年龄≥80 岁且未合并糖尿病或慢性肾脏疾病的患者，收缩压＜150 mmHg 且舒张压＜90 mmHg。对高血压的治疗应采用多手段综合干预，必要时应使用降压药控制。但采用降压药治疗同时，饮食和生活方式的干预也是必要的。下面主要介绍高血压患者的饮食干预原则。高血压的药物治疗见二维码 9-8。

二维码 9-8　高血压的药物治疗

(1)控制总能量摄入，避免超重和肥胖。

(2)合理调整饮食结构

①控制钠盐的摄入量。大量流行病学资料表明，高血压病的发病率与居民膳食中钠盐摄入量呈显著正相关。不少轻度高血压病人只需中度限制钠盐摄入，即可使其血压降至正常范围；即使是重度或顽固性高血压病，低盐饮食也常可增加药物疗效，减少用药剂量。但控制钠盐不可走向相反的极端，钠盐摄入过少也会产生危害。建议每天食盐摄入量应少于 6 g，严重者还要考虑碱面、小苏打、味精等钠盐的其他来源。

②动、植物食品搭配合理。适当减少膳食脂肪尤其是饱和脂肪和膳食胆固醇摄入。补充优质蛋白质，建议调整以猪肉为主的饮食结构，提倡多吃鸡、鱼、兔、牛肉，多吃大豆及其制品。多吃新鲜水果、蔬菜，增加维生素 C 的摄入量。

③提高钾、钙、镁的摄入量，使之与钠平衡。钠、钾、钙、镁的平衡对维持心肌的功能、对抗钠的升压效应有明显的效果。奶和奶制品是钙的良好来源。大部分食物都含有钾，但蔬菜和水果是其最好来源，含钾丰富的食物还有赤豆、蚕豆、扁豆、冬菇、竹笋、紫菜等。

(3)每日定时补充水分，注意饮水的质量。尤其是清晨补充水分，可缓解血液浓缩和血流速度变慢。

(4)限制饮酒。过量饮酒会增加高血压和脑血管病危险，且可增加降压药的抗性。

此外，高血压的防治除采取积极的饮食干预外，规律地参加体育活动也有利于降低血压。高血压患者生活方式干预目标及降压效果见表 9-8。

表 9-8　高血压患者生活方式干预目标及降压效果

内　容	目　标	可获得的收缩压下降效果
减少钠盐摄入	每人每日食盐摄入量不超过 6 g(一啤酒瓶盖*)；注意隐性盐摄入(咸菜、鸡精、酱油等)	2～8 mmHg
减轻体重	BMI＜24 kg/m²；腰围：男＜90 cm，女＜85 cm	5～20 mmHg/减重 10 kg
规律运动	中等强度运动，每次 30 min，每周 5～7 次	4～9 mmHg
戒烟	科学戒烟，避免被动吸烟	—
限制饮酒	每日饮酒量限制：男性，白酒＜50 mL，葡萄酒＜100 mL，啤酒＜250 mL；女性减半	2～4 mmHg
心理平衡	减轻精神压力，保持心情愉悦	—

注：* 普通啤酒瓶盖去掉胶皮垫后，水平装满可盛 6 g 食盐。

引自：国家心血管病中心，基层高血压管理办公室. 国家基层高血压防治管理指南(2017). 2017.

3. 心力衰竭的膳食原则

膳食总原则：低钠、低热能；膳食平衡、清淡、容易消化且富有营养，每天摄入足够的维生

素、中度蛋白质、适量的糖类和脂肪以及其他无机盐等;应注意少吃多餐。具体膳食原则如下:

(1)限制钠盐的摄入。

轻度患者:心衰已控制、无水肿,钠量应限制为 2 000 mg/d(相当于食盐 5 g/d)。

中度患者:心衰未完全控制、有水肿,钠量应限制为 1 000 mg/d(相当于食盐 2.5 g/d)。

重度患者:肺充血、严重水肿,钠量应限制为 500 mg/d(相当于食盐 1.3 g/d)。

(2)注意钾、钙、镁等的平衡。

(3)水的摄入。一般患者采取低钠饮食时,可不必严格限制进水量。一般患者的水摄入量限为每日 1 000～1 500 mL,夏季若出汗多可增加至 2 000～3 000 mL。严重心力衰竭,尤其是伴有肾功能减退的患者,由于排水能力减低,在采取低钠饮食的同时,也必须适当控制水分的摄入,否则可能引起稀释性低钠血症,一旦发生此种情况,宜限制为 500～1 000 mL/d,并采用药物治疗。

(4)热能摄入。采用低热能饮食,以使患者的净体重维持在正常或略低于正常的水平。低热能饮食将减少身体的氧消耗,从而也减轻心脏的工作负荷。肥胖可引起膈的抬高,肺容积的减少及心脏位置的变化,还将加重心脏本身的负担。

(5)蛋白质的摄入。一般来说,对蛋白质的摄入量不必限制过严,但不适宜高蛋白饮食,因蛋白质的特殊动力学作用可能增加心脏额外的能量要求,故主张每日摄入量为 0.8 g/kg 体重。

(6)维生素的摄入。充血性心力衰竭患者一般胃纳较差,加上低钠饮食缺乏味道,故膳食应注意富含多种维生素,必要时应口服补充 B 族维生素和维生素 C 等。

4.脑血管病的营养防治

脑血管病患者除了进行必要的药物治疗外,充分休息、心理调整、合理饮食对病情的稳定和恢复亦非常重要。合理饮食应至少做到如下几点。

(1)保持能量平衡。避免因患病导致活动减少而未采取节制饮食使能量过剩。

(2)饮食多样。注意动、植物食物合理搭配,主食粗粮、细粮搭配,多食用新鲜水果、蔬菜、海产品、食用菌等;避免因偏食而影响营养素全面摄入。

(3)忌烟戒酒。其他可参见高血压、高脂血症和动脉粥样硬化症的营养防治原则。

9.3 营养与糖尿病

糖尿病是一种常见的有遗传倾向的内分泌代谢性疾病,是由于胰岛素分泌不足和(或)其作用缺陷所导致的糖类、脂肪、蛋白质等代谢紊乱而以长期高血糖为主要表现的一组综合征。据全国性糖尿病流行病学调查,40 多年来我国成人糖尿病患病率显著增加,60 岁以上的老年人患病率在 20%以上,已成为威胁国民健康的主要慢性病之一。

9.3.1 糖尿病分型及特点

《中国 2 型糖尿病防治指南(2020 年)》采用 WHO(1999 年)的糖尿病病因学分型体系,

根据病因学证据将糖尿病分为 4 大类，即 1 型糖尿病、2 型糖尿病、妊娠期糖尿病（GDM）和特殊类型糖尿病。

1. 1 型糖尿病

该类型起病急，发病年龄通常小于 30 岁，儿童发病较多，约占我国糖尿病患者的 5%。常出现酮症或酮症酸中毒，“三多一少”（多饮、多食、多尿、体重减少）症状明显，必须注射胰岛素才能防止酮症，也称“胰岛素依赖型”糖尿病。发病机制尚不清楚，可能与胰腺 β 细胞自身免疫性损伤有关，其显著的病理生理学特征是胰岛 β 细胞数量显著减少和消失所导致的胰岛素分泌显著下降或缺失，即“胰岛素绝对不足”。

2. 2 型糖尿病

该型起病缓慢、隐匿，多发于中老年，体态肥胖尤以腹型肥胖者多见，约占我国糖尿病患者的 95%，也称“非胰岛素依赖型”糖尿病。发病机制目前亦不明确，其显著的病理生理学特征为胰岛 β 细胞功能障碍引起胰岛素分泌减少和胰岛素抵抗导致的“胰岛素相对不足”。胰岛素抵抗是指由于细胞膜上的胰岛素受体数量减少或不能正常与胰岛素结合导致肌肉、脂肪组织摄取及利用葡萄糖障碍，肝摄取葡萄糖减弱等胰岛素调控葡萄糖代谢能力下降。当胰腺功能尚可，发生胰岛素抵抗时，胰岛 β 细胞需分泌大量的胰岛素以维持血糖在正常范围；在糖尿病发病前几年可出现高胰岛素血症。但胰岛素水平过高会对机体其他组织造成不利影响，出现“胰岛素抵抗综合征”，也称“代谢综合征”。引起胰岛素抵抗的原因除遗传因素外，环境因素和不合理的生活方式也很重要，如高能、高脂、高糖饮食，吸烟，酗酒，肥胖，激素紊乱，药物，感染，长期精神过度紧张等。

3. 妊娠期糖尿病（gestational diabetes mellitus，GDM）

一般指妊娠期间发生的不同程度的糖代谢异常，但血糖未达到显性糖尿病的水平，多在妊娠后期发生，占妊娠妇女的 2%～3%。发病原因与妊娠期进食过多、胎盘分泌的激素抵抗胰岛素的作用有关；大部分分娩后可恢复正常，但会成为以后发生糖尿病的危险因素。该类型应区别于“妊娠期显性糖尿病”，指孕期任何时间被发现且达到非孕人群糖尿病诊断标准的糖尿病。GDM 占妇女孕期所有类型糖尿病的 80%～90%。

4. 特殊类型糖尿病

特殊类型糖尿病是病因学相对明确的糖尿病，主要由某些内分泌疾病、化学药品、感染及其他少见的遗传、免疫综合征所引起。常见特殊类型糖尿病及发病原因见二维码 9-9。

二维码 9-9
常见特殊类型糖尿病及发病原因

9.3.2 糖尿病的诊断

1. 我国对糖代谢状态的分类

糖尿病临床诊断应以静脉血浆血糖水平为依据，不应采用毛细血管血糖检测结果。我国对糖代谢状态的分类与 1999 年 WHO 的标准一致，见表 9-9。

表 9-9　糖代谢状态分类(WHO,1999)

糖代谢分类	静脉血浆葡萄糖/(mmol/L)	
	空腹血糖	OGTT 后 2 h 血糖
正常血糖	＜6.1	＜7.8
空腹血糖受损(IFG)	≥6.1,＜7.0	＜7.8
糖耐量异常(IGT)	＜7.0	≥7.8,＜11.1
糖尿病	≥7.0	≥11.1

表 9-9 中 IFG 和 IGT 统称为糖调节受损,也称糖尿病前期;空腹血糖指至少 8 h 没有进食热量时检测的血浆葡萄糖水平;OGTT(oral glucose tolerance test)指口服葡萄糖耐量试验,也称糖负荷试验。口服葡萄糖耐量试验具体方法见二维码 9-10。

二维码 9-10　口服葡萄糖耐量试验

2. 糖尿病诊断标准

空腹血糖或 OGTT 后 2 h 血糖值可单独用于流行病学调查或人群筛查,但我国资料显示仅检测空腹血糖时糖尿病的漏诊率较高,理想的调查是同时检测空腹血糖及 OGTT 后 2 h 血糖值,OGTT 其他时间点血糖不作为诊断标准。

(1)糖尿病的诊断　根据有无临床症状可参照如下方法,即满足下列条件之一可诊断为糖尿病。

①有“三多一少”的临床症状,任意时间血糖≥11.1 mmol/L 或空腹血糖≥7.0 mmol/L。

②有“三多一少”的临床症状,但空腹血糖≤ 7.0 mmol/L,应进行葡萄糖耐量试验,OGTT 后 2 h 血糖≥11.1 mmol/L。

③无临床症状,以上检查出现 2 次可确诊。如 2 次 OGTT 后 2 h 血糖≥11.1 mmol/L;或一次 OGTT 后 2 h 血糖≥11.1 mmol/L 和另一次空腹血糖≥7.0 mmol/L。

(2)GDM 的诊断　满足下列条件之一即可。

①5.1 mmol/L≤空腹血糖＜7.0 mmol/L。

②OGTT 1 h 血糖≥10.0 mmol/L。

③8.5 mmol/L≤OGTT 2 h 血糖＜11.1 mmol/L。

但孕早期单纯空腹血糖＞5.1 mmol/L 不能诊断为 GDM,需要随访。

糖尿病其他检验指标及意义见二维码 9-11,糖尿病患者血糖监测原则见二维码 9-12,糖尿病高危人群的定义见二维码 9-13。

二维码 9-11　糖尿病其他检验指标及意义

二维码 9-12　糖尿病患者血糖监测原则

二维码 9-13　糖尿病高危人群的定义

9.3.3 糖尿病患者的代谢和并发症

1. 糖尿病患者代谢紊乱和急性并发症

(1)糖代谢紊乱 由于糖尿病患者胰岛素绝对或相对不足,脂肪组织和肌肉摄取和利用葡萄糖减少,肌肉中糖酵解减弱,肌糖原合成减少,分解加速;肝脏中糖原分解增加,合成减少,糖异生增加;磷酸戊糖途径减弱,TCA 循环减弱。临床可出现:高血糖、尿糖、高血浆渗透压、乳酸性酸中毒等。

(2)脂代谢紊乱 由于肝糖原不足,加速脂肪动员经血液转运至肝脏,引起血甘油三酯升高,肝脂肪沉着,肝细胞变性。由于糖代谢失常,引起能量供应不足,促进脂肪大量分解,脂肪酸经 β-氧化而产生的大量乙酰辅酶 A 又不能与足够的草酰乙酸结合,于是转化成大量酮体,造成酮血症、酮症酸中毒、昏迷;乙酰辅酶 A 的增多,促进胆固醇合成旺盛,血中胆固醇增高。

(3)蛋白质代谢紊乱 由于糖代谢失常,能量供应不足,使蛋白质分解亢进、合成减少,机体呈现负氮平衡、低蛋白血症等;使病人消瘦,免疫力降低,伤口不易愈合,儿童生长发育受阻;蛋白质分解亢进使细胞中释放的氨基酸增多,尿中氮及钾增多,影响水及酸碱平衡,引起肾功能损伤,导致酮症酸中毒、昏迷、甚至死亡。

2. 糖尿病患者慢性并发症

慢性并发症主要发生在肾小球、血细胞、神经组织等胰岛素非依赖组织,葡萄糖进入这些组织、细胞不依赖胰岛素参与。由于糖尿病患者长期代谢紊乱、血糖升高,高浓度葡萄糖进入上述组织细胞致使渗透压升高,引起细胞膨胀、中毒;或与组织蛋白结合导致蛋白质糖基化、蛋白质变性失去正常功能。上述原因导致糖尿病患者可能出现各种慢性并发症,例如视网膜病变、神经病变、下肢血管病变、糖尿病足、糖尿病肾病、心血管疾病等,见图 9-3。

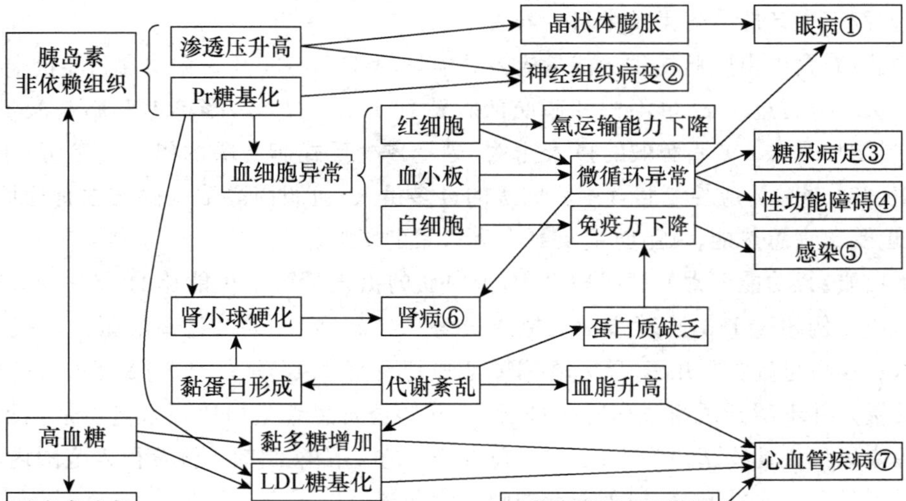

图 9-3 高血糖引起糖尿病患者常见慢性并发症

9.3.4 糖尿病的营养防治

糖尿病的治疗需要营养、运动、药物等多手段综合干预，特殊类型糖尿病需要去除病因，积极治疗原发病，1 型糖尿病主要采取胰岛素治疗，膳食中应避免摄入伤害胰岛 β 细胞的药物或化学物质。下面主要介绍 2 型糖尿病的营养防治。2 型糖尿病的运动治疗和药物治疗详见二维码 9-14 和二维码 9-15。

二维码 9-14　2 型糖尿病的运动治疗

二维码 9-15　2 型糖尿病的药物治疗

1. 糖尿病营养防治原则

糖尿病的治疗目标应使患者达到并维持理想的血糖水平，使糖化血红蛋白（HbA_{1c}）水平降低至 7%以下。营养防治采用平衡膳食的原则，同时兼顾控制血压和血脂等心血管疾病发生的危险因素，兼顾并发症防治，兼顾个人生活习惯和饮食爱好（一个平衡，三个兼顾），具体如下。

(1)合理控制总能量。既要达到和维持标准体重，又要满足不同情况下营养需求。超重或肥胖的糖尿病患者应减轻体重，减重的目标是 3～6 个月减轻体重的 5%～10%；消瘦者应通过合理的营养计划增加至理想体重并长期维持。不推荐 2 型糖尿病患者长期接受极低能量（<800 kcal/d）的营养治疗。

(2)控制三大产能营养素及微量营养素平衡

①脂肪：膳食中由脂肪提供的能量应占总能量的 20%～30%。在饮食总能量中，饱和脂肪酸摄入量不应超过 7%，单不饱和脂肪酸宜达到 10%～20%，多不饱和脂肪酸不宜超过 10%，适当增加富含 n-3 脂肪酸的摄入比例，尽量减少反式脂肪酸的摄入。参考《中国居民膳食指南（2016 年）》，应控制膳食中胆固醇的过多摄入；血胆固醇浓度除与饮食胆固醇含量有关外，也受饮食总热能、总脂肪量及 P/S 等因素的影响。

②蛋白质：肾功能正常的糖尿病患者，蛋白质的摄入量可占供能比的 15%～20%，保证优质蛋白质比例超过 1/3，推荐蛋白质摄入量为 0.8 g/(kg·d)。过高的蛋白质摄入（如>1.3 g/(kg·d)）与蛋白尿升高、肾功能下降、心血管及死亡风险增加有关；低于 0.8 g/(kg·d) 的蛋白质摄入并不能延缓糖尿病肾病进展，已开始透析患者蛋白质摄入量可适当增加。蛋白质来源应以优质动物蛋白为主；必要时可补充复方 α-酮酸制剂。推荐摄入范围内，单纯增加蛋白质不易引起血糖升高，但可能增加胰岛素分泌反应。

③糖类：膳食中糖类所提供的能量应占总能量的 50%～65%，糖类的数量和质量是血糖控制的关键环节。糖类来源以谷物为主，控制蔗糖和添加糖的甜食摄入，不喝含糖饮料；过多蔗糖分解后生成的果糖或添加过量果糖易致 TG 合成增多，不利于脂肪代谢。糖尿病患

者可以适量摄入添加糖醇和非营养性甜味剂的"无糖"食品，但要将其所含能量计入总能量。

④低血糖指数食物有利于血糖控制，但应同时考虑血糖负荷。

⑤注意补充维生素和矿物质。糖尿病患者容易缺乏B族维生素、维生素C、维生素D以及铬、锌、硒、镁、铁、锰等多种微量营养素，可根据营养评估结果适量补充。长期服用二甲双胍者应预防维生素 B_{12} 缺乏。不建议长期大量补充维生素E、维生素C及胡萝卜素等具有抗氧化作用的制剂。

⑥适当限制钠盐。食盐摄入量限制在每天6 g以内，合并高血压患者应更严格限制，同时应限制摄入含钠高的调味品或食物，例如味精、酱油、调味酱、盐腌制品等，每日钠摄入量不超过2 000 mg。

⑦适当提高膳食纤维摄入。建议糖尿病患者达到膳食纤维每日推荐摄入量，即10～14 g/1 000 kcal。水果、蔬菜、豆类、杂粮类均为膳食纤维的良好来源。

(3)戒烟限酒。烟中含有多种毒素，可加重对糖尿病患者容易出现并发症的心血管系统的损害。

不推荐糖尿病患者饮酒。酒精可抑制糖的异生，影响肝内葡萄糖释放入血液，进而导致低血糖反应。若饮酒应计算酒精中所含的总能量，酒精的能量系数为7 kcal/g。

女性一天饮酒的酒精量不超过15 g，男性不超过25 g；每周不超过2次。应警惕酒精可能诱发的低血糖反应，避免空腹饮酒。

(4)合理分配膳食和安排餐次，且要定时定量。要求饮食内容均衡搭配，餐餐应有碳水化合物、脂肪和蛋白质，这样有利于减缓葡萄糖的吸收，增加胰岛素的释放。坚持少食多餐的原则，每日至少保证3餐，早、中、晚可按1∶2∶2或3∶4∶3的比例分配能量。若中间加餐，要从正餐的总量中扣除，做到加餐不加量；若采用5餐，可参考2∶3∶1∶3∶1的比例。

(5)尊重个人饮食习惯，食谱多样，长期坚持。不同的膳食干预模式要求在专业人员的指导下，结合患者的风俗、文化、宗教、健康理念、经济条件等个人具体情况和代谢目标，设计个体化的饮食治疗方案。

2.糖尿病营养防治的注意事项

(1)禁食含糖高的食品，如糖果、蜜饯、果酱、甜饮、甜点心等，忌食纯淀粉食物或含淀粉高的食物，如粉条、藕粉、马铃薯、芋头、菱角、栗子等。

(2)不要过严忌食、弃粗求精。过于精细的食物破坏了许多营养素，不仅不利于疾病的治疗，还会导致机体代谢失衡。过严忌食必然使摄入食物品种单调，营养素获取范围过窄，从而造成机体营养失调而加重病情。

(3)不宜限制饮水。糖尿病患者多饮、多尿的症状是由于其血糖水平超过肾糖阈值，通过尿液排出葡萄糖时带走相应的水分，使机体处于缺水状态。如果再限制水分摄入，便会使机体出现一系列缺水症状，甚至血压下降、危及生命，所以要及时补充水分。

(4)不宜盲目限制水果。因为一般水果含糖量较高，很多糖尿病患者担心食用后升高血糖便望而却步。水果中含有丰富的维生素、矿物质、膳食纤维等，每日适量食用些水果反而有利。但食用水果时需注意“低糖、适量、适宜时间”的原则，即选择含糖量较低的水果，每日多次总量以 100 g 为宜，并将其计算在总能量内，食用水果的时间宜选择在两餐之间或运动之后。

(5)饥饿时的处理。患者开始限制饮食时会经常出现饥饿感，若随意进食易加重病情。当饥饿难忍时，可选择膳食纤维丰富、含糖量低的蔬菜，煮后弃汤食用。

(6)低血糖时的处理。当患者出现轻度低血糖时，可服加糖 30～50 g 的糖水以缓解；中度低血糖可适当增加主食和水果类；重度者出现神志模糊等症状，立即静脉注射葡萄糖。

9.4 营养与痛风

痛风是由于嘌呤代谢紊乱和(或)尿酸排泄减少所致的与高尿酸血症直接相关的一种单钠尿酸盐(MSU)沉积所致的晶体相关性的一组疾病，属代谢性风湿病范畴。痛风可并发肾脏病变，严重者可出现关节破坏、肾功能损害，常伴发高脂血症、高血压、糖尿病、动脉硬化及冠心病等。

目前我国缺乏全国范围痛风流行病学调查资料，不同时间、不同地区报告的高尿酸血症的患病率为 5.0%～23.4%，痛风患病率在 1%～3%，并呈逐年上升趋势。国家风湿病数据中心的数据显示，我国痛风患者平均年龄为 48.28 岁(男性 47.95 岁，女性 53.14 岁)，并逐步趋年轻化，男、女比例为 15∶1。超过 50%的痛风患者为超重或肥胖。

9.4.1 痛风的发病原因

原发性痛风临床较为多见，多数原因不明，少数由酶缺陷引起，可能与遗传有关。继发性痛风常由肾病、血液病等引起。痛风的发病过程及临床表现见二维码 9-16。

二维码 9-16 痛风的发病过程及临床表现

痛风发病诱因有较大性别差异，男性患者主要为饮酒(25.5%)、高嘌呤饮食(22.9%)和剧烈运动(6.2%)；女性患者主要为高嘌呤饮食(17.0%)、突然受冷(11.2%)和剧烈运动(9.6%)。

痛风发生的直接原因是尿酸生成增多和尿酸排泄减少或障碍引起的血尿酸增高，前者占痛风病不到 10%，后者占痛风病的 80%～90%。

尿酸主要来源于体内嘌呤的分解。嘌呤的来源主要有以下三个途径：①由 CO_2、甲酸盐、谷氨酰胺、天冬氨酸、甘氨酸等体内合成；②体内核酸和核苷酸代谢分解；③食物中核酸和核苷酸在消化道分解后吸收。其中正常情况下体内来源约 80%，食物来源约占 20%。

尿酸排泄主要有三种途径：①细胞内分解约占 2%；②从肠道排泄占 20%～25%，肠道细菌有尿酸酶，使尿酸转变成尿囊素，最后分解为二氧化碳和水随粪便一起排出；③其余均由肾脏排泄。肾小球滤过后尿酸约为血浆中的 95%，而其中 98%被近端小管重吸收；肾小球滤过减少、肾小管重吸收增加、肾小管分泌减少都会导致血尿酸增高；但尿酸排泄主要依靠肾小管分泌，分泌部分代表总尿尿酸的 80%。

9.4.2 高尿酸血症和痛风病的诊断

血尿酸检测标本取空腹 8 h 以上静脉血清，常用检测方法有磷钨酸法和尿酸酶法，后者相对准确。但需注意，不同医院或体检机构给出的参考值可能存在差异。

高尿酸血症一般指在正常嘌呤饮食状态下，非同日两次空腹血尿酸水平男性高于 417 μmol/L，女性高于 357 μmol/L。首次痛风发作时的血尿酸水平，男性平均为 527 μmol/L，女性平均为 516 μmol/L。

痛风病的诊断一般采用血尿酸指标和临床症状相结合的办法。对临床表现不典型的痛风疑似患者，可考虑使用超声检查受累关节及周围肌腱与软组织以辅助诊断。《2019 中国高尿酸血症与痛风诊疗指南》建议对血尿酸正常的痛风疑似患者，在医院有相关设备和条件的情况下考虑使用双源 CT 进行辅助诊断。

目前我国对痛风病的诊断采用 2015 年美国风湿病学会（American College of Rheumatology，ACR）和欧洲抗风湿病联盟（European League Against Rheumatism，EULAR）联合制定的痛风分类标准。该标准又包含一个适用（纳入）标准、一个确定（充分）标准和一个评分标准。

适用（纳入）标准：至少 1 次外周关节或滑囊发作过肿胀、疼痛或触痛。仅当符合此条时才适用于后续第三条的评分标准。

确定（充分）标准：在有症状发作过的关节滑液或痛风石中发现单钠尿酸盐结晶。符合此条即可诊断为痛风。

评分标准：采用积分制诊断，包含 8 个条目共计 23 分，满足 8 分即可诊断为痛风。详细评分标准见表 9-10。

表 9-10 2015 年美国风湿病学会/欧洲抗风湿联盟痛风病诊断评分标准

条目	评分标准	分值
1. 症状发作时受累关节类型	踝关节或足中段，未累及第一跖趾关节	1
	第一跖趾关节受累	2
2. 症状发作的特征 (1)受累关节发红； (2)受累关节不能耐受触摸或按压； (3)行走困难或受累关节活动障碍	符合 1 项	1
	符合 2 项	2
	符合 3 项	3
3. 症状发作的时间进程 至少符合两项，无论是否抗炎治疗： (1)疼痛在 24 h 内达高峰； (2)症状在 14 d 内缓解； (3)发作间期症状完全缓解	1 次典型发作	1
	反复典型发作	2
4. 痛风石的临床证据 位于透明皮肤下干的或白垩状的皮下结节，通常上覆血管，典型好发部位为关节、耳朵、鹰嘴滑囊、指腹、肌腱（如跟腱）	有	4

续表 9-10

条目	评分标准	分值
5. 血尿酸(由尿酸酶法检测) 理想状态下应在患者未服降尿酸药物且在急性发作>4 周后(即发作间期)进行检测,如有可能,上述情况需复测,记录取高值	<4 mg/dL(<0.24 mmol/L)	−4
	6～8 mg/dL(0.36～0.48 mmol/L)	2
	8～10 mg/dL(0.48～0.60 mmol/L)	3
	≥10 mg/dL(≥0.60 mmol/L)	4
	≥4 且<6 mg/dL(≥0.24 且<0.36 mmol/L);或无相关检查结果	0
6. 曾有症状发作的关节滑液分析	MSU 阴性	−2
7. 在曾有症状发作的关节或滑囊发现尿酸盐沉积的影像学证据 超声证实“双边征”或双源 CT 证实尿酸盐沉积	有(任一种)	4
8. 痛风相关关节损伤的影像学证据 X 线证实手和(或)足至少 1 处关节侵蚀	有	4

9.4.3 痛风病的营养防治

痛风的营养治疗目的在于减少外源性的核蛋白以降低血尿酸水平并增加尿酸的排出,一般应遵循以下原则。

(1)合理控制总能量。能量摄入以保持或达到理想体重为宜,必要时低于理想体重需要的 10%～15%,以减少蛋白质和脂肪为主。对肥胖患者的减体重措施,应循序渐进,须经历数月的过程,避免饥饿;因饥饿会导致酮血症,酮体与尿酸相竞排出,使尿酸的排出减少,促使痛风急性发作。

(2)低蛋白。蛋白质的摄入要适量,每日 50～70 g,或按每日 0.8～1.0 g/kg 体重。选用牛奶、奶酪、鸡蛋、谷类和蔬菜作为蛋白质的主要来源。

(3)低脂肪。高脂肪饮食可减少尿酸的正常排泄,故主张用中等或较低的脂肪量,一般控制在每日 50 g 以内。

(4)适当糖类。糖类摄入量过低易导致组织分解代谢并产生酮体,减少尿酸排出,故应以糖类为热量的主要来源,但应减少含糖(尤其是果糖)饮料的摄入。

(5)禁酒。尽管少量或适度饮酒不一定引起痛风的急性发作,但酒精可抑制糖的异生,能造成体内乳酸堆积和酮体浓度升高,对尿酸排泄有竞争性抑制作用,减少肾小管分泌,因此不饮酒为好。

(6)补充维生素和矿物质。长期限制肉类和豆制品,常会发生维生素(特别是 B 族维生素)和铁等缺乏。蔬菜和水果既是成碱食物,又能供给丰富的维生素与矿物质,应多吃。维生素 C 也有助于尿酸盐的溶解。

(7)增加水的摄入。应大量进水、果汁等饮料,至少每日在 2 000 mL 以上,以保持尿液稀释。但不宜提倡饮用浓茶和咖啡。

(8)养成良好的饮食习惯,切忌暴饮暴食。

(9)根据不同病情决定膳食中嘌呤的摄入量。过去主张用无嘌呤或严格限制嘌呤的食物，但也限制了蛋白质的摄入量，长期对营养素平衡带来不良影响。目前主张根据不同的病情决定膳食中嘌呤的摄入量。

①急性期的膳食　在急性期应严格限制嘌呤在 150 mg/d 以下。可选用含嘌呤低的食物，以牛奶、鸡蛋（特别是蛋白）、谷类为蛋白质的主要来源；禁用含嘌呤高的食物，如肝、腰、胰、鲭鱼、鳀鱼、沙丁鱼、小虾、肉汁、肉汤、扁豆、干豆类等。

②缓解期的膳食　禁用含嘌呤高的食物；有限量地选用含嘌呤中等的食物，其中的肉、鱼、禽类每日（或每周 5 次，视病情而定）用 60～90 g，还可用煮过汤的熟肉代替生肉，其中的蔬菜只能选用 1 小份；可自由选用含嘌呤低的食物。

合理膳食有助于预防和治疗痛风，同时其他良好生活习惯的养成也非常必要，如规律运动和作息、防止剧烈运动和突然受凉。在痛风发作期要注重药物治疗，通过药物治疗可尽快终止急性症状，预防急性关节炎的复发，阻止、减少产生或逆转并发症。药物的选择一方面考虑控制急性痛风性关节炎；另一方面促使尿酸排泄增加、控制高尿酸血症。常见食物按嘌呤含量的分类见二维码 9-17，痛风病药物治疗具体原则见二维码 9-18。

二维码 9-17　常见食物按嘌呤含量的分类

二维码 9-18　痛风病的药物治疗

9.5　营养与肿瘤

肿瘤是指机体某些组织的细胞发生异常增殖而出现的生长速度超过正常组织的一块异常组织，可分为良性肿瘤和恶性肿瘤。

良性肿瘤与其起源组织的正常细胞形态较为接近，生长方式为“膨胀性生长”，与周围组织有包膜相隔，界限分明，生长有一定的“自限性”，不侵入邻近的正常组织，仅对周围正常组织产生推移挤压作用，瘤体多呈球形、结节状等。手术容易切除干净，摘除后不转移，很少复发。但当其生长在头颅内、纵隔等要害部位，同样可造成致命的后果。

恶性肿瘤与发生处的正常组织细胞形态相差甚远，生长方式为“浸润性生长”，与周围正常组织无明显界限，瘤体表面有许多“蟹足样”瘤组织散在于周围正常组织中，对周围正常组织除有推移挤压作用外，还直接破坏周围的正常组织，具有浸润性和转移性等生物学特征。即使手术切除仍有复发的可能。

在医学上，癌（cancer）是指起源于上皮组织的恶性肿瘤，是恶性肿瘤中最常见的一类。起源于间叶组织的恶性肿瘤统称为肉瘤，还有其他类型如肾母细胞瘤、恶性畸胎瘤等。一般人们所说的“癌症”泛指所有恶性肿瘤。毒理学上所说的致癌作用包括致良性肿瘤和恶性肿瘤。

肿瘤的发生与很多因素有关，包括遗传、免疫、内分泌、环境污染、膳食和生活习惯、职业接触、生物因素等，是一个长期的、复杂的至少涉及引发、促长和进展的多阶段过程，既涉及基因机制又涉及基因外机制。近几十年来，化学致癌问题引起广泛关注，其中吸烟、饮酒和膳食与“口”有关的这三者对肿瘤的发生是非常重要的影响因素。本节重点讨论膳食营养与肿瘤。

9.5.1 营养素与肿瘤的关系

1. 脂肪

根据实验动物模型和全球流行病学的观察，高脂膳食与乳腺癌、结肠癌、前列腺癌、子宫内膜癌等的发生有关。

美国一项对 90 655 名 24～46 岁妇女的观察提示，乳腺癌的发生率与其食用红肉而获得过高的动物脂肪呈正相关。一份来自世界卫生组织下属国际癌症研究机构（IARC）2015 年 10 月 26 日的报告，基于食用红肉主要与结肠直肠癌、其次与胰腺癌和前列腺癌之间存在的关联，根据致癌可能性将红肉列为 2A 类致癌物（较可能对人类致癌）；基于食用加工肉制品导致人类结肠直肠癌的足够证据，将加工肉制品列为 1 类致癌物（对人类致癌）；专家的结论是：每天食用 50 g 加工肉制品可使罹患结肠直肠癌的风险增加 18%。纵然来源于红肉的脂肪引人注目，但致癌因素很可能不完全在脂肪种类和数量本身，而存在于脂肪中的其他物质是否具有更重要作用还有待进一步确定。

脂肪在膳食能量中的合适比例在多种研究中是矛盾的。目前一般认为，脂肪占膳食总能量的 30%和以植物油为主是安全的。

2. 蛋白质

膳食蛋白质摄入量不足与过量均对肿瘤的发生、发展具有促进作用。蛋白质摄入不足可影响体内正常组织细胞的生长发育，也会降低机体的免疫功能，削弱免疫系统对肿瘤细胞的免疫监视能力。蛋白质摄入过多可能产生如下几种后果：①蛋白质在吸收利用过程中可产生一种淀粉样蛋白，其存在于结缔组织中，可引起组织器官变性而造成早衰，从而降低了机体的免疫力；②降低体内钙、磷、铁、锌、镁的含量，从而影响代谢功能而降低对肿瘤的抑制力；③对组织过度激发和刺激，从而诱发异常组织增生。

3. 糖类

糖类与肿瘤的关系研究结论较少。目前认为糖类主要由谷物提供是安全的，过多地摄入精制糖可能与某些肿瘤的发生率有关。

4. 膳食纤维

膳食纤维可以促进肠道蠕动，增加粪便量和排便次数，减少致癌物等有害物质在肠道停留时间，并吸附和稀释致癌物质，减少其吸收。然而膳食纤维摄入量过高容易损伤胃黏膜，使胃容易遭受致癌物作用，因此其摄入也应适量。总的来说，目前仍然以主张利大于弊者居多，但多食纤维有好处这一笼统提法可能过于简单化，应深入探讨不同性质和来源的膳食纤维的作用，会有助于更合理利用膳食纤维。

5. 维生素和矿物质

维生素 A、维生素 E、维生素 C 均具有抗氧化作用，可以保护细胞膜、DNA 等免于遭受自由基的攻击，阻断致癌物亚硝基化合物的合成。体内缺乏维生素 B_2、维生素 B_6、叶酸、尼克酸等也容易诱发肿瘤。

有关研究和流行病学调查表明，钙、铁、锌、硒、钼、碘等缺乏都与肿瘤发生有关，其中对硒的研究较多。

9.5.2 肿瘤病人的营养支持

肿瘤细胞生长迅速，需要大量的营养物质，以前曾有人根据其这一特性采用饥饿疗法控制肿瘤。但结果发现，肿瘤细胞具有超常的攫取养分的能力，在其与正常组织的营养争夺中，其永远是胜利者，饥饿疗法首先受损的往往是正常细胞和组织器官；甚至在恶性肿瘤患者病程的终末期出现严重营养不良时，肿瘤细胞非但没有减慢生长速度，反而更加肆无忌惮地掠夺人体的营养导致恶病质。营养不良是恶性肿瘤常见的并发症之一，不仅影响肿瘤治疗的临床决策，还会影响患者的临床结局。因此，肿瘤患者需要必要的营养支持。

一般来说，营养支持无法完全逆转已经发生的恶病质，对于肿瘤患者进行营养支持能够获得的最肯定效果是防止机体营养状况的进一步恶化；对于肿瘤进展较缓慢的肿瘤患者，营养支持能够使机体储备得到较好的恢复，以保证机体能够耐受手术、放疗或化疗等治疗措施，从而获得较好的远期治疗效果；对于机体消耗严重、肿瘤已累及多个器官的患者，营养支持可起到缓减自身消耗的作用。

1. 肿瘤患者营养支持原则

肿瘤患者确诊后和治疗过程中应多次进行营养风险筛查及营养评定，从而确定营养支持目标。评定方法包括饮食调查、体重变化、骨骼肌含量、人体测量及实验室检查等。

(1)能量：可按照间接测热法实际测量的机体静息时能量消耗值提供，无条件测定时可按照 25～30 kcal/(kg · d)提供，高分解代谢者还可适当增加。

(2)蛋白质：可按照 1.0～2.0 g/(kg · d)范围调整。

(3)补充生理需要量的维生素及微量元素，避免机体维生素及微量元素缺乏。

2. 肿瘤患者的营养支持方式

(1)可经口进食者应首选全价均衡膳食，包括流食、半流食、普食及特殊膳食等；必要时可口服营养补充剂和肌注维生素。对于厌食症者，可短时间应用糖皮质激素或孕激素改善食欲和应用促胃肠动力药物改善早饱症状，但必须考虑可能的不良反应。

(2)无法经口进食可给予肠内营养(EN)。肠内营养首选经鼻胃管或鼻肠管喂养，如预计喂养时间超过 4 周，建议使用胃或空肠造瘘置管。

(3)当肠内营养无法实施或不能满足机体的营养需求或希望在短时间内改善患者营养状况时，则给予肠外营养(PN)。

EN或PN均应从小剂量开始缓慢增加，同时采取有效措施防止再喂养综合征。

9.5.3 肿瘤的预防

国际抗癌联盟认为，约1/3的癌症是可以预防的，1/3的癌症如能早期诊断是可以治愈的，1/3的癌症可以减轻痛苦、延长生命。据此提出了恶性肿瘤的三级预防。

一级预防是控制致癌物的接触，消除或减少可能致癌的因素。包括：改善生活习惯，如戒烟、限酒、食物多样化、少吃腌制和腐败变质食物、控制体重、适当运动；注意环境保护、鉴别环境中致癌和促癌剂、加强职业防护等。近年来的免疫预防和化学预防均属于一级预防，如乙型肝炎疫苗的大规模接种，选择性环氧化酶2(COX-2)抑制剂对结直肠腺瘤进行化学预防等。

二级预防是指在早期阶段发现并予以及时治疗。包括：对癌症危险信号(如持续性消化不良、绝经后阴道流血、大小便习惯改变、久治不愈的溃疡等)的认识和重视；对高发区和高危人群定期检查；发现癌前病变并及时治疗；加强对易感人群的监测；肿瘤自检(对身体暴露部位定期进行自我检查)。

三级预防是治疗后的康复，防止病情恶化，提高生存质量，减轻痛苦，延长生命。

本章小结

本章主要介绍肥胖症、心血管疾病、糖尿病、痛风、肿瘤等慢性非传染性疾病的发生原因、机理、症状、特点、营养防治原则和膳食注意事项。要求同学们了解上述疾病相关的基本概念，其与营养之间的关系，掌握发生上述疾病时如何进行饮食干预和日常生活中如何预防上述疾病的发生。能够做到对需要的人群提出科学合理的饮食建议。

思考题

1. 人为什么会发生肥胖？什么样的人需要减肥？
2. 肥胖可以分为哪些类型？
3. 肥胖可能对人体造成哪些损害？
4. 对于单纯性肥胖患者，减肥时需遵循哪些饮食原则和注意避免哪些误区？
5. 运动减肥时需注意哪些问题？
6. 什么是血浆脂蛋白？不同类型血浆脂蛋白分别有什么特征和功能？
7. 如何判断一个人血脂是否异常？血脂异常可能产生哪些后果？
8. 我国判断高血压的标准是什么？哪些因素影响人体血压？
9. 脑血管病发生的主要原因是什么？
10. 预防高脂血症和动脉硬化应如何调整饮食？
11. 如何正确理解2015—2020年新版美国居民膳食指南取消了对胆固醇限量？
12. 你了解哪些常见的预防高脂血症的营养防治误区？
13. 为何高血压患者应避免饮食中食盐的摄入量过高？
14. 人为什么会发生糖尿病？糖尿病有哪些危害？什么是2型糖尿病？

15. 如何诊断一个人是否得了糖尿病？日常监测糖尿病发展常用哪些指标？
16. 糖尿病患者应该如何调整和控制饮食？
17. 什么是升糖指数？糖尿病患者选择食物应注意哪些事项？
18. 糖尿病患者可不可以吃水果？
19. 什么是痛风？什么是高尿酸血症？
20. 如何预防痛风的发作？
21. 痛风病人是否可以饮酒？是否可以喝牛奶？是否可以吃豆腐？
22. 良性肿瘤和恶性肿瘤有何区别？
23. 预防肿瘤的发生发展在日常饮食中需注意哪些问题？

HAPTER 10

第10章 公共营养

【启发提问】

1.你知道公共营养包括哪些内容吗?

2.世界范围内膳食结构有哪些种类?中国的膳食结构属于哪种?有哪些优缺点?

3.生活中如何才能获得比较理想的膳食模式?它们的摄入量是多少才对人体健康有利呢?想了解就好好学习下面的内容吧!

【学习目的与要求】

1.了解公共营养的概念、目的和研究内容。

2.掌握膳食结构与膳食指南内容。

3.熟悉正常人群的膳食营养素参考摄入量。

4.理解营养监测的概念、分类和作用。

5.了解改善公共营养的宏观措施。

【学习重点】

1.膳食结构的类型和特征。

2.膳食指南的内容。

3.膳食平衡宝塔的应用。

【学习难点】

1.膳食平衡宝塔的应用。

2.营养监测的类别及实施。

3.公共营养的宏观措施。

10.1 公共营养概述

公共营养(public nutrition)是基于人群营养状况,有针对性地提出解决营养问题的措施,阐述人群或社区的营养问题以及造成和决定这些营养问题的条件。其重点是群体水平和宏观营养的研究。它具有实践性、宏观性、社会性和多学科性等特点。

由于公共营养是在一定的社会制度、经济基础下进行的,所以不同国家关于公共营养研究的内容不完全一致。就我国目前情况而言,公共营养的内容主要有以下 10 个方面:①膳食营养素参考摄入量;②膳食结构与膳食指南;③营养调查与评价;④营养监测;⑤营养教育;⑥食物营养规划与营养改善;⑦社区营养;⑧饮食行为与营养;⑨食物营养;⑩食物与营养的政策和法规。

10.2 膳食结构与膳食指南

10.2.1 膳食结构

膳食结构是指膳食中各类食物的数量及其在膳食中所占的比重。根据各类食物所能提供的能量及各种营养素的数量和比例来衡量膳食结构的组成是否合理。膳食结构主要取决于人体对营养的生理需要及实际生产条件下所能提供的食物资源。因此,不同的社会、不同的生产条件、不同的经济水平及科学水平,其膳食结构是不一致的。

1. 不同类型膳食结构及特点

关于膳食结构的划分有许多方法,但最重要的依据仍是动植物性食物在膳食构成中的比例。根据膳食中动物性食物及植物性食物所占的比重以及能量、蛋白质、脂肪和碳水化合物的摄入量作为划分膳食结构的标准,将世界各国的膳食结构分为 4 种类型,即动植物食物平衡的膳食结构、以植物性食物为主的膳食结构、以动物性食物为主的膳食结构、地中海膳食结构。

(1)动植物食物平衡的膳食结构　该类型膳食中动物性食物与植物性食物的比例比较适当,谷类的消费量为年人均约 94 kg;动物性食物消费量为成年人人均约 63 kg,其中海产品所占比例达到 50%,动物蛋白质占总蛋白质的 42.8%;能量和脂肪的摄入量低于以动物性食物为主的欧美发达国家和地区,每天能量摄入保持在 8 360 kJ(2 000 kcal)左右。宏量营养素供能比例为碳水化合物 57.7%,脂肪 26.3%,蛋白质 16.0%。

该类型膳食的特点是能量能够满足人体需要,又不致过剩。蛋白质、脂肪和碳水化合物的供能比例合理;来自植物性食物的膳食纤维和来自动物性食物的铁、钙等营养素均比较充足,同时动物脂肪又不高,有利于避免营养缺乏病和营养过剩疾病,促进健康。此类膳食结构已成为世界各国调整膳食结构的参考。

(2)以植物性食物为主的膳食结构　该类型膳食结构是以植物性食物为主,动物性食物为辅。谷类食物消耗量大,年人均 200 kg;动物性食物消费量小,年仅人均 10～20 kg,动物性蛋白质一般占总蛋白质量的10%～20%，低者不足10%；植物性食物提供的能量占总能量的近90%。膳食能量基本可满足人体需要，但蛋白质、脂肪摄入量均低，来自动物性食物的营养素如铁、钙、维生素A摄入会不足。

营养缺乏病是这些国家人群的主要营养问题，人的体质较弱，健康状况不良。但从另一方面看，膳食纤维充足，动物性脂肪较低，有利于冠心病和高脂血症的预防。

(3)以动物性食物为主的膳食结构　以动物性食物为主的膳食结构属营养过剩型膳食，以提供高能量、高脂肪、高蛋白质、低纤维为主要特点，人均日摄入蛋白质100 g以上，脂肪130～150 g，能量高达13 794～14 630 kJ(3 300～3 500 kcal)。粮谷类食物消费量小，人均每年60～75 kg；动物性食物及食糖的消费量大，人均每年消费肉类100 kg左右，乳和乳制品100～150 kg，蛋类15 kg，食糖40～60 kg。这种膳食结构与人群中肥胖症、高血压、心脑血管病等高发有关。

(4)地中海膳食结构　地中海膳食结构中富含植物性食物，包括水果、蔬菜、谷类、豆类、果仁等；食物的加工程度低，新鲜度较高，居民以食用当季、当地产的食物为主；橄榄油是主要的食用油；脂肪提供能量占膳食中能量比在25%～35%，饱和脂肪酸所占比例较低，在7%～8%；每天食用少量、适量奶酪和酸乳；每周食用少量、适量鱼、禽；新鲜水果作为典型的每日餐后甜点，甜食每周只食用几次；红肉(牛、猪和羊肉及其产品)每月食用几次；大部分成年人有饮用葡萄酒的习惯。地中海地区居民心脑血管疾病发生率很低，已引起其他国家的注意、并纷纷参照这种膳食模式改进自己国家的膳食结构。

2. 中国居民膳食结构

(1)中国居民传统膳食结构特点　中国居民传统的膳食以植物性食物为主，谷类、薯类和蔬菜的摄入量较高，肉类的摄入量比较低，豆制品总量不高且随地区而不同，乳类消费在大多数地区不多。此种膳食结构的特点是高碳水化合物、高膳食纤维和低动物脂肪，谷类食物的供能比例70%以上，动物脂肪的供能比例一般在10%以下。

(2)中国居民膳食结构现状　我国食物供给基本平衡，居民食物结构朝着合理方向发展。2012年营养调查结果显示，居民人均日能量摄入量为2 172 kcal，蛋白质、脂肪、碳水化合物的摄入量分别为65 g、80 g、301 g，三大营养素供能充足，能量需要得到满足。全国18岁及以上成年男性和女性的平均身高分别为167.1 cm和155.8 cm，平均体重分别为66.2 kg和57.3 kg，与2002年相比，居民身高、体重均有所增长，尤其是6～17岁儿童青少年身高、体重增幅更为显著。膳食能量供给充足，体格发育与营养状况总体改善，膳食结构有所变化，营养缺乏和营养过剩的现象仍然存在。2002—2012年10年间，我国城乡居民粮谷类食物摄入量保持稳定。总蛋白质摄入量基本持平，优质蛋白质摄入量有所增加，豆类和奶类消费量依然偏低。脂肪摄入量过多，平均膳食脂肪供能比超过30%。蔬菜、水果摄入量略有下降，钙、铁、维生素A、维生素D等部分营养素缺乏依然存在。2012年居民平均每天烹调用盐10.5 g，较2002年下降1.5 g。全国18岁及以上成人超重率为30.1%，肥胖率为11.9%，比2002年上升了7.3%和4.8%，6～17岁儿童青少年超重率为9.6%，肥胖率为6.4%，比2002年上升了5.1%和4.3%。

10.2.2 膳食指南

膳食指南(dietary guideline,DG)是根据营养学原则,结合国情,教育人民群众采用平衡膳食,以达到合理营养促进健康目的的指导性意见。1968 年瑞典出版了第一部《膳食目标》,并成为瑞典和挪威营养学政策的基础,之后许多国家也推出自己的膳食指南,并陆续增加了针对不同人群的膳食指南。

1. 中国居民膳食指南

均衡营养是中国居民膳食指南的理论基础,中国居民膳食指南的核心是提倡平衡膳食与合理营养,以达到促进健康的目的,也就是在现代生活中提倡均衡营养的概念。

《中国居民膳食指南》是国家实施和推动合理消费及改善人群营养健康行动的一个重要组成部分。我国于 1989 年发布第一版《中国居民膳食指南》。随着时代的发展,我国居民膳食消费和营养状况也不断发生变化,因此进行了三次修订。中国营养学会于 2016 年发布了第四版《中国居民膳食指南》。《中国居民膳食指南(2016 年)》由一般人群膳食指南、特定人群膳食指南(《中国居民营养与慢性病状况报告(2020 年)》)和中国居民平衡膳食实践组成。

一般人群膳食指南针对 2 岁以上所有健康人群提出六条核心推荐内容。学龄儿童膳食指南见二维码 10-1。

二维码 10-1 学龄儿童膳食指南

(1)食物多样,谷类为主。食物多样是平衡膳食模式的基本原则。谷物为主是平衡膳食的基础,谷类食物含有丰富的碳水化合物,它是提供人体所需能量的最经济、最重要的食物来源。食物多样是实践平衡膳食的关键,多种多样的食物才能满足人体的营养需要,同时,全谷物还可降低糖尿病、肥胖、心血管疾病和结肠癌的发生风险。因此,每天的膳食应包括谷薯类、蔬菜水果类、畜禽鱼蛋奶类、大豆坚果类等食物。平均每天摄入 12 种以上食物,每周 25 种以上。每天摄入谷薯类食物 250～400 g,其中全谷物和杂豆类 50～150 g,薯类 50～100 g。

(2)吃动平衡,健康体重。各年龄段人群都应天天运动、保持健康体重。食不过量,控制总能量摄入,保持能量平衡。每周至少进行 5 d 中等强度身体活动,累计 150 min 以上。坚持日常身体活动,身体活动总量至少相当于每天 6 000 步。减少久坐时间,每小时起来动一动。

运动对身体具有很重要的益处。如增进心肺功能;降低血脂、血压和血糖水平;提高代谢率,增加胰岛素的敏感性,改善内分泌系统的调节;提高骨密度、预防骨质疏松症;保持或增加瘦体重,减少体内脂肪蓄积,控制体重;调节心理平衡,减轻压力,缓解焦虑、改善睡眠;改善脑功能,对延缓老年认知功能下降也有帮助;肌肉力量的训练则对骨骼、关节和肌肉的强壮作用更大,有助于延缓身体运动功能的衰退;降低肥胖、心血管疾病、2 型糖尿病等慢性病的风险等。

(3)多吃蔬果、奶类、大豆。蔬菜水果是平衡膳食的重要组成部分,奶类富含钙,大豆富含优质蛋白质。餐餐有蔬菜,保证每天摄入 300～500 g 蔬菜,深色蔬菜应占 1/2。天天吃水果,保证每天摄入 200～350 g 的新鲜水果,果汁不能代替鲜果。吃各种各样的奶制品,相当于每天液态奶 300 g。经常吃豆制品，适量吃坚果。

(4)适量吃鱼、禽、蛋、瘦肉。鱼、禽、蛋和瘦肉含有丰富的蛋白质、脂类、维生素 A、B 族维生素、铁、锌等营养素，是平衡膳食的重要组成部分，是人体营养需要的重要来源。根据 2012 年全国营养调查结果计算此类食物对人体营养需要的贡献率，满足人体营养需要 20% 以上的营养素有蛋白质、维生素 A、维生素 B_2、烟酸、磷、铁、锌、硒、铜等，其中蛋白质、铁、硒、铜等达到 30% 以上。但是此类食物的脂肪含量普遍较高，有些含有较多的饱和脂肪酸和胆固醇，摄入过多可增加肥胖、心血管疾病的发生风险，因此其摄入量不宜过多，应当适量摄入。每周吃鱼 280～525 g，畜禽肉 280～525 g，蛋类 280～350 g，平均每天摄入总量 120～200 g。优先选择鱼和禽。吃鸡蛋不弃蛋黄。少吃肥肉、烟熏和腌制肉制品。

(5)少盐少油，控糖限酒。大多菜肴以咸作基础味，是食盐让我们享受到了美味佳肴。高血压流行病学调查证实，人群的血压水平和高血压的患病率均与食盐的摄入量密切相关。50 岁以上的人、有家族性高血压的人、超重和肥胖者，其血压对食盐摄入量的变化更为敏感，膳食中的食盐如果增加，发生心脑血管意外的危险性就大大增加。中国营养学会建议健康成年人一天食盐(包括酱油和其他食物中的食盐量)的摄入量是不超过 6 g。但 2012 年的调查显示，我国居民每人日平均摄入食盐 10.5 g。因此，减少食盐量仍需努力。

(6)杜绝浪费，兴新食尚。食物是人类获取营养、赖以生存和发展的物质基础。勤俭节约是中华民族的传统美德。食物资源宝贵、来之不易；应尊重劳动，珍惜食物，杜绝浪费。优良饮食文化是平衡膳食的保障。兴新时尚是鼓励优良饮食文化的传承和发扬。家庭应按需选购食物，适量备餐；在外点餐应根据人数确定数量，集体用餐时采取分餐制和简餐，文明用餐，反对铺张浪费。倡导在家吃饭，与家人分享食物和享受亲情。

食物在加工、生产、运输、储运等过程中如果遭受致病性微生物、寄生虫和有毒等物质的污染，可导致食源性疾病，威胁人体健康。因此，应选择新鲜卫生、当地应季的食物，学会阅读食品标签，合理储藏食物，采用适宜的烹调方式，提高饮食卫生水平。

我国人口众多且食物浪费问题比较突出，食源性疾病状况不容乐观，减少食物浪费、注重饮食卫生、兴饮食文明新风，对我国社会可持续发展、保障公共健康具有重要意义。

2. 中国居民平衡膳食模式的应用

(1)中国居民平衡膳食宝塔的说明　为了帮助一般人群在日常生活中实践《中国居民膳食指南(2016 年)》的主要内容，专家委员会对 2007 年的《中国居民平衡膳食宝塔》进行了修订，整理成 2016 年版《中国居民平衡膳食宝塔》，宝塔直观展示了每日应摄入的食物种类、合理数量及适宜的身体活动量，详见图 10-1。

膳食宝塔共分为 5 层，建议的食物量是指食物可食部分生重。各类食物的重量不是指某一种食物的重量，而是一类食物的总重，因此在选择具体食物时，同类食物可以互换。下面对平衡膳食宝塔的 5 层分别进行说明。

①第一层谷薯类食物　谷薯类是膳食能量的主要来源(碳水化合物提供能量占总能量摄入的 50%～65%)，也是各种微量营养素和膳食纤维的良好来源。膳食指南推荐了 2 岁以上健康人群的膳食应食物多样，谷类为主。成年人每人每天应摄入谷、薯、杂豆类在 250～

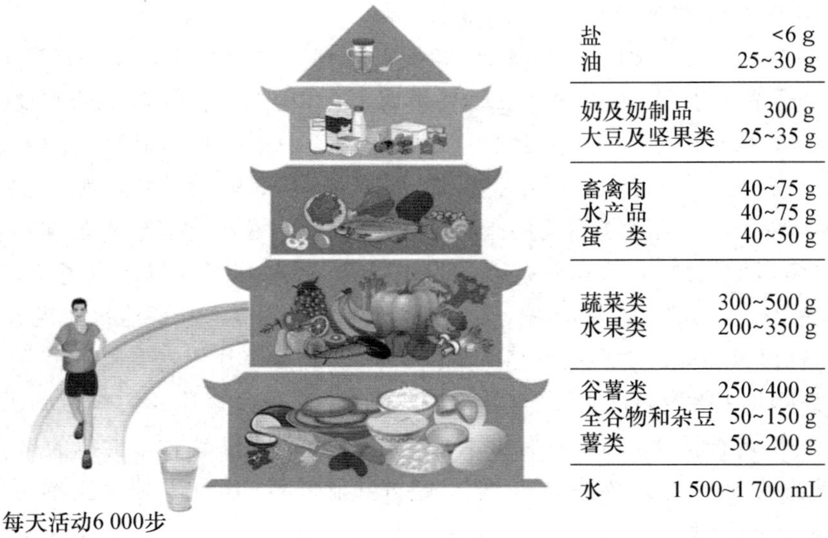

图 10-1　中国居民平衡膳食宝塔

400 g，其中全谷类 50～150 g（包括杂豆类），新鲜薯类 50～100 g。谷类、薯类及杂豆是膳食中能量的主要来源。这里的建议量是以原料生重计算的，加工制品要折合成相应的原料计算，如面包和馒头应折合成相当的面粉量来计算，米饭、大米粥等应折合成相当的大米量来计算。

②第二层蔬菜和水果　这两类是膳食指南中鼓励多摄入的食物。在 1 600～2 400 kcal 能量需求水平下，推荐每人每天蔬菜摄入量应在 300～500 g，水果 200～350 g。蔬菜水果是膳食纤维、微量营养素和植物化学物的良好来源。在保证供给量充足的同时应注意不同类型不同颜色蔬菜的摄入。一般来说，深色蔬菜包括了深绿色、深黄、紫色、红色等蔬菜。推荐每天深色蔬菜摄入量占蔬菜摄入总量的 1/2 以上。

建议吃新鲜水果，也可选择一些含糖低的干果制品和纯果汁。虽水果和蔬菜均存在大量微量营养素，但各有各的优势，不能完全相互替代。多吃水果蔬菜也是降低能量摄入的不错选择。

③第三层鱼、禽、肉、蛋等动物性食物　鱼、禽、肉、蛋等动物性食物是膳食指南推荐“适量食用”的一类食物。在能量需要 1 600～2 400 kcal 水平下，推荐每天鱼、禽、肉、蛋摄入量共计 120～200 g。动物性食物是优质蛋白质、脂肪和脂溶性维生素的良好来源，建议每天畜禽肉的摄入量为 40～75 g，尽量少食用加工类肉制品。近年来，我国居民肉类摄入量增长趋势明显，且主要以猪肉摄入为主。推荐每天水产品摄入量为 40～75 g，有条件可以多食用一些替代禽肉类。建议每日蛋类摄入量为 40～50 g，相当于 1 个鸡蛋（相当于 50 g 左右），蛋类及其加工制品营养价值较高，尤其蛋黄中富含有很多营养成分，因此吃鸡蛋勿弃蛋黄。

④第四层奶及奶制品、大豆及坚果类　乳类、豆类是鼓励多摄入的食物。食用乳类、大豆和坚果不但可以获得足够的蛋白质，同时也可以获得良好的钙质。在 1 600～2 400 kcal 能量需要水平下，推荐每天应摄入相当于鲜奶 300 g 的奶类及奶制品。婴幼儿要尽可能选

择符合国家标准的配方奶粉。乳糖不耐受的人群可以使用酸奶或低乳糖乳及乳制品。

推荐每日大豆的摄入量为25～35 g。可根据大豆类食物的带量折算法计算，丰富大豆类食物的种类，如摄入25 g大豆相当于50 g豆腐丝、100 g豆腐、150 g嫩豆腐、400 g豆浆。坚果种类也比较多，部分坚果的蛋白质与大豆相似，且富含必需脂肪酸和必需氨基酸，营养素密度较高，建议每周70 g左右(每天10 g左右)。

⑤第五层烹调油和盐　油、盐作为烹调调料，是建议尽量少用的食物。推荐成年人每天不超过25～30 g，食盐摄入量不超过6 g。在1 600～2 400 kcal能量需要水平下，建议烹调油摄入量为25～30 g，其提供的能量占膳食总能量的10%左右。尽量少食用动物油。烹调油的种类应该多样化，应经常更换种类，以满足人体对必需脂肪酸的需要。

我国居民食盐摄入普遍较高，盐与高血压发生关系密切。因此限制盐的摄入是我国长期的目标。除了限制食盐的摄入量外，也要控制高盐食品的摄入量，如酱油、黄豆酱、腌菜、酱菜类等。一般20 mL酱油中含3 g食盐，10 g黄酱中含食盐1.5 g，如果菜肴需要用酱油和酱类，应按比例减少食盐用量。

⑥运动和饮水　水是膳食的重要组成部分，是一切生命必需的物质。水的摄入量可随年龄、劳动强度、身体所处的环境等因素发生改变。一般来说，成年人轻体力劳动者每天至少饮水1 500～1 700 mL(7～8杯)。如果该成年人处在高温或强体力活动下，应适当增加饮水量。饮水不足或过多都会对人体健康带来危害。膳食中水分应占1/3，推荐一天中饮水和整体膳食(包括食物中的水，如汤、粥、奶等)水摄入共计在2 700～3 000 mL为宜。同时建议成年人每天进行累计相当于步行6 000步以上的身体活动，若身体条件允许，最好进行30 min中等强度的运动。

(2)中国居民平衡膳食宝塔的应用

①确定适合自己的能量水平和食物量。宝塔中建议的每人每日各类食物适宜摄入量范围适用于一般健康成年人，在实际应用时要根据个人年龄、性别、身高、体重、劳动强度、季节等情况适当调整。如年轻人、身体活动强度大的人需要的能量高，应适当多吃些主食，而年老、活动少的人需要的能量少，可以少吃些主食。不同能量需要水平的平衡膳食和食物量见表10-1。

② 食物同类互换，调配丰富多彩的膳食。食物品种多种多样不仅可以使人们获得均衡的营养，也是人们享受生活、丰富饮食的重要措施。膳食宝塔的每一层食物都包含了多种同类食物，同类食物可以互换。互换可以更好地增加主食和菜肴的品种。同类互换的原则，如以粮换粮、以豆换豆、以肉换肉。大米可与面粉或杂粮互换，馒头可与相应量的面条、烙饼、面包等互换；大豆可与相当量的豆制品互换；瘦猪肉可与等量的鸡、鸭、牛、羊、兔肉等互换；鱼可与虾、蟹等水产品互换；牛乳可与羊乳、酸乳、乳粉或干酪等互换。

③膳食评价。用适宜的方法收集消费者的膳食资料，与中国居民平衡膳食宝塔建议的各类食物摄入量进行比较，发现其膳食结构的主要偏差。再进一步可计算出平均每人每日各类营养素的摄入量，根据进餐者的生理特征和体力活动强度选择适宜的膳食参考摄入量指标，比较二者的差异，发现摄入不足或摄入过多的营养素。这种评价既可以作为膳食改善的基础，又可以作为计划膳食的依据。

表 10-1 不同能量需要水平的平衡膳食和食物量 g

食物种类	不同能量摄入水平/kcal										
	1 000	1 200	1 400	1 600	1 800	2 000	2 200	2 400	2 600	2 800	3 000
谷类	85	100	150	200	225	250	275	300	350	375	400
—全谷类及杂豆		适量				50～150					
—薯类		适量				50～150			125	125	125
蔬菜	200	250	300	300	400	450	450	500	500	500	500
—深色蔬菜						占所有蔬菜的 1/2					
水果	150	150	150	200	200	300	300	350	350	400	400
畜禽肉类	15	25	40	40	50	50	75	75	75	100	100
蛋类	20	25	25	40	40	50	50	50	50	50	50
水产品	15	20	40	40	50	50	75	75	75	100	125
乳制品	500	500	350	300	300	300	300	300	300	300	300
大豆	5	15	15	15	15	15	25	25	25	25	25
坚果	—	适量		10	10	10	10	10	10	10	10
烹调油	15～20	20～25			25	25	25	30	30	30	35
食盐	<2	<3	<4	<6	<6	<6	<6	<6	<6	<6	<6

引自:中国营养学会.中国居民膳食指南(2016 年).2016.

④膳食改善。膳食改善的目的是要纠正当前膳食中存在的缺点,使其更加均衡合理,能够提供充足的而又不过多的能量和各种营养素以满足就餐人员的营养需要。简单方法是以中国居民平衡膳食宝塔为标准,发现摄入不足和过多的食物种类并进行相应的调整。比较准确的方法是计算出进餐者平均每人每日各类营养素的摄入量,并与相应的膳食营养素参考摄入量指标比较,发现摄入不足或摄入过多的营养素,采取适当干预措施加以改善。

10.3 膳食营养素参考摄入量

人体需要的各种营养素都要从每天的饮食中获得,而不同的个体由于其年龄、性别和生理状况不同,对各种营养素的需要量可能都不同,所以必须科学地安排每日膳食以提供数量及质量适宜的营养素。为了帮助个体和人群安全地摄入各种营养素,避免可能产生的营养不良,营养学家根据有关营养素需要量的知识,提出了适用于各年龄、性别及劳动、生理状态人群的膳食营养素参考摄入量,并对如何使用这些参考值来评价膳食质量和发展膳食计划提出了建议。

膳食营养素参考摄入量(dietary reference intake,DRI)是指为满足人群健康个体基本营养所需的能量和特定营养素的摄入量,它是在推荐的膳食营养素供给量(recommended dietary allowance,RDA)的基础上发展起来的一组每日平均膳食营养素摄入量的参考值。

10.3.1 膳食营养素参考摄入量标准

中国居民膳食营养素参考摄入量标准，具体包括以下 7 项内容：

1. 平均需要量(estimated average requirement,EAR)

EAR 指膳食中摄取的营养素水平，足够维持不同性别和年龄 50%个体的健康，而不能满足另外 50%个体对该营养素的需要。EAR 是制定推荐摄入量(RNI)的基础，如果个体摄入量呈正态分布，则 RNI＝EAR＋2SD。SD 是 EAR 的标准差。若 EAR 的标准差异很大，则用 EAR 的变异系数表示。根据大量热能基础代谢和成人蛋白质需要量的数据变异，可以估计出一个 EAR 的标准差相当于 10%的 EAR。于是该公式又可归纳为：RNI＝1.2×EAR。

2. 推荐摄入量(recommend nutrient intake,RNI)

RNI 相当于传统使用的 RDA，它可以满足某一特定群体中绝大多数(97%～98%)个体的需要。长期摄入 RNI 水平，可以满足身体对该营养素的需要，并有适当储备。RNI 是健康个人膳食营养素摄入量目标值，个体摄入量低于 RNI 时不一定表明该个体未达到适宜营养状态。如果某个体的平均摄入量达到或超过了 RNI，可以认为该个体没有摄入不足的危险。

3. 适宜摄取量(adequate intake,AI)

AI 是通过观察或实验获得的健康人群某种营养素的摄入量。AI 应能满足目标人群中几乎所有个体的需要，其准确性不如 RNI。AI 主要用作个体营养素摄入目标，同时限制过多摄入的标准。当健康个体摄入量达到 AI 时，出现营养缺乏的危险性很小，如长期摄入超过 AI，则有可能产生毒副作用。

4. 可耐受最高摄入量(tolerable upper intake level,UL)

UL 是平均每日可以摄入该营养素的最高量，此量对一般人群中几乎所有个体都不致损害健康。UL 的主要用途是检查个体摄入量过高的可能，避免发生中毒，当摄入量超过 UL 时，发生毒副作用的危险性会增加，在大多数情况下，UL 包括膳食、强化食物和食品营养强化剂等各种营养素之和。

5. 宏量营养素可接受范围(acceptable macronutrient distribution ranges,AMDR)

AMDR 指蛋白质、脂肪和碳水化合物理想的摄入量范围，该范围可以提供这些必需营养素的需要，并且有利于降低发生非传染性慢性病(non-communicable chronic diseases,NCD)的危险，常用占能量摄入量的百分比表示。蛋白质、脂肪和碳水化合物都属于在体内代谢过程中能够产生能量的营养素，因此被称之为产能营养素(energy source nutrient)。它们属于人体的必需营养素，而且三者的摄入比例还影响微量营养素的摄入状况。另外，当产能营养素摄入过量时又可能导致机体能量储存过多，增加 NCD 的发生风险。因此有必要提出 AMDR，以预防营养素缺乏，同时减少摄入过量而导致 NCD 的风险。传统上 AMDR 常以某种营养素摄入量占摄入总能量的比例来表示，其显著的特点之一是具有上限和下限。如果个体的摄入量高于或低于推荐范围，可能引起必需营养素缺乏或罹患 NCD 的风险增加。

6. 预防非传染性慢性病的建议摄入量(proposed intakes for preventing non-communicable chronic diseases,PI-NCD,简称建议摄入量,PI)

膳食营养素摄入量过高导致的非传染性慢性病(NCD)一般涉及肥胖、高血压、血脂异常、中风、心肌梗死以及某些癌症。PI-NCD 是以 NCD 的一级预防为目标,提出的必需营养素的每日摄入量。当 NCD 易感人群某些营养素的摄入量达到 PI 时,可以降低发生 NCD 的风险。此次提出 PI 值的有维生素 C、钾、钠。

7. 特定建议值(specific proposed levels,SPL)

近几十年的研究证明,传统营养素以外的某些膳食成分具有改善人体生理功能、预防 NCD 的生物学作用,其中多数属于植物化合物,特定建议值(SPL)是指膳食中这些成分的摄入量达到这个建议水平时,有利于维护人体健康。2013 年修订时提出 SPL 值的有大豆异黄酮、叶黄素、番茄红素、植物甾醇、氨基葡萄糖、花色苷、原花青素。

10.3.2 膳食营养素参考摄入量的应用

制定膳食营养素参考摄入量的根本目的是改善我国居民的膳食营养状况。以人体对营养素的需要参考摄入量(DRIs)作为基本依据,针对个体或群体进行膳食评价和计划膳食。

1. 在膳食评价中的应用

膳食评价是营养状况评价的重要组成部分。为了获得可靠的结果,需要准确地收集膳食资料,正确选择评价参考值,并且合理地解释所得的结果。必要时要把膳食评价结果和体格测量、生化检验及临床观察资料结合起来进行分析。DRIs 在膳食评价中的应用总结为表 10-2。

表 10-2 DRIs 在膳食评价中的应用

指标	对象	
	个体	群体
EAR	用以检查摄入不足的可能性	用以评估一个群体中摄入不足的发生率,但需要注意摄入量的变异应大于需要量变异
RNI	评估个体摄入是否充足	评估群体摄入是否充足
AI	日常摄入量等于或大于 AI,膳食适宜的评价指标	当平均摄入量中位摄入量在 AI 以下时,则不可能判断群体摄入不足的程度
UL	用以检测过量摄入的风险性	用以检测人群发生风险的分布
AMDR	摄入量在此范围内,摄入的营养素充分,发生慢性病的风险较低;低于或高于推荐范围,营养不足或发生慢性病的风险增加	低于推荐范围下限的人群,处于营养素摄入不足的风险中
PI	评估发生 NCD 风险的可能性	评估发生 NCD 风险的人群分布(比例)
SPL	摄入量达到建议水平,有利于维护个体健康	评估可预防 NCD 发生的人群分布(比例)

2. 在计划膳食中的应用

(1)在个体计划膳食中的应用　为个体计划膳食的目标:使个体的营养素摄入量接近其

RNI或者AI,包括设定营养素和能量摄入目标及制订膳食计划两个步骤。

①设定营养素和能量的摄入目标。为个体计划膳食应使用RNI或AI作为摄入目标。同时需要随时监测体重,适时调整能量目标,以保持适宜体重。

②制订膳食计划。《中国居民膳食指南(2016年)》中按照不同能量摄入水平,提供了各类食物的推荐量(表10-1)。膳食指南提供的建议摄入量适用于一般健康成年人。在计划膳食时应按照同类互换、多种多样原则进行调配。

制订食物消费计划后,还应根据食物营养成分和《中国居民膳食营养素参考摄入量DRIs》核查计划的膳食是否满足了RNI和AI,同时又不超过UL。不同地区还需要根据各地食物生产和供应的实际情况,调整各类食物中各种具体食物品质的搭配。在特定的情况下,也可使用强化食品或营养补充剂以保证特定营养素的供给。

(2)在群体计划膳食中的应用　为群体计划膳食的方法随人群的特征不同而异。群体可能是均匀的群体(如年龄、性别、劳动状况等比较一致),也可能是由若干营养素需要量不同的亚人群组成的不均匀的群体。所以,为群体做计划膳食分为两种情况:均匀性群体和不均匀的群体,这两类群体计划膳食的方法不同。

①均匀性群体计划膳食。主要步骤包括:确定计划目标,即对每一种营养素确定一个摄入不足和摄入过量风险的概率;计算每一种营养素的"靶日常营养素摄入量分布"(target usual nutrient intake distibuio);设计食谱使它能够达到"靶日常营养素摄入量分布";编制食谱;评估计划膳食的结果。

②为不均匀的群体计划膳食。如果群体中对营养素和能量需要不是一致的,可以用不同的方法进行计划。可以用简单营养素密度法进行计划。

简单营养素密度法步骤:首先在全人群中确定一种营养素摄入目标中位数与平均能量需要量之比最高的亚人群,用这个亚人群的营养素摄入量目标中位数作为计划这个不均匀人群食谱的营养素密度目标,并且要确保其他人群的营养素摄入量不超过UL。

例如,表10-3计划男女混合人群维生素C目标,在该群体中,男性维生素C的营养素密度目标为52 mg/1 000 kcal,女性为64 mg/1 000 kcal,在制订全人群的维生素C目标时应选择较高的值,即64 mg/1 000 kcal。

表10-3　计划男女混合人群的维生素C目标

项目	男性	女性	全人群
摄入量的目标中位数	138 mg/d	116 mg/d	—
平均能量需要量	2 600 kcal	1 800 kcal	—
营养素密度	52 mg/1 000 kcal	64 mg/1 000 kcal	—
目标	—	—	64 mg/1 000 kcal

此外,用根据需要量最高的亚人群来确定摄入量中值有可能大大地超过其他亚人群的需要。在需要量较低的亚人群当中,可能超过了有些成员的可耐受最高摄入量,计划者必须考虑到这种危险性。同时,在这种情况下可考虑采用营养教育或者营养素补充的途径来满足需要量最高的亚人群的需要量。

10.4 营养监测

10.4.1 营养监测的定义

营养监测(nutritional surveillance)是指长期动态监测人群的营养状况,同时收集营养人群营养状况的有关社会经济等方面的资料,探讨从政策上、社会措施上改善营养状况和条件的途径。

营养监测可以在一定范围内,对选定的人群营养指标进行定期观测、分析和评价,及时发现人群中存在的营养问题及其产生的原因,以便采取适宜的干预措施解决这些营养问题;通过监测可以掌握人群营养状况和变化趋势,有利于修改完善现行的营养干预策略和措施,并制订下一步的营养改善计划。充足的食物供给是人类获得合理营养的物质保证。因此,在营养监测中一般也会同时收集与食物的生产、流通、分配、消费和加工有关的信息。营养监测有时又称为食物营养监测(food and nutrition surveillance,FNS)。

10.4.2 营养监测的分类

营养监测活动因不同目的和工作内容而有所差别,可以划分为3类:

(1)政策和规划性营养监测　对社会人群的营养状况及影响因素进行长期动态的观察、分析和预测,为制定各项可行营养政策和规划提供科学依据。

(2)评价性营养监测　通过开展监测,观察各类人群营养指标变化,对已制定的营养政策和规划实施进行评价。

(3)报警和干预规划性营养监测　为及时预报可能产生食物短缺、严重营养不良和制定干预规划而进行的特定的营养监测,旨在发现、预防和减轻重点人群营养状况的短期恶化。

10.4.3 营养监测的特征

(1)以人群监测为特征,特别是以需要重点保护的人群为对象,分析社会因素,探讨能够采取的社会性措施。

(2)营养监测的主要任务是研究营养政策或实施营养干预。在分析营养监测获得的信息基础上,进一步分析营养状况及其营养因素,研究制定相关的营养政策或实施相关营养干预措施。

(3)营养监测通常以一个国家或一定的区域作为监测的范围,通过投入一定的人力相关资料,并对资料进行分析,掌握动态变化情况。营养监测不仅需要进行宏观分析研究,也需要进行微观深入研究。

10.4.4 营养监测的作用

(1)制定规划和政策　国家规划需要经常调整以适应中央政府政策的改变,这个调整过程必须综合各地解决食品与营养问题的经验。营养监测的作用是分析、整理解释各种来源的数据，确保地方信息的系统输送和准确。部门制定的规划和政策要与国家规划目标一致，营养监测可以通过分析和解释收集的数据来支持政府的决策。

(2)营养项目监控与评价　营养监测可用于常规监测，也可以作为常规管理的部分，评价项目的执行情况。营养监测包括的信息处理系统，可用以收集和分析项目在人群中实施的效应指标。

(3)食物短缺的预警　预警系统是防止食物短缺危机的有力工具，可以防止由于干旱、虫害等因素引起的食物危机及这种情况下的食物保障。预警系统经常性地收集和分析各地的有关信息(如粮食预期产量、市场价格、储存情况等)，并定期给出短缺危机的评估，收集的信息必须与决策过程紧密相连，确保及时做出应对措施。

(4)确定问题与干预　政府机构、社会有关团体、为贫穷或残疾人群服务的非政府组织等部门和机构均关注人群营养，并且愿意支持致力于改善特定人群营养状况的项目。营养监测可以为此提供营养问题的特性、强度、范围等方面的信息，提高社会及有关人士对营养问题的重视程度，从而有助于制订营养改善计划。同时，营养监测的信息可以为证实支持者的正确决策提供佐证，用以说明项目的有效性和可实现性。

(5)政策措施的效应监测　结构调整政策可减少政府管理，降低开支，从而提高政府的财政收益。已经制定实施的相关食品营养政策的价值，经过若干时间的实践，有必要通过监测数据，评估其在改善食物保障及贫困人口营养状况等方面的效用，为政府部门开展前瞻性的决策、强化政策的效应、减少不利影响等方面提供依据。

10.4.5　营养监测的方法

(1)大规模食物和营养调查　监测系统应包含所有与健康、食物和营养有关的大型国家调查或地区性监测，这些监测可以提供不同层级的区域数据。特别应该关注人口健康调查、国家营养调查或国家食品安全调查等常规性调查。通过这些项目可以掌握相关情况。调查应尽量包含选定的营养指标。

(2)重复小规模调查　重复小规模调查是以人群为基础的调查，使用标准方法收集定量和定性数据。这类调查评估了具有代表性的人群样本[儿童和(或)成年人]营养不良的类型、严重程度、范围及其发生的可能原因。其目的是支持有关部门的设计战略，发现应优先考虑的高风险地区和可能采取的干预措施。重复小规模调查包括在国家定期进行的定点调查和在地方进行的调查，以便在每年相同的时间收集可比性的营养信息。

(3)哨点监测　哨点监测是指在特定区域开展的监测活动，通过哨点监测，可以发现人群健康状况的变化趋势。哨点可以是特定的人群，也可以是覆盖风险人群的区域，监测膳食营养状况、疾病发病率等各种指标的变化趋势，发现膳食营养和食品安全问题，制定应对战略。数据可以集中整理分析(基于中心的哨点监测)或由社区受过培训的成员(基于社区的哨点监测)进行分析。

(4)学校人口数据的收集　在学校定期开展营养评估，例如对一年级儿童每 2～3 年进行一次普查，发现健康状况差、营养不良和经济困难家庭的儿童。数据结果可用于目标学校食物补助计划，并支持以提供食品为基础的营养改善策略。在学龄儿童中还可以通过监测体重状况发现肥胖儿童,分析他们的食物消费模式、食品营销的影响和身体活动状况等数据,探讨肥胖的主要原因,并采取有针对性的干预措施。

(5)生长监测　生长监测是对儿童生长的连续监测。其目的是及时发现儿童可能的生长迟缓,并采取适当的干预措施,使用"中国 0～18 岁儿童、青少年身高、体重的标准化生长曲线"或 WHO 生长曲线(身高或身长比体重)判断儿童生长状况。生长监测可由各级妇幼保健院(所)的医师或由乡村医师负责开展(基于社区的生长监测)。

10.4.6　营养监测指标的类型

营养监测活动可以选择很多相关的指标,按照监测指标的作用和内涵,可以分为 3 种类型:结果指标、过程指标和背景指标。

1. 结果指标

结果指标用于测量人群的营养和健康状况的变化,反映营养不良的直接原因和后果,如低出生体重或生长迟缓。结果指标包括以下两类:

(1)营养状况指标　人群营养状况是采取措施预防或改善营养不良的先决条件。营养状况指标主要应描述营养问题的类型和严重程度,并结合其他人口学数据(人口统计学、经济学等)。从方法论的角度来看,营养指标传统上可以包括以下 4 类:膳食营养素指标;临床体格检查指标;人体成分指标;生化指标。

(2)原因指标　根据联合国儿童基金会(UNICEF)发布的营养概念框架,营养状况会受到食物摄入和健康的影响,而食物摄入和健康又取决于食物、护理、卫生服务和健康环境的可获得性和获取途径等多种因素。后者取决于其他因素,例如社会经济教育和行政组织结构,这种广泛的决定因素需要各种原因指标进行分析。

2. 过程指标

过程指标用于评估投入如何转化为产出,重点关注与计划有关的活动,如覆盖面、质量和目标,这些指标对营养评估和监控是很重要的指标,包括卫生经费的投入、食物供应状况等。

3. 背景指标

背景指标是指基本设置,即关注一般情况的计划背景。它们通常与营养无直接关系,但是存在潜在的影响,如区域的教育水平、教育质量和卫生服务机构的覆盖范围等均可作为背景指标。

10.4.7　营养监测指标的选择

根据监测项目的特点和需求选择营养监测指标,确定和选择营养监测系统指标的步骤见图 10-2。营养监测指标类型及各类常见指标见二维码 10-2。

二维码 10-2　营养监测指标类型及各类常见指标

(1)列出营养监测项目实施的领域。主要包括制定当前国家食品和营养监测系统涵盖的范围、确定各个领域范围是否可操作和评论每个方案领

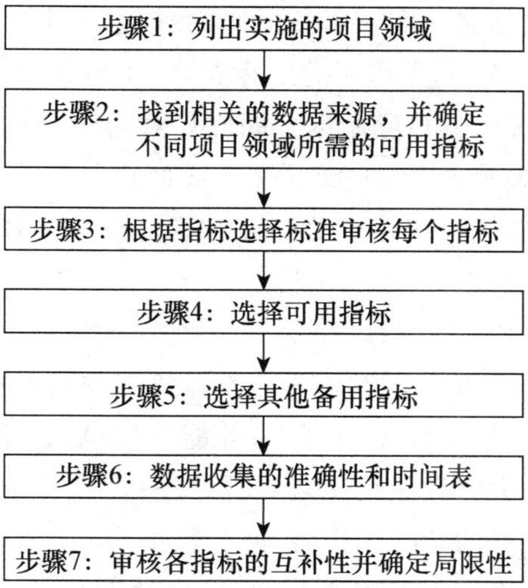

图 10-2　确定和选择营养监测系统指标的步骤

域的全面性。

（2）确定所需的指标。主要包括：收集当前使用的所有相关报告摘要、检查所有信息数据的来源和报告情况、确定基于社区或人口的信息收集来源、识别与监控系统相关的不同来源的指标和根据他们的来源列出表格等。

（3）指标选择标准。根据以下选择标准对每个指标进行以下审核：如有用、易获取、符合伦理要求、可重复使用、有代表性和易于理解。

（4）数据收集的准确性和时间表。当指标确定后，应评估现有数据收集系统在多大程度上能够准确生成这些指标并按时上报。评估卫生行政部门与其他相关部门的配合程度，可提出改变系统和引入新数据和（或）方法的建议。总结每个选定指标的定义和数据要求，以及对卫生信息系统的影响。

10.5　改善公共营养的宏观措施

营养改善是在了解居民营养素摄入水平、食物结构变化趋势的基础上，国家对农业生产进行宏观指导，对食品生产加工进行综合调控，并在社会中提供合理膳食指导，以达到改善公众的营养状况、增进健康、提高身体素质的目的。营养改善包括营养法规和政策的制定和实施、食物资源的开发和利用、营养干预和营养教育等。

10.5.1　营养法规和政策的制定与实施

营养法规和政策的制定和实施是营养改善措施中最重要的部分。通过营养立法和发布行政法规、条例、规章等对公共营养进行宏观调控。国家有关食物与营养的法规、政策规定了各级行政部门及其工作人员对公共营养应该履行的法律义务和行政职责，并赋予了相应的权利。

2016 年国务院发布实施了《"健康中国 2030"规划纲要》，该《纲要》是我国推进健康中国建设的行动纲领。其内容包括制定实施国民营养计划、深入开展食物营养评价研究、全面普及膳食营养知识、发布适合不同人群特点的膳食指南、引导居民形成科学的膳食、推进健康饮食文化建设、建立健全居民营养监测制度。同时针对居民营养不足与过剩并存的问题，提出对重点区域、重点人群实施营养干预，重点解决微量营养素缺乏、部分人群油脂等高热能食物摄入过多等问题；此外还提出加强对学校、幼儿园、养老机构等营养健康工作的指导，开展示范健康食堂和健康餐厅建设。

2017 年国务院发布了《国民营养计划（2017—2030 年）》，其内容包括总体要求、完善实施策略、开展重大行动、加强组织实施等内容。为保障工作目标的实现，还部署了 7 项实施策略，包括完善营养法规政策标准体系、加强营养能力建设、强化营养和食品安全监测与评估、发展食物营养健康产业、大力发展传统食养服务、加强营养健康基础数据共享利用、普及营养健康知识。针对不同人群的营养健康突出问题，提出开展生命早期 1 000 d 营养健康行动、学生营养改善行动、老年人群营养改善行动、临床营养行动、贫困地区营养干预行动、吃动平衡行动 6 项重大行动。

10.5.2 加强营养教育

营养教育（nutrition edutaion）是以改善人民营养状况为目标，通过营养科学的信息交流，帮助个体和群体获得食物与营养知识、形成科学合理饮食习惯的教育活动和过程，是健康教育的重要组成部分。营养教育是实现《纲要》和《国民计划 2017—2030》两个文件要求的重要策略和手段，对促进居民营养健康状况的改善、实现国民营养计划和健康中国的愿景，有着重大而深远的意义。自 2015 年起，每年的 5 月第三周为“全民营养周（national nutrition week，NNW）”。此外，我国营养教育还实施了以下措施：

（1）卫生行政部门组织开展多种形式的营养宣传教育，推广《中国居民膳食指南（2016 年）》，帮助居民形成符合营养要求的饮食习惯以及健康的生活方式，提高改善膳食营养的能力。

（2）医疗机构结合诊疗工作开展营养知识宣传和咨询活动，解答患者的问题；妇幼保健机构、妇产医院、儿童医院应当对孕产妇、儿童患者开展有针对性的营养知识宣传教育。

（3）疾病预防控制机构、医疗机构、大专院校、科研院所、营养学会等单位从事营养工作的专业部门及人员提供科学实用、通俗易懂的营养与健康知识。利用新闻、出版、文化、广播、电影、电视等媒体，广泛开展群众性营养宣传活动，倡导合理的膳食模式和健康的生活方式，纠正不良饮食习惯。

（4）将营养知识纳入中小学内容和教学计划，使学生懂得平衡膳食的原则，培养良好的饮食习惯，提高自我保健能力。

10.5.3 实施营养干预

营养干预是针对人群中与营养相关的健康问题采取的相应对策。营养干预常针对特殊营养问题的不同危险因素而选择不同的干预方式。如根据儿童优质蛋白质普遍偏低的问题国家提出“大豆行动计划”；通过食品强化对营养素缺乏进行干预，如碘盐、铁强化酱油、AD

钙奶等；推广学生营养午餐行动；社区对孕妇叶酸的干预；采用倡导性和健康教育为主的方式对超重、肥胖和慢性病的营养干预等。

10.5.4 制定系统配套的食物发展政策

主要包括：发展农业、增加食物生产、丰富市场、保障供给；根据我国国情，充分发掘当地食物资源，选用当地自然环境开展种植、养殖业项目，实现食物资源的多样化；积极发展食品加工业，做好食品的储藏、运输和保鲜，重点发展“营养、保健、益智、延衰”的妇幼食品、学生食品、老人食品、保健食品，发展系列化的方便食品、快餐食品、调味品和各种果汁、菜汁等天然、营养饮料。有条件的地方，要逐步建立中小学生营养餐制度；引导食物消费，建立科学、合理的膳食与营养结构；增加投入，加强食物发展的基础建设；依靠科技进步，提高食物生产的集约化水平；健全和完善营养管理体系。

本章小结

本章主要介绍了公共营养的概念、分类、研究内容；膳食营养素参考摄入量指标的含义，膳食结构分类及特点，《中国居民膳食指南(2016 年)》的具体内容及应用、中国居民膳食平衡宝塔的内容及应用，营养监测的概念、分类及作用，改善公共营养的宏观措施等。通过本章的学习，使同学们了解公共营养的研究内容及分类、公共营养监测的分类和作用等知识，掌握膳食营养素的参考摄入量的应用、膳食结构分类、中国居民膳食平衡宝塔的内容和具体应用等，能够对正常群体的膳食结构及摄入量给出指导性建议，了解国家营养改善的宏观措施，具有初步营养干预的能力。

思考题

1. 公共营养的概念是什么？其目的和研究内容如何？
2. 什么是膳食结构？世界范围内膳食结构类型如何？各自有什么优缺点？
3. 中国膳食结构特征？
4.《中国居民膳食指南(2016 年)》的内容和应用有哪些？
5. 营养监测的定义、分类、作用是什么？
6. 改善公共营养的宏观措施有哪些？

CHAPTER 11

第11章 营养调查与营养配餐

【启发提问】

1.维生素C、维生素D、钙等营养素缺乏会对健康带来哪些危害呢？口角炎的发生是否与饮食有关呢？

2.你的膳食结构是否合理？营养状况是否良好？

3.怎样才能做到既不摄入过多的能量又可以得到充足的营养？

4.你的日常饮食合理吗？你知道如何做到科学饮食吗？

【学习目的与要求】

1.熟悉膳食调查和人体测量的方法，掌握营养调查结果的评价方法。

2.熟悉常见营养缺乏病的临床体征，了解营养评价中常用的实验室检测指标。

3.熟悉营养配餐的依据和原则，掌握营养食谱设计的方法。

4.能够熟练运用营养学知识和技能，独立开展营养调查和食谱设计工作。

【学习重点】

1.膳食结构和膳食平衡状况的评价依据及方法。

2.运用计算法和食物交换份法，设计营养食谱的程序及步骤。

【学习难点】

1. 临床检查体征与营养缺乏之间的关系。

2. 营养食谱的综合分析评价方法。

人体每天都要从膳食中获得所需要的各种营养素。不同个体由于其年龄、性别、生理及劳动状况的不同，对各种营养素的需要量也不同。一个人如果长期某种营养素摄入不足就可能产生相应的营养缺乏，如果长期摄入某种营养素过多也可能产生相应的问题。因此，必须合理安排每日膳食，以通过平衡膳食使人体处于正常的营养状态。要做到合理营养，首先必须客观地了解机体的营养状况，然后根据机体的具体情况进行科学的营养指导和管理。

11.1 营养调查与评价

营养调查是运用科学手段来了解某一人群或个体的膳食和营养水平，以此判断其膳食结构是否合理和营养状况是否良好。营养调查是对人们的膳食组成变化、营养状况进行全面的了解，为研究各时期人群膳食结构和营养状况的变化提供基础资料，也为食物生产、加工、消费及政策干预提供依据。

全面的营养调查工作，一般由四部分内容组成：膳食调查，人体测量，人体营养水平的生化检验，营养不足或缺乏的临床检查。在此基础上对被调查个体进行营养状况的综合判定和对人群营养条件、营养问题、改进措施进行研究分析。

11.1.1 膳食调查

膳食调查是通过各种不同的方法对个人、家庭或人群的膳食摄入量进行评估，从而了解被调查对象在一定时期内膳食摄入状况、膳食结构和饮食习惯，借此来评定营养需要得到满足的程度。膳食调查通常采用称重法、记账法、24 h 回顾法、食物频率法、化学分析法等方法。

1. 膳食调查方法

(1)称重法　称重法是运用标准化的称量工具对食物量进行称重，从而了解调查对象当前食物消费情况的一种方法。即运用日常的各种测量工具对某一伙食单位或个人一日三餐中每餐各种食物的食用量进行称重，以计算出每人每日各种营养素的平均摄入量。调查时间一般为 3～7 d。

称重法的优点是能准确反映被调查对象各种营养素的摄入情况，适用于个体、家庭或集体单位的膳食调查，但费人力、物力，不适合大规模的营养调查。

(2)记账法　记账法是通过记录一定时期内某一伙食单位(如学校、幼儿园、部队食堂等)的食物消耗总量和进餐人数，计算每人每日各种营养素的平均摄入量。可以调查较长时期的膳食，且可进行全年不同季节的调查。

该法的优点在于操作简单、费用低、人力少，可适用于大样本调查，但是只能得到人均营养素摄入量，难以分析个体膳食摄入状况。

(3)24 h 膳食回顾法　该法是目前最常用的一种膳食调查方法，是通过询问被调查对象过去 24 h 的膳食摄入情况，对其营养素摄入量进行计算和评价。在实际工作中，一般采用 3 d 连续调查的方法，获取 3 个 24 h 回顾所得的食物种类和数量的信息。24 h 回顾法可用于家庭中个体食物消耗状况的调查，也可用于评价人群的膳食摄入量。

24 h 回顾法要求调查对象回顾和描述 24 h 内所有食物的消耗量，不仅是三餐的食物，也包括各种零食。24 h 是指从最后一餐吃食物开始向前推 24 h。食物量通常以家庭常用量具、容器、食物模型或食物图谱进行估计。

(4)食物频率法　是根据不同调查或研究目的而设计的一种食物频率表，按表中列出的食物类别或项目填写在过去某一时间段内消费食物的次数和每次的消费量，以求出每日各种食物的平均消费量。在实际应用中，可分为定性和定量食物频率法。定性食物频率法是调查被调查对象在特定时期内每种食物所吃的次数，而不收集食物的量、份额大小的资料。定量食物频率法是调查被调查对象在特定时期内每种食物所吃的次数及食物的摄入量。

食物频率法的优点是能够迅速得到平时摄入的食物种类和摄入量，反映长期营养素的摄取模式，可以作为研究慢性病与膳食模式关系的依据，也可作为膳食指导的参考。另外，该法简单、费用低，不影响应答者的饮食习惯、应答率较高，调查易实现自动化。其缺点是需要对过去的食物进行回忆，应答者的负担取决于所列食物的数量、复杂性以及量化过程等；与其他方法相比，对食物份额大小的量化不够准确。

(5)化学分析法　该法是收集被调查对象一日膳食中要摄入的所有主副食品，通过实验室的化学分析方法来测定其能量和营养素的数量和质量。

化学分析法的优点是能够准确得到各种营养物质的实际摄入量；缺点是操作复杂，成本高，仅适于较小规模的调查和特殊研究的需要。

2. 膳食调查结果评价

(1)资料整理　计算每人每日各类食物的摄入量及各种营养素的摄入量。查询 DRIs 并计算营养素摄入量占 DRIs 的百分数。计算膳食构成、能量及营养素的食物来源分布。

(2)膳食营养评价

①膳食结构评价：以《中国居民膳食指南(2016 年)》和平衡膳食宝塔规定的类别将食物分类，分别统计每类食物的摄入量。膳食结构的评价以中国居民平衡膳食宝塔为依据。

②能量和各种营养素摄入量的评价：以中国居民膳食营养素参考摄入量作为依据来评价健康个体或群体的营养素摄入情况。对群体营养素摄入的评价采用 EAR 切点法，计数在观测人群中有多少个体的日常摄入量低于 EAR，这些个体在人群中的比例即为该人群摄入不足个体的比例。

对个体膳食评价的核心是将其每日营养素摄入量与推荐量比较，评价营养素摄入量的满足度。在各种营养素中，成年人热能摄入量占 RNIs 的 80%以上为正常，低于 80%为摄入不足；摄入量长期超过 RNIs 的 30%不利于能量平衡；儿童热能摄入量占 RNIs 的 90%以上为正常，低于 80%为不足。其他营养素的供给量可达到需要量的 1.5～2 倍。

③膳食平衡状况的评价：膳食平衡状况的评价包括早、中、晚餐的供能比；能量的食物来源构成比；能量的营养素来源构成；优质蛋白质摄入量占总蛋白质摄入量的比例；饱和脂肪酸、单不饱和脂肪酸、多不饱和脂肪酸提供的能量占总能量的百分比，以及 n-3、n-6 系列脂肪酸的供能比例。

11.1.2 人体测量

人体测量资料是评价个体或群体营养状况的有效指标。人体测量的项目有身高、体重、坐高、头围、上臂围、胸围、腰围、臀围、小腿围、骨盆径、皮褶厚度等。不同年龄人群的体格检查项目不同(表 11-1)。

表 11-1 人体体格检查项目

年龄/岁	常用指标	深入调查指标
0～	体重、身长	背高、头围、胸围、骨盆径、皮褶厚度(三头肌、肩胛下、脐旁)
1～	体重、身高、皮褶厚度(三头肌)、上臂围	坐高、头围、胸围、骨盆径、皮褶厚度(三头肌、肩胛下、脐旁)、小腿围、手腕 X 线
5～	体重、身高、皮褶厚度(三头肌)	坐高、骨盆径、二肩峰距、上臂围、小腿围、手腕 X 线
20～	体重、身高、皮褶厚度(三头肌)、上臂围、小腿围	

1. 身高与体重

身高与体重是人体测量资料中最基础的数据。身高可以反映较长时期的营养状况，而体重可以反映一定时间内营养状况的变化。

测定身高时，被测量者赤足站在身高计底板上，足跟并拢，足尖外展 60°，躯干自然挺直，上臂自然下垂，足跟、骶骨部及两肩胛间与立柱相接触，成“三点一线”姿势。读数记录以 cm 为单位，精确至小数点后一位。3 岁以下儿童用卧式量板(或量床)测身长。

测试体重时，将杠杆秤放在平坦地面上，调整零点至刻度尺呈水平位，被测者身着单衣裤立于体重计中心，读数。读数记录以 kg 为单位，精确到小数点后一位。

(1)理想体重　或称标准体重，应用于成年人，一般用来衡量实际测量的体重是否在适宜范围。常用计算公式如下：

理想体重(kg)＝身高(cm)－100　　(Broca 公式)

理想体重(kg)＝身高(cm)－105　　(Broca 改良公式)

理想体重(kg)＝[身高(cm)－100]×0.9　　(平田公式)

实际体重在理想体重的 90%～110%为正常；80%～90%为消瘦；＜80%为重度消瘦；110%～120%为超重；＞120%为肥胖，其中 120%～130%为轻度肥胖，130%～150%为中度肥胖，＞150%为重度肥胖。

(2)体质指数(BMI)

$$BMI = 体重(kg)/[身高(m)]^2$$

适用于中国人的 BMI 评价标准为：BMI＜18.5 为消瘦，18.5～23.9 为正常，24.0～27.9 为超重，≥28.0 为肥胖。

(3)身高别体重和年龄别身高　二者均用于儿童营养状况的评价。身高别体重若达不到相同身高儿童应有的标准，表现为消瘦。这一指标主要反映当前的营养状况，对区别急性营养不良和慢性营养不良有意义。

年龄别身高主要反映较长期的营养状况，长期慢性营养不良可导致儿童生长发育迟缓，表现为身高比相同年龄儿童矮小。

儿童身体测量值与标准值进行比较评价，常用的评价方法有：

①标准差法是根据被调查对象的数值与参考均值距离几个标准差来进行评价的；

②百分位数法是将不同性别各年龄参考标准的原始数据从小到大分成100份，第1份的数据即第1百分位(P_1)，评价时将被调查对象的数值与相应参考标准比较(表11-2)；

③Gomez分类法是国际上对儿童体重和身高进行评价的方法，即按照相当于参考值的百分比来评价(表11-3)。

表11-2　百分位数法评价人体营养状况的标准

等级	标准	等级	标准
上等	$>P_{97}$	中下等	$P_3\sim P_{25}$
中上等	$P_{75}\sim P_{97}$	下等	$<P_3$
中等	$P_{25}\sim P_{75}$		

表11-3　人体营养状况与体重、身高的关系

营养状况	体重	身高
营养正常	90%～100%	95%～100%
Ⅰ度营养不良	75%～89%	90%～94%
Ⅱ度营养不良	60%～74%	85%～89%
Ⅲ度营养不良	<60%	<85%

2. 腰围与臀围

测量腰围时量取肋骨下缘至髂前上棘连线中点的径线长度；测量臀围时量取股骨粗隆水平的径线长度。二者读数记录以cm为单位，精确到小数点后一位。

腰臀比(WHR)是指腰围与臀围的比值。正常成人WHR男性<0.9，女性<0.85，超过此数值则表明被测对象是中央性(又称腹型、内脏型)肥胖，比外周性(四肢型)更易患高脂血症、高血压、冠心病等慢性病。

3. 上臂围与皮褶厚度

测量上臂围时，一般量取左上臂肩峰至尺骨鹰嘴连线中点的臂围长。我国1～5岁儿童上臂围13.5 cm以上为营养良好，12.5～13.5 cm为营养中等，12.5 cm以下为营养不良。我国男性上臂围的均值为27.5 cm，女性25.6 cm，测量值超过标准值的90%为营养正常，低于60%为严重营养不良。

皮褶厚度主要表示皮下脂肪的厚度，对判断肥胖和营养不良有重要价值。WHO推荐选用肱三头肌、肩胛下角和脐旁3个测量点，以分别代表个体肢体、躯干、腰腹部位的皮下脂肪堆积情况。消瘦、中等、肥胖的界限，男性分别为<10 mm、10～40 mm和>40 mm，女性分别为<20 mm、20~50 mm和>50 mm。

4. 体脂含量

体脂含量是研究肥胖时评价体脂常用的指标，可以应用皮褶厚度测量、生物电阻抗法及密度法等方法测定，通过各自的回归方程计算得到。正常成人体脂含量，男性约为体重的15%，女性22%。男性体脂含量>25%、女性体脂含量>35%可判断为肥胖。

11.1.3 营养缺乏的临床检查

通过观察被检查者与营养状况有关的症状和体征，尤其是营养缺乏病的常见体征，做出营养正常或失调的临床诊断。营养缺乏病的症状及体征往往比较复杂，轻度的营养缺乏病不太典型，应仔细鉴别诊断。常见营养缺乏病的临床体征见表11-4、表11-5。临床症状与体征的检查对于明确诊断起重要作用，结合实验室生化检验的结果可对营养缺乏病进行诊断。

表11-4 临床检查体征与营养缺乏的关系

部位	体征	缺乏的营养素
头发	失去光泽，稀少	维生素A、蛋白质
面部	鼻、唇窝溢脂皮炎	核黄素
眼睛	结膜苍白	铁
	毕托氏斑，结膜干燥，角膜干燥，角膜软化	维生素A
	睑缘炎	核黄素
唇	口角炎，口角结痂，唇炎	核黄素
舌	舌色猩红及牛肉红	烟酸
	舌色紫红	核黄素
齿	斑釉齿	氟过多
齿龈	松肿	抗坏血酸
腺体	甲状腺肿大	碘
	腮腺肿大	饥饿
皮肤	干燥，毛囊角化	维生素A
	出血点(瘀点)	抗坏血酸
	癞皮病皮炎	烟酸
	阴囊与会阴皮炎	核黄素
指甲	反甲(舟状甲)	铁
皮下组织	水肿	蛋白质
	脂肪减少	饥饿
	脂肪增多	肥胖
肌肉和骨骼	肌肉消耗	饥饿，营养不良
	颅骨软化，方头，骨骺肿大，前囟未闭	维生素D
	串珠肋	维生素D，抗坏血酸
	肌肉、骨骼出血	抗坏血酸
神经系统	精神性运动的改变	蛋白质-热量
	精神错乱，感觉失常，肌肉无力，腓肠肌触痛	硫胺素，烟酸
心脏	心脏扩大，心动过速	硫胺素

表 11-5　常见营养缺乏病的临床体征

营养缺乏病	临床体征
蛋白质-能量营养不良	幼儿:消瘦,生长发育迟缓或停止,皮下脂肪少,皮肤干燥、无弹性、色素沉着、水肿,肝脾肿大,头发稀少等 儿童和成人:皮下脂肪减少或消失,体重降低,颧骨突起,水肿等
维生素 A 缺乏症	结膜、角膜干燥,夜盲症,毕脱斑,皮肤干燥、毛囊角化等
维生素 B_1 缺乏症	外周神经炎,皮肤感觉异常或迟钝,体弱、疲倦、失眠,胃肠症状、心动过速、甚至出现心衰和水肿等
维生素 B_2 缺乏症	口腔-生殖系综合征。口角炎,唇炎、舌炎,口腔黏膜溃疡,脂溢性皮炎,阴囊皮炎及会阴皮炎等
烟酸缺乏症	皮肤炎、腹泻、抑郁或痴呆等三 D 症状。皮炎、舌炎、舌裂、胃肠症状、失眠头痛、精神不集中、肌肉震颤、有些患者甚至精神失常等
维生素 C 缺乏症	齿龈炎,齿龈出血;全身点状出血,皮下、黏膜出血,重者皮下、肌肉和关节出血、血肿出现等
维生素 D 缺乏症	幼儿:佝偻病,骨骺肿大,串珠肋,前囟未闭,颅骨软化,肌张力过低等 儿童:前额凸出,"O"或"X"形腿,胸骨变形(哈氏沟,鸡胸) 成人:骨质软化、骨痛、肌无力和骨压痛,骨质疏松等
碘缺乏症	地方性甲状腺肿:甲状腺增生肥大,巨大肿块压迫气管可有呼吸困难;克汀病:有智力低下和精神发育不全
锌缺乏症	生长迟缓、食欲不振、皮肤创伤不易愈合。性成熟延迟、第二性征发育障碍、性功能减退、精子产生过少等
硒缺乏症	心脏扩大、急性心源性休克及严重心律紊乱,可引起死亡

11.1.4　人体营养水平的生化检验

借助生化、生理实验等手段可以对人体营养水平进行鉴定,发现人体营养不足症、营养储备水平低下或营养过剩等状况,及时掌握营养失调的征兆和变化动态,以便采取必要的预防措施。

评价营养状况的实验室测定方法基本上可分为:测定血液中的营养成分或其标志物水平;测定尿中营养成分或其代谢产物的排出;测定与营养素有关的血液成分或酶活性的改变;测定血、尿中因营养素不足而出现的异常代谢产物;进行负荷、饱和及同位素实验。目前营养状况的实验室检查常测定的样品为血液、尿样等。

实验室检测具有客观、灵敏的特点,对于人体营养水平的鉴定、营养素缺乏症的早期发现与治疗具有重要作用。营养评价中常用的实验室检测指标见表 11-6。

表 11-6　营养评价中常用实验室检测指标

检测项目	检测指标
蛋白质	血清总蛋白质,血清白蛋白,血浆前白蛋白,血浆视黄醇结合蛋白,血清运铁蛋白,血浆游离氨基酸,空腹血浆氨基酸总量/必需氨基酸量,尿氨基酸
脂类	血清总脂,血清总胆固醇,游离胆固醇和胆固醇酯,血清高密度脂蛋白胆固醇,血清低密度脂蛋白胆固醇,血清极低密度脂蛋白胆固醇,血清总甘油三酯,血清游离脂肪酸

续表 11-6

检测项目	检测指标
碳水化合物	血清葡萄糖,血浆胰岛素,血浆胰高血糖素,葡萄糖耐量实验,胰高血糖素耐量实验,尿糖定性,尿糖定量
铁	血红蛋白,血浆游离血红蛋白,血清铁蛋白,红细胞游离原卟啉,血清运铁蛋白,血清运铁蛋白饱和度,血清铁,血清铁饱和度,血清总铁结合力,红细胞计数,网织红细胞计数,红细胞压积,平均红细胞血红蛋白含量,平均红细胞血红蛋白浓度,平均红细胞体积
硒	全血硒,血浆硒,尿硒,发硒,红细胞谷胱甘肽过氧化物酶
锌	血清锌,红细胞锌,白细胞锌,金属硫蛋白,血清碱性磷酸酶
铜	血清铜,全血铜,血清铜蓝蛋白,红细胞超氧化物歧化酶
碘	血浆无机碘,血清蛋白结合碘,血清甲状腺素,血清游离甲状腺素,血清三碘甲腺原氨酸,血清促甲状腺激素,血清反三碘甲腺原氨酸,血清甲状旁腺激素,血清甲状腺球蛋白
氟	全血氟,血清氟,尿氟
维生素 A	血浆维生素 A,血清 β-胡萝卜素,血浆视黄醇结合蛋白
维生素 D	血清碱性磷酸酶,血浆 25-OH-D_3,血浆 25-$(OH)_2$-D_3
维生素 E	血清维生素 E,红细胞维生素 E
维生素 K	血浆纤维蛋白原,凝血酶原前体蛋白,凝血酶原活力,脱-γ-羧基-凝血酶原,血浆叶绿醌
维生素 C	血浆总维生素 C,白细胞维生素 C,全血维生素 C,尿维生素 C,4 h 负荷尿总抗坏血酸,4 h 负荷尿还原型维生素 C
维生素 B_1	血清维生素 B_1,白细胞维生素 B_1,红细胞转酮醇酶活性系数,4 h 负荷尿维生素 B_1,尿维生素 B_1
维生素 B_2	血清核黄素,红细胞核黄素,全血谷胱甘肽还原酶活力系数,4 h 负荷尿核黄素
烟酸	尿 N_1-甲基烟酰胺(NMN),4 h 尿负荷试验,标准膳食试验,红细胞辅酶Ⅰ/辅酶Ⅱ
叶酸	红细胞叶酸,血清叶酸,血浆同型半胱氨酸
维生素 B_{12}	血清维生素 B_{12},血清维生素 B_{12}结合咕啉,血浆同型半胱氨酸

11.2 营养配餐与食谱设计

11.2.1 营养配餐的目的和理论依据

营养配餐是按照膳食营养平衡理论和身体的需要,根据食物中各营养物质的含量,设计一天、一周或一个月的食谱,使人体摄入的各种营养素数量充足、比例合理,即达到平衡膳食。

1. 营养配餐的目的

营养配餐的目的:一是将各类人群的 DRIs 具体落实到用餐者的每日膳食中,使其能按需要摄入足够的能量和各种营养素,同时防止营养素或能量的过高摄入;二是要根据群体对各种营养素的需要,结合当地食物品种、生产季节、经济条件和烹调水平,合理选择各类食物,达到平衡膳食;三是通过编制营养食谱,指导食堂管理人员或家庭有计划地管理膳食,并有利于成本核算。

2. 营养配餐的理论依据

营养配餐是与人们的日常饮食和健康直接相关的实践性工作，要做到营养配餐科学合理，需要以营养科学知识为指导。

(1)DRIs　制定DRIs的目的在于指导人们的膳食实践，评价人群的营养状况并为国家的食物发展与供给计划提供依据。DRIs是营养配餐中能量和各营养素需要量的确定依据。编制营养食谱时，一般以能量需要量为基础，以各营养素的RNI或AI为依据确定需要量。制定出食谱后，还需要以各营养素的RNI或AI为参考评价食谱是否合理，如果相差超过10%，需要加以调整。

(2)《中国居民膳食指南(2016年)》　膳食指南是合理膳食的基本规范，其将营养理论转化为通俗易懂、简明扼要、可操作性的指南。其目的是指导居民通过平衡膳食，达到合理营养，进而促进身体健康。因此，膳食指南的原则就是食谱设计的原则，营养食谱的制定需要根据膳食指南考虑食物种类、数量的合理搭配。

平衡膳食宝塔是膳食指南的形象化表达，是人们在日常生活中贯彻膳食指南的工具。宝塔建议的各类食物的数量既以人群的膳食实践为基础，又兼顾食物生产和供给，同时还提出了应用时的具体建议，如同类食物互换的方法，对制定营养食谱具有实际指导作用。

(3)食物成分表　要做好营养配餐工作，必须了解和掌握食物的营养成分。通过食物成分表，在编制食谱时才能将营养素的需要量转换为食物的需要量，从而确定食物的品种和数量。在评价食谱所含营养素摄入量是否满足需要时，同样需要参考食物成分表中各种食物的营养成分数据。

(4)营养平衡理论　平衡膳食是指每天从饮食中获得的营养素种类齐全，数量充足，比例合理，可以满足机体生长发育与代谢的需要。营养平衡应该是使摄食者能量和营养素满足机体需要，以及各种营养素间建立起生理上的平衡。例如，生热营养素的比例平衡、优质蛋白质与一般蛋白质的平衡、脂肪酸组成的平衡、维生素与产能营养素之间的平衡、动植物食品的平衡等。

11.2.2　营养食谱的设计原则

根据营养配餐的基本理论，营养食谱的设计应遵循以下原则。

(1)保证膳食营养平衡　第一，要求食物品种多样，数量充足，既满足用膳者营养需要又要防止过量；第二，各营养素之间的比例要适宜，要保证优质蛋白质占适宜的比例，以植物油作为油脂的主要来源，同时还要保证碳水化合物的摄入；第三，食物搭配要合理，注意主副食、粗细粮及荤素等食物的平衡搭配；第四，能量和营养素在各餐中的分配比例要合理。

(2)注意饮食习惯和口味　由于各地居民饮食习惯及口味的差异，在营养配餐时应考虑进餐者的饮食习惯，既使饮食多样化，又要注重烹调方法，使食物具有良好的色、香、味、形。

(3)考虑季节和市场供应情况　根据当地当季食品供应情况，了解各原料的营养特点，尽可能选择多样食物进行调配。

(4)适应经济条件　营养配餐要考虑进餐者的经济承受能力，使食谱具有实际意义。

11.2.3 营养食谱设计——计算法

1. 设计原理

计算法是在确定配餐对象能量需要的基础上，将能量进行餐次、营养素的合理分配。在确定主、副食(主要提供蛋白质的副食)种类之后，根据主、副食的碳水化合物及蛋白质含量，计算出主、副食的食物数量。然后参照平衡膳食宝塔，确定蔬菜水果的品种和数量，以及油、盐的数量。最后将各种食物分配至一日三餐中，编制成完整的食谱。

用计算法进行营养配餐步骤较多，比较费时，但配餐的结果相对精准，营养指标更加符合配餐对象的需要。

2. 设计方法

(1)确定配餐对象全日能量供给量

①查表法　参照DRIs中能量的RNI，根据配餐对象的劳动强度、性别、年龄等确定全日能量供给量。其不足之处是不能反映个体能量需求的差异，但使用方便，特别适合于团体膳食的设计。

集体就餐对象的能量供给量标准以就餐人群的基本情况为依据。若为均匀群体，通常以查表得到的该群体中个体的每日能量需要量作为依据。例如：就餐人员的80%以上为轻体力活动的年轻女性，则每日所需能量供给量标准7.53 MJ(1 800 kcal)。若就餐对象为非均匀群体，人员的年龄、性别、劳动强度相差较大，则以其平均能量需要量作为全日能量供给量依据。

②计算法　根据就餐对象体质状况及体力活动水平，依照成人每日能量供给量标准(表11-7)确定能量供给量。公式为：

全日能量供给量(kcal/kJ)＝标准体重(kg)×单位标准体重能量供给量(kcal/kg)/(kJ/kg)

表11-7　成人每日能量供给量标准　　(kcal/kg标准体重)/(kJ/kg标准体重)

体型	体力活动水平			
	极轻体力活动	轻体力活动	中体力活动	重体力活动
消瘦	30/126	35/146	40/167	40～45/167～188
正常	20～25/84～105	30/126	35/146	40/167
肥胖	15～20/63～84	20～25/84～105	30/126	35/146

例如：某男，40岁，身高175 cm，体重66 kg，从事中等体力活动，求每日所需能量。

解：根据成人的体质指数(BMI)，判断其体型：$66\div(1.75)^2=21.6$，属正常体型。

根据成人的身高，计算其标准体重：175－105＝70(kg)。

了解就餐者体力活动及体型，根据成人每日能量供给量表确定能量供给量：正常体型、中等体力活动者单位体重能量供给量为35 kcal/kg(146 kJ/kg)，则其日需能量为：35 kcal/kg(146 kJ/kg)×70 kg＝2 450 kcal(10 220 kJ)。

(2)计算宏量营养素全日应提供的能量。一般蛋白质占10%～15%，脂肪20%～30%，碳水化合物55%～65%。具体可根据当地生活水平、饮食习惯等因素来确定三类能量营养素占总能量的比例，由此可求得蛋白质、脂肪和碳水化合物的一日能量供给量。

已知某人每日能量需要量为9.41 MJ(2 250 kcal),若蛋白质、脂肪和碳水化合物的供能比分别为15%、25%和60%,则各自应提供能量如下:

蛋白质 9.41 MJ(2 250 kcal)×15%=1.411 5 MJ(338 kcal)

脂肪 9.41 MJ(2 250 kcal)×25%=2.352 5 MJ(562 kcal)

碳水化合物 9.41 MJ(2 250 kcal)×60%=5.646 0 MJ(1 350 kcal)

(3)计算三种能量营养素每日需要量。根据三大产能营养素的能量供给量及其能量折算系数,求出全日蛋白质、脂肪、碳水化合物的需要量。

蛋白质 1 411.5 kJ÷16.7 kJ/g=85 g (338 kcal÷4 kcal/g=85 g)

脂肪 2 352.5 kJ÷37.6 kJ/g=62 g (562 kcal÷9 kcal/g=62 g)

碳水化合物 5 646.0 kJ÷16.7 kJ/g=338 g (1 350 kcal÷4 kcal/g=338 g)

(4)计算三种能量营养素每餐需要量。一般三餐能量的适宜分配比例为:早餐约占30%,中餐约40%,晚餐约30%。据此可分别计算出各餐需要摄入的能量营养素数量:

早餐:蛋白质 85 g×30%=26 g

脂肪 62 g×30%=19 g

碳水化合物 338 g×30%=101 g

中餐:蛋白质 85 g×40%=34 g

脂肪 62 g×40%=25 g

碳水化合物 338 g×40%=135 g

晚餐:蛋白质 85 g×30%=26 g

脂肪 62 g×30%=19 g

碳水化合物 338 g×30%=101 g

(5)主、副食品种和数量的确定。已知三种能量营养素的需要量,查食物成分表,即可确定主食和副食的品种和数量。

①主食品种、数量的确定　由于动物性食物中含碳水化合物极少,豆类中的碳水化合物可供能的不多,绝大多数蔬菜水果中的碳水化合物也不丰富,因此主食的品种、数量主要根据各类主食原料中碳水化合物的含量确定。这样的计算方法,会导致食谱中某些食物所提供的碳水化合物没有被计算在内,所差部分在后面步骤中进行校正。

主食品种主要根据用餐者的饮食习惯确定,北方以面食为主,南方以大米居多。

根据上步计算,早餐应提供碳水化合物 101 g,若以小米粥和馒头为主食,并分别提供20%和80%的碳水化合物,查《食物成分表》得知,每100 g小米含碳水化合物75.1 g,每100 g小麦粉(标准粉)含碳水化合物73.6 g,则所需小米重量=101 g×20%÷75.1×100=27 g,所需小麦粉重量=101 g×80%÷73.6×100=110 g。

②副食品种、数量的确定　确定了主食的品种和数量后,就要考虑蛋白质的食物来源。除了谷类食物能提供蛋白质外,各类动物性食物和豆制品是优质蛋白质的主要来源。因此,副食品种和数量的确定应在已明确主食用量的基础上,依据副食应提供的蛋白质质量确定,计算步骤如下:

首先计算主食中含有的蛋白质,用应摄入的蛋白质总量减去主食中蛋白质的含量即为副食应提供的蛋白质的量。设定副食中超过一半的蛋白质由动物性食物供给，其余由豆制品供给，据此可分别计算动物性食物及豆制品的供给量。

其次确定蔬菜的数量和品种。由于蔬菜水果提供的能量很少，因此，通常不从能量的角度来计算数量，而是按照平衡膳食宝塔来确定其数量。蔬菜的品种可根据不同季节市场供应情况、荤素搭配、色彩搭配等来确定。通常成人每日应供给 300～500 g 蔬菜，其中深色蔬菜应占一半以上，以满足维生素和矿物质的需要，特别是钙、铁、胡萝卜素、维生素 B_2 和维生素 C 的需要。

仍以上述计算结果为例，已知该就餐者午餐应含蛋白质 34 g、碳水化合物 135 g。假设以米饭为主食，查表得知，每 100 g 大米含碳水化合物 78.3 g，可计算得出大米所需重量为 172 g。

由食物成分表得知，100 g 大米含蛋白质 7.9 g，则主食提供的蛋白质量＝172 g×7.9÷100＝13.6 g，副食蛋白质含量＝34 g－13.6 g＝20.4 g。设定副食中蛋白质的 60％来源于动物性食物，40％来源于豆制品，则动物性食物应含蛋白质重量＝20.4 g×60％＝12.2 g，豆制品应含蛋白质重量＝20.4 g×40％＝8.2 g。

若选择的动物性食物和豆制品分别为猪肉和豆腐干，查表可知，每 100 g 猪肉中蛋白质含量为 20.2 g，每 100 g 豆腐干的蛋白质含量为 15.8 g，则：

猪肉重量＝12.2 g÷20.2×100＝60 g

豆腐干重量＝8.2 g÷15.8×100＝52 g

最后确定纯能量食物的量。烹调油应以植物油为主，有一定量动物脂肪摄入。查食物成分表，计算每日各类食物提供的脂肪含量，将需要的脂肪总量减去各类食物提供的脂肪量即为每日植物油供应量。

(6)食谱的调整。根据以上步骤设计出营养食谱后，还应对食谱进行评价，确定编制的食谱是否科学合理。参照食物成分表核算该食谱实际提供的能量和各种营养素的量，将实际值与原计算值或 DRIs 值进行比较，若相差在 10％以内，可认为符合要求，否则要增减食物数量或更换种类。值得注意的是，制定食谱时，不必严格要求每份营养餐食谱的能量和各类营养素均与参考值保持一致。一般情况下，每日的能量、蛋白质、脂肪和碳水化合物的量出入不应很大，其他营养素以一周为单位进行评价即可。

11.2.4 营养食谱设计——食物交换份法

1. 设计原理

食物交换份法是将常用食物按其所含营养素量的近似值归类，计算出每类食物每份所含的营养素值和食物质量，然后将每类食物的内容列出表格供交换使用，根据不同能量需要，按蛋白质、脂肪和碳水化合物的合理分配比例，计算出各类食物的交换份数和实际重量，并按每份食物等值交换表选择食物的方法。

根据《中国居民膳食指南(2016 年)》，按食物所含营养素特点的不同将食物划分为 5 大类：谷类及薯类、动物性食物、豆类及制品、蔬菜水果类、纯能量食物。按每份食品能量交换单位，计算出各种食品每个交换份的质量及产能营养素的质量，并以表格形式列出，见表 11-8。

表 11-8　每一份食品的产能营养素含量(90 kcal/378 kJ)　　g

组别	食品类别	每份质量	蛋白质	脂肪	碳水化合物	主要营养素
谷薯组	谷薯类	25	2.0	—	20.0	碳水化合物、膳食纤维
蔬菜组	蔬菜类	500	5.0	—	17.0	矿物质、维生素、膳食纤维
水果组	水果类	200	1.0	—	21.0	矿物质、维生素、膳食纤维
肉蛋组	肉蛋类	50	9.0	6.0	—	蛋白质
豆乳组	大豆类	25	9.0	4.0	4.0	蛋白质
	鲜奶类	160	5.0	5.0	6.0	蛋白质
纯能量组	油脂类	10	—	10.0	—	脂肪
	坚果类	15	4.0	7.0	2.0	蛋白质、脂肪
	精制糖	22	—	—	22.0	碳水化合物

各类食物的交换代量表是将常用食物按其所含营养素量的近似值归类，计算出每类食物每份所含的营养素值和食物质量，然后将每类食物的内容列出表格，见表 11-9 至表 11-15。一般同类食物才能进行交换，否则将影响平衡膳食原则。

表 11-9　谷薯类食物的交换代量

分类	食物质量/g	食物(食部)
糕点	20	饼干、蛋糕、江米条、麻花、桃酥、油条、油饼等
米	25	大米、小米、糯米、薏米、米粉
面	25	面粉、各种挂面、龙须面、通心粉
杂粮	25	高粱米、玉米、燕麦、莜面、荞麦
杂豆	25	绿豆、红豆、芸豆、干豌豆、蚕豆
面食	35	馒头、面包、花卷、窝头、烧饼、烙饼、切面
鲜品	100	马铃薯、红薯、白薯、鲜玉米
	150	湿粉皮
	200	鲜玉米(带棒心)

注：一个标准份为 25 g。

表 11-10　蔬菜类食物的交换代量

分类	食物质量/g	食物(食部)
叶菜类	500	大白菜、圆白菜、菠菜、油菜、韭菜、茴香、茼蒿、芹菜、莴笋、鲜蘑菇、海带、空心菜、苋菜
瓜茄类	500	西葫芦、番茄、冬瓜、苦瓜、黄瓜、茄子、丝瓜
	350	倭瓜、南瓜
苔花类	300	菜花、西兰花
根茎类	400	白萝卜、青椒、茭白、冬笋
	200	胡萝卜
	250	鲜豇豆、扁豆、洋葱、蒜苗
	150	山药、荸荠、藕、凉薯
	100	慈姑、百合、芋头
鲜豆类	75	毛豆、鲜豌豆

注：一个标准份为 500 g。

表 11-11　水果类食物的交换代量

食物质量/g	食物(食部)
150	柿子、香蕉、鲜荔枝
200	梨、桃、苹果、橘子、橙子、柚子、猕猴桃、李子、杏
250	葡萄
300	草莓
500	西瓜

注:一个标准份为 200 g。

表 11-12　肉蛋类食物的交换代量

分类	食物质量/g	食物(食部)
畜肉类	20	热火腿、香肠
	25	肥瘦猪肉
	35	熟叉烧肉、午餐肉、熟酱牛肉、熟酱鸭、大肉肠
	50	瘦猪肉、牛肉、羊肉、鸡肉、鸭肉、鹅肉
	100	兔肉
蛋类	60	鸡蛋、鸭蛋、松花蛋、鹌鹑蛋
鱼虾类	80	草鱼、带鱼、鲤鱼、比目鱼、甲鱼、大黄花、鲫鱼、对虾、青虾、鲜贝
其他	300	水发海参

注:一个标准份为 50 g。

表 11-13　大豆类食物的交换代量

食物质量/g	食物(食部)
20	腐竹
25	大豆、大豆粉
50	豆腐丝、豆腐干、油豆腐
100	豆腐
150	嫩豆腐
400	豆浆

注:一个标准份为 100 g(豆腐)。

表 11-14　奶类食物的交换代量

食物质量/g	食物(食部)
20	全脂奶粉
25	奶酪、脱脂奶粉
130	无糖酸奶
160	牛奶、羊奶

注:一个标准份为 160 g(牛奶)。

表 11-15　纯能量食物的交换代量

食物质量/g	食物(食部)
10	各种植物油和动物油
15	核桃仁、花生仁、南瓜子、葵花子、西瓜子、松子仁、杏仁、黑芝麻
22	红糖、白糖

注:一个标准份为 10 g(植物油)。

2. 设计方法

(1)确定配餐对象全日能量供给量。根据配餐对象的基本情况，采用查表法或者计算法确定全日的能量需求。

(2)计算食物交换份数。根据配餐对象的能量需要，计算出配餐对象一日所需要的食物交换份总数；根据平衡膳食的要求，将食品交换份总数分配到各大类食物，见表 11-16。可以看出，在一定能量需求范围内，各类食物交换份数的分配通常是蔬果类、肉蛋类、豆乳类、油脂类的交换份数比较固定，不同能量需求者的交换份数的变化主要在谷薯类的份数上。

表 11-16　不同能量所需的各类食物交换份数(90 kcal＝1 交换份)

能量/kcal	总交换份数	谷薯类交换份	蔬果类交换份	肉蛋类交换份	豆乳类交换份	纯能量类(油脂)交换份
1 260	14	8				
1 350	15	9	1.2	2.4	1.2	1.2
1 440	16	10				
1 530	17	11				
1 620	18	10				
1 710	19	11				
1 800	20	12	1.6	3.2	1.6	1.6
1 890	21	13				
1 980	22	14				
2 070	23	13				
2 160	24	14				
2 250	25	15	2	4	2	2
2 340	26	16				
2 430	27	17				
2 520	28	16				
2 610	29	17				
2 700	30	18	2.4	4.8	2.4	2.4
2 790	31	19				
2 880	32	20				
2 970	33	21				
3 060	34	20				
3 150	35	21	2.8	5.6	2.8	2.8
3 240	36	22				

例：陈先生，身体健康，从事轻体力劳动，能量需要为 2 250 kcal/d。按照每交换份的热能供给为 90 kcal 计，其一日总的食物交换份为 2 250÷90＝25 份，安排谷薯类占 15 个交换份，蔬菜水果 2 个交换份，肉蛋类 4 个交换份；豆乳类 2 个交换份，油脂类 2 个交换份。

(3)确定食物种类和供给量。选择食物时应注意种类的多样化，如主食应增加粗杂粮，动物性食物的种类不要限于某一种，蔬菜水果要注意叶类、茎类、茄果类都要选等。

针对上例，选择不同种类的食物，并确定其供给量：

谷薯类：大米 5 份，25 g×5=125 g；小麦粉 5 份，25 g×5=125 g；小米 1 份，25 g×1=25 g；玉米粉 2 份，25 g×2=50 g；绿豆 1 份，25 g×1=25 g；红薯 1 份，100 g×1=100 g

肉蛋类：瘦猪肉 1.5 份，50 g×1.5=75 g；带鱼 1.5 份，80 g×1.5=120 g；鸡蛋 1 份，60 g×1=60 g

豆乳类：牛奶 1 份，160 g×1=160 g；嫩豆腐 1 份，150 g×1=150 g

蔬果类：空心菜 0.4 份，500 g×0.4=200 g；西兰花 0.3 份，300 g×0.3=90 g；鲜蘑菇 0.2 份，500 g×0.2=100 g；胡萝卜 0.2 份，200 g×0.2=40 g；猕猴桃 0.5 份，200 g×0.5=100 g；橘子 0.4 份，200 g×0.4=80 g

油脂类：植物油 2 份，10 g×2=20 g

(4)编制一日食谱。将所选择的食物大致按 30%、40%、30%的能量比分配至一日三餐中，并编制成食谱(表 11-17)。

表 11-17　一日食谱

餐次	食品名称	原料组成	质量/g	烹调方法
早餐	牛奶	鲜牛奶	160	煮
	馒头	小麦粉	62.5	蒸
		玉米粉	25	
	水煮蛋	鸡蛋	60	煮
	拌西兰花	西兰花	90	凉拌
	烹调油	芝麻油	5	
加餐	水果	猕猴桃	100	
中餐	米饭	大米	100	煮
	蒸红薯	红薯	100	蒸
	小米粥	小米	25	煮
	肉丝胡萝卜	瘦猪肉	75	炒
		胡萝卜	40	
	蘑菇炖豆腐	嫩豆腐	150	炖
		鲜蘑菇	100	
	烹调油	花生油	7.5	
加餐	水果	橘子	80	
晚餐	馒头	小麦粉	62.5	蒸
		玉米粉	25	
	绿豆大米粥	大米	25	煮
		绿豆	25	
	红烧带鱼	带鱼	120	烧
	蒜茸空心菜	空心菜	200	炒
	烹调油	花生油	7.5	

食物交换份法较为粗略，实际应用中，可将计算法与食物交换份法结合使用，首先用计算法确定食物的需要量，然后用食物交换代量表确定食物种类及数量。通过食物的同类互换，可以以一日食谱为基础，设计出一周乃至一个月的食谱。

11.2.5　营养食谱的质量综合分析

1. 营养食谱的质量综合分析

(1)膳食结构评价。膳食结构包括食物的种类和数量两方面。合格的营养餐食物种类不能太少,否则很难体现食物的多样性,也难以达到营养平衡。要求每日选用的食物包括5大类、18种以上。其中包括3种以上的谷类及薯类食物;3种以上的动物性食物(肉、鱼、禽、蛋、乳);6种以上蔬菜(叶、茎、根、花、果、菌、藻等),深色叶菜类占2/3以上;2种以上水果;2种以上大豆制品;2种以上食用植物油。另外,与平衡膳食宝塔比较,评价食谱中的食物数量是否符合要求。

(2)营养分析

①能量和营养素摄入量的评价　将食谱能量和营养素的计算结果与膳食营养素参考量进行比较,相差在10%的范围内,一般可认为能量和营养素符合要求。否则应增加或减少食物的品种和数量。

②三餐能量摄入分配的评价　评价三餐的餐次比,尤其是早餐的能量和蛋白质供给是否达到要求。

③三大营养素的供能比

④蛋白质、脂肪、钙、铁等来源的评价　优质蛋白的比例、动植物脂肪的比例、钙和铁的动物性来源。

(3)烹饪可行性分析

①原料选择分析　配餐对象不同,在原料的选择上要有所区别。例如对于糖尿病人,则应注意选用中低血糖指数的原料。另外,根据原料的价格因素及采购难易程度等合理选择应季原料或反季节原料。

②烹调方法分析　合格的营养餐既要体现烹调方法的多样性,又要考量对营养素的保护、对配餐对象的适应性等。

③口味分析　营养餐由多款菜品构成,要求其在口味(酸、甜、苦、咸及各种复合味)上要合理搭配,并且还要适应配餐对象的要求。

④可操作性分析　营养餐菜品等设计还要考虑到其制作完成情况,因此菜品烹调操作难度的分析、厨房满足情况的分析等也不能忽视。

⑤成本分析　对营养餐进行成本核算,分析其与配餐对象的经济承受能力或餐标是否符合。

2. 设计食谱的注意事项

为了让设计的食谱不但符合平衡膳食的要求,还要被就餐者能很好地接受,要注意以下方面:

(1)因为早餐时间比较紧张,人们往往食欲不佳,因此食物的量不宜过多,一般情况下主食以1～2种为宜。我国居民早餐的蛋白质供给不足,因此早餐中要有牛奶或鸡蛋。蔬菜也是不可少的,考虑到我国居民的膳食习惯,可以用凉拌的方法供给。早餐时身体内比较缺水,因此要有一定的水分供应,但也要注意胃容量,水量不宜太多。

(2)午餐在一天食物和营养素的供给中起着承上启下的作用,主食可以一到两种。副食的品种可略多于晚餐,可以两荤两素再加一个汤。

(3)晚餐要尽量清淡。主食以一种到两种为宜，副食仍可以两荤两素，但在原料的选择上以鱼虾为主。

(4)主食尽量选择标准米、标准面，少选精白米、精白面，同时，每周吃三四次粗粮、杂粮。

(5)应了解本地区的食物资源和各种主副食的供应情况、价格变化状况等。根据就餐者的膳食习惯，做到有主有副、有粗有细、有荤有素、有干有稀，保证人体的各种营养素需要。合理选择食物品种和烹调方法，菜肴品种丰富，色、香、味、形常变化。

(6)在设计一周食谱时，有些营养素的供给量必须每天都达到需要值，如能量、蛋白质、水溶性维生素等；但有些营养素如维生素 A、维生素 D、钙、铁等营养素只要在一周内平衡也能满足人体的需要。

(7)素食者膳食中往往优质蛋白质的供给不足，钙、铁、维生素 A、维生素 B_2 的供给也不足。食谱中的这些营养物质如果不能达到供给标准的 80%～90%时，则需要设法补充。应合理利用大豆及其制品补充优质蛋白质、钙和维生素等营养素。

3. 营养食谱举例

(1)幼儿一日食谱举例　幼儿胃容量小，一日餐次要比成人多，可采用三餐一点制或三餐两点制(表 11-18)。

表 11-18　幼儿一日食谱举例

餐次	食物名称	用量	餐次	食物名称	用量
早餐	牛奶燕麦粥	牛奶 200 mL，燕麦 25 g，糖 15 g	午点	苹果	50 g
	蛋羹	鸡蛋 25 g		钙强化饼干	15 g
午餐	杂粮米粥	大米 40 g，小米 10 g	晚餐	软米饭	大米 125 g
	肉末土豆	猪瘦肉 30 g，土豆 30 g		豆腐烧鱼	南豆腐 75 g，鱼肉 25 g
	西红柿炒蛋	鸡蛋 25 g，西红柿 50 g		素炒菠菜	菠菜 70 g
	素炒绿豆芽	绿豆芽 50 g	晚点	牛奶	150 g
			全日烹调用油：10 g		

(2)中小学生一日食谱举例　中小学生的膳食不仅要维持生命和日常活动，更重要的是还要满足其迅速生长发育的需要。所需的能量和各种营养素的数量相对比成人高，尤其是能量和蛋白质、钙、锌、铁等几种营养素(表 11-19)。此外，营养丰富的早餐对学生完成上午紧张的学习有重要作用，要保证吃好早餐。

表 11-19　10～12 岁学生一日食谱举例

餐次	食物名称	用量	餐次	食物名称	用量
早餐	馒头	面粉 100 g	晚餐	豆粥	大米 50 g，绿豆 25 g
	牛奶燕麦粥	牛奶 250 g，燕麦 25 g		馒头	面粉 50 g
	苹果	100 g		青红椒肉片	猪瘦肉 50 g，青菜椒 50 g；红菜椒 50 g
午餐	杂粮米饭	大米 100 g，小米 25 g		素炒莴笋	莴笋 100 g
	西红柿炒蛋	西红柿 100 g，鸡蛋 60 g	全日烹调用油：20 g		
	紫菜豆腐汤	紫菜 10 g，豆腐 25 g			
	炒时令蔬菜	空心菜 50 g			

(3)中老年人一日食谱举例　中老年人因器官功能减退,活动减少,每日能量需要低于青壮年,但有些营养素如维生素、矿物质等微量营养素则不能减少(表 11-20)。

表 11-20　中年人一日食谱举例

餐次	食物名称	用量	餐次	食物名称	用量
早餐	花卷 米粥 鸡蛋 拌豆干	面粉 50 g,芝麻酱 10 g 大米、小米共 50 g 1 个(60 g) 豆干 25 g	晚餐	米饭 葱烧羊肉 菠菜面块汤	大米 75 g 瘦羊肉 50 g,大葱 25 g 菠菜 175 g,面粉 75 g
午餐	米饭 芹菜牛肉丝 肉末豌豆 紫菜黄瓜汤	大米 150 g 芹菜 150 g,牛瘦肉 30 g 肥瘦猪肉 30 g 豌豆 100 g 紫菜 10 g,黄瓜 50 g	全日烹调用油:25 g		

本章小结

本章主要介绍了营养调查和营养配餐的程序及方法,要求同学们熟悉称重法、记账法、24 h 回顾法、食物频率法等膳食调查方法,能够正确评价膳食结构和膳食平衡状况;按照不同年龄的人体体格检查项目,规范开展人体测量;熟悉常见营养缺乏病的临床体征与营养缺乏之间的关系,以便综合判断人体营养状况。熟悉营养配餐的依据及原则,根据配餐对象的年龄、性别、身高、体重、活动水平、健康状况等不同,运用计算法和食物交换份法,独立完成食谱设计工作,并比较营养食谱与没有遵循营养学原理的任意膳食之间的营养差异。

思考题

1. 营养调查工作的主要内容是什么?
2. 膳食调查方法有哪些? 各有什么优缺点?
3. 如何评价膳食调查结果?
4. 常见的人体体格检查项目有哪些?
5. 如何评价人体体格检查结果?
6. 常见营养缺乏病的临床体征是什么?
7. 营养配餐的理论依据是什么?
8. 营养食谱的设计原则有哪些?
9. 怎样运用计算法设计营养食谱?
10. 怎样运用食物交换份法设计营养食谱?
11. 如何针对食谱进行综合分析评价?

HAPTER 12

第12章 特殊食品及管理

【启发提问】

1.什么是营养强化食品？哪些食品能够进行营养强化？在食品中能够进行哪些营养素的强化呢？

2.什么是保健食品？如何识别是否属于保健食品？对保健食品原料有什么要求？

3.什么是新食品原料？新食品原料主要有几类？

4.什么是“有机产品”？有机产品认证标志及其含义是什么？有机食品、绿色食品、无公害食品有什么不同？

【学习目的与要求】

1.掌握营养强化食品相关的概念；了解食品营养强化的意义；掌握食品营养强化的原则；掌握营养强化剂的种类及允许营养强化的食品的种类。

2.掌握保健食品相关的概念；了解保健食品注册的程序；掌握保健食品的标志。

3.掌握新食品原料相关的概念；了解新食品原料的种类。

4.掌握有机食品相关的概念；了解有机食品认证及有机食品的标志；了解有机食品、绿色食品、无公害食品的区别。

5.掌握营养标签相关的概念和营养标签的主要内容，了解营养标签的管理。

【学习重点】

1.营养强化剂的种类及允许营养强化食品的种类。

2.保健食品的概念、保健食品注册的程序。

3.有机食品的概念、有机食品的认证。

【学习难点】

1.食品营养强化的原则和方法。

2.正确设计食品营养标签。

12.1 营养强化食品及管理

12.1.1 营养强化食品的概念

食品营养强化是世界卫生组织推荐的改善人群微量营养素缺乏的三种主要措施之一。食品的营养强化(fortification)是根据各类人群的营养需要,在食品中人工添加一种或几种营养强化剂以提高食品营养价值的过程,添加营养强化剂后的食品称为强化食品(fortified food)。

营养强化剂是指为了增加食品的营养成分(价值)而加入食品中的天然或人工合成的营养素和其他营养成分。营养强化剂可以是天然的,也可以是人工合成的,国内外经常使用维生素类、矿物质、氨基酸及脂肪酸等作为营养强化剂。

12.1.2 食品营养强化的意义

(1)弥补天然食物的营养缺陷。在自然界中,除母乳以外没有哪种单一的天然食品能够满足人体平衡营养素的需要。此外,膳食特点和习惯、地区的食物品种、生产生活水平、地域环境等诸多因素都会造成食品中各种营养素的失衡。

(2)补充食品在加工、储存及运输过程中营养素的损失。多数食品在消费之前都要经过储存、运输、加工、烹调等处理环节后才能到达消费者手中。而在这一系列的处理过程中,机械的、化学的、生物的因素都将会引起食品部分营养素的损失,有时甚至造成某种或某些营养素的大量损失。

(3)简化膳食处理,方便摄食。营养强化食品可以克服复杂的膳食处理过程,方便地满足人体的营养需要,而且还能保证在较少种类和单纯的食品中获得全面营养。现在已有许多国家在面包、大米、面粉等主食中强化维生素 B_1、维生素 B_2、赖氨酸、色氨酸等。在乳制品中强化维生素 A、维生素 D、维生素 C、维生素 B_1、维生素 B_2、维生素 B_6、维生素 B_{12} 及尼克酸等,制成调制乳粉。

(4)适应不同人群的营养需要。对于不同年龄、性别、工作性质以及处于不同生理、病理状况的人来说,他们所需营养是不同的,对食品进行不同的营养强化可分别满足需要。例如,人乳化配方奶粉就是以牛乳为主要原料,以类似人乳的营养素组成为目标,通过强化维生素、添加乳清蛋白、不饱和脂肪酸及乳糖等营养成分,使其组成成分在数量上和质量上都接近母乳,更适合婴儿的喂养。

(5)预防营养不良。营养强化是营养干预的主要措施之一,在改善人群的营养状况中发挥着巨大的作用。从预防医学的角度看,食品营养强化对预防和减少营养缺乏病,特别是某些地方性营养缺乏病具有重要的意义。与营养补充剂或保健(功能)食品比较,营养强化食品对于改善营养缺乏不仅效果良好,而且价格低廉,适于大面积推广。

12.1.3 食品营养强化的原则

食品的营养强化可以改善食品的质量,提高其营养价值,但并非每种产品都需要强化,强化剂的使用要有针对性，必须符合一定的原则，使用强化剂通常应注意以下几点：

(1)目的明确，针对性强。进行食品营养素强化之前，首先要清楚强化食品的食用对象和强化目的，也就是食用对象的营养状况，摄食食品的种类和习惯，哪些营养素缺乏，为什么缺乏，在此基础上选择适当的营养强化剂进行强化。强化用的营养素应是人们膳食中或大众食品中含量低于需要量的营养素，如目前我国城市中一部分居民经常食精白米、面，将导致维生素 B_1 的不足，则应考虑在米、面中强化维生素 B_1，而婴幼儿、乳母食品中应考虑强化钙和维生素 D；老年食品也应适量强化钙等营养素。

(2)符合营养学原理。强化后食品所含各营养素的比例平衡，适合人体所需，如氨基酸平衡、产热营养素平衡、微量元素和维生素的平衡，强化剂量适当，不致破坏机体营养平衡，更不致因摄食过量引起中毒，既能满足人体需要，又不造成浪费。

(3)确保强化食品的食用安全性和营养有效性。营养强化剂大多数是人工合成的化学物质，因此其质量、纯度必须符合食品卫生有关规定。此外，营养强化剂除了要求对人体无害外，还要有一定的营养效应，所以对它的使用量要求既规定上限，还要规定下限。添加量一般以相当对象正常供给量的 1/3 至供给量为宜。各国均制定有营养强化剂的使用标准。

12.1.4 营养强化剂的种类和允许营养强化的食品种类

1. 营养强化剂的种类

目前，食品营养强化剂规定的营养强化剂的允许使用品种有：维生素类 16 种，维生素 A、β-胡萝卜素、维生素 D、维生素 E、维生素 K、维生素 B_1、维生素 B_2、维生素 B_6、维生素 B_{12}、维生素 C、烟酸(尼克酸)、叶酸、泛酸、生物素、胆碱、肌醇；矿物质类 9 种，铁、钙、锌、硒、镁、铜、锰、钾、磷；其他 12 种，*L*-赖氨酸、牛磺酸、左旋肉碱(*L*-肉碱)、γ-亚麻酸、叶黄素、低聚果糖、1，3-二油酸 2-棕榈酸甘油三酯、花生四烯酸(AA 或 ARA)、二十二碳六烯酸(DHA)、乳铁蛋白、酪蛋白钙肽、酪蛋白磷酸肽。每种营养强化剂允许使用的化合物来源也有明确的规定，详见 GB 14880—2012 及历年增补。

2. 允许营养强化的食品

允许强化的食品是目标人群普遍消费且容易获得的食品，食品消费量应相对比较稳定。按照消费人群，强化食品可分为普通食品、婴幼儿食品、孕妇食品、乳母食品、老人食品及其他特殊人群需要的食品。在我国居民膳食指南中提倡减少食用的食品不宜作为强化的载体。目前市场上进行营养强化的食品可分为强化主食品和强化副食品。强化主食品主要是大米、面粉、面包等。强化副食品种类较多，主要有乳及乳制品、脂肪及脂肪制品、肉及肉制品、水产及其制品、蛋及蛋制品、水果、蔬菜、饮料、酒类、茶叶、咖啡、糖果、调味品等。

12.1.5 营养强化食品的管理

我国营养强化食品是由国家卫生和计划生育委员会负责出台相应的法规和标准进行规范管理的。如 2012 年国家卫生和计划生育委员会修订了 GB 14880—2012《食品营养强化剂使用标准》，它规范了我国食品生产单位的营养强化行为。该标准属于强制执行的标准，其强制性体现在一旦生产单位在食品中进行营养强化，则必须符合本标准的相关要求(包括营养强化剂的允许使用品种、使用范围、使用量、可使用的营养素化合物来源等），生产单位可以自愿选择强化营养素的种类。

在普通食品中强化某种营养素时，首先查找 GB 14880—2012《食品营养强化剂使用标准》及历年增补，如果此营养素允许添加在该普通食品中且添加量也符合已批准的量的要求则不用申报，否则需要按食品添加剂申请扩大使用范围申报。

营养强化食品的包装按照 GB 28050—2011《预包装食品营养标签通则》标准执行，标准规定：使用了营养强化剂的预包装食品，在营养成分表中还应标示强化后食品中该营养成分的含量值及其占营养素参考值（NRV）的百分比。既有利于营养成分的合理强化，又保证了终产品中营养素含量的真实信息和消费者的知情权。

12.2 保健食品及管理

12.2.1 保健食品的概念及与一般食品的区别

1. 保健食品的定义

世界各国对保健食品的称谓及其包括的食品种类不尽相同，但其含义基本上是一致的。美国对保健食品一词尚未有统一的权威性定义，有功能、健康食品或膳食补充剂等类目，一般称为健康食品（healthy food），其划分标准较为复杂，不仅考虑原料或功能，还有市场定位等要素，主体是生产经营者。日本对保健食品的定义为“凡附有特殊标志说明，属于特殊用途的食品，在饮食生活中为达到某种特定保健目的而摄入的食品。”而在加拿大，保健食品形式上与一般传统食品类似，均具有基本营养功能，不同的是保健食品还有生理学益处或减少慢性病危险的功效，其可以作为日常膳食的一部分。

我国对保健食品的定义不断完善，于 2014 年出台的 GB 16740—2014《食品安全国家标准 保健食品》对保健食品的定义为：声称并具有特定保健功能或者以补充维生素、矿物质为目的的食品。即适用于特定人群食用，具有调节机体功能，不以治疗疾病为目的，并且对人体不产生任何急性、亚急性或慢性危害的食品。2015 年修订的《中华人民共和国食品安全法》第一次通过法律条文对保健食品的纳入门槛进行了规定，即“保健食品声称保健功能，应当具有科学依据”，在延续了对保健食品的安全性坚决维护外，加入了“应当具有科学依据”，强调了对保健食品的认定应当讲究科学依据，用最严谨的标准对待保健食品的安全问题。

2. 保健食品和一般食品的区别

保健食品与一般食品既有区别又有联系。

保健食品与一般食品的共性是都能提供人体生存必需的基本营养物质，都具特定色、香、味、形。

保健食品与一般食品的区别有以下几点：

（1）定义不同　国际食品法典委员会（CAC）对一般食品定义是：指供人类食用的，不论是加工、半加工或未加工的任何物质，包括饮料、胶姆糖，以及在食品制造、调制或处理过程中使用的任何物质；但不包括化妆品、烟草或只作药物用的物质。我国在国家标准 GB/T 15901—1994《食品工业基本术语》中对一般食品定义：可供人类食用或饮用的物质，包括加工食品、半成品和未加工食品，不包括烟草或只作药品用的物质。保健食品的定义和上述一般食品的定义有着显著的差别。

(2)功能不同 保健食品含一定量功效成分(生理活性物质)，能调节机体功能，至少应具有调节人体机能作用的某一种功能，如免疫调节功能、延缓衰老功能、改善记忆功能、促进生长发育功能、抗疲劳功能、减肥功能等。其功能必须经必要的动物或人群功能试验，证明其功能明确、可靠；而一般食品不强调特定功能。

(3)食用人群不同 保健食品一般有特定食用范围(特定人群)，一般需按产品说明规定的人群食用，只有某个或几个功能失调的人群食用才有保健作用，对该项功能良好的人食用这种保健食品就没有必要，甚至食用后会产生不良作用。例如，延缓衰老保健食品适宜中老年人食用，儿童不宜食用；减肥食品适宜肥胖人食用，消瘦人不宜食用。而一般食品提供给人们维持生命活动所需要的各种营养素，男女老幼皆不可少。

12.2.2 保健食品的常用活性成分

2002 年保健食品法规中明确了药食同源(87 个)、可用于保健食品的物品(114 个)以及禁用于保健食品的物品(59 个)的名单。2016 年 12 月制定了《保健食品原料目录(一)》，涉及国际上达成共识的营养素补充剂的名称、用量和对应的功效，其他原料的纳入标准仍处于研究阶段。2019 年市场监管总局制定了《保健食品备案产品可用辅料及其使用规定(2019 年版)》，自 2019 年 12 月 1 日起施行。列出了包含阿拉伯胶等在内的 196 种辅料的名称、相关标准以及使用最大剂量，并明确规定保健食品备案产品辅料的使用应该符合国家相关标准。保健食品中的常用活性成分有以下种类：

(1)多糖类 植物性活性多糖(例如茶多糖、枸杞多糖、海藻多糖、香菇多糖等)；动物性活性多糖(海参多糖、壳聚糖、透明质酸等)；功能性甜味剂(低聚果糖、大豆低聚糖、低聚半乳糖、低聚异麦芽糖、低聚木糖等)。

(2) 氨基酸、肽和蛋白质 例如牛磺酸、褪黑素、大豆多肽、乳铁蛋白、免疫球蛋白等。

(3)多不饱和脂肪酸 例如亚油酸、α-亚麻酸、γ-亚麻酸、EPA 和 DHA 等。

(4)自由基清除剂 例如酶类自由基清除剂超氧化物歧化酶(SOD)、过氧化氢酶(CAT)、谷胱甘肽过氧化物酶(GPX)等几种。非酶类自由基清除剂一般包括黄酮类、多糖类、维生素 C、维生素 E、β-胡萝卜素和还原型谷胱甘肽(GSH)等活性肽类。

(5)植物活性成分 有机硫化合物、类胡萝卜素、黄酮类化合物、原花青素和花色苷等。

(6) 益生菌及其发酵制品 例如双歧杆菌、乳杆菌、益生链球菌等益生菌及其发酵制品。

12.2.3 保健食品的管理

为了加强对保健食品的管理，相关的监管部门和企业制定了一系列的法规标准。保健食品的国家法规是由国家市场监督管理总局负责出台。保健食品的国家标准是由国家卫生和计划生育委员会制定的。2014 年制定的 GB 16740—2014《保健食品》标准，要求用于生产保健食品的原料和辅料应符合相应食品标准和有关规定。理化指标应符合相应类属食品的食品安全国家标准的规定。食品添加剂的使用应符合 GB 2760—2014 的规定。营养强化剂的使用应符合 GB 14880—2012 有关规定。

保健食品的监管法规较多，从 1996 年到 2020 年共出台了国家法规有 266 条。2016 年，国家市场监督管理总局审议通过并实施《保健食品注册与备案管理办法》，明确了管理模式的精准实施。

1. 保健食品的注册

保健食品注册是国家市场监督管理总局根据注册申请人申请，依照法定程序、条件和要求，对申请注册的保健食品的安全性、保健功能和质量可控性等相关申请材料进行系统评价和审评，并决定是否准予其注册的审批过程。

(1)申请　申请人应提交注册申请表，产品研发报告，产品配方材料，产品生产工艺材料，安全性和保健功能评价材料，直接接触保健食品的包装材料，产品标签，说明书样稿，3 个最小销售包装样品等。

(2)受理机构受理　受理机构收到申请材料后，会做出不受理和受理的决定，受理机构受理后将申请材料送交审评机构。

(3)审评机构审评　审评机构组织审评专家对申请材料进行审查，并根据实际需要组织查验机构开展现场核查，组织检验机构开展复核检验，在 60 个工作日内完成审评工作，并向国家市场监督管理总局提交综合审评结论和建议。

(4)国家市场监督管理总局审查　国家市场监督管理总局应当自受理之日起 20 个工作日内对审评程序和结论的合法性、规范性以及完整性进行审查，并做出准予注册或者不予注册的决定。国家市场监督管理总局做出准予注册或者不予注册的决定后，应当自做出决定之日起 10 个工作日内，由受理机构向注册申请人发出保健食品注册证书或者不予注册决定。保健食品注册证书有效期为 5 年。变更注册的保健食品注册证书有效期与原保健食品注册证书有效期相同。国产保健食品注册号格式为：国食健注 G＋4 位年代号＋4 位顺序号；进口保健食品注册号格式为：国食健注 J＋4 位年代号＋4 位顺序号。

2. 保健食品的备案

保健食品备案，是指保健食品生产企业依照法定程序、条件和要求，将表明产品安全性、保健功能和质量可控性的材料提交国家市场监督管理总局进行存档、公开、备查的过程。

(1)申请　备案人应提交备案登记表、备案人主体登记证明文件复印件、产品技术要求材料、具有合法资质的检验机构出具的符合产品技术要求的全项目检验报告等。

(2)受理　国家市场监督管理总局收到备案材料后，备案材料符合要求的，当场备案；不符合要求的，应当一次告知备案人补正相关材料。完成备案信息的存档备查工作，并发放备案号。对备案的保健食品，国家市场监督管理总局应当按照相关要求的格式制作备案凭证，并将备案信息表中登载的信息在其网站上公布。

国产保健食品备案号格式为：食健备 G＋4 位年代号＋2 位省级行政区域代码＋6 位顺序编号；进口保健食品备案号格式为：食健备 J＋4 位年代号＋00＋6 位顺序编号。

3. 保健食品原料管理规定

国家市场监督管理总局于2019年8月2日出台了《保健食品原料目录与保健功能目录管理办法》自2019年10月1日起施行。《办法》规定了除维生素、矿物质等营养物质外，纳入保健食品原料目录的原料应当符合下列要求：

(1)具有国内外食用历史，原料安全性确切，在批准注册的保健食品中已经使用；

(2)原料对应的功效已经纳入现行的保健功能目录；

(3)原料及其用量范围、对应的功效、生产工艺、检测方法等产品技术要求可以实现标准化管理，确保依据目录备案的产品质量一致性。

不得列入保健食品原料目录的有：①存在食用安全风险以及原料安全性不确切的；②无法制定技术要求进行标准化管理和不具备工业化大生产条件的；③法律法规以及国务院有关部门禁止食用，或者不符合生态环境和资源法律法规要求等其他禁止纳入的情形。

4. 保健食品命名的管理

国家市场监督管理总局2016年发布了《关于进一步规范保健食品命名有关事项的公告》，进一步规范了保健食品的命名，规定自2016年5月1日起，保健食品名称中不得含有表述产品功能的相关文字，包括不得含有已经批准的如增强免疫力、辅助降血脂等特定保健功能的文字，不得含有误导消费者内容的文字。保健食品命名的注意事项详见二维码12-1。

二维码12-1　保健食品命名的注意事项

5. 保健食品功能声称的管理

国家市场监督管理总局2018年发布了《关于规范保健食品功能声称标识的公告》未经人群食用评价的保健食品，其标签说明书载明的保健功能声称前增加"本品经动物实验评价"的字样。保健食品生产企业，应当在其重新印制标签说明书时，按上述要求修改标签说明书。至2020年底前，所有保健食品标签说明书均需按此要求修改。

12.3　新食品原料及管理

12.3.1　新食品原料概念

随着我国市场经济的飞速发展，食品工业的发展日新月异，新的食品资源不断出现。面对市场上种类繁多的新食品原料，很多人感到陌生，有些人认为其就是具有保健功能的食品。那么，究竟什么是新食品原料？根据国家卫生和计划生育委员会制定的《新食品原料安全性审查管理办法》规定：新食品原料是指在我国无传统食用习惯的动物、植物和微生物，从动物、植物和微生物中分离的成分，原有结构发生改变的食品成分，其他新研制的食品原料四类，新食品原料安全性审查管理办法中规定，新食品原料应当经过国家卫生和计划生育委员会安全性审查后，方可用于食品生产经营。

新食品原料不同于保健食品，新食品原料通俗地讲是指用新的食品原料制成的、人们以前无食用习惯的食品。其实，保健食品与新食品原料最大的区别在于保健食品是指具有特定保健功能的食品，在产品标签上必须明确标注具有哪些保健功能；而根据《新食品原料管理办法》规定，生产经营新食品原料，不得宣称或者暗示其具有疗效及特定保健功能。此外，新食品原料和保健食品的适用人群不同，前者适用于普通人群，而后者适宜于特定人群食用。

12.3.2 新食品原料的种类

虽然对新食品原料不少消费者感到很陌生，但实际上它与人们的日常生活息息相关，早已成为人类食品不可或缺的重要组成部分，且在人类膳食结构中发挥着越来越重要的作用。如刺梨、玫瑰茄、蚕蛹、酸角、玫瑰花、凉粉草等食品原料，奶制品中添加的双歧杆菌、嗜酸乳杆菌，有些食品中添加的植物甾醇、糖醇、氨基酸、螺旋藻、低聚木糖、透明质酸钠、叶黄素酯、*L*-阿拉伯糖、短梗五加、库拉索芦荟凝胶等，都属于新食品原料范畴。据悉，目前国家卫生和计划生育委员会已经审查批准了300多个新食品原料，为促进我国食品新资源的开发利用发挥了积极作用。

新食品原料的安全性备受关注。新食品原料虽然是食品的一类，但它与传统食品相比，又有许多独特之处，尤其是批准上市前“在我国无食用习惯”，因而其安全性显得非常重要。为此，《新食品原料安全性审查管理办法》中明确规定，新食品原料应当具有食品原料的特性，符合应当有的营养要求，且无毒、无害，对人体健康不造成任何急性、亚急性、慢性或者其他潜在性危害。

根据要求，在我国新食品原料必须要经过严格评估，通过国家卫生和计划生育委员会的审核批准，确认对人体健康无害后才能进入市场；对于未经批准并公布作为新食品原料的，不得作为食品或者食品原料生产经营和使用。

12.3.3 新食品原料的管理

为规范新食品原料安全性审查和许可工作，根据《中华人民共和国食品安全法》和《新食品原料安全性审查管理办法》的规定，国家卫生和计划生育委员会组织制定了《新食品原料申报与受理规定》和《新食品原料安全性审查规程》。

《新食品原料申报与受理规定》中明确了新食品原料的申报和受理范围，对申请材料提出了具体的要求，材料的编制要求中提出了新食品原料研制报告应当包括下列内容：新食品原料的研发背景、目的和依据；新食品原料名称；新食品原料来源；新食品原料主要营养成分及含量，可能含有的天然有害物质（如天然毒素或抗营养因子等）；新食品原料食用历史；新食品原料使用范围和使用量及相关确定依据；新食品原料推荐摄入量和适宜人群及相关确定依据；安全性评估报告；生产工艺 ；执行的相关标准；检测方法以及编制说明。

《新食品原料安全性审查规程》是为规范新食品原料安全性评估材料的审查工作，根据《新食品原料安全性审查管理办法》而制定的。《规程》规定新食品原料安全性审查是由国家卫生和计划生育委员会组织专家对安全性评估材料进行评审、必要时结合现场核查做出技术评审结论。国家卫生和计划生育委员会根据技术评审结论做出是否批准的许可决定。国家卫生和计划生育委员会所属卫生监督中心承担对受理的新食品原料安全性评估材料组织开展专家评审和现场核查，以及技术评审结论的审核、报批等相关工作。专家评审委员会主要对下列内容进行重点评审：①研发报告应当完整、规范，目的明确，依据充分，过程科学；②生产工艺应当安全合理，加工过程中所用原料、添加剂及加工助剂应当符合我国食品安全标准和有关规定；③执行的相关标准（包括安全要求、质量规格、检验方法等）应当符合我国食品安全标准和有关规定；④各成分含量应当在预期摄入水平下对健康不产生影响；⑤卫生学检验指标应当符合我国食品安全标准和有关规定；⑥毒理学评价报告应当符合《食品安全性毒理学评价程序和方法》（GB 15193）规定；⑦安全性评估意见的内容、格式及结论应当符合《食品安全风险评估管理规定》的有关规定；⑧标签及说明书应当符合我国食品安全国家标准和有关规定。对符合食品安全要求的，会做出准予许可的社会公告。

12.4 有机食品及管理

12.4.1 有机食品的概念

有机食品是指原料来自有机生产体系，在生产中不采用基因工程获得的生物及其产物，不使用化学合成的农药、化肥、生长调节剂、饲料添加剂等物质，在食品加工过程中主要使用有机配料，不采用基因工程获得的生物及其产物，尽可能减少使用化学合成的添加剂、加工助剂、染料等投入品，最大限度地保持产品的营养成分和（或）原有属性的一种加工方式。根据有机认证标准生产、加工、并经独立认证机构认证的农产品及其加工产品等。有机食品是有机产品最主要的组成部分。

12.4.2 有机食品、绿色食品、无公害食品的区别

有机食品是有机产品的一类，有机食品是指完全不含人工合成的农药、肥料、生长调节素、催熟剂、家畜禽饲料添加剂的食品。绿色食品是指产自优良生态环境、按照绿色食品标准生产、实行全程质量控制并获得绿色食品标志使用权的安全、优质食用农产品及相关产品。绿色食品认证依据的是农业部绿色食品行业标准。无公害农产品是指产地环境、生产过程和产品质量符合国家有关标准和规范的要求，经认证合格获得认证证书并允许使用无公害农产品标志的、未经加工或者初加工的食用农产品。

有机食品、绿色食品、无公害食品都是安全食品，安全是这三类食品突出的共性，它们从种植、收获、加工生产、储藏到运输过程中都采用了无污染的工艺技术，实行了从土地到餐桌的全程质量控制，保证了食品的安全性。但是，它们又有不同点。

1. 标准不同

在我国，国家认证认可监督管理委员会制定有机食品认证实施规则。我国的绿色食品标准是由中国绿色食品发展中心组织制定的统一标准。无公害食品在我国是指产地环境、

生产过程和最终产品符合无公害食品的标准和规范。这类产品中允许限量、限品种、限时间的使用人工合成化学农药、兽药、鱼药、肥料、饲料、添加剂等。

2. 标识不同

在我国，有机食品标识由两个同心圆、图案以及中英文文字组成，内圆表示太阳，其中的既像青菜又像绵羊头的图案泛指自然界的动植物；外圆表示地球，整个图案采用绿色，象征着有机产品是真正无污染、符合健康要求的产品以及有机农业给人类带来了优美、清洁的生态环境。中国绿色食品的标识由三个部分组成，即上方是太阳，下方是叶片，中心是蓓蕾，正圆形，意为保护。

3. 级别不同

有机食品无级别之分，有机食品在生产过程中不允许使用任何人工合成的化学物质。绿色食品分为A级和AA级两个等次。无公害食品不分级，在生产过程中允许使用限品种、限数量、限时间的安全的人工合成化学物质。

4. 认证机构不同

在我国，有机食品的认证机构是国家认证认可监督管理委员会批准的。绿色食品的认证机构在我国唯一的一家是中国绿色食品发展中心。无公害食品已经无须认证，而是合格证制度。

5. 认证方法不同

在我国，有机食品和AA级绿色食品的认证实行检查员制度，在认证方法上是以实地检查认证为主，检测认证为辅，有机食品的认证重点是农事操作的真实记录和生产资料购买及应用记录等。A级绿色食品和无公害食品的认证是以检查认证和检测认证并重的原则同时强调从土地到餐桌的全程质量控制，在环境技术条件的评价方法上，采用了调查评价与检测认证相结合的方式。

12.4.3 有机食品的管理

1. 有机食品认证

有机食品认证是由国家认证认可监督管理委员会批准的认证机构按照国家标准和法规的规定对有机食品生产、加工和销售过程进行评价的活动。

有机产品生产者、加工者（认证委托人），可以自愿委托认证机构进行有机产品认证，并提交有机产品认证实施规则中规定的申请材料，申请材料包括：合法经营资质文件的复印件，认证委托人及其有机生产、加工、经营的基本情况，产地（基地）区域范围描述，管理手册和操作规程，本年度有机产品生产、加工、经营计划，上一年度有机产品销售量与销售额，有机转换计划等资料。

认证机构应在现场检查、产地环境质量和产品检测结果综合评估的基础上做出认证决定，同时考虑产品生产、加工、经营特点，认证委托人及其相关方管理体系的有效性，当地农兽药使用、环境保护、区域性社会或认证委托人质量诚信状况等情况。对符合要求的认证委托人，认证机构应颁发认证证书。国家认证认可监督管理委员会负责全国有机产品认证的统一管理、监督和综合协调工作。

2. 有机产品认证标志

获得有机产品认证的，应当在获证产品或者产品的最小销售包装上，加上中国有机产品认证标志。在转换期内生产的产品，只能以常规产品销售，不得使用有机产品认证标志及相关文字说明。中国有机产品认证标志见图 12-1。

3. 有机码

为保证有机产品的可追溯性，国家认证认可监督管理委员会要求认证机构在向获得有机产品认证的企业发放认证标志或允许有机生产企业在产品标签上印制有机产品认证标志前，必须按照统一编码要求赋予每枚认证标志一个唯一编码。该编码由 17 位数字组成，其中认证机构代码 3 位、认证标志发放年份代码 2 位、认证标志发放随机码 12 位，并且要求在 17 位数字前加“有机码”三个字。每一枚有机标志的有机码都需要报送到“中国食品农产品认证信息系统”（网址 food.cnca.cn），可以在该网站上查到该枚有机标志对应的有机产品名称、认证证书编号、获证企业等信息。

图 12-1　中国有机产品认证标志

（1）认证机构代码（3 位）　由认证机构批准号后 3 位代码形成。内资认证机构为：该认证机构批准号的 3 位阿拉伯数字批准流水号；外资认证机构为：9＋该认证机构批准号的 2 位阿拉伯数字批准流水号。

（2）认证标志发放年份代码（2 位）　采用年份的最后 2 位数字，例如 2014 年为 14。

（3）认证标志发放随机码（12 位）　该代码是认证机构发放认证标志数量的 12 位阿拉伯数字随机号码。数字产生的随机规则由各认证机构自行制定。

12.5　食品营养标签及管理

我国改革开放 40 年来，人们的生活水平得到了显著提升，由于膳食的不均衡，出现了诸如肥胖、2 型糖尿病、高血压、高血脂等“富贵病”。所以，人们对食物的选择逐步转向“营养健康型”，人们逐渐希望能够选择适合自己的食品，希望了解到食品的营养成分和营养特性，食品营养标签能够正确引导消费者选择合适的食品。通过营养标签的实施，提供科学的营养配比，正确引导消费者合理膳食，均衡营养。近年来，世界各国纷纷制定食品的营养标签标准或法规，从法律上认可营养标签在引导消费者合理选择食品和促进健康方面的重要作用。通过实施营养标签标准，要求预包装食品必须标示营养标签内容，一是有利于宣传普及食品营养知识，指导公众科学选择膳食；二是有利于促进消费者合理平衡膳食和身体健康；三是有利于规范企业正确标示营养标签，科学宣传有关营养知识，促进食品产业健康发展；四是营养标签的实施和技术保证也是国际间进行公平贸易和支持营养标签国际化的关键。在我国，营养标签推广和使用已十年之久，而且在大众中重视程度越来越高。

12.5.1 营养标签的相关概念

(1)营养标签(nutrition labeling) 所谓食品营养标签，是指在肉类、水果、蔬菜以及其他各种加工食品上描述其热能和营养素含量的标志。就是在食品的外包装上标注营养成分并显示营养信息以及适当的营养声称和健康声明，是预包装食品向消费者提供食品营养信息、特性的描述与说明和营养成分功能声称，是预包装食品标签的组成部分。营养标签核心营养素:营养标签中的核心营养素包括蛋白质、脂肪、碳水化合物和钠。

(2)营养声称 对食品营养特性的描述和声明，如能量水平、蛋白质含量水平。营养声称包括含量声称和比较声称。

含量声称:描述食品中能量或营养成分含量水平的声称。声称用语包括“含有”“高”“低”或“无”等。

比较声称:与消费者熟知的同类食品的营养成分含量或能量值进行比较以后的声称。声称用语包括“增加”或“减少”等。

(3)营养成分功能声称 某营养成分可以维持人体正常生长、发育和正常生理功能等作用的声称。

12.5.2 营养标签的管理

食品营养标签是向消费者提供食品营养信息和特性的说明，也是消费者直观了解食品营养组分、特征的有效方式。为指导和规范我国食品营养标签标示，引导消费者合理选择预包装食品，促进公众膳食营养平衡和身体健康，保护消费者知情权、选择权和监督权，原卫生部在参考国际食品法典委员会和国内外管理经验的基础上，组织制定了 GB 28050—2011《预包装食品营养标签通则》。

1. 营养标签的基本要求

(1)预包装食品营养标签标示的任何营养信息，应真实、客观，不得标示虚假信息，不得夸大产品的营养作用或其他作用。

(2)预包装食品营养标签应使用中文。如同时使用外文标示的，其内容应当与中文相对应，外文字号不得大于中文字号。

(3)营养成分表应以一个“方框表”的形式表示(特殊情况除外)，方框可为任意尺寸，并与包装的基线垂直，表题为“营养成分表”。

(4)食品营养成分含量应以具体数值标示，数值可通过原料计算或产品检测获得。各营养成分的营养素参考值(NRV)应符合标准要求。标准规定的 32 种营养素参考值见二维码 12-2。

二维码 12-2 营养素参考值

(5)营养标签的格式应符合标准要求，食品企业可根据食品的营养特性、包装面积的大小和形状等因素选择使用其中的一种格式。详见 GB 28050—2011。

(6)营养标签应标在向消费者提供的最小销售单元的包装上。

2. 营养标签强制标示内容

(1)所有预包装食品营养标签强制标示的内容包括能量、核心营养素的含量值及其占营养素参考值(NRV)的百分比。当标示其他成分时,应采取适当形式使能量和核心营养素的标示更加醒目。某食品的营养成分表见表12-1。

表12-1 营养成分表

项目	每100 g(mL)或每份	占营养素参考值或NRV
能量	千焦(kJ)	%
蛋白质	克(g)	%
脂肪	克(g)	%
碳水化合物	克(g)	%
钠	毫克(mg)	%

(2)对除能量和核心营养素外的其他营养成分进行营养声称或营养成分功能声称时,在营养成分表中还应标示出该营养成分的含量及其占营养素参考值(NRV)的百分比。

(3)使用了营养强化剂的预包装食品,在营养成分表中还应标示强化后食品中该营养成分的含量值及其占营养素参考值(NRV)的百分比。

(4)食品配料含有或生产过程中使用了氢化和(或)部分氢化油脂时,在营养成分表中还应标示出反式脂肪(酸)的含量。

(5)未规定营养素参考值(NRV)的营养成分仅需标示含量。

3. 营养标签可选择标示内容

(1)除强制标示内容外,营养成分表中还可选择标示表12-2中的其他成分。

表12-2 能量和营养成分名称、顺序和"0"界限值

能量和营养成分的名称和顺序	"0"界限值(每100 g或100 mL)[a]	能量和营养成分的名称和顺序	"0"界限值(每100 g或100 mL)[a]
能量	≤17 kJ	维生素D	≤0.1 μg
蛋白质	≤0.5 g	维生素E	≤0.28 mg α-TE
脂肪	≤0.5 g	维生素K	≤1.6 μg
饱和脂肪(酸)	≤0.1 g	维生素B_1(硫胺素)	≤0.03 mg
反式脂肪(酸)	≤0.3 g	维生素B_2(核黄素)	≤0.03 mg
单不饱和脂肪(酸)	≤0.1 g	维生素B_6	≤0.03 mg
多不饱和脂肪(酸)	≤0.1 g	维生素B_{12}	≤0.05 mg
胆固醇	≤5 mg	维生素C(抗坏血酸)	≤2.0 mg
碳水化合物	≤0.5 g	烟酸(烟酰胺)	≤0.28 mg
糖(乳糖[b])	≤0.5 g	叶酸	≤8 μg
膳食纤维(或单体成分,或可溶性、不可溶性膳食纤维)	≤0.5 g	泛酸	≤0.10 mg
		胆碱	≤9.0 mg
维生素A	≤8 μg RE	生物素	≤0.6 μg

续表 12-2

能量和营养成分的名称和顺序	"0"界限值(每 100 g 或 100 mL)[a]	能量和营养成分的名称和顺序	"0"界限值(每 100 g 或 100 mL)[a]
磷	≤14 mg	锌	≤0.30 mg
钾	≤20 mg	碘	≤3.0 μg
钠	≤5 mg	硒	≤1.0 μg
镁	≤6 mg	铜	≤0.03 mg
钙	≤8 mg	氟	≤0.02 mg
铁	≤0.3 mg	锰	≤0.06 mg

注:标示顺序从上到下,从左到右。

[a]当某营养成分含量数值≤"0"界限值时,其含量应标示为"0";使用"份"的计量单位时,也要同时符合每 100 g 或 100 mL 的"0"界限值的规定。

[b]在乳及乳制品的营养标签中可直接标示乳糖。

(2)当某营养成分含量标示值符合表 12-3 的含量要求和限制性条件时,可对该成分进行含量声称。当某营养成分含量满足表 12-4 规定的能量和营养成分比较声称的要求和条件时,可对该成分进行比较声称。当某营养成分同时符合含量声称和比较声称的要求时,可以同时使用两种声称方式,或仅使用含量声称。

表 12-3 能量和营养成分含量声称的要求和条件

项目	含量声称方式	含量要求[a]	限制性条件
能量			
	无能量	≤17 kJ/100 g(固体)或 100 mL(液体)	
	低能量	≤170 kJ/100 g 固体 ≤80 kJ/100 mL 液体	其中脂肪提供的能量≤总能量的 50%
蛋白质			
	低蛋白质	来自蛋白质的能量≤总能量的 5%	总能量指每 100 g 或每 100 mL 或每份
	蛋白质来源,或含有蛋白质	每 100 g 的含量≥10% NRV 每 100 mL 的含量≥5% NRV 或者每 420 kJ 的含量≥5% NRV	
	高,或富含蛋白质	每 100 g 的含量≥20% NRV 每 100 mL 的含量≥10% NRV 或者每 420 kJ 的含量≥10% NRV	
脂肪			
	无或不含脂肪	≤0.5 g/100 g(固体)或 100 mL(液体)	
	低脂肪	≤3 g/100 g 固体;≤1.5 g/100 mL 液体	
	瘦	脂肪含量≤10%	仅指畜肉类和禽肉类
	脱脂	液态奶和酸奶:脂肪含量≤0.5%;乳粉:脂肪含量≤1.5%	仅指乳品类
	无或不含饱和脂肪	≤0.1 g/100 g(固体)或 100 mL(液体)	指饱和脂肪及反式脂肪的总和

续表 12-3

项目	含量声称方式	含量要求[a]	限制性条件
	低饱和脂肪	≤1.5 g/100 g 固体 ≤0.75 g/100 mL 液体	指饱和脂肪及反式脂肪的总和 其提供的能量占食品总能量的 10%以下
	无或不含反式脂肪酸	≤0.3 g/100 g(固体)或 100 mL(液体)	
胆固醇			
	无或不含胆固醇	≤5 mg/100 g(固体)或 100 mL(液体)	应同时符合低饱和脂肪的声称含量要求和限制性条件
	低胆固醇	≤20 mg/100 g 固体 ≤10 mg/100 mL 液体	
碳水化合物(糖)			
	无或不含糖	≤0.5 g/100 g(固体)或 100 mL(液体)	
	低糖	≤5 g/100 g(固体)或 100 mL(液体)	
	低乳糖	乳糖含量≤2 g/100 g(mL)	仅指乳品类
	无乳糖	乳糖含量≤0.5 g/100 g(mL)	

注:[a]用"份"作为食品计量单位时,也应符合 100 g(mL)的含量要求才可以进行声称。

表 12-4 能量和营养成分比较声称的要求和条件

比较声称方式	要求	条件
减少能量	与参考食品比较,能量值减少 25%以上	参考食品(基准食品)应为消费者熟知、容易理解的同类或同一属类食品
增加或减少蛋白质	与参考食品比较,蛋白质含量增加或减少 25%以上	
减少脂肪	与参考食品比较,脂肪含量减少 25%以上	
减少胆固醇	与参考食品比较,胆固醇含量减少 25%以上	
增加或减少碳水化合物	与参考食品比较,碳水化合物含量增加或减少 25%以上	
减少糖	与参考食品比较,糖含量减少 25%以上	
增加或减少膳食纤维	与参考食品比较,膳食纤维含量增加或减少 25%以上	
减少钠	与参考食品比较,钠含量减少 25%以上	

(3)当某营养成分的含量标示值符合含量声称或比较声称的要求和条件时,可使用标准规定的一条或多条营养成分功能声称标准用语。不应对功能声称用语进行任何形式的删改、添加和合并。

4. 营养成分的表达方式

(1)预包装食品中能量和营养成分的含量应以每 100 克(g)和(或)每 100 毫升(mL)和(或)每份食品可食部中的具体数值来标示。当用份标示时,应标明每份食品的量。份的大小可根据食品的特点或推荐量规定。

(2)营养成分表中强制标示和可选择性标示的营养成分的名称和顺序、标示单位、修约间隔、"0"界限值应符合标准的规定。当不标示某一营养成分时,依序上移。

(3)当标示符合国家标准的营养强化剂时,其排列顺序应位于表 12-2 规定的营养素之后。

(4)在产品保质期内,能量和营养成分含量的允许误差范围应符合表 12-5 的规定。

表 12-5　能量和营养成分含量的允许误差范围

能量和营养成分	允许误差范围
食品的蛋白质，多不饱和及单不饱和脂肪（酸），碳水化合物、糖（仅限乳糖），总的、可溶性或不溶性膳食纤维及其单体，维生素（不包括维生素D、维生素A），矿物质（不包括钠），强化的其他营养成分	≥80%标示值
食品中的能量以及脂肪、饱和脂肪（酸）、反式脂肪（酸），胆固醇，钠，糖（乳糖除外）	≤120%标示值
食品中的维生素A和维生素D	80%～180%标示值

5. 适用对象和范围

根据《预包装食品营养标签通则》GB 28050—2011 规定，预包装食品强制标示营养标签，食品营养标签不适用于保健食品及预包装特殊膳食用食品。

（1）预包装食品　直接提供给消费者的预包装食品，应按照标准规定标示营养标签（豁免标示的食品除外）；非直接提供给消费者的预包装食品，可以参照标准执行，也可以按企业双方约定或合同要求标注或提供有关营养信息。

（2）关于豁免强制标示营养标签的预包装食品　根据国际上实施营养标签制度的经验，营养标签标准中规定了可以豁免标识营养标签的部分食品范围。鼓励豁免的预包装食品按标准要求自愿标识营养标签。豁免强制标识营养标签的食品如下：

①食品的营养素含量波动大的，如生鲜食品、现制现售食品；

②包装小，不能满足营养标签内容的，如包装总表面积≤100 cm^2 或最大表面面积≤20 cm^2 的预包装食品；

③食用量小、对机体营养素的摄入贡献较小的，如饮料酒类、包装饮用水、每日食用量≤10 g或10 mL的。

符合以上条件的预包装食品，如果有以下情形，则应当按照营养标签标准的要求，强制标注营养标签：

①企业自愿选择标识营养标签的；

②标签中有任何营养信息（如"蛋白质≥3.3%"等）的。但是，相关产品标准中允许使用的工艺、分类等内容的描述，不应当作为营养信息，如"脱盐乳清粉"等；

③使用了营养强化剂、氢化和（或）部分氢化植物油的；

④标签中有营养声称或营养成分功能声称的。

本章小结

本章主要介绍了营养强化食品、保健食品、新食品原料、有机食品和营养标签的概念及其管理等。要求同学们掌握营养强化剂的种类及允许营养强化的食品的种类，能够根据市场需求进行营养强化食品的开发，能够进行保健食品的申请及注册。通过本章学习，同学们能够了解新食品原料的种类，进而进行食品新资源的开发；了解有机食品相关的概念，能够进行有机食品认证，能够区别有机食品、绿色食品、无公害食品。掌握营养标签相关的概念及主要内容，能够正确设计营养标签。

思考题

1.营养强化食品、保健食品、新食品原料、有机食品、营养标签的概念是什么？

2.食品营养强化的意义和原则是什么？

3.保健食品注册的程序及步骤有哪些？保健食品的标志是什么？

4.新食品原料是指哪些种类？

5.有机食品认证的主要程序是什么？有机码是什么？

6.营养标签的基本要求有哪些？营养标签强制标示内容有哪些？

附　录

附录 1　中国居民膳食营养素参考摄入量（DRIs）(2013)

附表 1-1　中国居民膳食能量需要量(EER)

人群	能量/(MJ/d)						能量/(kcal/d)					
	身体活动水平(轻)		身体活动水平(中)		身体活动水平(重)		身体活动水平(轻)		身体活动水平(中)		身体活动水平(重)	
	男	女	男	女	男	女	男	女	男	女	男	女
0 岁～	—	—	0.38 MJ/(kg·d)	0.38 MJ/(kg·d)	—	—	—	—	90 kcal/(kg·d)	90 kcal/(kg·d)	—	—
0.5 岁～	—	—	0.33 MJ/(kg·d)	0.33 MJ/(kg·d)	—	—	—	—	80 kcal/(kg·d)	80 kcal/(kg·d)	—	—
1 岁～	—	—	3.77	3.35	—	—	—	—	900	800	—	—
2 岁～	—	—	4.60	4.18	—	—	—	—	1 100	1 000	—	—
3 岁～	—	—	5.23	5.02	—	—	—	—	1 250	1 200	—	—
4 岁～	—	—	5.44	5.23	—	—	—	—	1 300	1 250	—	—
5 岁～	—	—	5.86	5.44	—	—	—	—	1 400	1 300	—	—
6 岁～	5.86	5.23	6.69	6.07	7.53	6.90	1 400	1 250	1 600	1 450	1 800	1 650
7 岁～	6.28	5.65	7.11	6.49	7.95	7.32	1 500	1 350	1 700	1 550	1 900	1 750

续附表 1-1

人群	能量/(MJ/d)						能量/(kcal/d)					
	身体活动水平(轻)		身体活动水平(中)		身体活动水平(重)		身体活动水平(轻)		身体活动水平(中)		身体活动水平(重)	
	男	女	男	女	男	女	男	女	男	女	男	女
8 岁～	6.90	6.07	7.74	7.11	8.79	7.95	1 650	1 450	1 850	1 700	2 100	1 900
9 岁～	7.32	6.49	8.37	7.53	9.41	8.37	1 750	1 550	2 000	1 800	2 250	2 000
10 岁～	7.53	6.90	8.58	7.95	9.62	9.00	1 800	1 650	2 050	1 900	2 300	2 150
11 岁～	8.58	7.53	9.83	8.58	10.88	9.62	2 050	1 800	2 350	2 050	2 600	2 300
14 岁～	10.46	8.37	11.92	9.62	13.39	10.76	2 500	2 000	2 850	2 300	3 200	2 550
18 岁～	9.41	7.53	10.88	8.79	12.55	10.04	2 250	1 800	2 600	2 100	3 000	2 400
50 岁～	8.79	7.32	10.25	8.58	11.72	9.83	2 100	1 750	2 450	2 050	2 800	2 350
65 岁～	8.58	7.11	9.83	8.16	—	—	2 050	1 700	2 350	1 950	—	—
80 岁～	7.95	6.28	9.20	7.32	—	—	1 900	1 500	2 200	1 750	—	—
孕妇(早)	—	+0	—	+0	—	+0	—	+0	—	+0	—	+0
孕妇(中)	—	+1.26	—	+1.26	—	+1.26	—	+300	—	+300	—	+300
孕妇(晚)	—	+1.88	—	+1.88	—	+1.88	—	+450	—	+450	—	+450
乳母	—	+2.09	—	+2.09	—	+2.09	—	+500	—	+500	—	+500

(1)表中的符号及其意义:“—”表示未制定参考值者;“+”表示在同龄人群参考值基础上额外增加量。

附表 1-2　中国居民膳食蛋白质、碳水化合物、脂肪酸参考摄入量(DRIs)

人群	蛋白质/(g/d)				总碳水化合物(EAR)/(g/d)	亚油酸(AI)/%(E)	α-亚麻酸(AI)/%(E)	EPA+DHA(AI)/(g/d)
	EAR		RNI					
	男	女	男	女				
0 岁～	—	—	9(AI)	9(AI)	65(AI)	7.3(0.15 g[a])	0.87	0.10[b]
0.5 岁～	15	15	20	20	80(AI)	6.0	0.66	0.10[b]
1 岁～	20	20	25	25	120	4.0	0.60	0.10[b]
2 岁～	20	20	25	25	120	4.0	0.60	—
3 岁～	25	25	30	30	120	4.0	0.60	—
4 岁～	25	25	30	30	120	4.0	0.60	—
5 岁～	25	25	30	30	120	4.0	0.60	—
6 岁～	25	25	35	35	120	4.0	0.60	—
7 岁～	30	30	40	40	120	4.0	0.60	—
8 岁～	30	30	40	40	120	4.0	0.60	—
9 岁～	40	40	45	45	120	4.0	0.60	—
10 岁～	40	40	50	50	120	4.0	0.60	—
11 岁～	50	45	60	55	150	4.0	0.60	—
14 岁～	60	50	75	60	150	4.0	0.60	—
18 岁～	60	50	65	55	120	4.0	0.60	—
50 岁～	60	50	65	55	120	4.0	0.60	—
65 岁～	60	50	65	55	—	4.0	0.60	—
80 岁～	60	50	65	55	—	4.0	0.60	—
孕妇(早)	—	+0	—	+0	130	4.0	0.60	0.25(0.20[b])
孕妇(中)	—	+10	—	+15	130	4.0	0.60	0.25(0.20[b])
孕妇(晚)	—	+25	—	+30	130	4.0	0.60	0.25(0.20[b])
乳母	—	+20	—	+25	160	4.0	0.60	0.25(0.20[b])

(1)表中的符号及其意义:"—"表示未制定参考值者;"+"表示在同龄人群参考值基础上额外增加量。

(2)"%(E)"表示占能量的百分比。

(3)[a] 为花生四烯酸;[b] 为 DHA。

(4)我国 2 岁以上儿童及成人膳食中来源于食品工业加工产生的反式脂肪酸的 UL 为<1%(E)。

附表 1-3　中国居民膳食常量元素参考摄入量(DRIs)

人群	钙/(mg/d)			磷/(mg/d)			钾/(mg/d)		钠/(mg/d)		镁/(mg/d)		氯/(mg/d)
	EAR	RNI	UL	EAR	RNI	UL	AI	PI	AI	PI	EAR	RNI	AI
0 岁～	—	200(AI)	1 000	—	100(AI)	—	350	—	170	—	—	20(AI)	260
0.5 岁～	—	250(AI)	1 500	—	180(AI)	—	550	—	350	—	—	65(AI)	550
1 岁～	500	600	1 500	250	300	—	900	—	700	—	110	140	1 100
4 岁～	650	800	2 000	290	350	—	1 200	2 100	900	1 200	130	160	1 400
7 岁～	800	1 000	2 000	400	470	—	1 500	2 800	1 200	1 500	180	220	1 900
11 岁～	1 000	1 200	2 000	540	640	—	1 900	3 400	1 400	1 900	250	300	2 200
14 岁～	800	1 000	2 000	590	710	—	2 200	3 900	1 600	2 200	270	320	2 500
18 岁～	650	800	2 000	600	720	3 500	2 000	3 600	1 500	2 000	280	330	2 300
50 岁～	800	1 000	2 000	600	720	3 500	2 000	3 600	1 400	1 900	280	330	2 200
65 岁～	800	1 000	2 000	590	700	3 000	2 000	3 600	1 400	1 800	270	320	2 200
80 岁～	800	1 000	2 000	560	670	3 000	2 000	3 600	1 300	1 700	260	310	2 000
孕妇(早)	+0	+0	2 000	+0	+0	3 500	+0	3 600	+0	2 000	+30	+40	+0
孕妇(中)	+160	+200	2 000	+0	+0	3 500	+0	3 600	+0	2 000	+30	+40	+0
孕妇(晚)	+160	+200	2 000	+0	+0	3 500	+0	3 600	+0	2 000	+30	+40	+0
乳母	+160	+200	2 000	+0	+0	3 500	+400	3 600	+0	2 000	+0	+0	+0

(1)表中的符号及其意义:“—”表示未制定参考值者;“+”表示在同龄人群参考值基础上额外增加量。
(2)有些营养素未制定 UL,主要是因为研究资料不充分,并不表示过量摄入没有健康风险。

附表 1-4　中国居民膳食微量元素参考摄入量(DRIs)

人群	铁/(mg/d)					碘/(μg/d)			锌/(mg/d)					硒/(μg/d)			铜/(mg/d)			氟/(mg/d)		铬/(μg/d)	锰/(mg/d)		钼/(μg/d)		
	EAR		RNI		UL	EAR	RNI	UL	EAR		RNI		UL	EAR	RNI	UL	EAR	RNI	UL	AI	UL	AI	AI	UL	EAR	RNI	UL
	男	女	男	女					男	女	男	女															
0 岁～	—		0.3(AI)		—	—	85 (AI)	—	—		2.0 (AI)		—	—	15 (AI)	55	—	0.3 (AI)	—	0.01	—	0.2	0.01	—	—	2 (AI)	—
0.5 岁～	7		10		—	—	115 (AI)	—	2.8		3.5		—	—	20 (AI)	80	—	0.3 (AI)	—	0.23	—	4.0	0.7	—	—	15 (AI)	—
1 岁～	6		9		25	65	90	—	3.2		4.0		8	20	25	100	0.25	0.3	2	0.6	0.8	15	1.5	—	35	40	200
4 岁～	7		10		30	65	90	200	4.6		5.5		12	25	30	150	0.30	0.4	3	0.7	1.1	20	2.0	3.5	40	50	300
7 岁～	10		13		35	65	90	300	5.9		7.0		19	35	40	200	0.40	0.5	4	1.0	1.7	25	3.0	5.0	55	65	450
11 岁～	11	14	15	18	40	75	110	400	8.2	7.6	10.0	9.0	28	45	55	300	0.55	0.7	6	1.3	2.5	30	4.0	8.0	75	90	650
14 岁～	12	14	16	18	40	85	120	500	9.7	6.9	11.5	8.5	35	50	60	350	0.60	0.8	7	1.5	3.1	35	4.5	10	85	100	800
18 岁～	9	15	12	20	42	85	120	600	10.4	6.1	12.5	7.5	40	50	60	400	0.60	0.8	8	1.5	3.5	30	4.5	11	85	100	900
50 岁～	9	9	12	12	42	85	120	600	10.4	6.1	12.5	7.5	40	50	60	400	0.60	0.8	8	1.5	3.5	30	4.5	11	85	100	900
65 岁～	9	9	12	12	42	85	120	600	10.4	6.1	12.5	7.5	40	50	60	400	0.60	0.8	8	1.5	3.5	30	4.5	11	85	100	900
80 岁～	9	9	12	12	42	85	120	600	10.4	6.1	12.5	7.5	40	50	60	400	0.60	0.8	8	1.5	3.5	30	4.5	11	85	100	900
孕妇(早)	—	+0	—	+0	42	+75	+110	600	—	+1.7	—	+2.0	40	+4	+5	400	+0.10	+0.1	8	+0	3.5	+1.0	+0.4	11	+7	+10	900
孕妇(中)	—	+4	—	+4	42	+75	+110	600	—	+1.7	—	+2.0	40	+4	+5	400	+0.10	+0.1	8	+0	3.5	+4.0	+0.4	11	+7	+10	900
孕妇(晚)	—	+7	—	+9	42	+75	+110	600	—	+1.7	—	+2.0	40	+4	+5	400	+0.10	+0.1	8	+0	3.5	+6.0	+0.4	11	+7	+10	900
乳母	—	+3	—	+4	42	+75	+120	600	—	+3.8	—	+4.5	40	+15	+18	400	+0.50	+0.6	8	+0	3.5	+7.0	+0.3	11	+3	+3	900

(1)表中的符号及其意义:“—”表示未制定参考值者;“+”表示在同龄人群参考值基础上额外增加量。

(2)有些营养素未制定 UL,主要是因为研究资料不充分,并不表示过量摄入没有健康风险。

附表 1-5　中国居民膳食脂溶性维生素参考摄入量(DRIs)

人群	维生素 A/(μg RAE/d)					维生素 D/(μg/d)			维生素 E/(mg α-TE/d)		维生素 K/(μg/d)
	EAR		RNI		UL	EAR	RNI	UL	AI	UL	AI
	男	女	男	女							
0 岁～	—		300(AI)		600	—	10(AI)	20	3	—	2
0.5 岁～	—		350(AI)		600	—	10(AI)	20	4	—	10
1 岁～	220		310		700	8	10	20	6	150	30
4 岁～	260		360		900	8	10	30	7	200	40
7 岁～	360		500		1 500	8	10	45	9	350	50
11 岁～	480	450	670	630	2 100	8	10	50	13	500	70
14 岁～	590	450	820	630	2 700	8	10	50	14	600	75
18 岁～	560	480	800	700	3 000	8	10	50	14	700	80
50 岁～	560	480	800	700	3 000	8	10	50	14	700	80
65 岁～	560	480	800	700	3 000	8	15	50	14	700	80
80 岁～	560	480	800	700	3 000	8	15	50	14	700	80
孕妇(早)	—	+0	—	+0	3 000	+0	+0	50	+0	700	+0
孕妇(中)	—	+50	—	+70	3 000	+0	+0	50	+0	700	+0
孕妇(晚)	—	+50	—	+70	3 000	+0	+0	50	+0	700	+0
乳母	—	+400	—	+600	3 000	+0	+0	50	+3	700	+5

(1)表中的符号及其意义:“—”表示未制定参考值者;“+”表示在同龄人群参考值基础上额外增加量。

(2)“μg RAE”表示视黄醇活性当量;“mg α-TE”表示膳食中总 α-生育酚当量。

(3)有些营养素未制定 UL,主要是因为研究资料不充分,并不表示过量摄入没有健康风险。

附表 1-6 中国居民膳食水溶性维生素参考摄入量(DRIs)

人群	维生素 B_1 /(mg/d)				维生素 B_2 /(mg/d)				维生素 B_6 /(mg/d)			维生素 B_{12} /(μg/d)		泛酸 /(mg/d)	叶酸 /(μg DFE/d)			烟酸 /(mg NE/d)					烟酰胺/(mg/d)	胆碱 /(mg/d)			生物素/(μg/d)	维生素 C /(mg/d)			
	EAR		RNI		EAR		RNI		EAR	RNI	UL	EAR	RNI	AI	EAR	RNI	UL[a]	EAR		RNI		UL	UL	AI		UL	AI	EAR	RNI	PI	UL
	男	女	男	女	男	女	男	女										男	女	男	女			男	女						
0 岁~	—		0.1 (AI)		—		0.4 (AI)		—	0.2 (AI)	—	—	0.3 (AI)	1.7	—	65 (AI)	—	—		2 (AI)		—	—	120		—	5	—	40 (AI)	—	—
0.5 岁~	—		0.3 (AI)		—		0.5 (AI)		—	0.4 (AI)	—	—	0.6 (AI)	1.9	—	100 (AI)	—	—		3 (AI)		—	—	150		—	9	—	40 (AI)	—	—
1 岁~	0.5		0.6		0.5		0.6		0.5	0.6	20	0.8	1.0	2.1	130	160	300	5	5	6	6	10	100	200		1 000	17	35	40	—	400
4 岁~	0.6		0.8		0.6		0.7		0.6	0.7	25	1.0	1.2	2.5	150	190	400	7	6	8	8	15	130	250		1 000	20	40	50	—	600
7 岁~	0.8		1.0		0.8		1.0		0.8	1.0	35	1.3	1.6	3.5	210	250	600	9	8	11	10	20	180	300		1 500	25	55	65	—	1 000
11 岁~	1.1	1.0	1.3	1.1	1.1	0.9	1.3	1.1	1.1	1.3	45	1.8	2.1	4.5	290	350	800	11	10	14	12	25	240	400		2 000	35	75	90	—	1 400
14 岁~	1.3	1.1	1.6	1.3	1.3	1.0	1.5	1.2	1.2	1.4	55	2.0	2.4	5.0	320	400	900	14	11	16	13	30	280	500	400	2 500	40	85	100	—	1 800
18 岁~	1.2	1.0	1.4	1.2	1.2	1.0	1.4	1.2	1.2	1.4	60	2.0	2.4	5.0	320	400	1 000	12	10	15	12	35	310	500	400	3 000	40	85	100	200	2 000
50 岁~	1.2	1.0	1.4	1.2	1.2	1.0	1.4	1.2	1.3	1.6	60	2.0	2.4	5.0	320	400	1 000	12	10	14	12	35	310	500	400	3 000	40	85	100	200	2 000
65 岁~	1.2	1.0	1.4	1.2	1.2	1.0	1.4	1.2	1.3	1.6	60	2.0	2.4	5.0	320	400	1 000	11	9	14	11	35	300	500	400	3 000	40	85	100	200	2 000
80 岁~	1.2	1.0	1.4	1.2	1.2	1.0	1.4	1.2	1.3	1.6	60	2.0	2.4	5.0	320	400	1 000	11	8	13	10	30	280	500	400	3 000	40	85	100	200	2 000
孕妇(早)	—	+0	—	+0	—	+0	—	+0	+0.7	+0.8	60	+0.4	+0.5	+1.0	+200	+200	1 000	—	+0	—	+0	35	310	—	+20	3 000	+0	+0	+0	200	2 000
孕妇(中)	—	+0.1	—	+0.2	—	+0.1	—	+0.2	+0.7	+0.8	60	+0.4	+0.5	+1.0	+200	+200	1 000	—	+0	—	+0	35	310	—	+20	3 000	+0	+10	+15	200	2 000
孕妇(晚)	—	+0.2	—	+0.3	—	+0.2	—	+0.3	+0.7	+0.8	60	+0.4	+0.5	+1.0	+200	+200	1 000	—	+0	—	+0	35	310	—	+20	3 000	+0	+10	+15	200	2 000
乳母	—	+0.2	—	+0.3	—	+0.2	—	+0.3	+0.2	+0.3	60	+0.6	+0.8	+2.0	+130	+150	1 000	—	+2	—	+3	35	310	—	+120	3 000	+10	+40	+50	200	2 000

(1)表中的符号及其意义:"—"表示未制定参考值者;"+"表示在同龄人群参考值基础上额外增加量。
(2)"μg DFE"表示叶酸当量;"mg NE"表示烟酸当量。
(3)[a] 指合成叶酸摄入量上限,不包括天然食物来源的叶酸量。
(4)有些营养素未制定 UL,主要是因为研究资料不充分,并不表示过量摄入没有健康风险。

附录 2 常见食物营养成分表

类别	食物名称	食部 /%	水分 /g	能量 /kJ	蛋白质 /g	脂肪 /g	碳水化合物/g	膳食纤维 /g	胆固醇 /mg	灰分 /g	维生素A /μg	胡萝卜素 /μg	视黄醇 /μg	硫胺素 /mg	核黄素 /mg	尼克酸 /mg	维生素C /mg	维生素E /mg	钙 /mg	磷 /mg	钾 /mg	钠 /mg	镁 /mg	铁 /mg	锌 /mg	硒 /μg	铜 /mg	锰 /mg
谷薯类及制品	小麦	100	10.0	1 326	11.9	1.3	75.2	10.8	—	1.6	—	—	—	0.40	0.10	4.0	—	1.82	34	325	289	6.8	4	5.1	2.33	4.05	0.43	3.10
	小麦粉(标准粉)	100	12.7	1 439	11.2	1.5	73.6	2.1	—	1.0	—	—	—	0.28	0.08	2.0	—	1.80	31	188	190	3.1	50	3.5	1.64	5.36	0.42	1.56
	小麦粉(富强粉,特一粉)	100	12.7	1 464	10.3	1.1	75.2	0.6	—	0.7	—	—	—	0.17	0.06	2.0	—	0.73	27	114	128	2.7	32	2.7	0.97	6.88	0.26	0.77
	小麦粉(特二粉)	100	12.0	1 460	10.4	1.1	75.9	1.6	—	0.6	—	—	—	0.15	0.11	2.0	—	1.25	30	120	124	1.5	48	3.0	0.96	6.01	0.58	0.92
	挂面(均值)	100	12.3	1 448	10.3	0.6	75.6	0.7	—	1.2	—	—	—	0.19	0.04	2.5	—	1.04	17	134	129	184.5	49	3.0	0.94	11.77	0.39	0.92
	馒头(标准粉)	100	40.5	975	7.8	1.0	49.8	1.5	—	0.9	—	—	—	0.05	0.07	—	—	0.86	18	136	129	165.2	39	1.9	1.01	9.70	0.14	1.27
	馒头(富强粉)	100	47.3	870	6.2	1.2	44.2	1.0	—	1.1	—	—	—	0.02	0.02	—	—	0.09	58	78	146	165.0	20	1.7	0.40	7.20	0.05	0.29
	油条	100	21.8	1 615	6.9	17.6	51.0	0.9	—	2.7	—	—	—	0.01	0.07	0.7	—	3.19	6	77	227	585.2	19	1.0	0.75	8.60	0.19	0.52
	稻米(均值)	100	13.3	1 448	7.4	0.8	77.9	0.7	—	0.6	—	—	—	0.11	0.05	1.9	—	0.46	13	110	103	3.8	34	2.3	1.70	2.23	0.30	1.29
	籼米(标准)[机米]	100	12.6	1 452	7.9	0.6	78.3	0.8	—	0.6	—	—	—	0.09	0.04	1.4	—	0.54	12	112	109	1.7	28	1.6	1.47	1.99	0.29	1.27
	黑米	100	14.3	1 393	9.4	2.5	72.2	3.9	—	1.6	—	—	—	0.33	0.13	7.9	—	0.22	12	356	256	7.1	147	1.6	3.80	3.20	0.15	1.72
	糯米[江米](均值)	100	12.6	1 456	7.3	1.0	78.3	0.8	—	0.8	—	—	—	0.11	0.04	2.3	—	1.29	26	113	137	1.5	49	1.4	1.54	2.71	0.25	1.54
	米饭(蒸)(均值)	100	70.9	485	2.6	0.3	25.9	0.3	—	0.3	—	—	—	0.02	0.03	1.9	—	—	7	62	30	2.5	15	1.3	0.92	0.40	0.06	0.58
	玉米面(黄)	100	12.1	1 427	8.1	3.3	75.2	5.6	—	1.3	7	40	—	0.26	0.09	2.3	—	3.80	22	196	249	2.3	84	3.2	1.42	2.49	0.35	0.47
	小米	100	11.6	1 498	9.0	3.1	75.1	1.6	—	1.2	17	100	—	0.33	0.10	1.5	—	3.63	41	229	284	4.3	107	5.1	1.87	4.74	0.54	0.89
	马铃薯[土豆,洋芋]	94	79.8	318	2.0	0.2	17.2	0.7	—	0.8	5	30	—	0.08	0.04	1.1	27	0.34	8	40	342	2.7	23	0.8	0.37	0.78	0.12	0.14
	马铃薯粉	100	12.0	1 410	7.2	0.5	77.4	1.4	—	2.9	20	120	—	0.08	0.06	5.1	—	0.28	171	123	1 075	4.7	27	10.7	1.22	1.58	1.06	0.37
	甘薯(白心)[红皮山芋]	86	72.6	435	1.4	0.2	25.2	1.0	—	0.6	37	220	—	0.07	0.04	0.6	24	0.43	24	46	174	58.2	17	0.8	0.22	0.63	0.16	0.21
	甘薯(红心)[山芋,红薯]	90	73.4	414	1.1	0.2	24.7	1.6	—	0.6	125	750	—	0.04	0.04	0.6	26	0.28	23	39	130	28.5	12	0.5	0.15	0.48	0.18	0.11
	甘薯粉[地瓜粉]	100	14.5	1 406	2.7	0.2	80.9	0.1	—	1.7	3	20	—	0.03	0.05	0.2	—	—	33	12	66	26.4	102	10.0	0.29	2.62	0.05	0.33
	木薯	99	69	485	2.1	0.3	27.8	1.6	—	0.8	—	—	—	0.21	0.09	1.2	35	—	88	50	764	8.0	66	2.5	—	—	—	—
	粉条	100	14.3	1 410	0.5	0.1	84.2	0.6	—	0.9	—	—	—	0.01	—	0.1	—	—	35	23	18	9.6	11	5.2	0.83	2.18	0.18	0.16

续附录2

类别	食物名称	食部 /%	水分 /g	能量 /kJ	蛋白质 /g	脂肪 /g	碳水化合物/g	膳食纤维 /g	胆固醇 /mg	灰分 /g	维生素A /μg	胡萝卜素 /μg	视黄醇 /μg	硫胺素 /mg	核黄素 /mg	尼克酸 /mg	维生素C /mg	维生素E /mg	钙 /mg	磷 /mg	钾 /mg	钠 /mg	镁 /mg	铁 /mg	锌 /mg	硒 /μg	铜 /mg	锰 /mg
干豆类及制品	黄豆[大豆]	100	10.2	1 502	35.0	16.0	34.2	15.5	—	4.6	37	220	—	0.41	0.20	2.1	—	18.90	191	465	1 503	2.2	199	8.2	3.34	6.16	1.35	2.26
	豆腐(均值)	100	82.8	339	8.1	3.7	4.2	0.4	—	1.2	—	—	—	0.04	0.03	0.2	—	2.71	164	119	125	7.2	27	1.9	1.11	2.30	0.27	0.47
	豆浆	100	96.4	59	1.8	0.7	1.1	1.1	—	0.2	15	90	—	0.02	0.02	0.1	—	0.80	10	30	48	3	9	0.5	0.24	0.14	0.07	0.09
	腐竹	100	7.9	1 920	44.6	21.7	22.3	1.0	—	3.5	—	—	—	0.13	0.07	0.8	—	27.84	77	284	553	26.5	71	16.5	3.69	6.65	1.31	2.55
	豆腐干(均值)	100	65.2	586	16.2	3.6	11.5	0.8	—	3.5	—	—	—	0.03	0.07	0.3	—	—	308	273	140	76.5	64	4.9	1.76	0.02	0.77	1.31
	绿豆	100	12.3	1 322	21.6	0.8	62	6.4	—	3.3	22	130	—	0.25	0.11	2.0	—	10.95	81	337	787	3.2	125	6.5	2.18	4.28	1.08	1.11
	赤小豆[小豆,红小豆]	100	12.6	1 293	20.2	0.6	63.4	7.7	—	3.2	13	80	—	0.16	0.11	2.0	—	14.36	74	305	860	2.2	138	7.4	2.20	3.80	0.64	1.33
	芸豆(白)	100	14.4	1 238	23.4	1.4	57.2	9.8	—	3.6	—	—	—	0.18	0.26	2.4	—	6.16	—	—	—	—	—	—	—	—	—	—
	蚕豆(带皮)	93	11.5	1 272	24.6	1.1	59.9	10.9	—	2.9	8	50	—	0.13	0.23	2.2	—	4.90	49	339	992	21.2	113	2.9	4.76	4.29	0.64	1.00
	豇豆	100	10.9	1 347	19.3	1.2	65.6	7.1	—	3.0	10	60	—	0.16	0.08	1.9	—	8.61	40	344	737	6.8	36	7.1	3.04	5.74	2.10	1.07
	豌豆	100	10.4	1 310	20.3	1.1	65.8	10.4	—	2.4	42	250	—	0.49	0.14	2.4	—	8.47	97	259	823	9.7	118	4.9	2.35	1.69	0.47	1.15
鲜豆类蔬菜	扁豆[月亮菜]	91	88.3	155	2.7	0.2	8.2	2.1	—	0.6	25	150	—	0.04	0.07	0.9	13	0.24	38	54	178	3.8	34	1.9	0.72	0.94	0.12	0.34
	蚕豆	31	70.2	435	8.8	0.4	19.5	3.1	—	1.1	52	310	—	0.37	0.10	1.5	16	0.83	16	200	391	4.0	46	3.5	1.37	2.02	0.39	0.55
	荷兰豆	88	91.9	113	2.5	0.3	4.9	1.4	—	0.4	80	480	—	0.09	0.04	0.7	16	0.30	51	19	116	8.8	16	0.9	0.50	0.42	0.06	0.48
	毛豆[青豆,菜用大豆]	53	69.6	515	13.1	5.0	10.5	4.0	—	1.8	22	130	—	0.15	0.07	1.4	27	2.44	135	188	478	3.9	70	3.5	1.73	2.48	0.54	1.20
	四季豆[菜豆]	96	91.3	117	2.0	0.4	5.7	1.5	—	0.6	35	210	—	0.04	0.07	0.4	6	1.24	42	51	123	8.6	27	1.5	0.23	0.43	0.11	0.18
	豌豆(带荚)[回回豆]	42	70.2	439	7.4	0.3	21.2	3.0	—	0.9	37	220	—	0.43	0.09	2.3	14	1.21	21	127	332	1.2	43	1.7	1.29	1.74	0.22	0.65
	豇豆	97	90.3	121	2.9	0.3	5.9	2.3	—	0.6	42	250	—	0.07	0.09	1.4	19	4.39	27	63	112	2.2	31	0.5	0.54	0.74	0.14	0.37
	黄豆芽	100	88.8	184	4.5	1.6	4.5	1.5	—	0.6	5	30	—	0.04	0.07	0.6	8	0.80	21	74	160	7.2	21	0.9	0.54	0.96	0.14	0.34
	绿豆芽	100	94.6	75	2.1	0.1	2.9	0.8	—	0.3	3	20	—	0.05	0.06	0.5	6	0.19	9	37	68	4.4	18	0.6	0.35	0.50	0.10	0.10
	豌豆苗	86	89.6	142	4.0	0.8	4.6	1.9	—	1.0	445	2 667	—	0.05	0.11	1.1	67	2.46	40	67	222	18.5	21	4.2	0.77	1.09	0.20	0.76
根茎类蔬菜	白萝卜[莱菔]	95	93.4	88	0.9	0.1	5.0	1.0	—	0.6	3	20	—	0.02	0.03	0.3	21	0.92	36	26	173	61.8	16	0.5	0.30	0.61	0.04	0.09
	心里美萝卜[水萝卜]	88	93.5	88	0.8	0.2	4.9	0.8	—	0.6	2	10	—	0.02	0.04	0.4	23	—	68	24	116	85.4	34	0.5	0.17	1.02	0.06	0.08
	胡萝卜(红)[金笋,丁香萝卜]	96	89.2	155	1.0	0.2	8.8	1.1	—	0.8	688	4 130	—	0.04	0.03	0.6	13	0.41	32	27	190	71.4	14	1.0	0.23	0.63	0.08	0.24
	胡萝卜(黄)	97	87.4	180	1.4	0.2	10.2	1.3	—	0.8	668	4 010	—	0.04	0.04	0.2	16	—	32	16	193	25.1	7	0.5	0.14	2.80	0.03	0.07
	芥菜头[大头菜,水芥]	83	89.6	138	1.9	0.2	7.4	1.4	—	0.9	—	—	—	0.06	0.02	0.6	34	0.20	65	36	243	65.6	19	0.8	0.39	0.95	0.09	0.15
	甜菜根[甜菜头,糖萝卜]	90	74.8	314	1.0	0.1	23.5	5.9	—	0.6	—	—	—	0.05	0.04	0.2	8	1.85	56	18	254	20.8	38	0.9	0.31	0.29	0.15	0.86
	大蒜[蒜头]	85	66.6	527	4.5	0.2	27.6	1.1	—	1.1	5	30	—	0.04	0.06	0.6	7	1.07	39	117	302	19.6	21	1.2	0.88	3.09	0.22	0.29
	洋葱[葱头]	90	89.2	163	1.1	0.2	9.0	0.9	—	0.5	3	20	—	0.03	0.03	0.3	8	0.14	24	39	147	4.4	15	0.6	0.23	0.92	0.05	0.14
	藕[莲藕]	88	80.5	293	1.9	0.2	16.4	1.2	—	1.0	3	20	—	0.09	0.03	0.3	44	0.73	39	58	243	44.2	19	1.4	0.23	0.39	0.11	1.30
	山药[薯蓣,大薯]	83	84.8	234	1.9	0.2	12.4	0.8	—	0.7	3	20	—	0.05	0.02	0.3	5	0.24	16	34	213	18.6	20	0.3	0.27	0.55	0.24	0.12
	芋头[芋艿,毛芋]	84	78.6	331	2.2	0.2	18.1	1.0	—	0.9	27	160	—	0.06	0.05	0.7	6	0.45	36	55	378	33.1	23	1.0	0.49	1.45	0.37	0.30
	姜[黄姜]	95	87.0	172	1.3	0.6	10.3	2.7	—	0.8	28	170	—	0.02	0.03	0.8	4	—	27	25	295	14.9	44	1.4	0.34	0.56	0.14	3.20

续附录 2

类别	食物名称	食部 /%	水分 /g	能量 /kJ	蛋白质 /g	脂肪 /g	碳水化合物/g	膳食纤维 /g	胆固醇 /mg	灰分 /g	维生素A /μg	胡萝卜素 /μg	视黄醇 /μg	硫胺素 /mg	核黄素 /mg	尼克酸 /mg	维生素C /mg	维生素E /mg	钙 /mg	磷 /mg	钾 /mg	钠 /mg	镁 /mg	铁 /mg	锌 /mg	硒 /μg	铜 /mg	锰 /mg
	辣椒(红,尖,干)	88	14.6	887	15.0	12.0	52.7	41.7	—	5.7	—	—	—	0.53	0.16	1.2	—	8.76	12	298	1 085	4.0	131	6.0	8.21	—	0.61	11.70
	辣椒(红,小)	80	88.8	134	1.3	0.4	8.9	3.2	—	0.6	232	1 390	—	0.03	0.06	0.8	144	0.44	37	95	222	2.6	16	1.4	0.30	1.90	0.11	0.18
	辣椒(青,尖)	84	91.9	96	1.4	0.3	5.8	2.1	—	0.6	57	340	—	0.03	0.04	0.5	62	0.88	15	33	209	2.2	15	0.7	0.22	0.62	0.11	0.14
	甜椒[灯笼椒,柿子椒]	82	93.0	92	1.0	0.2	5.4	1.4	—	0.4	57	340	—	0.03	0.03	0.9	72	0.59	14	20	142	3.3	12	0.8	0.19	0.38	0.09	0.12
瓜茄类蔬菜	秋葵[黄秋葵,羊角豆]	88	86.2	155	2.0	0.1	11.0	3.9	—	0.7	52	310	—	0.05	0.09	1.0	4	1.03	45	65	95	3.9	29	0.1	0.23	0.51	0.07	0.28
	冬瓜	80	96.6	46	0.4	0.2	2.6	0.7	—	0.2	13	80	—	0.01	0.01	0.3	18	0.08	19	12	78	1.8	8	0.2	0.07	0.22	0.07	0.03
	黄瓜[胡瓜]	92	95.8	63	0.8	0.2	2.9	0.5	—	0.3	15	90	—	0.02	0.03	0.2	9	0.49	24	24	102	4.9	15	0.5	0.18	0.38	0.05	0.06
	苦瓜[凉瓜,癞瓜]	81	93.4	79	1.0	0.1	4.9	1.4	—	0.6	17	100	—	0.03	0.03	0.4	56	0.85	14	35	256	2.5	18	0.7	0.36	0.36	0.06	0.16
	南瓜[倭瓜,番瓜]	85	93.5	92	0.7	0.1	5.3	0.8	—	0.4	148	890	—	0.03	0.04	0.4	8	0.36	16	24	145	0.8	8	0.4	0.14	0.46	0.03	0.08
	茄子(均值)	93	93.4	88	1.1	0.2	4.9	1.3	—	0.4	8	50	—	0.02	0.04	0.6	5	1.13	24	23	142	5.4	13	0.5	0.23	0.48	0.10	0.13
	番茄[西红柿]	97	94.4	79	0.9	0.2	4.0	0.5	—	0.5	92	550	—	0.03	0.03	0.6	19	0.57	10	23	163	5.0	9	0.4	0.13	0.15	0.06	0.08
	蒜苗	82	88.9	155	2.1	0.4	8.0	1.8	—	0.6	47	280	—	0.11	0.08	0.5	35	0.81	29	44	226	5.1	18	1.4	0.46	1.24	0.05	0.17
	蒜薹	90	81.8	255	2.0	0.1	15.4	2.5	—	0.7	80	480	—	0.04	0.07	0.2	1	1.04	19	52	161	3.8	28	4.2	1.04	2.17	0.03	0.32
	大葱	82	91.0	126	1.7	0.3	6.5	1.3	—	0.5	10	60	—	0.03	0.05	0.5	17	0.30	29	38	144	4.8	19	0.7	0.40	0.67	0.08	0.28
	韭菜	90	91.8	109	2.4	0.4	4.6	1.4	—	0.8	235	1 410	—	0.02	0.09	0.8	24	0.96	42	38	247	8.1	25	1.6	0.43	1.38	0.08	0.43
	大白菜(均值)	87	94.6	71	1.5	0.1	3.2	0.8	—	0.6	20	120	—	0.04	0.05	0.6	31	0.76	50	31	—	57.5	11	0.7	0.38	0.49	0.05	0.15
	小白菜	81	94.5	63	1.5	0.3	2.7	1.1	—	1.0	280	1 680	—	0.02	0.09	0.7	28	0.70	90	36	178	73.5	18	1.9	0.51	1.17	0.08	0.27
	油菜	87	92.9	96	1.8	0.5	3.8	1.1	—	1.0	103	620	—	0.04	0.11	0.7	36	0.88	108	39	210	55.8	22	1.2	0.33	0.79	0.06	0.23
	甘蓝[圆白菜,卷心菜]	86	93.2	92	1.5	0.2	4.6	1.0	—	0.5	12	70	—	0.03	0.03	0.4	40	0.50	49	26	124	27.2	12	0.6	0.25	0.96	0.04	0.18
	菜花[花椰菜]	82	92.4	100	2.1	0.2	4.6	1.2	—	0.7	5	30	—	0.03	0.08	0.6	61	0.43	23	47	200	31.6	18	1.1	0.38	0.73	0.05	0.17
	西兰花[绿菜花]	83	90.3	138	4.1	0.6	4.3	1.6	—	0.7	1 202	7 210	—	0.09	0.13	0.9	51	0.91	67	72	17	18.8	17	1.0	0.78	0.70	0.03	0.24
嫩茎叶薹花类蔬菜	芥菜[雪里红,雪菜]	94	91.5	100	2.0	0.4	4.7	1.6	—	1.4	52	310	—	0.03	0.11	0.5	31	0.74	230	47	281	30.5	24	3.2	0.70	0.70	0.08	0.42
	菠菜[赤根菜]	89	91.2	100	2.6	0.3	4.5	1.7	—	1.4	487	2 920	—	0.04	0.11	0.6	32	1.74	66	47	311	85.2	58	2.9	0.85	0.97	0.1	0.66
	芹菜茎	67	93.1	84	1.2	0.2	4.5	1.2	—	1.0	57	340	—	0.02	0.06	0.4	8	1.32	80	38	206	159.0	18	1.2	0.24	0.57	0.09	0.16
	芹菜叶	100	89.4	130	2.6	0.6	5.9	2.2	—	1.5	488	2 930	—	0.08	0.15	0.9	22	2.50	40	64	137	83.0	58	0.6	1.14	2.00	0.99	0.54
	生菜(叶用莴苣)	94	95.8	54	1.3	0.3	2.0	0.7	—	0.6	298	1 790	—	0.03	0.06	0.4	13	1.02	34	27	170	32.8	18	0.9	0.27	1.15	0.03	0.13
	苋菜(紫)[红苋]	73	88.8	130	2.8	0.4	5.9	1.8	—	2.1	248	1 490	—	0.03	0.10	0.6	30	1.54	178	63	340	42.3	38	2.9	0.70	0.09	0.07	0.35
	茼蒿[蓬蒿菜,艾菜]	82	93.0	88	1.9	0.3	3.9	1.2	—	0.9	252	1 510	—	0.04	0.09	0.6	18	0.92	73	36	220	161.3	20	2.5	0.35	0.60	0.06	0.28
	茴香[小茴香]	86	91.2	100	2.5	0.4	4.2	1.6	—	1.7	402	2 410	—	0.06	0.09	0.8	26	0.94	154	23	149	186.3	46	1.2	0.73	0.77	0.04	0.31
	荠菜[蓟菜,菱角菜]	88	90.6	113	2.9	0.4	4.7	1.7	—	1.4	432	2 590	—	0.04	0.15	0.6	43	1.01	294	81	280	31.6	37	5.4	0.68	0.51	0.29	0.65
	莴笋[莴苣]	62	95.5	59	1.0	0.1	2.8	0.6	—	0.6	25	150	—	0.02	0.02	0.5	4	0.19	23	48	212	36.5	19	0.9	0.33	0.54	0.07	0.19
	莴笋叶[莴苣叶]	89	94.2	75	1.4	0.2	3.6	1.0	—	0.6	147	880	—	0.06	0.10	0.4	13	0.58	34	26	148	39.1	19	1.5	0.51	0.78	0.09	0.26
	蕹菜[空心菜,藤藤菜]	76	92.9	84	2.2	0.3	3.6	1.4	—	1.0	253	1 520	—	0.03	0.08	0.8	25	1.09	99	38	243	94.3	29	2.3	0.39	1.20	0.10	0.67
	金针菜[黄花菜]	98	40.3	833	19.4	1.4	34.9	7.7	—	4.0	307	1 840	—	0.05	0.21	3.1	10	4.92	301	216	610	59.2	85	8.1	3.99	4.22	0.37	1.21
	芦笋[石刁柏,龙须菜]	90	93.0	79	1.4	0.1	4.9	1.9	—	0.6	17	100	—	0.04	0.05	0.7	45	—	10	42	213	3.1	10	1.4	0.41	0.21	0.07	0.17

续附录 2

类别	食物名称	食部 /%	水分 /g	能量 /kJ	蛋白质 /g	脂肪 /g	碳水化合物/g	膳食纤维 /g	胆固醇 /mg	灰分 /g	维生素A /μg	胡萝卜素 /μg	视黄醇 /μg	硫胺素 /mg	核黄素 /mg	尼克酸 /mg	维生素C /mg	维生素E /mg	钙 /mg	磷 /mg	钾 /mg	钠 /mg	镁 /mg	铁 /mg	锌 /mg	硒 /μg	铜 /mg	锰 /mg
菌藻类	木耳(干)[黑木耳,云耳]	100	15.5	858	12.1	1.5	65.6	29.9	—	5.3	17	100	—	0.17	0.44	2.5	—	11.34	247	292	757	48.5	152	97.4	3.18	3.72	0.32	8.86
	金针菇[智力菇]	100	90.2	109	2.4	0.4	6.0	2.7	—	1.0	5	30	—	0.15	0.19	4.1	2	1.14	—	97	195	4.3	17	1.4	0.39	0.28	0.14	0.10
	平菇[糙皮侧耳,青蘑]	93	92.5	84	1.9	0.3	4.6	2.3	—	0.7	2	10	—	0.06	0.16	3.1	4	0.79	5	86	258	3.8	14	1.0	0.61	1.07	0.08	0.07
	香菇[香蕈,冬菇]	100	91.7	79	2.2	0.3	5.2	3.3	—	0.6	—	—	—	—	0.08	2.0	1	—	2	53	20	1.4	11	0.3	0.66	2.58	0.12	0.25
	香菇(干)[香蕈,冬菇]	95	12.3	883	20.0	1.2	61.7	31.6	—	4.8	3	20	—	0.19	1.26	20.5	5	0.66	83	258	464	11.2	147	10.5	8.57	6.42	1.03	5.47
	银耳(干)[白木耳]	96	14.6	837	10.0	1.4	67.3	30.4	—	6.7	8	50	—	0.05	0.25	5.3	—	1.26	36	369	1 588	82.1	54	4.1	3.03	2.95	0.08	0.17
	海带(干)[江白菜,昆布]	98	70.5	322	1.8	0.1	23.4	6.1	—	4.2	40	240	—	0.01	0.10	0.8	…	0.85	348	52	761	327.4	129	4.7	0.65	5.84	0.14	1.14
	紫菜(干)	100	12.7	866	26.7	1.1	44.1	21.6	—	15.4	228	1 370	—	0.27	1.02	7.3	2	1.82	264	350	1 796	710.5	105	54.9	2.47	7.22	1.68	4.32
鲜果类	苹果(均值)	76	85.9	218	0.2	0.2	13.5	1.2	—	0.2	3	20	—	0.06	0.02	0.2	4	2.12	4	12	119	1.6	4	0.6	0.19	0.12	0.06	0.03
	梨(均值)	82	85.8	184	0.4	0.2	13.3	3.1	—	0.3	6	33	—	0.03	0.06	0.3	6	1.34	9	14	92	2.1	8	0.5	0.46	1.14	0.62	0.07
	红果[山里红,大山楂]	76	73.0	397	0.5	0.6	25.1	3.1	—	0.8	17	100	—	0.02	0.02	0.4	53	7.32	52	24	299	5.4	19	0.9	0.28	1.22	0.11	0.24
	桃(均值)	86	86.4	201	0.9	0.1	12.2	1.3	—	0.4	3	20	—	0.01	0.03	0.7	7	1.54	6	20	166	5.7	7	0.8	0.34	0.24	0.05	0.07
	杏	91	89.4	151	0.9	0.1	9.1	1.3	—	0.5	75	450	—	0.02	0.03	0.6	4	0.95	14	15	226	2.3	11	0.6	0.20	0.20	0.11	0.06
	枣(鲜)	87	67.4	510	1.1	0.3	30.5	1.9	—	0.7	40	240	—	0.06	0.09	0.9	243	0.78	22	23	375	1.2	25	1.2	1.52	0.80	0.06	0.32
	葡萄(均值)	86	88.7	180	0.5	0.2	10.3	0.4	—	0.3	8	50	—	0.04	0.02	0.2	25	0.7	5	13	104	1.3	8	0.4	0.18	0.20	0.09	0.06
	沙棘	87	71.0	498	0.9	1.8	25.5	0.8	—	0.8	640	3 840	—	0.05	0.21	0.4	204	0.01	104	54	359	28.0	33	8.8	1.16	2.80	0.56	0.66
	中华猕猴桃	83	83.4	234	0.8	0.6	14.5	2.6	—	0.7	22	130	—	0.05	0.02	0.3	62	2.43	27	26	144	10.0	12	1.2	0.57	0.28	1.87	0.73
	柑橘(均值)	77	86.9	213	0.7	0.2	11.9	0.4	—	0.3	148	890	—	0.08	0.04	0.4	28	0.92	35	18	154	1.4	11	0.2	0.08	0.30	0.04	0.14
	刺梨[茨梨,木梨子]	100	81.0	230	0.7	0.1	16.9	4.1	—	1.3	483	2 900	—	0.05	0.03	0	2 585	—	68	13	—	—	—	2.9	—	—	—	—
	西瓜(均值)	56	93.3	105	0.6	0.1	5.8	0.3	—	0.2	75	450	—	0.02	0.03	0.2	6	0.10	8	9	87	3.2	8	0.3	0.10	0.17	0.05	0.05
坚果籽类	核桃(干)[胡桃]	43	5.2	2 623	14.9	58.8	19.1	9.5	—	2.0	5	30	—	0.15	0.14	0.9	1	43.21	56	294	385	6.4	131	2.7	2.17	4.62	1.17	3.44
	栗子(干)	73	13.4	1 443	5.3	1.7	78.4	1.2	—	1.2	5	30	—	0.08	0.15	0.8	25	11.45	—	—	—	8.5	56	1.2	1.32	—	1.34	1.14
	松子(生)	32	3.0	2 678	12.6	62.6	19.0	12.4	—	2.8	7	40	—	0.41	0.09	3.8	—	34.48	3	620	184	—	567	5.9	9.02	0.63	2.68	10.35
	花生仁(生)	100	6.9	2 356	24.8	44.3	21.7	5.5	—	2.3	5	30	—	0.72	0.13	17.9	2	18.09	39	324	587	3.6	178	2.1	2.5	3.94	0.95	1.25
	葵花子(生)	50	2.4	2 498	23.9	49.9	19.1	6.1	—	4.7	5	30	—	0.36	0.20	4.8	…	34.53	72	238	562	5.5	264	5.7	6.03	1.21	2.51	1.95
	莲子(干)	100	9.5	1 439	17.2	2.0	67.2	3.0	—	4.1	—	—	—	0.16	0.08	4.2	5	2.71	97	550	846	5.1	242	3.6	2.78	3.36	1.33	8.23
	南瓜子仁	100	9.2	2 368	33.2	48.1	4.9	4.9	—	4.6	—	—	—	0.23	0.09	1.8	Tr	13.25	16	1 159	102	20.6	2	1.5	2.57	2.78	1.11	0.64
	西瓜子仁	100	9.2	2 326	32.4	45.9	8.6	5.4	—	3.9	—	—	—	0.2	0.08	1.4	Tr	27.37	…	818	186	9.4	1	4.7	0.39	11.00	0.04	1.21
	芝麻(白)	100	5.3	2 163	18.4	39.6	31.5	9.8	—	5.2	—	—	—	0.36	0.26	3.8	—	38.28	620	513	266	32.2	202	14.1	4.21	4.06	1.41	1.17
	芝麻(黑)	100	5.7	2 222	19.1	46.1	24.0	14.0	—	5.1	—	—	—	0.66	0.25	5.9	—	50.40	780	516	358	8.3	290	22.7	6.13	4.70	1.77	17.85

续附录 2

类别	食物名称	食部 /%	水分 /g	能量 /kJ	蛋白质 /g	脂肪 /g	碳水化合物/g	膳食纤维 /g	胆固醇 /mg	灰分 /g	维生素A /μg	胡萝卜素 /μg	视黄醇 /μg	硫胺素 /mg	核黄素 /mg	尼克酸 /mg	维生素C /mg	维生素E /mg	钙 /mg	磷 /mg	钾 /mg	钠 /mg	镁 /mg	铁 /mg	锌 /mg	硒 /μg	铜 /mg	锰 /mg
畜禽肉类	猪肉(肥瘦)(均值)	100	46.8	1 653	13.2	37.0	2.4	—	80	0.6	18	—	18	0.22	0.16	3.5	—	0.35	6	162	204	59.4	16	1.6	2.06	11.97	0.06	0.03
	猪肉(肥)	100	8.8	3 376	2.4	88.6	0	—	109	0.2	29	—	29	0.08	0.05	0.9	—	0.24	3	18	23	19.5	2	1.0	0.69	7.78	0.05	0.03
	猪肉(瘦)	100	71.0	598	20.3	6.2	1.5	—	81	1.0	44	—	44	0.54	0.10	5.3	—	0.34	6	189	305	57.5	25	3.0	2.99	9.50	0.11	0.03
	猪肝	99	70.7	540	19.3	3.5	5.0	—	288	1.5	4 972	—	4 972	0.21	2.08	15.0	20	0.86	6	310	235	68.6	24	22.6	5.78	19.21	0.65	0.26
	猪心	97	76.0	498	16.6	5.3	1.1	—	151	1.0	13	—	13	0.19	0.48	6.8	4	0.74	12	189	260	71.2	17	4.3	1.90	14.94	0.37	0.05
	猪血	100	85.8	230	12.2	0.3	0.9	—	51	0.8	—	—	—	0.03	0.04	0.3	—	0.20	4	16	56	56.0	5	8.7	0.28	7.94	0.10	0.03
	牛肉(瘦)	100	75.2	444	20.2	2.3	1.2	—	58	1.1	6	—	6	0.07	0.13	6.3	—	0.35	9	172	284	53.6	21	2.8	3.71	10.55	0.16	0.04
	牛肝	100	68.7	582	19.8	3.9	6.2	—	297	1.4	20 220	—	20 220	0.16	1.3	11.9	9	0.13	4	252	185	45.0	22	6.6	5.01	11.99	1.34	0.37
	羊肉(瘦)	90	74.2	494	20.5	3.9	0.2	—	60	1.2	11	—	11	0.15	0.16	5.2	—	0.31	9	196	403	69.4	22	3.9	6.06	7.18	0.12	0.03
	羊肝	100	69.7	561	17.9	3.6	7.4	—	349	1.4	20 972	—	20 972	0.21	1.75	22.1	—	29.93	8	299	241	123.0	14	7.5	3.45	17.68	4.51	0.26
	驴肉(瘦)	100	73.8	485	21.5	3.2	0.4	—	74	1.1	72	—	72	0.03	0.16	2.5	—	2.76	2	178	325	46.9	7	4.3	4.26	6.10	0.23	—
	兔肉	100	76.2	427	19.7	2.2	0.9	—	59	1.0	26	—	26	0.11	0.10	5.8	—	0.42	12	165	284	45.1	15	2.0	1.30	10.93	0.12	0.04
	鸡(均值)	66	69.0	699	19.3	9.4	1.3	—	106	1.0	48	—	48	0.05	0.09	5.6	—	0.67	9	156	251	63.3	19	1.4	1.09	11.75	0.07	0.03
	鸡翅	69	65.4	812	17.4	11.8	4.6	—	113	0.8	68	—	68	0.01	0.11	5.3	—	0.25	8	161	205	50.8	17	1.3	1.12	10.98	0.05	0.03
	鸡腿	69	70.2	757	16.0	13.0	0	—	162	0.8	44	—	44	0.02	0.14	6.0	—	0.03	6	172	242	64.4	34	1.5	1.12	12.40	0.09	0.03
	鸡肝	100	74.4	506	16.6	4.8	2.8	—	356	1.4	10 414	—	10 414	0.33	1.10	11.9	—	1.88	7	263	222	92.0	16	12.0	2.40	38.55	0.32	0.24
	鸭(均值)	68	63.9	1 004	15.5	19.7	0.2	—	94	0.7	52	—	52	0.08	0.22	4.2	—	0.27	6	122	191	69.0	14	2.2	1.33	12.25	0.21	0.06
	鹅	63	61.4	1 050	17.9	19.9	0	—	74	0.8	42	—	42	0.07	0.23	4.9	—	0.22	4	144	232	58.8	18	3.8	1.36	17.68	0.43	0.04
	鹅肝	100	70.7	540	15.2	3.4	9.3	—	285	1.4	6 100	—	6 100	0.27	0.25		—	0.29	2	216	336	70.2	11	7.8	3.56	—	7.78	0.32
	鸽	42	66.6	841	16.5	14.2	1.7	—	99	1.0	53	—	53	0.06	0.20	6.9	—	0.99	30	136	334	63.6	27	3.8	0.82	11.08	0.24	0.05
	鹌鹑	58	75.1	460	20.2	3.1	0.2	—	157	1.4	40	—	40	0.04	0.32	6.3	—	0.44	48	179	204	48.4	20	2.3	1.19	11.67	0.1	0.08
乳类及制品	牛乳(均值)	100	89.8	226	3.0	3.2	3.4	—	15	0.6	24	—	24	0.03	0.14	0.1	1	0.21	104	73	109	37.2	11	0.3	0.42	1.94	0.02	0.03
	鲜羊乳	100	88.9	247	1.5	3.5	5.4	—	31	0.7	84	—	84	0.04	0.12	2.1	—	0.19	82	98	135	20.6	—	0.5	0.29	1.75	0.04	—
	人乳	100	87.6	272	1.3	3.4	7.4	—	11	0.3	11	—	11	0.01	0.05	0.2	5	—	30	13	—	—	32	0.1	0.28	—	0.03	—
	全脂牛奶粉	100	2.3	2 000	20.1	21.2	51.7	—	110	4.7	141	—	141	0.11	0.73	0.9	4	0.48	676	469	449	260.1	79	1.2	3.14	11.8	0.09	0.09
	酸奶(均值)	100	84.7	301	2.5	2.7	9.3	—	15	0.8	26	—	26	0.03	0.15	0.2	1	0.12	118	85	150	39.8	12	0.4	0.53	1.71	0.03	0.02
	奶酪[干酪]	100	43.5	1 372	25.7	23.5	3.5	—	11	3.8	152	—	152	0.06	0.91	0.6	—	0.60	799	326	75	584.6	57	2.4	6.97	1.50	0.13	0.16
	奶油	100	0.7	3 678	0.7	97	0.9	—	209	0.7	297	…	297	…	0.01	0	…	1.99	14	11	226	268.0	2	1.0	0.09	0.70	0.42	…
蛋类及制品	鸡蛋(均值)	88	74.1	602	13.3	8.8	2.8	—	585	1.0	234	—	234	0.11	0.27	0.2	—	1.84	56	130	154	131.5	10	2.0	1.10	14.34	0.15	0.04
	鸡蛋白	100	84.4	251	11.6	0.1	3.1	—	—	0.8	—	—	—	0.04	0.31	0.2	—	0.01	9	18	132	79.4	15	1.6	0.02	6.97	0.05	0.02
	鸡蛋黄	100	51.5	1 372	15.2	28.2	3.4	—	1 510	1.7	438	—	438	0.33	0.29	0.1	—	5.06	112	240	95	54.9	41	6.5	3.79	27.01	0.28	0.06
	鸭蛋	87	70.3	753	12.6	13.0	3.1	—	565	1.0	261	—	261	0.17	0.35	0.2	—	4.98	62	226	135	106.0	13	2.9	1.67	15.68	0.11	0.04
	松花蛋(鸭蛋)[皮蛋]	90	68.4	715	14.2	10.7	4.5	—	608	2.2	215	—	215	0.06	0.18	0.1	—	3.05	63	165	152	542.7	13	3.3	1.48	25.24	0.12	0.06
	咸鸭蛋	88	61.3	795	12.7	12.7	6.3	—	647	7.0	134	—	134	0.16	0.33	0.1	—	6.25	118	231	184	2 706.1	30	3.6	1.74	24.04	0.14	0.10
	鹌鹑蛋	86	73.0	669	12.8	11.1	2.1	—	515	1.0	337	—	337	0.11	0.49	0.1	—	3.08	47	180	138	106.6	11	3.2	1.61	25.48	0.09	0.04

续附录 2

类别	食物名称	食部/%	水分/g	能量/kJ	蛋白质/g	脂肪/g	碳水化合物/g	膳食纤维/g	胆固醇/mg	灰分/g	维生素A/μg	胡萝卜素/μg	视黄醇/μg	硫胺素/mg	核黄素/mg	尼克酸/mg	维生素C/mg	维生素E/mg	钙/mg	磷/mg	钾/mg	钠/mg	镁/mg	铁/mg	锌/mg	硒/μg	铜/mg	锰/mg
水产品	草鱼[白鲩,草包鱼]	58	77.3	473	16.6	5.2	0	—	86	1.1	11	—	11	0.04	0.11	2.8	—	2.03	38	203	312	46.0	31	0.8	0.87	6.66	0.05	0.05
	黄鳝[鳝鱼]	67	78.0	372	18.0	1.4	1.2	—	126	1.4	50	—	50	0.06	0.98	3.7	—	1.34	42	206	263	70.2	18	2.5	1.97	34.56	0.05	2.22
	鲤鱼[鲤拐子]	54	76.7	456	17.6	4.1	0.5	—	84	1.1	25	—	25	0.03	0.09	2.7	—	1.27	50	204	334	53.7	33	1.0	2.08	15.38	0.06	0.05
	青鱼[青皮鱼,青鳞鱼]	63	73.9	494	20.1	4.2	0	—	108	2.4	42	—	42	0.03	0.07	2.9	—	0.81	31	184	325	47.4	32	0.9	0.96	37.69	0.06	0.04
	鲇鱼[胡子鲇,鲢胡]	65	78.0	431	17.3	3.7	0	—	163	1.1	—	—	—	0.03	0.10	2.5	—	0.54	42	195	351	49.6	22	2.1	0.53	27.49	0.09	0.03
	鲫鱼[喜头鱼,海附鱼]	54	75.4	452	17.1	2.7	3.8	—	130	1.0	17	—	17	0.04	0.09	2.5	—	0.68	79	193	290	41.2	41	1.3	1.94	14.31	0.08	0.06
	带鱼[白带鱼,刀鱼]	76	73.3	531	17.7	4.9	3.1	—	76	1.0	29	—	29	0.02	0.06	2.8	—	0.82	28	191	280	150.1	43	1.2	0.70	36.57	0.08	0.17
	鲅鱼[马鲛鱼,燕鲅鱼]	80	72.5	506	21.2	3.1	2.1	—	75	1.1	19	—	19	0.03	0.04	2.1	—	0.71	35	130	370	74.2	50	0.8	1.39	51.81	0.37	0.03
	鲳鱼[平鱼,银鲳,刺鲳]	70	72.8	586	18.5	7.3	0	—	77	1.4	24	—	24	0.04	0.07	2.1	—	1.26	46	155	328	62.5	39	1.1	0.80	27.21	0.14	0.07
	对虾	61	76.5	389	18.6	0.8	2.8	—	193	1.3	15	—	15	0.01	0.07	1.7	—	0.62	62	228	215	165.2	43	1.5	2.38	33.72	0.34	0.12
	虾皮	100	42.4	640	30.7	2.2	2.5	—	428	22.2	19	—	19	0.02	0.14	3.1	—	0.92	991	582	617	5 057.7	265	6.7	1.93	74.43	1.08	0.82
	虾米[海米,虾仁]	100	37.4	828	43.7	2.6	0	—	525	17	21	—	21	0.01	0.12	5.0	—	1.46	555	666	550	4 891.9	236	11.0	3.82	75.40	2.33	0.77
	海蟹	55	77.1	397	13.8	2.3	4.7	—	125	2.1	30	—	30	0.01	0.10	2.5	—	2.99	208	142	232	260.0	47	1.6	3.32	82.65	1.67	0.18
	河蟹	42	75.8	431	17.5	2.6	2.3	—	267	1.8	389	—	389	0.06	0.28	1.7	—	6.09	126	182	181	193.5	23	2.9	3.68	56.72	2.97	0.42
	鲍鱼[杂色鲍]	65	77.5	351	12.6	0.8	6.6	—	242	2.5	24	—	24	0.01	0.16	0.2	—	2.20	266	77	136	2 011.7	59	22.6	1.75	21.38	0.72	0.40
	牡蛎[海蛎子]	100	82.0	305	5.3	2.1	8.2	—	100	2.4	27	—	27	0.01	0.13	1.4	—	0.81	131	115	200	462.1	65	7.1	9.39	86.64	8.13	0.85
	生蚝	100	87.1	238	10.9	1.5	0	—	94	0.5	—	—	—	0.04	0.13	1.5	—	0.13	35	100	375	270.0	10	5.0	71.20	41.40	11.50	0.30
	海参	100	77.1	326	16.5	0.2	2.5	—	51	3.7	—	—	—	0.03	0.04	0.1	—	3.14	285	28	43	502.9	149	13.2	0.63	63.93	0.05	0.76
	墨鱼(干)	82	24.8	1 201	65.3	1.9	2.1	—	316	5.9	—	—	—	0.02	0.05	3.6	—	6.73	82	413	1 261	1 744.0	359	23.9	10.02	104.40	4.20	0.20
	鱿鱼(干)	98	21.8	1 310	60.0	4.6	7.8	—	871	5.8	—	—	—	0.02	0.13	4.9	—	9.72	87	392	1 131	965.3	192	4.1	11.24	156.12	1.07	0.18

注:(1)表中的符号及其意义:“—”表示未测定;“…”表示未检出;“Tr”表示微量。

(2)资料来源:杨月欣.中国食物成分表(2002 年)[M].北京:北京大学医学出版社,2002.

附录3　常见身体活动强度和能量消耗表

活动项目		身体活动强度（MET） <3 低强度；3～6 中强度；7～9 高强度；10～11 极高强度		能量消耗量/[kcal/(标准体重·10 min)] 男（66 kg）	女（56 kg）
家务活动	整理床，站立	低强度	2.0	22.0	18.7
	洗碗，熨烫衣物	低强度	2.3	25.3	21.5
	收拾餐桌，做饭或准备食物	低强度	2.5	27.5	23.3
	擦窗户	低强度	2.8	30.8	26.1
	手洗衣服	中强度	3.3	36.3	30.8
	扫地、扫院子、拖地板、吸尘	中强度	3.5	38.5	32.7
步行	慢速（3 km/h）	低强度	2.5	27.5	23.3
	中速（5 km/h）	中强度	3.5	38.5	32.7
	快速（5.5～6 km/h）	中强度	4.0	44.0	37.3
	很快（7 km/h）	中强度	4.5	49.5	42.0
	下楼	中强度	3.0	33.0	28.0
	上楼	高强度	8.0	88.0	74.7
	上下楼	中强度	4.5	49.5	42.0
跑步	走跑结合（慢跑成分不超过 10 min）	中强度	6.0	66.0	56.0
	慢跑，一般	高强度	7.0	77.0	65.3
	8 km/h，原地	高强度	8.0	88.0	74.7
	9 km/h	极高强度	10.0	110.0	93.3
	跑，上楼	极高强度	15.0	165.0	140.0
自行车	12～16 km/h	中强度	4.0	44.0	37.3
	16～19 km/h	中强度	6.0	66.0	56.0
球类	保龄球	中强度	3.0	33.0	28.0
	高尔夫球	中强度	5.0	55.0	46.7
	篮球，一般	中强度	6.0	66.0	56.0
	篮球，比赛	高强度	7.0	77.0	65.3
	排球，一般	中强度	3.0	33.0	28.0
	排球，比赛	中强度	4.0	44.0	37.3
	乒乓球	中强度	4.0	44.0	37.3
	台球	低强度	2.5	27.5	23.3
	网球，一般	中强度	5.0	55.0	46.7
	网球，双打	中强度	6.0	66.0	56.0
	网球，单打	高强度	8.0	88.0	74.7
	羽毛球，一般	中强度	4.5	49.5	42.0
	羽毛球，比赛	高强度	7.0	77.0	65.3
	足球，一般	高强度	7.0	77.0	65.3
	足球，比赛	极高强度	10.0	110.0	93.3

续附录 3

活动项目		身体活动强度（MET） ＜3 低强度；3～6 中强度；7～9 高强度；10～11 极高强度		能量消耗量/[kcal/(标准体重·10 min)] 男（66 kg）	女（56 kg）
跳绳	慢速	高强度	8.0	88.0	74.7
	中速，一般	极高强度	10.0	110.0	93.3
	快速	极高强度	12.0	132.0	112.0
舞蹈	慢速	中强度	3.0	33.0	28.0
	中速	中强度	4.5	49.5	42.0
	快速	中强度	5.5	60.5	51.3
游泳	踩水，中等用力，一般	中强度	4.0	44.0	37.3
	爬泳（慢）、自由泳、仰泳	高强度	8.0	88.0	74.7
	蛙泳，一般速度	极高强度	10.0	110.0	93.3
	爬泳（快）、蝶泳	极高强度	11.0	121.0	102.7
其他活动	瑜伽	中强度	4.0	44.0	37.3
	单杠	中强度	5.0	55.0	46.7
	俯卧撑	中强度	4.5	49.5	42.0
	太极拳	中强度	3.5	38.5	32.7
	健身操（轻或中等强度）	中强度	5.0	55.0	46.7
	轮滑旱冰	高强度	7.0	77.0	65.3

注：1 MET 相当于每千克体重每小时消耗 1 kcal 能量[1 kcal/(kg·h)]。

附录 4　常见食物的标准份量

食物类别		g/份	能量/kcal	备注
谷类		50～60	160～180	面粉 50 g=70～80 g 馒头 大米 50 g=100～120 g 米饭
薯类		80～100	80～90	甘薯 80 g=100 g 马铃薯 (能量相当于 0.5 份谷类)
蔬菜类		100	15～35	高淀粉类蔬菜，如甜菜、鲜豆类，应注意能量的不同，每份的用量应减少
水果类		100	40～55	100 g 梨和苹果，相当于高糖水果如枣 25 g、柿子 65 g
畜禽肉类	瘦肉(脂肪含量<10%)	40～50	40～55	瘦肉的脂肪含量<10% 肥瘦肉的脂肪含量 10%～35% 肥肉、五花肉的脂肪含量一般超过 50%
	肥瘦肉(脂肪含量 10%～35%)	20～25	65～80	
水产品类	鱼类	40～50	50～60	
	虾贝类		35～50	
蛋类(含蛋白质 7 g)		40～50	65～80	鸡蛋 50 g
大豆类(含蛋白质 7 g)		20～25	65～80	黄豆 20 g=北豆腐 60 g=南豆腐 110 g=内酯豆腐 120 g=豆干 45 g=豆浆 360～380 mL
坚果类(含油脂 5 g)		10	40～55	淀粉类坚果相对能量低，如葵花子仁 10 g=板栗 25 g=莲子 20 g (能量相当于 0.5 份油脂类)
乳制品	全脂(含蛋白质 2.5%～3.0%)	200～250 mL	110	200 mL 液态奶=20～25 g 奶酪=20～30 g 奶粉 全脂液态奶的脂肪含量约 3% 脱脂液态奶的脂肪含量<0.5%
	脱脂(含蛋白质 2.5%～3.0%)	200～250 mL	55	
水		200～250 mL	0	

注：1. 谷类按 40 g 碳水化合物等量原则进行代换，每份蛋白质大约 5 g。薯类按 20 g 碳水化合物等量原则进行代换，能量相当于 0.5 份谷类，每份蛋白质大约 2 g。

2. 蛋类和大豆按 7 g 蛋白质，乳类按 5～6 g 蛋白质等量原则进行代换。脂肪不同时，能量有所不同。

3. 畜禽肉类、鱼虾类以能量为基础进行代换，参考脂肪含量区别。

4. 坚果类按 5 g 脂肪等量原则进行代换，每份蛋白质大约 2 g。

参考文献

[1]中国营养学会.中国居民膳食指南(2016年)[M].北京:人民卫生出版社,2016.

[2]邓泽元.食品营养学[M].4版.北京:中国农业出版社,2016.

[3]周才琼,周玉林.食品营养学[M].3版.北京:中国质检出版社,中国标准出版社,2017.

[4]卞生珍,金英姿.食品化学与营养[M].北京:科学出版社,2016.

[5]中国营养学会.中国居民膳食营养素参考摄入量(2013年)[M].北京:科学出版社,2014.

[6]中国营养学会.食物与健康-科学证据共识[M].北京:人民卫生出版社,2016.

[7]中国营养学会.营养科学词典[M].北京:中国轻工业出版社,2013.

[8]刘志皋.食品营养学[M].北京:中国轻工业出版社,2018.

[9]杨月欣,葛可佑.中国营养科学全书[M].2版.北京:人民卫生出版社,2019.

[10]杨月欣,王光亚,潘兴昌.中国食物成分表(2002年)[M].北京:北京大学医学出版社,2002.

[11]鲍曼 B A,拉塞尔 R M,荫士安,等.现代营养学[M].8版.北京:化学工业出版社.2004.

[12]任顺成.食品营养与卫生[M].北京:中国轻工业出版社,2011.

[13]李凤林,王英臣.食品营养与卫生学[M].2版.北京:化学工业出版社,2014.

[14]林玉桓.食品营养与配餐[M].北京:中国人民大学出版社,2016.

[15]邵颖,刘洋.食品化学[M].北京:中国轻工业出版社,2018.

[16]凌强.食品营养与卫生安全[M].北京:清华大学出版社,2015.

[17]卞生珍,金英姿.食品化学与营养[M].北京:科学出版社,2016.

[18]蔡志军.食品营养与配餐[M].北京:化学工业出版社,2011.

[19]王丽琼.食品营养与卫生[M].北京:化学工业出版社,2013.

[20]孙长颢.营养与食品卫生学.6版.北京:人民卫生出版社,2007.

[21]何志谦.人类营养学[M].3版.北京:人民卫生出版社,2008.

[22]蒋爱民,赵丽芹.食品原料学.南京:东南大学出版社,2007.

[23]葛可佑.中国营养师培训教材.北京:人民卫生出版社,2006.

[24]国家卫生和计划生育委员会.GB 14880—2012《食品营养强化剂使用标准》(S).2012.

[25]国家卫生和计划生育委员会.GB 16740—2014《保健食品》(S).2014.

[26]国家市场监督管理总局.保健食品注册与备案管理办法[Z].2016.

[27]国家市场监督管理总局.保健食品原料目录与保健功能目录管理办法[Z].2019.

[28]国家卫生和计划生育委员会.新食品原料安全性审查管理办法[Z].2013.

[29]国家市场监督管理总局中国标准化管理委员会. GB 19630—2019《有机产品生产、加工、标识与管理体系要求》(S). 2019.

[30]国家卫生和计划生育委员会. GB 28050—2011《预包装食品营养标签通则》(S).2011.

[31]中国成人血脂异常防治指南修订联合委员会.中国成人血脂异常防治指南(2016年修订版)[J].中国循环杂志,2016,31(10):937-953.

[32]国家心血管病中心,基层高血压管理办公室.国家基层高血压防治管理指南(2017)[M].北京:科学技术文献出版社,2017.

[33]中华医学会糖尿病分会.中国2型糖尿病防治指南(2017年版)[J].中华糖尿病杂志,2018,10(1):4-51.

[34]中华医学会风湿病学分会.2016中国痛风诊疗指南[J].浙江医学,2017,39(21):1823-1830.

[35]中华医学会肠外肠内营养学分会. 肿瘤患者营养支持指南(2017)[J]. 中华外科杂志,2017,55(11):801-829.

[36]王镜岩,朱圣庚,徐长法.生物化学[M].3版.北京:高等教育出版社,2003.

[37]何志谦.疾病营养学[M].2版.北京:人民卫生出版社,2014.

[38]刘肖,陈志敏. 维生素 B_{12} 与妊娠相关疾病关系的研究进展[J]. 国际妇产科学杂志,2018,45(3):254-257.

[39]郭琇婷,徐芝兰,刘洁薇,等.维生素A及其生理功能的研究现状[J].微量元素与健康研究,2018,35(6):62-64.

[40]孔文成,李幼生. 维生素D在肠道中生理作用的研究进展[J]. 医学研究生学报,2015,28(1):106-109

[41]苏爱梅.食品营养与健康[M].北京:中国质检出版社,2013.

[42]刘花兰,姜竹茂,刘云国,等.功能性低聚糖的制备、功能及应用研究进展[J].中国食品添加剂,2015,12:158-166.

[43]张松,苏永平,李涛,等.膳食纤维的功能特性及在食品领域的研究进展[J].食品研究与开发,2018,39(17):214-218.

[44]张厚德,张厚瑞.膳食纤维平衡的基本概念[J].胃肠病学和肝病学杂志,2018,27(10):1086-1096.

[45]兰欣,汪东风,徐莹,等.食品中酚类成分及其与其他成分相互作用研究进展[J].食品与机械,2012,3:250-254.

[46]白晓琳,樊梓鸾,李璐,等.多酚类化合物与其他活性物质协同作用的研究进展[J].食品工业科技,2018,6:308-311.

[47]梁恒宇,邓立康,林海龙,等.新资源食品——γ-氨基丁酸(GABA)的研究进展[J].

食品研究与开发,2013,34(15):119-123.

[48]宗朕,程磊,陈卓静,等.食品用萜类化合物的生物合成研究进展[J].中国酿造,2018,37(9):22-27.

[49]罗婧文,张玉,赵欣,等.食品中萜类化合物来源及功能研究进展[J].食品与发酵工业,2019,45(8):267-272.

[50]贾硕,张帆,周寰,等.食源性甾醇类化合物生物活性及应用研究进展[J].食品工业科技,2019,40(8):310-316.

[51]王晨,钟赛意,邹宇晓.膳食纤维经肠道微生态途径调节脂质代谢作用的研究进展[J].食品科学,2018(2):1-4.

[52]赵若春,赵晓勤,毛开云.我国功能性低聚糖产业发展现状及发展趋势分析[J].生物产业技术,2018(6):5-8.

[53]汪清美,杨海军,赵志军.功能性低聚糖的发展及其生理功能[J].天津农业科学,2015,21(6):70-73.

[54]信珊珊,李艳,王志斌.益生元的功能与潜在风险研究[J].食品科技,2018,25(2):50-52.

[55]鲁海龙,史宣明,张旋,等.植物甾醇制取及应用研究进展[J].中国油脂,2017,42(10):134-137.

[56]王晓红,刘进,徐涛,等.二十八烷醇的生理功能与应用进展[J].中国食物与营养,2018,24(9):14-20.

[57]Jian Li, Johannes Siegrist. Physical activity and risk of cardiovascular disease-A meta-analysis of prospective cohort studies[J]. Int J Environ Res Public Health,2012, 9: 391-407.

[58]Quinlivan E P,McPartlin J,McNulty H,et al. Importance of both folic acid and vitamin B_{12} in reduction of risk of vascular disease [J]. Lancet,2002,359(9302):227-228.

[59]Han L,Wu S,Han F,et al. Insights into the molecular mechanisms of methylmalonic acidemia using microarray technology [J]. Int J Clin Exp Med,2015,8(6):8866-8879.

[60]Bridwell-Rabb J,Drennan C L. Vitamin B_{12} in the spotlight again[J]. Curr Opin Chem Biol,2017,37:63-70.

[61]Sherwin J C,Reacher M H,Dean W H, et al. Epidemiology of vitamin A deficiency and xerophthalmia in at-risk populations[J]. Trans R Soc Trop Med Hyg,2012,106(4):205-214.

[62]Stoppelenburg A J, von Hegedus J H,Huis in't Veld R, et al. Defective control of vitamin D receptor-mediated epithelial STAT1 signalling predisposes to severe respiratory syncytial virus bronchiolitis[J]. J Pathol, 2014, 232(1) : 57-64.